本书出版承蒙以下单位项目资助：

广东省高校人文社会科学重点研究基地
　　——"华南师范大学系统科学与系统管理研究中心"

华南师范大学"211工程"三期重点学科建设项目
　　——"当代哲学理论与社会可持续发展"

系统科学与
系统管理丛书

The Research on Regional Innovation System Based
On Knowledge and Interactive Learning

基于知识和交互式学习
的区域创新系统研究

薛 捷 著

人民出版社

总　序

我们正生活在一个大转变的年代。这一转变的重要标志是人与社会、人与自然之间展开了一场新的对话。这场对话的内容之一是系统科学的产生和复杂性探索的兴起。

20 世纪 40 年代以来,以系统科学和复杂性探索为主要代表的新兴学科的产生,标志着人类科学研究又进入了一个新的历史时期,科学发展正经历着一场历史性转变。和以往几次重大科学革命一样,这次科学变革也将改变世界的科学图景,革新传统的科学认识和方法,引起科学思维方式的重大变革。

系统科学和复杂性探索相生相伴、共同发展,成为当今世界科学发展的前沿和热点,甚至被称为"21 世纪的科学"。这一领域的研究目前已是硕果累累,一片繁荣。各种系统理论不断发展成熟,新的复杂性探索正在逐步深化。在这群雄并起、学派纷争的系统复杂性探索中,我们认为,其研究进路大致在四个层面展开:第一,在各门具体科学层面或特定领域中的系统复杂性研究,这既是各门具体科学研究的重大课题,也是系统复杂性研究的重要阵地。第二,以跨学科、交叉性的研究进路,探讨不同复杂系统之间的共性,建构系统复杂性突现和演化的一般性理论和思维范式。这不仅是系统复杂性研究的核心目标和宗旨,而且也代表了整个科学发展的一个重要趋势。第三,从哲学的层面对系统复杂性的一般理论进行提升和抽象,以期建构一个相对形而上的概念体系和逻辑框架,为认识客观世界提供一种新的视角。由此,系统科学的哲学研究是科学哲学的一个具有挑战性的新课题。第四,将系统复杂性理论和方法应用于解决现实的复杂问题,特别是组织管理系统问题,是系统复杂性研究的一个重要领域和进路。系统复杂性与系统管理相交叉的综合研究,不仅为管理科学带来范式性的变革,而且也为系统复杂性研究提供独特的发展资源。

事实表明,系统复杂性研究乃是一个生机勃勃、纷繁复杂、充满挑战和机遇的领域。有人认为,正如伽利略为牛顿建立简单系统理论铺平了道路一样,目前,建立复杂系统理论的研究纲领和统一范式正处于一个需要"牛顿"出现的"伽利略"时代。因此,我们要在这个领域开展有效的研究,逐步形成一个具有相对共识的研究纲领,就需要"立足本土、紧盯前沿,海纳百川、继承创新,扎扎实实、默默耕耘",用系统复杂性方法来指导系统复杂性研究。我们认为,首先,要切实追踪和把握系统科学和复杂性探索的前沿和趋势,系统搜索和重点研读国内外相关理论著作,特别是得到国际学界认可的重要著作和教材,并对其中某些学科、学派的观点进行深入研究和推介。其次,在这一基础上力图按上述四个层面的进路,对包括系统思想、系统理论、系统方法、系统哲学、系统应用等展开扎扎实实的研究,特别要把构建一个与当代这一领域研究成果相适应的、有我们自己特色的关于系统科学和复杂性的理论框架及其应用作为奋斗目标。第三,加强与国际国内学术界同行的合作与交流,加强学术对接与对话,逐步形成具有共识的研究纲领和统一范式,进而形成这一领域的研究共同体和"学派"。人们期待并相信,复杂系统理论的"牛顿"终将会出现。

为了反映近年来我们这一小小的研究共同体在这一领域耕耘的成果,我们组织编辑了《系统科学与系统管理丛书》。这批著作以系统科学和复杂性探索前沿理论研究为核心,既有推介国外有影响的系统复杂性研究的翻译著作,也有我们自己的研究成果和心得;既有适用于高等学校的系统科学教材,也有我们对系统复杂性的理论和应用进行研究的学术性专著;既有复杂性探索的基础理论,也有复杂性方法的应用研究。无论是哪个层面的研究成果,我们都要求它们既坚持理论性和学术性,又顾及普及性和读者群;既具有国际性和前瞻性,又保持特色性和创新性。我们打算以此《丛书》建构自身的生长基点,探求进一步的发展形式;我们也期望本《丛书》是一个开放的学术平台,能得到国内同行的关注与支持。坚持下去,渐成规模,形成特色,产生效应,为中国的系统科学研究和复杂性探索贡献绵薄之力!

感谢研究共同体中的学长、同仁及我的学生们的积极参与！
感谢人民出版社的鼎力支持！

颜 泽 贤

2004 年 6 月于羊城

目　录

基于知识和交互式学习的区域创新系统研究

前　言

　　技术创新作为经济增长的发动机,得到了学术界和产业界的一致认同。在创新的背后是各种相关知识的积累和发展。世界经合组织(OECD)将近 200 年来的世界经济增长划分为五个阶段。在这五个阶段中,凡是经济增长最快的时期,都正好是新技术革命发生的时期。蒸汽机革命、电气革命、无线电、电子技术革命相继领导了这 200 年中的各个快速增长的阶段。可以说,生产要素质量和经济增长质量的提高是技术创新和知识创造的直接结果和主要标志。[①] 伦德瓦尔(B. A. Lundvall)和约翰逊(B. Johnson)在 1994 年推进了新经济概念的兴起,他们认为"知识是最为根本的资源,而学习是最重要的过程。"[②]信息和通信技术的发展深入到了经济的各个方面,也使得社会向知识型经济的转型更加迅速。在知识型经济中,与知识相关的活动是竞争力和价值增值的主要来源。知识型经济是这样一种经济:公司、组织、个人和区域都在高效地创造、捕捉、传播和利用知识,而且不断地替换掉过时的知识。

　　技术创新的线性模式的局限性导致了对于创新过程的交互式作用的认识,通过这样一种交互式作用将不同的知识以新的方式组合并创造出新的知识。一种动态的、基于过程的对于竞争力的分析和理解框架预示着企业为了保持住它们在全球市场的竞争优势,必须要专注于通过将自身转变为学习型组织而发展核心竞争力。也就是说,单靠内在结构的重构并不能长期维持一个企业的竞争力,创新能力、学习能力和知识应用能力的提升才是支撑企业核心竞争力的根本。在区域创新文献中,有学者探讨了企业在地

　　[①]　转引自范柏乃《城市技术创新透析:区域技术创新研究的一个新视角》,机械工业出版社 2004 年版,第 5 页。

　　[②]　B. A. Lundvall, B. Johnson, "The learning economy." *Journal of Industry Studies* 1994,1(2):23—42.

方和区域环境中如何推进创新活动。当企业根植于区域经济之中时,它们要依赖于有利的经济和产业环境。与区域中的供应商、转包商、客户和支持机构的紧密合作将会促进交互式的学习过程,并且创造一个有利于创新和持续改善的创新环境(Innovative Milieu)。这会影响到企业的绩效并强化集群的竞争力,同时也越来越被看成是强化区域竞争优势的重要方面。

我们将区域理解为一个创新的所在地,很大一部分原因来自对于冠以学习区域、创新环境、集群、产业区以及区域创新系统等称谓的地区的研究。尽管这些研究都提供了理解区域发展以及什么才是促进基于学习的经济的理想制度环境的解释,但是我们也要看到,这些研究都不是非常严密,大部分都是基于一些成功区域的研究,而且这些研究的注意力也主要是放在作为区域竞争力来源的学习以及知识积累的当地化过程上。基于新制度经济学的现代创新理论支持了在区域层面进行创新的重要性,根据这种理论,区域生产系统、产业区和技术区域就变得越来越重要了。如果创新被看成是融入文化和制度情境之中的话,那么,企业战略视角下的学习过程就是高度地方化的,而不是毫无固定之所。因此,当地化的情境就成为企业和区域的知识基础以及知识基础设施的重要部分。创新活动的空间集中也与创新过程的根本性质有关。费尔德曼(M. P. Feldman)和佛罗里达(R. Florida)在1994年的研究中通过概括出创新过程的五个方面的特点来论述这一观点。其内容包括:(1)创新过程的不确定性;(2)对于科技知识进步的依赖;(3)创新过程的复杂性;(4)"干中学"和"用中学"的重要性;(5)创新活动的累积性。[①] 来自相同产业的生产商倾向于聚集在当地的网络或集群中,所以当地的竞争力不仅取决于它的要素供给,例如低成本劳动力,也取决于它的产业集群深度。造成知识经济中这种聚集背后的力量在于地理上的临近对于知识的共享和传播的优势,而不在于集中选址以最小化交通成本。

产业群中企业成功创新的可能性取决于其所在区域内的复杂的相互作用,或者称之为创新系统(Innovation System)的表现。类似于制造系统,创新系统的一些部门倾向于集中在临近的地理区域内,并且必然或多或少地

---

① M. P. Feldman and R. Florida, "The geographic sources of innovation: Technological infrastructure and product innovation in the United States." *Annals of the Association of American. Geographers* 84(1994):210—229.

包含一系列的网络关系。卡玛格尼(R. Camagni)在区域背景下研究创新问题,并将技术创新看成是社会创新的产品,是在区域内部层面上以集体学习的形式产生的过程,同时通过区域间的联系使得企业更容易获取不同的、尽管是本土化的创新能力。区域创新系统研究始于 20 世纪 90 年代,伴随着同期的产业经济、区域经济和经济地理的研究热潮而得到蓬勃发展。在上述研究领域,对于区域创新系统的清楚的或是模糊的表达和解释都是不同的。区域创新系统的概念甚至可以追溯到马歇尔(A. Marshall)对于产业区(Industrial District)的研究、佩鲁(Perrous)对于经济空间(Economic Spaces)的研究、达曼(Dahmen)对于发展区块(Development Blocks)的研究、卡玛格尼对于创新环境(Innovative Milieu)的研究,直到库克(P. Cooke)等学者正式提出区域创新系统的概念。

创新系统的研究可以采用不同的视角,如伦德瓦尔所采用的历史的视角,尼尔逊(R. Nelson)所强调的制度的视角,布拉茨克(H. J. Braczyk)和库克所强调的演化的视角,奥堤欧(E. Autio)与阿歇姆(B. T. Asheim)和伊萨克森(A. Isaksen)在研究中所提到的社会的视角。历史的视角和制度的视角更多地在国家创新系统研究中得到应用,而区域创新系统的研究学者多从演化和社会的视角来探讨这一问题。库克等学者基于演化的观点强调了企业管理者对于企业学习和变革的轨迹的选择,而这些轨迹是以经济问题为核心的社会交互作用的结果。在这样一种观点之下,我们要特别关注五个要素:(1)变革的过程都是由市场中不稳定的状况、经济中制度和组织的配置决定的;(2)外部性和空间集聚要素在变革的过程中扮演着重要角色;(3)创新对于整个经济绩效来说举足轻重;(4)制度规定了规范、标准、惯例和习俗;(5)知识的学习、创造、获取、处理和扩散都是系统中根本的社会—经济要素。奥堤欧、阿歇姆和伊萨克森在各自的研究中基于社会的视角认为,区域创新系统是一个从下至上的相互作用的创新模型,其在对于交互作用和合作的促进中推进组织创新,而交互作用和合作则是通过伙伴关系、适应性、创新支持、网络以及交互式学习来体现的,所有的相关要素都致力于建设自身的竞争优势。这一观点强调将创新过程看成是一个社会过程,在这一过程中交互式的学习占主导地位并且是根植的,对于中小企业(SMEs)的网络尤为适合,而且地理邻近性对其也有促进作用。在区域创新系统思想的发展历程中体现出一些共同的特征:第一,所有的观点都提到组织和制度,并且学习的概念成为创新系统研究中的核心要素;第二,社会交互作用和区域根植的模式代表着创新和集体学习的重要的基本条件,同时也促进了创新和集体学习。

区域创新系统是基于邻近性和空间集中的,其形成和发展给了创新型企业所需的环境,以减少创新过程中的不确定性,推进了企业和相关组织间的结网和交互式学习的产生。区域创新系统将区域作为知识和思想的聚集地和转化器,为促进知识的流动、创意的产生和学习活动的开展提供根本的环境和基础设施。区域创新系统提供了这样一种创新环境,在这里企业和相关机构可以通过相互作用来学习,并且开展构成组织学习的集体活动。在这一方法中,社会、文化和空间邻近性的协调统一是交互式学习过程得以推进的关键。此外,根植性通过界定要素间相互影响的本质来激发集体学习,并且鼓励企业和相关组织分享集体知识。区域创新系统的概念强调了对于新的知识经济和学习经济的关注,并认为:(1)创新区域的持续竞争优势来自知识的创造和应用,这是产生价值的主要来源;(2)区域中的创新在企业、大学、服务机构、客户和供应商等要素形成的网络中得以产生、传播、扩散和应用;(3)创新区域中的人力资源基础设施应该包括专业化的培训和教育。

区域创新系统方法吻合了知识经济发展的要求,有利于引导创新政策、整合创新资源、推进创新活动、应用创新成果、带来经济增长。学界和政府部门对于区域创新系统的研究、探讨和实践正在如火如荼地开展。但正如费舍尔(M. M. Fischer)、迪茨(J. R. Diez)、斯奈卡斯(F. Snickars)等学者所说的,创新系统方法还不是一个正式的理论,而是一个概念框架,一个仍处于其发展初期的概念框架。这一框架的核心思想是区域的经济表现不仅取决于商业公司的表现,而且取决于它们之间以及它们与公共部门之间在知识创造和知识传播方面交互作用的方式。在这样一种思路的启发下,本研究基于知识和交互式学习来研究区域创新系统,在研究了区域的知识基础和交互式学习的组成之后,探讨了交互式学习活动跟区域中相关要素和环境之间的关系。研究的目的就在于深入了解区域创新系统中的交互式学习活动以及上述学者所提到的区域创新系统的重要方面,如要素邻近、文化环境、政策环境对于交互式学习和企业技术创新绩效的影响。当然,区域创新系统也强调对于区域创新和产业发展实践的指导。本书也试图在广东的科技园区建设和专业镇建设中应用区域创新系统的思想和分析框架,希望体现出区域创新系统理论和思想的实践价值与现实意义。

本书是在笔者博士论文基础之上的进一步研究和拓展,力图在全书中体现理论与实践的结合。书中的最后两个部分来自笔者所参与的两个有关区域创新方面的研究项目,项目的主持人为华南理工大学的张振刚教授。作为项目的主要研究者和执笔人,笔者在研究中也受到了区域创新系统思想的引导和启发,体现出区域创新系统方法的实践意义。在此要感谢我的硕士和博士阶段的导师张振刚教授。恩师在博士论文写作过程中所给予的悉心指导、在本书写作过程中所提供的各种材料和建议,都保证了本书的顺利完成。华南师范大学的范冬萍教授从全书最初的构思到最后的完稿都给予了热心的指导和关怀,在本书写作过程中也多次提出宝贵的建设性意见,并在繁忙的研究工作和行政工作中抽时间阅读了书稿,为本书的写作和顺利出版提供了大量的无私帮助。可以说,本书的顺利出版也倾注了范教授的大量工作和心血,在此,对范教授表示最衷心的感谢! 人民出版社的喻阳主任为本书的及时出版提供了大力帮助,通读了全书并给出了很多有益的建议和意见,在此一并表示感谢! 同时还要感谢我的家人,你们的理解、宽容和支持永远是我不断取得进步的最大动力! 除此之外,本书在撰写过程中还参考了大量的研究文献,尽管已在文末的参考文献中列出,但仍然要对这些学者的研究表示感谢!

最后,感谢人民出版社的鼎力支持,能在人民出版社出版这部作品我深感荣幸!

薛 捷

2009 年 4 月于华南师范大学

第 **1** 章
绪　论

▶▶ **1.1 研究背景**

1. 区域在经济活动中的重要性越来越强

在过去的 20 年间,随着经济全球化的推进,社会科学家和政策制定者们越来越重视将区域作为创新和竞争研究的重要层面,区域作为评估经济增长和社会－制度调整的合理层面,其重要性越来越突出。大量文献如演化和制度经济学、网络理论、创新和学习系统以及社会学都聚焦于区域层面的问题。在经济、社会、文化和政治活动中,区域也越来越被看成是致力于提升国民福利的政策措施发挥作用的适当层面。如在欧盟的绿皮书中,区域就被认为是为企业提供创新支持的最佳层面。这一观念的流行可以在大量对于区域发展的实证研究中得到体现,例如在第三意大利产业区中的中小企业(SMEs)网络的快速发展所带来的经济增长,美国硅谷(Silicon Valley)所树立的产业系统的良好榜样,以及在很多发达和发展中国家的成功的区域产业集群。这些研究都应用了一个基本原理,也就是由于本地化的学习过程和粘性知识(Sticky Knowledge)深深根植于社会联系之中,区域集聚为以创新为基础的全球经济发展提供了最好的环境。① 研究者都很强调在经济发展中除了或者说超越了国家层面之后的区域层面的重要性。

2. 区域创新成为区域发展的重要支点

从 20 世纪 80 年代中期开始,区域创新的重要性就在发达的工业化国

---

① Asheim, B. T., Isaksen, A., "Regional innovation systems: the integration of local 'sticky' and global 'ubiquitous' knowledge." *Journal of Technology Transfer*(2002)27:77—86.

家中得到体现。其原因是多方面的。

第一，市场失灵使得对于区域的重视成为必然。新兴的公司在市场、资金、管理以及信息处理方面的能力较弱，而认识到中小型企业在解决就业和增强区域活力方面相对优秀的表现，又往往使得政策制定者们对它们进行保护和激励。因此，有必要建立区域创新系统以支持区域中新兴企业的发展。

第二，基于弹性和专业化的后福特制（Post－Fordist）导致了区域经济发展的新的范式的出现。生产系统从福特制向后福特制的转变，与社会经济的变革有很深的联系，经济主体的竞争力又与它们对于新出现的技术—经济—环境的适应性有强烈的关系。[1] 低产量多品种的生产模式促使企业的结构发生变化，企业的垂直结构开始崩溃，而分权结构则大量出现。其带来的结果就是以区域为基础、当地文化为中心的 SMEs 的重要性开始得到重视。为了更具竞争性，SMEs 聚焦于建立企业间网络，并且共享学习过程，以"开展频繁的过程创新"，进而满足客户的需求，这也是区域创新系统中的主要动力。[2]

第三，一个组织的竞争力有赖于其创新和学习的能力，创新具有路径依赖的特征，是一个交流和积累的过程，在本质上往往是本土化的。竞争力的来源由非市场的环境决定，而不是由市场环境决定，例如非交易性的相互依赖（Untraded Interdependencies）[3]，这些非交易性的相互依赖包括区域在历史的长河中形成的制度的、社会的、认知的和文化的习俗、惯例。企业作为全球商业领域的竞争主体，被认为是深深地根植于区域的社会—制度设置之中的，因此，当地的商业环境对于企业成功具有重要的意义。持续的竞争力是经济主体成功的主要原因，弗里曼（C. Freeman）认为竞争优势经由一个高度本土化的过程得以创造和维系，国民经济结构、价值观、文化、制度和历史的不同对竞争能否胜利影响深远。

---

① Schienstock, G. and Hämäläinen, T. , "Transformation of the Finnish innovation system. A network approach." *Sitra Reports series* 7. Hakapaino Oy. Helsinki, Finland. (2001): p.50.

② Morgan K. , "The learning region: institutions, innovation and regional renewal." *Reg Stud* (1997)31:491－503.

③ Storper, M. , "The Resurgence of Regional Economies, Ten Years Later: The Region as Nexus of Untraded Interdependencies." *European Urban and Regional Studies* (1995) 2:191－221.

3. 区域成为创新系统研究中的一个重要维度

根据托蒂宁（F. Todtling）和考夫曼（A. Kaufmann）在 1999 年的研究，大量学者在对创新系统的研究中都强调了区域的维度。现归纳如下：

第一，对于创新来说，重要的前提条件如劳动力的素质，教育机构和研究组织都与特定地域有关，这也使得一定的区域相比其他地方具备一定的创新优势。

第二，产业集群常常是地方化的，导致了企业之间的网络在区域层面的形成。这些网络之间往往已经超越了单纯的商品和服务的交换，还包括一种非交易性的相互依赖关系，在这种关系之中与创新有关的信息得到分享。

第三，知识提供者和企业之间的相互作用，例如大学—产业的联系、知识溢出和新兴公司的成立常常都是本土化的，因为其要受到当地劳动力市场的人员流动和主体间开展面对面交流的影响。

第四，在过去这些年里，区域在创新政策的制定和实施中扮演着越来越活跃、越来越重要的角色。很多区域都提出了科技（S&T）政策或者创新计划，这些政策中常常包括对于区域特定产业集群的强化，其在支持技术转移和创新活动中也越来越积极，所起的作用也越来越大。区域创新系统的概念为评估区域创新环境中的技术和创新政策提供了一个良好的框架。①

第五，由于所提到的企业、知识提供者和政策制定机构之间的相互作用，一种共同的技术和组织文化（一种特定的轨迹）可能在一个区域生产系统中发展出来，其在一定条件下支持集体的学习和创新。在这种状况下，一些区域的学习速度要比其他区域更快，其在区域创新系统建设方面也就走得更快。

综上所述，区域化的观点导致对于区域创新系统的日益关注，区域被看成是在中观层面调节经济活动的一个重要基础。区域越来越成为这样一种层面，在这一层面上通过区域创新主体构成的网络、当地集群和研究机构的交互作用而产生创新。几乎在所有的国家都存在创新活动的地理集聚现象，区域创新对于国家创新能力来说有举足轻重的意义。为了创造竞争优势，区域内生创新能力的发展在今天常被看作是"区域构建的优势"，在这一

① Vesa Harmaakorpi, *Building a Competitve Regional Innovation Environment — the Regional Development Platform Method as a Tool for Regional Innovation Policy*. Helsinki University of Technology, Lahti Center, Doctoral dissertation series 2004/1, Espoo 2004.

点上区域创新系统的建立和形成就具有重要的战略意义。而随后以库克、布拉茨克、阿歇姆等为代表的区域创新系统研究学者不光提出了区域创新系统的明确定义,还对区域创新系统的研究框架、基本构成以及推进区域层面的系统创新的关键制度形式进行了深入的研究。

▶▶ 1.2 研究问题与研究意义

▷▷ 1.2.1 研究问题

区域创新系统基于特定的区域发展,必然要受到区域内的文化、政策以及产业发展的影响。交互式学习(Interactive Learning)被学者们认为是创新系统的中心活动,其在区域创新系统中的作用和地位毋庸置疑。基于前人已有的研究,本书深入探讨了区域的知识基础和区域中企业的交互式学习的概念内涵与组成,构建了区域创新系统与企业技术创新绩效的关系的概念模型,探讨作为区域创新系统研究的重要组成部分,主体要素环境、区域文化环境、区域政策环境以及交互式学习与企业技术创新绩效的关系和相互之间的作用方式,希望能揭示出区域创新系统的运作机理和区域层面创新现象的本质。本书研究的主要问题具体描述如下:

问题1:区域创新系统的概念框架由哪些部分组成? 这些部分与企业技术创新绩效的关系如何?

现有研究在发展一个统一的区域创新系统的概念框架以及对于区域、创新系统、制度等关键术语的界定和概念化方面做得还不够。当然,阿歇姆、伊萨克森、库克等学者在这方面还是做了非常显著的工作,他们将区域创新系统描述成"生产结构根植于当地的制度结构之中,在其中企业和其他组织都系统地投入交互式的学习"①。这一定义抓住了区域创新系统整体的复杂性,但是没有说清楚是什么构成了生产结构、制度结构、主体要素,以及将它们联系起来的相互作用和内部关系是什么。因此,通过文献研究和

---

① Cooke P, Uranga MG, Etxebarria G., "Regional systems of innovation: an evolutionary perspective."*Environment and Planning A*(1998)30:1563—1584.

理论探讨来提出区域创新系统的概念框架、构建区域创新系统与企业技术创新绩效的关系的概念模型,是本书力求解决的第一个问题,同时也为研究假设的提出和实证研究的开展打下了基础。

问题 2:区域创新系统中交互式学习的概念内涵和基本组成如何? 交互式学习在区域创新系统中对于企业技术创新绩效的影响如何? 其在区域创新系统中如何发挥核心作用?

基于知识的经济和学习经济的基本理论都论证了在全球经济的大背景下,知识是最重要的战略资源,而学习则是获得竞争优势的最根本的活动。因此,学习也成为区域创新系统方法的核心。为了理解创新系统,我们要分析的不仅是单个要素,而且还有它们之间的交互关系,在区域创新系统研究中最基本的功能和活动就是交互式学习。交互式学习强调创新的动态方法,而非基于特定知识库的更加静态的方法,但在现有的研究中,对于交互式学习的内涵、组成和作用机理进行深入、系统探讨的文献较少。本书将通过理论探讨和案例研究,基于区域中的知识基础和创新网络来对交互式学习的概念内涵、组成和作用机理进行研究。在此基础之上,本书还将通过实证研究来探讨交互式学习在区域创新系统中对于企业技术创新绩效的影响,以及其所起到的重要的中介效应。

问题 3:区域创新系统中主体要素环境对于企业与相关主体要素的交互式学习和企业技术创新绩效会产生什么样的影响? 其具体的作用方式是什么?

根据部分学者的观点,企业和相关的主体要素一起构成了区域创新系统的知识应用子系统、知识生产子系统和知识扩散子系统。地理的邻近性促进了技术的邻近性,为企业构建和参与创新网络、开展交互式学习、获取所需的知识和创新支持提供了便利的条件。本书将通过实证研究来探讨主体要素环境对于企业开展交互式学习和提升技术创新绩效的影响,以及具体的影响和作用方式。

问题 4:区域创新系统中的文化环境对于企业与相关主体要素的交互式学习和企业技术创新绩效会产生什么样的影响? 其具体的作用方式是什么?

经济运行中的每一个主体都在一定的文化背景下活动,而且任何一种新的制度都必须与文化相结合才能够建立起来。因此,明确区域文化对创新主体的作用机制就显得尤为重要。区域文化环境是区域创新系统的重要组成部分,其对于企业与区域内相关主体要素间的"非交易性的相互依赖"、知识的共享、发展共同的沟通和理解模式以及信任的建立都具有重要意义。本书将根据相关学者的研究开发出区域文化环境的测量量表,并通过实证研究来探索区域文化环境对于企业技术创新绩效的影响,以及具体的作用方式。

问题 5:区域创新系统中的政策环境对于企业与相关主体要素的交互式学习和企业技术创新绩效会产生什么样的影响? 其具体的作用方式是什么?

区域中与企业技术创新相关的政策是 RIS 的重要组成部分,能够给区域创新活动创造一个理想的环境,具有一定的灵活性,但不能被其他政策所取代。在区域创新政策中,大多数政策措施的重点都在于推进区域内相关主体要素间的交互作用、提升区域内 SMEs 的创新能力。本书将根据相关学者的研究开发出区域政策环境的测量量表,并通过实证研究来探讨区域政策环境对于企业技术创新绩效的影响,以及具体的影响和作用方式。

问题 6:本研究的概念模型对于不同的产业部门是否具有普遍适用性? 区域创新系统各个组成部分与企业技术创新绩效之间的关系是否会因行业不同而不同?

很多的研究认为,就产业部门来说,企业创新活动的技术密集度和知识密集度越高,它们就越需要通过创新网络来获得知识,空间邻近性也就越重要,也就是区域创新系统对于区域内不同行业的企业的影响以及具体的作用方式可能会有不同。本书通过对珠江三角洲地区企业的实证研究,探讨了区域创新系统的各个组成部分对于企业技术创新绩效的影响和作用方式是否会因行业的不同而不同。

问题 7:区域创新系统的理论与思想如何指导区域产业发展与区域创新实践?

本书所开展的实证研究希望厘清区域创新系统与企业技术创新绩效之

间的关系,同时我们也希望区域创新系统能够对区域产业的创新发展提供具体的理论指导。广东在技术创新和产业发展方面有两个非常重要的依托,即各级科技园区和各地快速崛起的专业镇经济。各地的科技园区在"科技强省"和"创新型广东"战略思路的指导下,突出"自主创新",并提出了"二次创业"的口号,积极探索着强化园区企业创新能力的有效手段。专业镇作为簇群经济的一种表现形式也极具广东特色,产业升级已成为广东专业镇经济发展的主导方向,而专业镇内企业技术创新能力的强化是将专业镇产业升级落到实处的有效途径。在这样一种背景下,本书基于广东的科技园区和专业镇建设来对区域创新系统思想的实践应用进行探讨和论述,以突出区域创新系统理论的现实意义。

▷▷ **1.2.2 研究意义**

本书通过文献分析、理论探讨和实证研究相结合的方式,对区域创新系统与企业技术创新绩效的关系进行了研究,并探讨了区域创新思想的实践与应用。本研究的理论意义和实践意义主要在于:

1. 在现有文献中,国外学者的实证研究多侧重于研究区域内创新主体间的互动,而较少论及作为区域创新系统重要组成部分的政策、文化等因素对于区域内企业技术创新绩效的影响。在本书中,作者通过对主体要素环境、区域文化环境和区域政策环境的研究来认识区域创新系统的生产结构和制度结构,这一方式有利于对区域创新系统的组成进行清楚的界定和划分,同时也有助于深入探讨各个组成部分对于区域创新系统中的交互式学习以及企业技术创新绩效的影响。在此基础上构建的概念模型,在一定程度上使得区域创新系统的概念框架更加清楚和合理,也便于实证研究的开展。

2. 尽管国内外学者对于区域创新系统做了许多理论上的分析,但真正基于区域创新系统的完整概念框架所开展的定量研究相对来说还是比较缺乏,而对发展中国家创新系统的实证研究则更少。国内学者对于创新系统的研究,重点多放在概念框架的构建和系统组成上,对于区域创新系统的运行机理,各种组成要素相互之间的作用,更是缺乏实证的研究和分析。本书采用实证研究的方法来探讨区域创新系统的组成部分与企业技术创新绩效的关系,在一定程度上弥补了我国学者在区域创新系统实证研究方面的不足,不但对今后区域创新系统的实证研究提供了有益的参考,同时也为区域创新系统的理论发展提供了实证证据。

3. 在本书中，基于区域知识基础和创新网络对区域创新系统中交互式学习的概念、组成以及其在区域创新系统中的地位和作用进行了深入的研究和探讨，有利于我们更好地认识和理解区域创新系统中的交互式学习。实证研究的结果表明，交互式学习作为区域创新系统方法的核心，在主体要素环境、区域文化环境对于企业技术创新绩效的影响中起着重要的中介作用，但其在区域政策环境对于企业技术创新绩效影响中的中介效应并不显著，这与国外一些学者的观点并不一致，从而说明我国的区域创新也具备自身的一些独特特点，有助于我们更好地基于我国区域发展的实际去认识和理解中国的区域创新系统。

4. 广泛地开展经验性的研究，将其作为政策制定的基础，是非常关键的。本书把国外学术界关于创新系统的研究与对中国区域创新系统的探索结合起来，基于珠江三角洲地区开展实证研究，所得到的结果具有一定的政策参考意义。如创新的区域文化和良好的要素环境都有利于推进企业与相关组织和机构之间的学习和合作，而区域政策环境在促进企业与区域内相关组织和机构之间的学习和合作上的作用并不大，区域政策制定主体可以根据这些结论，在相关的方面进行改善和加强，如进一步推进区域产业集群、科技园区和专业镇建设，完善区域技术创新服务平台，强化创新的区域文化，加强对产学研合作的引导等。

5. 对于企业来说，本书可以使珠江三角洲地区的企业更好地认识到良好的要素环境、文化环境、政策环境以及与其他组织和机构的合作和学习对于企业技术创新的重要意义，从而更加积极主动地融入地方产业集群、加强交流合作、重视对于创新氛围的培育和对于政策工具的利用，进而实现自身创新能力的快速提升。

▶▶ 1.3 相关概念界定

1. 技术创新(Technology Innovation)

指在市场导向下，通过技术、知识的获取来推进现有产品、工艺以及服务的改进，或者以此加强对先进技术的学习和应用，并将其转化为最好的商业机会,最后将这些商业化的产品和工艺引入到竞争性的市场,使其得到传播和应用。

2. 区域创新系统(RIS,Regional Innovation System)

区域创新系统就是生产结构根植于当地的制度结构,在其中企业和其他组织都系统地投入交互式的学习。

3. 制度环境(Institution Milieu)

在本书中,制度这一术语指的是"游戏规则"(Rules of the Game)与实体组织相结合所构成的环境以及它们两者的相互作用;游戏规则既包括正式的规则、规章,也包括非正式的规范和惯例;相应地,制度环境不仅仅包括支持企业技术创新的实体组织和机构,还包括区域中的文化、政策等因素。

4. 主体要素环境(Main Factor Environment)

主体要素环境指的就是区域中的创新主体的一个整体状态,包括组成区域内生产体系和创新支持基础设施的组织和机构。也有很多学者将生产体系和创新支持基础设施进一步细分为知识应用子系统、知识生产子系统和知识扩散子系统。在这种分类方法中,主体要素包括了这些子系统中的所有组织和机构。

5. 区域文化环境(Regional Culture Environment)

区域文化环境是区域创新系统的重要组成部分,区域文化包括区域内的非正式制度,也就是在区域中盛行的惯例、风俗、规则、共同的价值观和信任等。

6. 区域政策环境(Regional Policy Environment)

本书中的区域政策环境包括政府鼓励和推进技术创新的政策措施以及与企业技术创新有关的规范、规章、技术标准等。

7. 创新网络(Innovation Network)

创新网络指的是区域内的行为主体在交互作用和协同创新的过程中,彼此之间建立的有利于促进技术创新和学习活动的各种正式和非正式的关系的总和。

8. 交互式学习(Interactive Learning)

交互式学习是一个社会过程,意味着创新主体在知识的开发、扩散、应用和创新过程中,要持续地与不同的主体要素发生交互作用,进行知识和信息的输入、输出和反馈。企业作为技术创新的主体,其在创新网络中与客户和供应商的垂直联系、与竞争对手和相关行业企业的水平联系、与大学和科研机构等知识生产机构的联系、与科技服务机构的联系构成了区域创新系统中交互式学习的基础。

▶▶ 1.4 研究方法

本书是对于区域创新系统与企业技术创新绩效的关系的实证研究。作者在大量阅读相关文献的基础上，通过理论演绎，构建了本书的概念模型，并提出了研究假设，通过调查问卷的方式对珠江三角洲地区的企业进行了调研，对于回收的数据采用 SPSS 13.0 和 AMOS 5.0 等软件进行了分析和假设检验。最后基于实证研究的结论，将相关的区域创新系统的思想和理念应用到广东的科技园区和专业镇建设的实践，探索区域创新系统理论和方法的实践意义。主要的研究方法包括：

1. 文献研究和理论分析。通过检索和阅读国内外区域创新系统的相关研究文献，确定区域创新系统的基本组成和各组成部分的主要功能，以及对于企业技术创新绩效的影响，同时也对交互式学习的概念、组成及其在区域创新系统中的地位和作用进行了理论探讨，为本书概念模型的构建打下基础。

2. 案例研究。为了更好地说明知识与知识经济，本书以美国硅谷和128 号公路为例来分析了知识对于区域发展的重要意义；为了更好地分析和理解区域创新系统中的知识基础、创新网络和交互式学习，本书以美国杜邦公司(DuPont)、丹麦的撒宁地区(Salling)和北加特兰地区(North Jutland)以及挪威罗格兰德地区(Rogaland)为实例进行了研究分析；为了将研究的结论与区域创新实践相结合，本书还以广东的科技园区和东莞的专业镇为例阐释了区域创新系统的理论和思想在科技园区和专业镇建设与发展中的实际体现。

3. 实证调查研究。伊万格丽斯塔(R. Evangelista)等学者认为现在对于亚国家层面的创新活动的研究仍然处于初级阶段，这一现象在很大程度上要归因于缺乏充分的数据来描述区域层面的复杂的创新现象。为了对本书的概念模型和研究假设进行检验，作者设计了调查问卷，对珠三角地区的企业进行了问卷调查，收集本书所需的分析数据。同时，为了更好地分析广东的科技园区和专业镇的建设实践，本书也依托两个研究项目进行了大量的调查研究,以获取翔实的第一手资料,真正掌握广东在科技园区和专业镇等区域创新实践方面的现实情况。

4. 数据分析。对调查问卷所收集到的数据进行分析,以检验概念模型和研究假设。本书主要通过探索性因子分析、验证性因子分析和结构方程模型来分析数据,所利用的工具主要为 SPSS 13.0 和 AMOS 5.0 等软件。

本书的研究流程如图 1.1 所示。

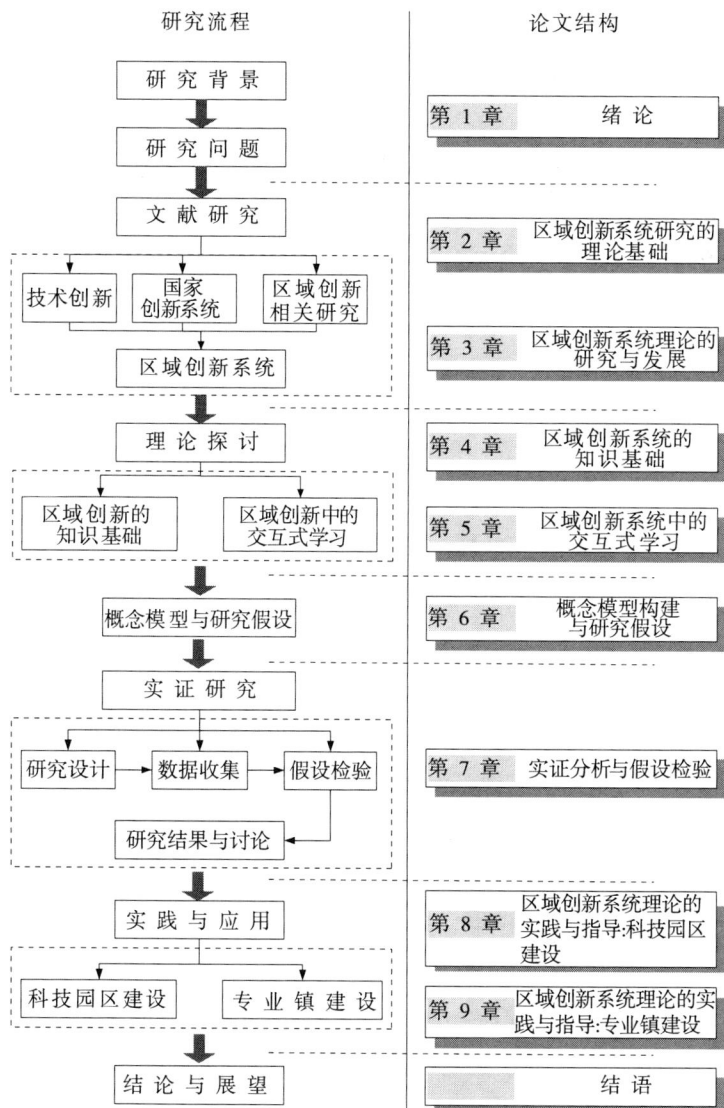

图 1.1　研究流程与本书结构

▶▶ ## 1.5 本书的体系结构

根据研究流程,本书由十个部分组成:绪论;区域创新系统研究的理论基础;区域创新系统理论的研究与发展;区域创新系统的知识基础;区域创新系统中的交互式学习;概念模型构建与研究假设;实证分析与假设检验;区域创新系统理论的实践与指导——广东的科技园区和专业镇建设;结语(见图1.1)。

第1章,绪论。主要介绍本书的研究背景、研究问题、研究意义、相关概念的界定、研究的方法和全书结构。

第2章,区域创新系统研究的理论基础。本章主要是基于前人的研究,对于技术创新、国家创新系统等相关理论进行了文献研究。首先对技术创新的概念、类别和技术创新战略进行了探讨,并从经济增长的角度来分析了技术创新与经济增长理论之间的关系,同时还对技术创新的基本模式进行了研究,基于技术创新的五种模式研究了创新思想的进化与发展;之后,本章研究了对于区域创新系统理论非常重要的另外一个概念——国家创新系统,主要基于现有的研究文献,对国家创新系统的界定、研究框架和内涵特点进行了研究;最后,本章对相关的区域创新研究进行了探讨,主要分析了产业区理论、新产业空间理论、创新环境和技术极等思想,以为区域创新系统的研究打下理论基础。

第3章,区域创新系统理论的研究与发展。本章深入探讨了区域创新系统的研究现状与理论发展。首先,对于区域创新系统的概念进行了辨析,将其与相关的国家创新系统、区域创新相关研究以及产业集群等概念进行对比;其次,对于区域创新系统的研究要素和研究框架进行了论述,并深入探讨了区域创新系统这一概念的内涵特点,以为本书概念模型的提出打下基础;第三,归纳了不同学者所提出的区域创新系统的分类,并重点探讨了三类广为接受的区域创新系统的类型;最后,对于现有的实证研究进行了归纳和分析,并提出了现有研究的不足,当然这些不足也为本书实证研究的开展提供了契机。

第4章,区域创新系统的知识基础。本章论述了知识对于企业和区域创新的重要性。首先,从知识经济的时代背景论述了知识对于区域发展的重要性,并辅以美国硅谷和128号公路这两个典型的案例进行了论证;其次,对于知识的基本概念和基本类别进行了探讨;最后,从知识基础的角度来分析了知识的作用,并采用杜邦公司的案例来论述了知识基础的分布性特点,同时提出了区域知识基础的三种类型,并以丹麦的撒宁地区和北加特兰地区为例来说明了知识基础在区域的现实存在与作用。

第5章,区域创新系统中的交互式学习。为了在区域中探讨学习的问题,本章首先对创新网络进行了研究,论述了创新网络的基本组成和功能特点,并分析了创新网络与区域创新系统的内在联系;基于创新网络,交互式学习得以发生,因此,交互式学习是区域创新系统中的中心活动,本章分析了交互式学习的作用机理及其与技术创新的关系;最后,采用挪威的罗格兰德地区为例来分析了区域创新系统中的交互式学习。本章的研究澄清了区域创新系统中交互式学习的概念、组成与特点,为后面概念模型的提出打下了基础。

第6章,概念模型构建与研究假设。本章基于前人的研究,并结合知识和交互式学习的思想,构建了区域创新系统与企业技术创新绩效之间的关系的概念模型。概念模型中以交互式学习作为中介变量来深入探讨主体要素环境、区域文化环境和区域政策环境与企业在区域中的交互式学习和技术创新绩效的关系。同时,基于现有学者的理论探讨和实证研究,根据本书所构建的概念模型,提出了相应的研究假设和实证模型。

第7章,实证分析与假设检验。本章对于上一部分的概念模型进行实证检验。首先对研究区域进行了界定,并选择珠三角地区为调查研究区域;随后进行了研究设计,给出了变量的操作性定义并设计出相应的测量量表,在预测试的基础上对量表的信度和效度进行了检验,并根据分析结果调整了测量量表;接下来,采用正式量表进行问卷调查,并基于调查结果进行探索性因子分析和验证性因子分析,之后用结构方程模型对整体的实证模型进行了拟合,并对研究假设进行了检验;最后,基于假设检验的结论进行讨论,并得出了一些有意义的结论。

第8章,区域创新系统理论的实践与指导:科技园区建设。本章将区域创新系统的理论框架应用于广东科技园区的建设实践,探讨区域创新系统思想的实践意义。科技园区是广东提升自主创新能力的主要阵地,本章基于前文中对于区域创新系统的研究结论,在完善科技园区创新环境和推进交互式学习的思想的指导下,基于知识的应用和转化过程,提出了科技园区的创新链与价值链的概念,并分析了科技园区的创新支持体系,希望能够以此为基础来推进科技园区内创新要素的交互作用,并真正提升企业的技术创新能力。

第9章,区域创新系统理论的实践与指导:专业镇建设。本章将区域创新系统的理论框架应用于广东专业镇的建设实践,探讨区域创新系统思想在专业镇发展中的实际应用。专业镇是广东区域产业和集群经济发展的一大特色,与科技园区不同,专业镇中产业簇群的形成带有自发的特点,可以说是一种市场行为。今天,广东的专业镇也面临着改造升级的压力,区域创新系统作为一种区域创新能力建设的有效框架,也可以在专业镇建设中得到有效利用。本章首先对东莞的几个极具代表性的专业镇进行了案例分析,从创新特征、知识基础的特点、区域创新系统的特点等几个方面来论述了知识基础和交互式学习在专业镇中的现实情况。在此基础之上,本章探讨了对于专业镇创新能力的提升有着关键影响的科技创新平台的建设问题,研究了专业镇科技创新平台的发展模式,提出了存在的问题,并依据区域创新系统的思想提出了建设专业镇科技创新平台的建议。

最后是结语部分。提出了本书的研究所得出的主要结论,阐述了本研究的创新点和实践意义,并指出了研究的局限性和区域创新系统未来的研究方向。

第 **2** 章

区域创新系统研究的理论基础

▶▶ 2.1 技术创新

▷▷ **2.1.1 概念内涵**

2.1.1.1 技术创新的概念

"创新"一词来自于拉丁语"Novus",其意思是引进新的事物或者提出新的思想。在 20 世纪,对创新概念实际上有很多种不同的理解方法。在工业化的初级阶段,创新主要被看成是有才能的个人或者研究团体在知识获取上的飞跃。最早提出产业创新概念的是熊彼特(Schumpeter),他认为创新是经济发展的动力,其意味着企业要利用各种新的方式去开发资源,以满足新的市场需求。熊彼特并不认为创新一定要是新的东西,把一个产业中的生产工艺/流程采用到另一个产业并且创造出一种优势可以是创新,把一个产品引进到一个其以前未进入的市场也是创新。也就是说,第一次制造一个东西不一定要求创新性,但第一次卖它则要求创新性。熊彼特的创新分类包括了产品创新、工艺创新、市场创新、供应管理创新和组织创新等方面。技术创新的概念就是在熊彼特 20 世纪初所创立的创新理论的基础上演绎而来的。20 世纪中叶以后,在技术创新领域所开展的大量工作已经带来了许多重要的理论成果,对技术创新理论本质的认识也经历了一个逐渐深化的过程。①

创新定义的发展可以通过对创新过程的分析来理解,这就包含着研发、

---

① 王学苓:《技术创新的经济分析——基于信息及其技术视角的宏观分析》,西南财经大学出版社 2005 年版,第 17—18 页。

设计、制造、管理以及对于新产品或者新的工艺的销售,企业可以进一步将其总结为几个阶段,即基础科学、应用科学、工程和应用、大规模的市场应用。为了更好地理解技术创新,我们需要了解创新的过程。在这个问题上,斯蒂尔(L. W. Steele)提出的创造与应用图谱(Creation－application spectrum)覆盖了从基础研究到产品服务的整个过程(见图2.1)。图2.1中的基础研究的特点是没有特定的商业目标,着眼于对目前课题的理解与知识拓展,而不是实际应用。应用研究的特点是学习必要的知识来为达到某些特定需求寻找一种合适的方法。产业中的应用研究包括发现与产品和工艺相关的特定商业目的的新科学知识。开发指的是系统地应用研究中得来的知识,包括对模型和工艺的设计与开发。基础研究(创造新知识)与应用研究(解决一个具体的问题)的区别是很明显的。在美国,基础研究多半在大学中进行。实际上,当客户需求成为创新动力时,这一区别又变得非常模糊,因为那些开发新市场和为企业前景带来实际贡献的前沿创新并不按照一般公司的常规来办事。①

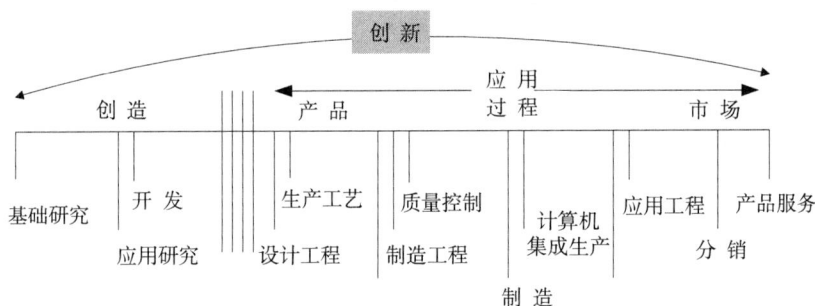

图 2.1　创新所包括的过程

资料来源:改编自 L. W. Steele, *Managing Technology: the Stratford View*. New York, McGraw－Hill, 1989.

伴随着科学技术的进步和社会的发展,技术创新的内涵在不断变化,学者们也提出了不同的技术创新的定义。不同学者对于技术创新概念的不同界定详见表2.1。从表2.1中我们也可以看出,随着研究的不断深入和视角的不断拓展,技术创新的概念所包含的内容也越来越广泛,从单纯强调产

① 转引自约翰·E.艾略特《创新管理——全球经济中的新技术、新产品和新服务》,王华丽、刘德勇、王彦鑫译,上海财经大学出版社2008年版,第20—28页。

品或者工艺的改进到注重商业应用,技术创新的概念在发展中逐渐囊括了从产品和工艺开发、生产到市场应用的整个过程。结合本书所归纳的不同学者对于技术创新的定义和分类我们可以看出,技术创新有着非常丰富的内涵和外延,其对于社会进步和发展有着重要推动作用。技术创新概念内涵和外延的扩展,也推动了技术创新研究模式的发展。尽管各有侧重,但不同的定义和分类都强调了产品、工艺、组织、市场、服务等要素,这些都是新的而且都是可以产生新的价值的。技术创新的发展可以通过对创新过程的分析来理解,其包括研发、设计、制造、管理、新产品和新工艺以及新的服务和市场推广。基于此,本书认为技术创新是一个内涵较为宽泛的概念,是指在市场导向下,通过技术、知识的获取来推进对现有产品、工艺以及服务的改进,或者以此加强对先进技术的学习和应用,并将其转化为最好的商业机会,最后将这些商业化的产品和工艺引入到竞争性的市场,使其得到传播和应用。

表 2.1 不同学者对于技术创新的定义

学者	创新的概念	侧重点
罗森伯格(N. Rosenberg, 1976, 1982),尼尔逊和温特(Winter, 1977, 1982),多西(G. Dosi, 1982)	技术创新就是对于现有技术的改进和提升的过程。	产品或者工艺的创新
罗杰斯(Rogers)和休梅克(Shoemaker)(1971),波特(M. Porter, 1990),沃斯(Voss,1994)	创新是对新的产品或者新的工艺的应用。	
伦德瓦尔(1992)	广义的技术创新概念是指技术创新可以在所有的经济系统中产生,其不仅仅包括重大的技术变革,也包括逐步的技术改进。	
OECD 奥斯陆手册(Oslo Manual,1997)	产生新的产品或工艺,抑或是对现有的产品或工艺在技术方面的重要改进。	
艾德奎斯特(C. Edquist, 1997)	创新是具有经济意义的新的创造物,这就包含了根本的新的创造物或对于现存元素的新的组合。	

续表

学者	创新的概念	侧重点
帕维特（K. Pavitt, 1984），迪德等（Tidd et al, 1997）	技术创新就是将机会转变为现实的商业应用的过程。	商业应用
德鲁克（P. Drucker, 1985）	技术创新是一个特殊的工具，企业家利用它去将变革转变为机会，开发不同的商业领域或者提供不同的服务。	商业应用
布朗（Brown, 1992）	技术创新是一种新的产品、方法或者系统，它们拥有创造新的市场的潜力，或者可以改变竞争对手或消费者的行为模式。	商业应用
阿玛拜耳（Amabile, 1996）	技术创新就是对于组织内在创造力的成功表达。	组织的创造力
肖特（Schott, 1981），达夫特（Daft, 1982），罗斯韦尔（Rothwell）和贾第纳（Gardiner）（1985）	技术创新是一个综合的过程，包括对现有技术的改进和商业应用。	从开发到市场的整个过程
OECD（1997）	狭义的技术创新概念就是指开发新的产品并且将其推向市场、成功地实现商业化的活动。	从开发到市场的整个过程
美国国会图书馆研究部	技术创新就是一个从新产品或新工艺的设想、产生到市场应用的完整过程，它包括新设想的产生、研究、开发、商业化生产到扩散这样一系列的活动。	从开发到市场的整个过程
帕克（S. C. Park）和李（S. K. Lee）（2005）	技术创新与技术变革有关，其包括发明创造、创新和扩散。	从开发到市场的整个过程
许庆瑞（2000）	技术创新泛指一种新的思想的形成、得到利用并生产出满足市场用户需要的产品的整个过程。	从开发到市场的整个过程
傅家骥（1999）	指企业家抓住市场的潜在盈利机会，以获取商业利益为目标，重新组织生产条件和要素，建立起效能更强、效率更高、费用更低的生产经营系统，从而推出新的产品、新的生产（工艺）方法、开辟新的市场等一系列的综合过程。	从开发到市场的整个过程
汪应洛（1999）	建立新的生产体系，使生产要素和生产条件重新组合，获得潜在的经济效益。	从开发到市场的整个过程
陈其荣（2000）	技术创新是作为创新主体的企业在创新环境条件下通过一定的中介而使创新客体转换形态、实现市场价值的一种实践活动。	从开发到市场的整个过程

资料来源：作者根据相关文献归纳整理。

2.1.1.2 技术创新的分类

创新被认为是企业的内在因素,并且具有动态的特征。随着时间的变化,其不再是静止的,而是沿着一定的轨迹发展,表现出不同的创新形式,遵循着特定的变化模式。从技术创新的定义出发,学者们由于研究的角度和目的不同,对技术创新所做的分类也不一样,如英国苏塞克斯大学科学与政策研究所(SPRU)基于技术创新强度和重要性的分类,OECD基于创新过程的分类,相关学者基于企业创新对象的分类,以及基于创新战略的分类等。

通过分析不同的技术创新分类方法,有利于深入理解技术创新概念。本书对不同的技术创新分类进行了归纳,结果见表2.2。

表2.2 技术创新的分类

研究角度	类别	界定
根据技术创新对象分类	产品创新 (Product Innovation)	对现有产品的实质性的改进或者生产一项新的产品。
	工艺创新 (Process Innovation)	进行生产工艺的改进或者采用新的工艺。
	市场创新 (Marketing Innovation)	发掘和开辟新的市场。
	供应管理或者物流创新(logistics service Innovation)	找到新的原材料或者新的中间品,或者改进物流供应的模式。
	组织创新(Organizational Innovation)	采用新的企业组织形式或新的管理模式。
根据技术创新的强度和重要性分类	渐进性创新 (Incremental Innovation)	由渐进的和连续的小的创新构成,技术变化不大,以技术改进为主。
	根本性创新 (Radical Innovation)	强调观念性突破,存在着较大的不连续创新。
	技术体系的变革 (Change of Technology System)	以具有深远意义的技术变革组成一系列创新,往往影响到若干产业部门,可以促使新兴产业出现,形成技术上相关联的创新群和大量的根本性创新。
	技术—经济范式变革(Change in Tech—economic Paradigm)	比技术系统更为宽泛的概念,这种创新能对社会产生广泛而深入的影响,几乎可以改变所有部门和人们的行为方式,形成若干个技术系统变革。

基于知识和交互式学习的区域创新系统研究

续表

研究角度	类别	界定
根据创新战略分类	自主创新	企业通过自身努力和探索产生技术突破,以获得自主知识产权为目标,独立完成技术的商业化全过程,完全独立地获得创新垄断利润。
	模仿创新	企业通过向首创者学习创新的思路、经验和行动,购买或者破译核心技术和技术秘密,对技术进行改进和完善,根据市场的特点和趋势加以深入开发。
	合作创新	企业之间、企业与高校或者研究机构之间优势互补,共同投入到某一项研究之中,形成创新的协同效应,达到双赢或者多赢的目标。
根据创新的具体活动分类	获取非具体化的技术和技术诀窍(Disembodied technology & know—how)	
	获取具体化的技术(Embodied technology)	
	采用新的设备	
	采用工业工程和工业设计	
	产生新创企业	
	新的或者改进的产品的市场营销	

资料来源:作者根据相关文献归纳整理。

2.1.1.3 技术创新的战略

创新决策在国家、区域以及企业的发展战略中占有越来越重要的地位。一个国家和地区需要创新战略,创新战略可以在一国或某一地区的科学政策、技术政策和创新政策中得到体现。作为回应,创新能力也成为一国或者一个地区竞争优势的来源或者在竞争上处于劣势的原因。一些研究结论可以支持这一论点,如毕宁(Billing)和亚普拉克(Yaprak)在 1995 年的研究中就比较了美国和日本 14 个行业的创新效率,发现美国在食品、纺织、化工、橡胶、金属以及金属制品行业的研发效率较高,而日本在造纸、石油、机械和科学设备方面更有优势。① 波特在对区域产业集群的研究中发现,创新能力也成为区域产业竞争优势差异的重要原因。对于企业来说,创新战略就

---

① 转引自约翰·E.艾略特《创新管理——全球经济中的新技术、新产品和新服务》,王华丽、刘德勇、王彦鑫译,上海财经大学出版社 2008 年版,第 30—48 页。

更加重要了。不同学者都尝试给出具体的企业的创新战略。艾略特(E. Elliot)在其 2006 年的著作中对之进行了总结(见表 2.3),并认为不同的分类或多或少地都指出了创新战略的一种独特之处,而不论企业最初的目的是否是想在创新环节中处于领先地位。汉布瑞克(Hambrick)研究了梅尔斯(Myers)和斯诺(Snow)的分类,并认为探测者战略在创新行业的多变环境中能更好地发挥作用。同时他也发现,探测者或者说引进更多新产品的公司为工艺创新也创造了很多机会。弗里曼概括出六类创新战略,其中的攻击、防卫和模仿与梅尔斯和斯诺的分类非常类似,另三类是不独立的、传统的、机会主义的。不独立的战略指的是一个企业可以接受扮演强劲对手的附属角色;传统竞争者战略是指或多或少地保持现有的产品和服务,只是控制成本以改变价格;机会主义竞争者寻找其他人忽视的细分市场,通常是先行者。艾略特和布里奇斯(Bridges)提出了进取的技术战略,这一战略的特点包括:(1)在问题的技术解决方案上做长期投资;(2)用人力资源补充战略技术计划;(3)通过跟踪和预测来保持环境开放;(4)综合功能的结构化适应。[①] 技术创新战略应该与市场战略进行结合与互动,并涵盖从技术和市场评估到创新项目执行完成的整个阶段,以保证创新项目目标的顺利达成(见图 2.2)。

表 2.3 不同类型的创新战略

学者	分类
梅尔斯,斯诺(1978)	防卫者战略;探测者战略(先行者);分析者战略
弗里曼(1982)	攻击战略;防卫战略;模仿战略;不独立战略;传统竞争战略;机会主义战略
艾略特,布里奇斯(1987)	进取的技术战略
科林(Colin,1992)	先行者战略

资料来源:改编自约翰·E.艾略特《创新管理——全球经济中的新技术、新产品和新服务》,王华丽、刘德勇、王彦鑫译,上海财经大学出版社 2008 年版,第 40—45 页。

[①] 转引自约翰·E.艾略特《创新管理——全球经济中的新技术、新产品和新服务》,王华丽、刘德勇、王彦鑫译,上海财经大学出版社 2008 年版,第 30—48 页。

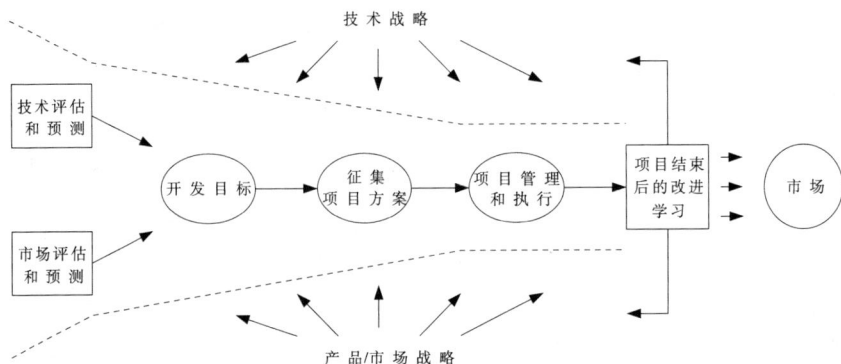

图 2.2　技术战略与市场战略的结合

资料来源：改编自约翰·E.艾略特《创新管理——全球经济中的新技术、新产品和新服务》，王华丽、刘德勇、王彦鑫译，上海财经大学出版社 2008 年版，第 26 页。

▷▷ 2.1.2 技术创新与经济增长

2.1.2.1 技术创新与经济增长理论的提出

亚当·斯密（Adam Smith）应该是西方经济学界最早阐释技术进步对经济增长的作用的人，他在其著名的《国富论》（1776）中强调了专业技术对经济增长的贡献，首次把工人技能的增强视为经济进步和经济福利增长的基本源泉，并首次论证了人力资本投资和劳动者技能对人均收入和工资结构的影响。他已意识到在经济增长三要素之外，技术进步是更深层次的要素。在斯密之后，李嘉图意识到了制造业领域的技术进步对收益递减的抑制作用。作为一个新古典经济学家，马歇尔对知识和技术的论述很有启发意义。马歇尔认为，知识是我们最有力的生产力，而且强调把知识分成公众和私人财产是非常重要的，在某些方面甚至要比对物质的东西进行这种划分更为重要，并且这种重要性在不断增加。① 之后，马克思（K. Marx）在其《资本论》中反复强调了技术作为物质手段，是现代生产的必要前提。1912年，熊彼特更是在其《经济发展理论》中创造性地明确提出，不是资本，也不是劳动力，而是技术创新，是资本主义经济增长的主要源泉。在熊彼特看来，创新是一种创造性的破坏（创造性的破坏必然导致新知识的产生），持续创新、持续破坏、持续优化、持续发展，这就是创新的经济发展逻辑。经济发

---

① 转引自庄子银《新增长理论的兴起与知识经济的出现》，载《经济评论》1999 年第 6 期，第 20—26 页。

展了,必然带动社会发展。所以,创新和新知识的产生也与社会发展密切相关。1928年阿林·杨(Allyn Young)《收益递增与经济进步》一文的发表把斯密对专业化分工、技术创新与经济增长的思想又向前大大推进了一步。

2.1.2.2 技术创新与新古典经济增长理论

与哈罗德－多马(Harrod－Domar)在其经济增长模型中强调的资本决定论不同,新古典经济增长理论中的技术决定论学者强调技术进步是经济增长的重要根源。美国经济学家索罗(Robert. M. Solow)率先认识到技术创新是经济增长的主要源泉,并建立了一个被称为"索罗模型"的分析框架。他在模型中引入劳动增强的技术进步,并且假设技术进步是外生的。在该假设下,技术就像是一个"天外来客",它与经济体无关,是独立于经济体之外自动产生的,因此生产函数可以被表示为:

$$Y = F(K, AL) = K^{\alpha}(AL)^{1-\alpha} \quad\cdots\cdots\cdots\cdots\cdots\cdots\cdots\cdots\quad (2.1)$$

其中 A 为劳动增强型的技术变量,假定 A 以固定的比例增长,即 $\dot{A}/A = g \Rightarrow A = A_0 e^{gt}$,$Y$、$K$、$L$ 分别表示产出、资本和劳动力。该生产函数用劳动力人均产出($y = Y/L$)来表示就是:

$$y = k^{\alpha}A^{1-\alpha} (k = K/L, \text{人均资本量}) \quad\cdots\cdots\cdots\cdots\cdots\quad (2.2)$$

资本累积方程为:

$$\dot{K}/K = sY/K - d (s \text{ 为储蓄率}, d \text{ 为折旧率}) \quad\cdots\cdots\cdots\cdots\quad (2.3)$$

人均产出的增长率为:

$$\dot{y}/y = \alpha\dot{k}/k + (1-\alpha)\dot{A}/A \quad\cdots\cdots\cdots\cdots\cdots\cdots\cdots\quad (2.4)$$

在上述式子中,当 Y/K 为一定值时,K 的增长率为常数,而 y/k 也一定,也即 y 和 k 以相同比率增长。这就说明在索罗模型中沿着平衡增长路径,劳动力人均产出和人均资本增长率等于外生的技术进步率 g,也即说明了技术进步是推动经济持续增长的源泉。索罗认为造成人均收入差异的主要原因是各国不同的投资率、人口增长率以及(也许是)外生技术上的差异。但是经济的持续增长则要靠技术进步(新知识)的作用,存在着技术进步就能够克服资本边际产出的下降。长期来看,一个持续增长的经济将与其技术进步同比例增长。也就是说,是技术而不是储蓄行为或政府政策最终影响长期增长率。

不难发现,索罗的增长理论把技术进步和知识的作用推向了一个高度,技术进步和技术创新成为远比物质资本和劳动力更为重要的经济增长的决定因素。然而,这一理论对知识的生产一无所知。我们想象一下,如果这个外生的技术进步来源被切断,经济终究难逃零增长的稳定均衡状态,从而经济的长期增长仍将是无法解释的现象。①

2.1.2.3 技术创新与新增长理论

新古典增长模型强调了技术进步的重要性,认为技术进步和技术创新是导致经济增长的引擎。但是其简单假设技术进步为一个外生变量,引起了很多研究者的质疑,很多经济学家开始对经济增长背后的技术进步从何而来以及技术如何引起经济的增长进行研究,这些研究导致了新增长理论或内生增长理论的出现。1962 年,阿罗(Arrow)发表了《边干边学的经济含义》一文,提出了"边干边学"的概念。边干边学是经验(隐性知识)的产品,只发生于解决问题的尝试中,经验具有递增的生产力。随着经验知识的积累,单位产品成本随生产总量递减;与此同时,随着投资和生产的进行,新知识将被发现,并由此形成递增收益。

进入 20 世纪 80 年代中期,美国经济学家保罗·罗默(Paul Romer)承继了阿罗用技术外部性解释经济增长的研究思路,把增长建立在内生技术进步上,在理论上第一次给出了技术进步的内生增长模型。罗默在模型中试图解释发达国家呈现出持续经济增长的原因和方式。发达国家中的知识和技术是受研究与开发的推动而不断进步的。罗默模型中的总生产函数描述了资本存量 K、劳动力 L(分为研发人员 L_A 和生产人员 L_Y)以及创新存

---

① 转引自庄子银《新增长理论的兴起与知识经济的出现》,载《经济评论》1999 年第 6 期,第 20—26 页。

量 A 与产出的关系：

$$Y = K^{\alpha}(AL_Y)^{1-\alpha} \quad \cdots\cdots\cdots\cdots\cdots\cdots\cdots\cdots\cdots\cdots\cdots\cdots \quad (2.5)$$

在这一方程中,生产函数中 K 和 L 的规模报酬不变,然而,如果创新 A 也被视为生产投入要素时,就存在着报酬递增,也即规模报酬递增的存在,从根本上说,是源于创意和知识的非竞争性。与新古典模型不同的是,该模型的核心是描述技术进步的方程,也即 $A(t)$ 是知识的存量,或者在历史进程中,到 t 时间为止已发明的创意数量。这样,在任何一个给定时间点所产生的新创意和知识的数量,简单地说,就是试图发明新创意的人数 L_A 与他们发明新创意的速率 $\bar{\delta}$ 的乘积:

$$\dot{A} = \bar{\delta} L_A \quad \cdots\cdots\cdots\cdots\cdots\cdots\cdots\cdots\cdots\cdots\cdots\cdots\cdots\cdots \quad (2.6)$$

劳动体既被用于生产又被用于研发,因此经济体面临着资源约束:

$$L = L_A + L_Y \quad \cdots\cdots\cdots\cdots\cdots\cdots\cdots\cdots\cdots\cdots\cdots\cdots\cdots \quad (2.7)$$

研发人员发明新创意和知识的速率必定是依赖于已被发明的创意存量的,也即过去发明的创意和知识可能会增加当前研究者的生产率,这样看来, $\bar{\delta}$ 就是关于 A 的增函数;而从另外一个角度来看,可能最简单的创意早就被发现,后来的创意就越来越难以被发现,这样 $\bar{\delta}$ 就成为关于 A 的减函数。因此创新和知识的创造可被模型化:

$$\bar{\delta} = \delta A^{\varphi} \quad \cdots\cdots\cdots\cdots\cdots\cdots\cdots\cdots\cdots\cdots\cdots\cdots\cdots\cdots \quad (2.8)$$

其中 φ、δ 均为常数, $\varphi>0$ 表示研究效率随着已被发现的创意和知识存量的增加而提高; $\varphi<0$,则恰恰相反;而 $\varphi=0$,则表示研究效率与知识存量无关。

也有可能的情况是,平均的研究效率取决于任一时点上从事研究开发新创意和新知识的人数,如越多的人从事研究,重复工作的可能性就越大。把这一可能性模型化的方法就是假定引入生产函数的不是 L_A 而是 L_A^λ ,λ 是介于 0 和 1 之间的参数。所以,结合前面的推导,创意和知识生产函数便可以表示为:

$$\dot{A} = \delta L_A^\lambda A^\varphi \quad\cdots\cdots\cdots\cdots\cdots\cdots\cdots\cdots\cdots\cdots\cdots\cdots \text{(2.9)}$$

以上的方程显示了将经济增长加以模型化的重要一点,φ>0,外部性能够带来一种"站在别人肩膀上"的效应,而 λ<1,外部性则带来一种"踩在脚趾上前进"的效应。

在罗默模型中,经济增长的来源也是技术进步和新知识的创造。当沿着平衡路径增长的时候,技术进步和新知识的增长率可以表示为:

$$\frac{\dot{A}}{A} = \delta \frac{L_A^\lambda}{A^{1-\varphi}} \quad\cdots\cdots\cdots\cdots\cdots\cdots\cdots\cdots\cdots\cdots\cdots\cdots \text{(2.10)}$$

沿着均衡路径增长,经济增长率 g 为常数,但是,当且仅当方程右边的分子分母以同样的速率增长,取对数后求导可得:

$$g_A = \frac{\lambda n}{1-\varphi} \quad\cdots\cdots\cdots\cdots\cdots\cdots\cdots\cdots\cdots\cdots\cdots\cdots\cdots\cdots \text{(2.11)}$$

这就表明了经济的长期增长率取决于创意和知识生产函数中的参数和最终等于人口增长率的研究者人数的增长率($n = \frac{\dot{L}_A}{L_A}$)。在罗默模型中,人力资本是创造新知识和技术进步的一个关键投入要素。更多的高素质人口将会产生更多的创意、知识和技术创新,且由于创意和知识的非竞争性属性的存在,经济体中的每个人都会获益。

罗默的新增长理论重点分析了知识和技术进步,强调了知识和技术进步不应该被看成是一个外生变量。技术进步与新知识的形成同时出现。借助人力资本这一工具,知识可以被看成是跟其他资本一样重要的生产工具。

因此,当优秀的人力资源增加时,发达国家的国家收入也会增长。相比之下,拥有充足劳动力和资本的发展中国家却没有取得持续的经济发展。这一观点也反映出在20世纪后期的基于知识的经济时代快速的技术变化的特点。

经济可以实现内生增长的观点是新增长理论的核心思想。大多数新增长理论家都认为,内生的技术进步是经济实现持续增长的决定因素。因此,大多数新增长模型都着重考察技术进步得以实现的各种机制,考察技术进步的各种具体表现形式,包括产品品种增加、产品质量升级、边干边学、人力资本积累、知识积累、技术模仿等。新增长理论从理论上说明知识积累和技术进步是经济增长的决定因素,并对技术进步的实现机制做了详细的分析,这种分析是新增长理论的一大特色。新增长理论强调了由知识积累或人力资本积累引起的内生技术进步是经济增长的源泉,这一观点有助于我们认识知识、技术在现代经济中所具有的至关重要的作用。新增长理论说明,要素投入的增加只有在其能够带来技术进步的条件下,才能推动经济持续增长,这就从理论上说明粗放型经济增长模式是不可持续的。为了保证我国经济实现快速、健康和稳定增长,必须将经济增长方式转变到主要依赖技术进步的集约型经济增长方式上来。因此,新增长理论关于技术进步是经济增长的决定因素的说明还有助于我们更深刻地认识到我国实现经济增长方式转变的必要性和紧迫性。[①]

技术创新和技术进步在新增长理论中被誉为经济系统持续增长的发动机,内生增长理论更是对知识的作用进行了强化,而创新系统研究的目的就是通过系统集成创新要素,通过相关要素的共同作用增强一个地区乃至一个国家的技术创新能力,进而推进经济增长。也就是说,新增长理论研究技术创新和技术进步对经济增长的作用和贡献,而创新系统的研究则是探讨如何推进技术创新和技术进步,两者之间存在着共同关注的领域。

▷▷ 2.1.3 技术创新的基本模式

技术创新的发展可以归结为五种模式:一是线性模式,以技术推动说和

① 朱勇、吴易风:《技术进步与经济的内生增长——新增长理论发展述评》,载《中国社会科学》1999年第1期,第21—39页。

需求拉动说为代表;二是技术创新的耦合模式,强调技术推动和需求拉动的综合作用;三是链环模式,其在创新过程中引入反馈环,突破了传统的线性模式;四是一体化模式,强调创新活动和创新过程的平行开展;五是创新系统模式,强调影响创新的多种因素的交互式作用。发展到现在,技术创新的研究呈现出综合化的趋势,即推进技术创新必须创造出有利于知识流动和学习活动的制度和组织。

2.1.3.1 技术创新的线性模式

在工业化的初级阶段,创新主要被看成是有才能的个人或者研究团体在知识获取和应用上的飞跃。关于这一点,熊彼特创造了他的关于勇敢的企业家是成功创新的驱动力的理论。创新主要地被看成是一个线性的过程,也因此而得名"创新的线性模式"(Linear Model of Innovation),线性模式可分为技术推动和需求拉动两种类型(见图 2.4)。技术推动型表明,创新过程开始于发现新的自然现象,当这些现象所支持的研究活动所带来的成果有可能去满足人类生活的一定需要或者可以提升生活的质量时,开发活动就自然地从基础的研究阶段进到应用研究阶段了;一旦技术被商业化,更深一级的新的阶段就开始了,包括产品开发、制造和销售。因此,创新过程就是一系列的活动阶段,开始于基础研究,然后是应用研究和产品开发、制造和销售。另一种类型的线性模式是需求拉动型,其包含着在需求的角度做出技术开发的选择,这种模式有助于克服创新在商业化阶段遭到市场拒绝的问题,可能减少由于投资未能带来商业利益所招致的损失。在线性模式中,每一级的产出都是下一级的输入;知识流也是单向的,也就是后面的产出不能为前期阶段提供输入。

在第二次世界大战以后的很长一段时间内,技术变革和创新的思路都遵循着线性思维的引导。技术推动模式的影响一直持续到 20 世纪 60 年代末,而后是受需求拉动学说的影响。技术推动模式强调研发的重要性,市场被简单看成是研发成果的接受方。创新过程由一系列的阶段组成,开始于基础研究,然后是应用研究和产品开发、制造和销售。技术推动的线性模型常常与根本性的创新过程(Radical Innovation)联系起来,聚焦于显性知识在研究过程中的开发。例如对于美国当年在半导体、集成电路和微芯片领域的根本性的创新来说,技术推动是一个非常重要的动力。随着日本在 20世纪 70 年代的国际市场竞争中快速崛起,到了 80 年代,需求拉动的模式变得更为流行，并从现实上指导了 20 世纪 70 年代以后美国的科技创新政策。需求拉动模式强调需求和市场是 R&D 活动的思想之源，市场被看成是创造力的起点，引导着研发活动。

技术推动：　　　研究 ⟶ 开发 ⟶ 生产 ⟶ 销售

需求拉动：　　市场 ⟶ 研究 ⟶ 开发 ⟶ 生产 ⟶ 销售

图 2.3　技术创新的线性模式

在当代世界，由于技术创新的线性模式与现代的技术—经济范式越来越不相容，很多学者对其提出了批评。肖恩斯托克（G. Schienstock）和哈姆莱恩（T. Hämäläinen）认为线性模式的主要问题在于其仅仅将研发作为创新过程的主要功能；知识创造被理解为是一个独立于其他人类活动的推理和推论的过程；协作要素都被认为是不相关的；不确定的问题没有得到处理。[①] 而克莱恩（Klein）和罗森伯格、伦德瓦尔、多西、阿歇姆等学者则认为，不断增强的竞争和不断缩短的产品生命周期都需要 R&D 活动与创新过程的其他阶段更为紧密的结合，线性模型最根本的问题就是在其创新向下的阶段（市场相关）和向上的阶段（技术相关）缺乏反馈环。

2.1.3.2 技术创新的耦合模式

技术创新的实际进展告诉我们，技术和市场总是相辅相成、同时发生作用的，技术创新是市场与技术相互作用的模式（见图 2.4）。技术创新的耦合模式认为技术创新是一个复杂的过程，不可能确定唯一的决定因素。实际上，技术进步和需求都是决定技术创新成功与否的重要因素，企业既要寻求技术上的可能性，又要确定市场机会的存在与否，这两种活动构成了技术创新活动的基本动力。耦合模式的技术创新以市场需求为出发点，以技术应用为支撑，产品能够有效地激活潜在市场。[②] 耦合模式虽然综合反应出技术和市场对于创新活动的影响，但在本质上仍然具有线性的特点，而且创

---

① Schienstock, G. and Hämäläinen, T., "Transformation of the Finnish innovation system. A network approach." *Sitra Reports series* 7. Hakapaino Oy. Helsinki, Finland. 2001, p. 50.

② 侯军岐、计军恒：《技术创新与企业价值增长及评估》，社会科学文献出版社 2008 年版，第 60—61 页。

新过程中的反馈依然缺乏。

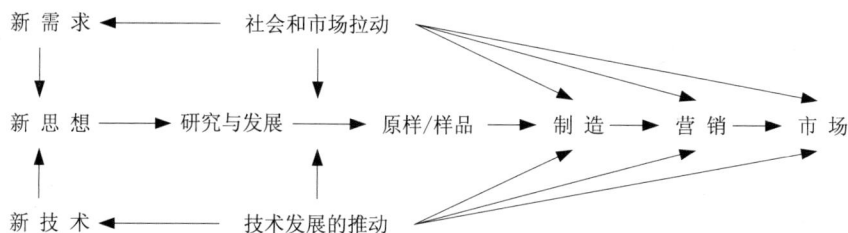

新 需 求 ← 社会和市场拉动
新 思 想 → 研究与发展 → 原样/样品 → 制 造 → 营 销 → 市 场
新 技 术 ← 技术发展的推动

图 2.4 技术创新的耦合模式

资料来源:改编自许庆瑞《研发、发展与技术创新管理》,高等教育出版社 2000 年版,第 55 页。

2.1.3.3 技术创新的链环模式

对于线性模式的批评导致越来越多的学者开始将技术创新过程看作一种相互作用的非线性过程,链环模型(Chain Link Model)在 20 世纪 80 年代后期得到发展(见图 2.5)。该模型将应用和结果加入到创新阶段,而且考虑到了在技术从一个企业转移到另一个企业或者跨越产业和国界转移时所包括的相关要素,同时还包括了存在于产品开发和外部的信息资源之间的双向关系。克莱恩和罗森伯格在 1986 年所提出的链环模式,将企业层面的创新过程描述成通过复杂的反馈环相连的一组活动,认为从基础研究到市场这一过程中的要素可以被看成是以链环相连接的,通过相互作用和反馈,不同的知识通过新的方式结合,新的知识进而得以创造。链环模式强调了研发和市场结合的界面,并且指出研发和市场一样重要。

链环模式结合了两类相互作用,第一种关注企业新产品开发实践的过程,并创造适当的反馈关系。由对新的市场机会的感知开始,或者是基于新的科学技术的新的发明,接着就是对新的产品或者过程的分析设计和试验,再设计和生产,最后是向市场扩散。在中心链条中短的反馈环联结每一个向下的阶段,由此每个阶段得以向前快速推进,而长的反馈环则前向联结对市场的感知和产品的用户。第二类关系将企业的创新过程与企业特有的知识基础、一般的科学和技术基础以及科学研究连接起来,突出了研究机构与企业在创新过程中的主体地位,强调两者之间的互动合作是推动创新的重要力量。[1] 因此技

---

① Malecki E.J., *Technology & economic development*. Longman, Essex, 2nd Ed. 1997.

术进步也就有赖于内部或者外部要素之间是如何起作用的。

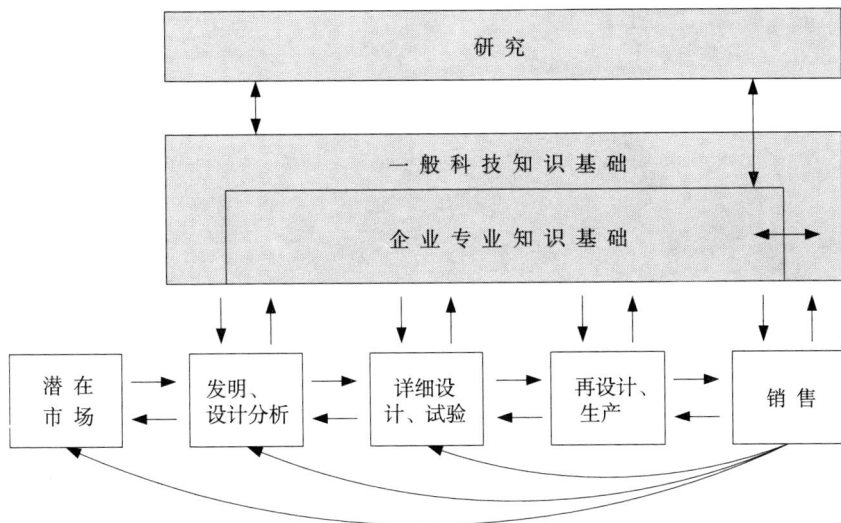

图 2.5　技术创新的链环模式

资料来源:改编自克莱恩和罗森伯格(1986);OECD(1992);马列基(E. J. Malecki,1997)。

2.1.3.4 技术创新的一体化模式

技术创新的链环模型基于交互式作用和多重反馈,较好地解释了技术创新的过程。但也有学者认为企业的技术创新不应将产品开发过程分成几个阶段,正如罗斯韦尔在 1992 年提出他的一体化创新模型(Integrative Model)时所强调的,创新不再是按照一定的顺序来完成一系列的行为,新的思想认为研发互动、原型开发、生产以及其他关键的活动可以同时并行地开展(见图 2.6)。使各项研制工作平行交叉作业的平行模式,有助于缩短技术创新的周期,帮助企业将新产品及早投放市场。一体化模式所强调的不只是企业内部各功能部分的高度平行交叉,还包括与其上游供货商和下游客户的相互支持和协作。

技术创新一体化模式的发展主要是基于日本制造业企业的经验。以日产汽车(Nissan)为例,为了能够同时满足欧洲、日本和美国等不同市场的需求,日产汽车必须提升企业的响应速度和新车型的开发能力。为此,日产设立了"产品战略本部"的组织体系来集成不同部门的活动,并同时进行多车型的开发(见图 2.7),责任明确地按照每款车型来划分,给予项目团队负责

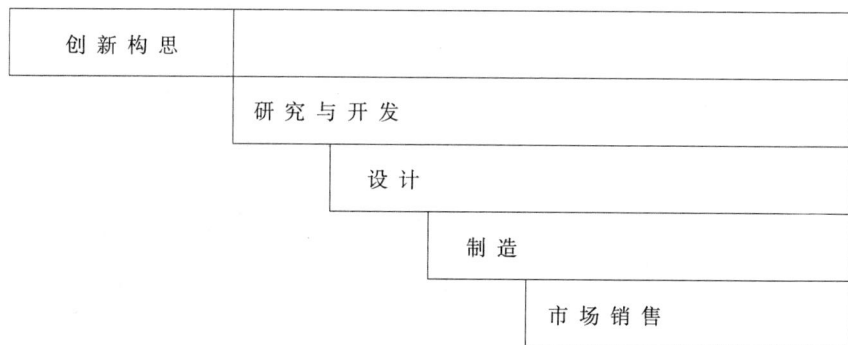

图 2.6　技术创新过程的一体化模式

　　资料来源:范柏乃著《城市技术创新透析:区域技术创新研究的一个新视角》,机械工业出版社 2004 年版,第 6—15 页。

人和项目团队极大的自主权,而项目团队领导要负责整合并协调规划、设计、试验、制造和营销汽车的跨职能团队。这种模式与做法大大提升了日产公司的产品开发效率,也增强了企业产品的市场竞争力。另外一个将一体化模式延伸到组织外的企业是丰田公司(Toyota)。作为一家全球最大的汽车制造公司,在全球范围内的协同已经成为丰田公司的特色。早在 10 年前,丰田就开始采用一种名为 V—comm 的数字工程技术,以方便在日本和海外的丰田工程师协力对生产流程进行优化。不仅如此,该技术的使用也使丰田分散在全球各地的工厂能够几乎同时更换车型。在研发和设计上,丰田实行的是"地域上分散、指挥控制上高度集中"的研发体制,即丰田海外技术中心所获取的所有重要信息和数据,最终都汇集到丰田总部的研发中心,供丰田在全球的研发设计人员使用。协同和知识共享的推进也使丰田分散在全球各地的工厂能够几乎同时更换车型,促进了"全球丰田"(Global Toyota)这一理念的深化和发展。

2.1.3.5　创新系统研究方法

　　链环模型将技术创新看成是一个非线性的过程,在知识的结合和创造中强调多个方向的信息流和不同要素间的交互式作用;一体化模型将技术创新看成是同时涉及研发、设计、制造、市场等要素的并行过程。在此基础之上,马克·道奇森(Mark Dodgson)等人在研究有效的技术创新政策时发现,技术创新是一个复杂的网络活动。他认为技术创新不仅是一体化的职能交叉过程,而且是多机构系统集成网络联结的过程,并据此提出了系统集

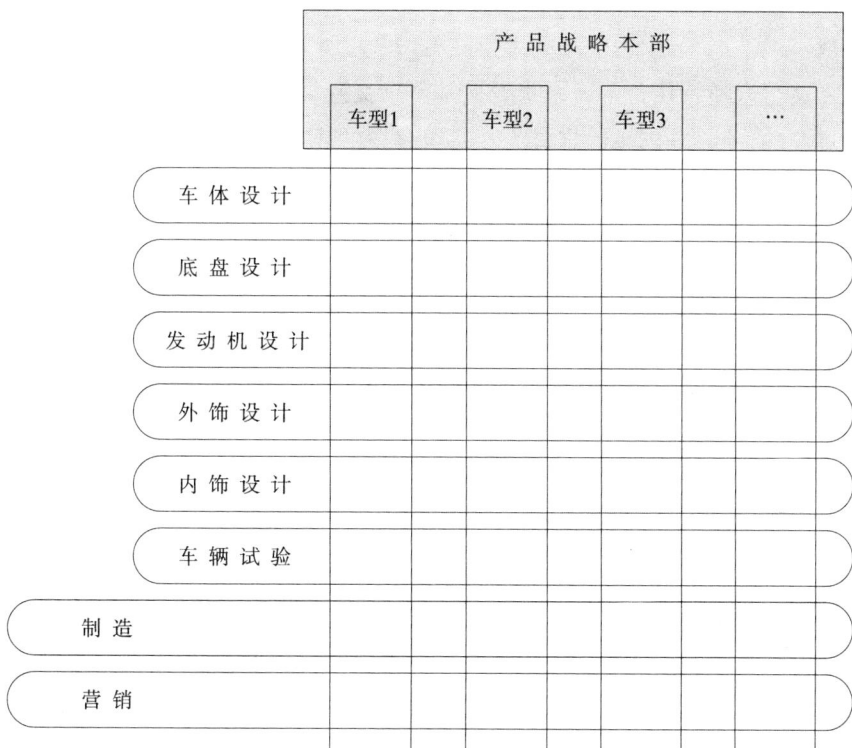

图 2.7　日产公司的产品开发模式

成网络模式。① 艾德奎斯特更进一步的研究认为,创新是一个非线性的过程说明技术创新可以由不同的因素引起,因此我们就应该考虑到包含于科学、技术、学习、生产和需求中的复杂的反馈机制和交互作用关系。② 伦德瓦尔也认为创新过程不仅是一个技术的过程,还是一个社会的过程,深深地根植于一般的社会和经济活动中,同时也是一个企业和它们的环境之间交互学习的过程。③ 随着学者们对创新的交互式作用、创新与社会、环境、制度等关系的强调和研究,一个国家或者一个特定地区之中的创新活动得到

① 转引自范柏乃《城市技术创新透析:区域技术创新研究的一个新视角》,机械工业出版社 2004 年版,第 10 页。

② Edquist, C. (ed.), *Systems of Innovation——Technologies, Institutions and Organisations*, London/Washington: Pinter. 1997.

③ Lundvall, B. A. (Ed.), *National Systems of Innovation: Towards a Theory of Innovation and Interactive Learning*. London. Pinter: 1992, pp. 23—44.

重视,在这种情景之下,创新系统(SI,System of Innovation)的概念开始形成。

艾德奎斯特认为创新系统方法是基于交互学习理论以及技术创新的演化理论的,他将创新系统定义为:"一组复杂的要素或者元素,它们相互之间互相调节和约束,使得联合的整体可以具备一些明显的整体功能,并且一起运作。"①费舍尔认为创新系统可以被看成是一组要素如企业、其他组织和相关机构在生产的过程中为产生、传播和利用新的知识而发生的相互作用。② 安德森(E. S. Andersen)等学者认为,创新系统就是基于一套对于相互关联的要素的安排来形成一个有机的、与创新有关的整体。③ 由此可见,不同学者的定义都强调了在创新过程中相关要素之间复杂的相互作用,而这种相互作用还要受到制度、文化等社会环境的影响。

创新系统方法对于社会、文化、制度等因素的重视,使这一概念被应用于不同的层面,包括国家层面、区域层面、部门层面以及跨国层面(如欧盟)。产业经济学者主要将重点放在国家层面上,在这一层面上创新被发现沿着特定的轨迹出现,受到特定的研究环境、教育、金融以及国家规章制度的影响。另一方面,托蒂宁、斯托普(M. Storper)、布拉茨克、库克、马列基和奥那斯(P. Oinas)等学者对于创新区域的研究也表明,本土的、区域的因素在对企业创新绩效的影响中也扮演着重要角色。在特定的情景下,这可能导致区域创新系统的形成。

艾德奎斯特认为创新系统方法非常实用,因为它使得描述、理解、解释和干预创新过程成为可能,同时也使得我们对形成和影响创新的要素的认识和理解更加深入。根据现有文献对于创新系统的研究,本文归结出三种创新系统方法,即国家创新系统(NIS,National Innovation System)、技术或部门创新系统(TSI/SIS,Technological/Sector Innovation System)、区域创新系统,见表 2.4。

---

① Edquist, C. (ed.), *Systems of Innovation—Technologies, Institutions and Organisations*, London/Washington: Pinter. 1997.

② Manfred M. Fischer, "Innovation, knowledge creation and systems of innovation." *Ann Reg Sci*(2001)35:199—216.

③ Andersen, E. S., Lundvall, B. A., Sorrn—Friese, H., "Innovation systems—special issue." *Research Policy* 31,2002.

表 2.4 创新系统研究方法对比

方法	代表学者	研究重点	系统边界
国家创新系统	弗里曼（1987），伦德瓦尔（1992），尼尔逊（1993）等	・三重螺旋相互作用； ・一国的社会、文化、制度等对于创新的影响。	国家边界
技术或部门创新系统	卡尔森和斯坦凯维奇（1991），布瑞斯奇（S. Breschi）和马莱巴（F. Malerba）等（1997）	・技术的互补性和合成； ・部门创新与科学和技术的关系。	部门或者技术边界，不一定为国家边界
区域创新系统	库克（1997），布拉茨克等（1998），芒斯（De la Monthe）和帕克特（Paquet）（1996），阿歇姆和伊萨克森（2002）等	・隐性知识的溢出和共享； ・当地的社会网络； ・地方化的交互式学习。	区域边界

资料来源：作者根据常（Y. C. Chang）和陈（M. H. Chen）2004 年的研究整理。

▷▷ **2.1.4 理论述评**

创新是加速技术开发和缩短产品生命周期的关键要素，也是激励企业持续进行研发投入的因素之一。技术创新对于国家和区域经济的发展具有重要的影响。也可以说，技术创新推进了更深一层次的技术扩散和技术变革。对于创新过程的理解在近几十年经历了很大的变化。根据传统的线性创新模型，单个企业和它们的研发活动是主要的创新驱动力量，创新过程展现出从研究、开发、生产直到市场的严格的顺序。在非线性创新过程中，在知识的结合和创造中强调多个方向的信息流，非线性的创新是很多种根植于不同的经济活动中的学习过程的结果。而现在的研究热点，如创新的系统方法，都是基于演化的和制度的理论，强调创新是不同主体和机构间复杂的交互作用的结果。

基于托蒂宁和考夫曼、凯普宁（R. Cappelin）和斯坦纳（M. Steiner）等学者对技术创新理论的发展所进行的研究，本书认为技术创新研究的发展所展现出的特点如下所述：

1. 创新是一个非线性的交互作用的过程。除了研发，它可能有各种不同的起点，相互依赖性和反馈环变非常重要。企业内（如分销、市场、研发和生产）和企业间（如客户和供应商）以及企业与其他组织的交互作用越来越多。这些相互依赖在很大程度上已经超越了单纯的市场关系，并且以网络的形式出现，越来越稳定，并且基于信任开展共同的学习。①

2. 创新过程具有不确定性和累积性。这一点在演化经济学中得到强调。创新具有不确定性，是因为在创新过程中包括各种形式的风险，不确定性在未解决的技术问题和对现在的决策所可能导致的未来结果的不可知性中体现得尤为突出。创新的高风险使得加强要素间的合作网络建设、促进交互式的学习过程、减少创新环境的不确定性变得越来越重要。创新很少随机地或个别地出现，它们遵循着一定的技术路线，体现出本质上的累积性。因此，创新具有强烈的路径依赖。

3. 知识在广义上变得越来越重要。各种不同形式的知识参与到整个创新过程之中，外部的知识应该与内部可资利用的知识和技术相结合，因为技术前沿多是位于两个或多个学科以及传统文化的交叉处。一方面，易编码的显性知识能够很容易地通过不同的渠道来传播，而不需要空间上的邻近性；另一方面，隐性知识根植于劳动者、个人技巧以及组织常规之中，与特定的企业、社会团体和地域联系更加紧密，只能通过直接的面对面交流或者联合活动（如合作研发项目）来获得。

4. 学习过程的交互性。交互式学习是基于创新网络中的企业家、技术专家、工人等主体的持续的学习过程。它包含大量的个体，这些个体来自企业的内部或者外部网络，需要加强企业与现有的制度结构以外的要素间的联系、网络和合作。② 大量不同的来自其他部门或者区域的技术和组织知识的输入与整合，使得企业的技术诀窍得到更新，新的问题得到解决。此外，企业还应注重外部的知识与内部可资利用的知识和技术相结合，因为技术前沿多是位于两个或多个学科以及传统文化的交叉处。

5. 创新系统为技术创新提供了一个多因素的解释，是创新研究不断深入、研究视野不断扩大的结果，也是分析创新过程中主体要素间相互作用关

---

① Asheim, B. T, "Industrial districts as 'learning regions': a condition for prosperity?"*European Planning Studies*(1996)4(4):379—400.

② Cappelin, R. and Steiner, M. (2002)., "Enlarging the Scale of Knowledge in Innovation Networks: Theoretical Perspective and Policy Issues."Conference Report. 42nd Congress of the European Regional Science Association (ERSA). Dortmund Germany, August 2002:27—31.

系的工具。伦德瓦尔认为交互式学习作为一项社会活动而处于创新系统研究的中心,创新系统中的要素要么在促进创新和学习的过程中相互强化,要么相反,其结合在一起使这一过程受到阻碍。① 这一方法最初被应用到国家层面,经济学家已经证实一国内的产业系统、制度和技术路径是强烈相关的。而波特、尼尔逊、库克、阿歇姆等学者的研究也显示出特定的研究环境、教育系统、金融和规章制度在很大程度上决定了特定国家和地区的创新过程。

▶▶ 2.2 国家创新系统

▷▷ 2.2.1 基本概念

国家创新系统(NIS)的概念首先是由弗里曼在 1987 年提出的,他分析了战后日本能够快速取得成功的原因。随后,在伦德瓦尔、尼尔逊、佩特尔(P. Patel)和帕维特等学者的推动下,NIS 的概念开始变得更加流行。而艾德奎斯特在 1997 年编纂的《创新系统:技术制度与组织》一书则更进一步推进了创新系统方法的传播。常和陈两位学者研究认为,NIS 方法将国家作为其自然边界,民族文化、语言以及政府则是影响一国之内不同部门和技术领域内创新的关键因素。伦德瓦尔认为有必要通过理论框架来定义 NIS 的概念。

NIS 是创新系统方法在国家层面的推广和应用,因此,灵活的接受 NIS 的概念也很重要。国外学者对于 NIS 的概念从各个不同的角度行了界定(见表 2.5),如以弗里曼、尼尔逊为代表的宏观学派强调了制度在 NIS 中的重要性;而以伦德瓦尔为代表的微观学派则从系统的组成要素层面来探讨企业、大学及科研机构等创新主体之间的交互作用关系。在不同的概念界定中,知识、学习、网络、交互作用、制度成为这一定义的中心。国内学者对于 NIS 的研究多偏重于概念框架的构建,而概念的界定多采用国外学者的观点。

---

① Lundvall, B. A. (Ed.), *National Systems of Innovation: Towards a Theory of Innovation and Interactive Learning*. London, Pinter:1992, pp.23—44.

表 2.5　不同学者对于国家创新系统的概念界定

学者	NIS 的概念
弗里曼（1987，1988，1995）	NIS 是存在于私人和公共部门中的联系网络,这些部门的主要活动和交互作用是为了模仿、引进、改进和传播新的技术。
伦德瓦尔（1992）	NIS 由一系列要素以及这些要素之间的关系构成,其在生产、扩散和使用新的、具有经济适用性的知识的过程中交互作用,是一个基于学习的动态的社会系统。
尼尔逊和罗森伯格（1993）	将 NIS 定义为一组制度,它们之间的相互作用决定了创新的绩效。
尼沃斯等（J. Niosi et al,1993）	NIS 是相互作用的公共和私立企业、大学、政府机构所组成的系统,其目标是在一国的边界之内生产科学和技术,这些单元之间的相互作用可能是技术上的、商业上的、法律上的、社会的或财政的,相互作用的目标是开发、保护、资助和管制新的科技。
麦特卡夫勒（Metcaf-le,1995）	NIS 是由在知识的创造、储存和转移过程中相互关联的机构所组成的系统,它们联合或者独立地对于新技术的开发和扩散做出贡献,提供了一个框架,在这个框架中政府形成并实施政策,以影响创新过程。
OECD（1996）	NIS 是公共和私人部门中的组织结构网络,这些部门的活动和相互作用决定着一个国家扩散知识和技术的能力,并影响着国家的创新业绩。
中国科学院（1997）	NIS 是由与知识创新和技术创新相关的机构和组织构成的网络系统。

资料来源:作者根据相关文献资料整理。

▷▷　**2.2.2 研究要素**

2.2.2.1 国外学者的研究

弗里曼在 1987 年应用了 NIS 的概念来描述和解释日本在第二次世界大战后所取得的成绩。在对日本 NIS 的描述中,他专注于以下四个关键要素:(1)国际贸易和产业部(MITI)对于日本经济长期结构转变模式的引导作用;(2)企业 R&D 在技术引进中的作用;(3)教育和培训以及相关社会创新的作用;(4)产业中的联合大企业的结构(Keiretsu)形成了联合型企业集团,使得水平信息交流更加便利,同时降低了交易成本。① 归纳一下,NIS

---

① Freeman C., *Technology policy and economic performance: lesson from Japan.* London: Frances Pinter, 1987.

就包括政府、企业研究与发展、教育和培训、独特的产业结构四要素。

伦德瓦尔采用了主题研究方法,集中于对学习过程和用户—生产者相互作用的研究,采用的案例多来自于斯堪的纳维亚国家。他所研究的用户—生产者的联系并不仅限于实际商品的流动,还包括学习过程中的知识流动,而用户—生产者联系既可以在大学—产业的联系中体现,也可以在产业与一些最终用户如工人、消费者、社会大众之间的关系中得到体现。他认为 NIS 包含的要素,从狭义上讲包括大学、研发部门等与研究、发展密切相关的机构设置和制度安排;从广义上讲则包括所有影响学习、研究、创新的经济结构和制度设置。在他看来,NIS 的特征可以在以下方面得到体现:(1)公司的内部组织;(2)公司内部的联系;(3)公共部门的作用;(4)金融财政部门的制度安排;(5)R&D 的强度和组织。①

尼尔逊在 1993 年研究了 15 个包括发达国家和发展中国家的 NIS。他认为来自不同国家的研究者在对 NIS 的概念认识上并不一致。相反,他们的研究多倾向于聚焦在以下六个方面:(1)R&D 活动的配置;(2)资金来源;(3)公司特征;(4)重要的产业;(5)大学的作用;(6)国家政府的政策。而他认为创新系统不应该仅仅限定于企业在世界技术前沿的研发活动和拥有最先进的技术开发机构,而应该是泛指影响一个国家科技能力的各种因素。在尼尔逊的观点中,对于创新的研究应该包括其产生和扩散。尼尔逊和罗森伯格为了证明他们研究方法的正确性和合理性,特别强调他们对研究项目的定位是尽力去理解创新系统,而不是先建立理论,然后再努力去证明或修正这一理论。

OECD(经济合作与发展组织)认为 NIS 的主体包括企业、科研机构、大学和中介机构。其所强调的 NIS 的核心内容或者说关键目标是科学技术知识在一国内部的循环流动,知识流动效率决定着 NIS 的运行绩效。从这个意义上说,所有有助于这种科学技术知识的循环流动的方面或者因素,都可以划归到 NIS 之内。

李(T. L. Lee)和滕泽尔曼(Tunzelmann)在 2005 年对中国台湾地区的 IC 产业的研究中,给出了 NIS 的结构模型,其中包括五个主要的作用因素:

---

① Lundvall B., editor, *National systems of innovation: towards a theorem of innovation and interactive learning*. London: Pinter, 1992.

(1)政府;(2)产业;(3)公私研究机构;(4)大学;(5)外国公司。这些要素间的关系包括产业内部关系、产业—政府关系、产业—研究机构关系、产业—外国企业的关系以及产业与大学之间的关系。每一个要素的特征和行为都会对其他要素带来影响,而政府的宏观政策、立法以及财政金融系统都被假设作用于系统边界的外围。①

波特所提出的"钻石模型"也可以看成是研究 NIS 的一种方法。"钻石模型"包括四个方面:(1)要素状况;(2)需求条件;(3)与相关产业和支撑产业的联系;(4)公司战略、结构和竞争。此外,他还将机遇和政府两个变量引入创新系统。② 其对创新的研究往往是基于某一产业,也就是相关活动和机构的集群,而不是孤立地看问题。对于产业的关注使得波特非常强调产业内要素之间竞争的重要性(如市场竞争),而忽略与产业外的其他实体的非市场作用的相互联系。在这一点上,波特对于创新系统的定义要窄于 NIS 中的定义,而且,其分析也主要是静态的或相对静态的分析。

2.2.2.2 国内学者的研究

国内学者对于 NIS 研究框架的组成也提出了自己的观点。马松尧、郭树东等学者认为,企业、大学、科研机构、中介机构、金融机构和政府机构是创新系统的主要组成要素。③ 但更多的国内学者则认为 NIS 由不同的子系统所组成。较早的如陈劲在 1994 年提出 NIS 的子系统可分为:(1)教育;(2)财政与金融;(3)研究开发体系;(4)有效的政府规制,④这一研究框架也得到了很多学者的认同,如殷晓红等国内学者在研究中就采用了这一框架。路甬祥将 NIS 分为四个子系统:(1)知识创新系统;(2)技术创新系统;(3)知识传播系统;(4)知识应用系统,⑤国内很多学者都遵循着这一研究框架

---

① Ting—Lin Lee, Nick von Tunzelmann, "A dynamic analytic approach to national innovation systems:The IC industry in Taiwan."*Research Policy*34(2005):425—440.

② 波特:《国家竞争优势》,李明轩、邱如美译,华夏出版社 2002 年版,第 119 页。

③ 马松尧:《科技中介在国家创新系统中的功能及其体系构建》,载《中国软科学》2004年第 1 期,第 109—113 页;郭树东、关忠良、肖永青:《以企业为主体的国家创新系统的构建研究》,载《中国软科学》2004 年第 6 期,第 103—105 页。

④ 陈劲:《国家创新系统——对实施科技发展道路的新探索》,载《自然辩证法通讯》1994 年第 6 期。

⑤ 路甬祥:《国家创新系统建设呼唤知识创新工程》,载《中国科技信息》1999 年第 15、16 期合刊。

对 NIS 进行论述,如陈红霞、刘文雯、陈丽娜等。孟晓飞等学者则认为国家创新系统可以分为三个子系统,即要素子系统、制度子系统和文化子系统。①

综上所述,由于不同的研究者在 NIS 研究中所基于的国家背景各不相同,在 NIS 研究要素的组成上所持观点也不一致(见表 2.6)。不同的要素组成也说明了 NIS 具有显著的国家边界和特征。国外学者的研究多倾向于聚焦在以下六个方面:(1)R&D 活动的配置;(2)资金来源;(3)公司特征;(4)重要的产业;(5)大学的作用;(6)国家政府的政策。而国内学者则倾向于从子系统的角度来划分 NIS,然后再探讨子系统的具体组成,在具体的构成要素上与国外学者的观点也是基本相同。根据国内外学者的研究,我们可以构建一个包括了不同创新要素的国家创新系统的概念框架,包括知识创新子系统、技术创新子系统、提供专业服务的中介机构和提供支撑的经济、制度和文化创新子系统(图 2.8)。知识创新子系统的主体是大学和科研机构,主要通过基础研究和应用研究发现和创造新知识;技术创新子系统的主体是企业,通过技术创新活动来实现新知识的商业化;而中介机构主要推进各方信息和知识的快速流动;支撑子系统提供软硬件条件,构建有利于创新的文化与制度环境,提供用于创新的信息、金融等方面的服务。②

表 2.6　不同学者提出的 NIS 的组成要素对比

学者	NIS 研究框架的组成
弗里曼(1987)	· 政府;企业研究与发展;教育和培训;独特的产业结构。
伦德瓦尔(1992)	· 公司的内部组织;公司内部的联系;公共部门的作用;金融财政部门的制度安排;R&D 的强度和组织。
尼尔逊(1993)	· 包括影响一个国家科技能力的各种因素。
OECD(1996)	· 企业;科研机构;大学;中介机构。
李和滕泽尔曼(2005)	· 政府;产业;公私研究机构;大学;外国公司。

---

① 孟晓飞、刘洪、刘志迎:《科技动力机制与创新系统分析》,载《系统辩证学学报》2004年第 3 期,第 84—88 页。

② 吴贵生、魏守华、徐建国:《区域科技论》,清华大学出版社 2007 年版,第 81—82 页。

基于知识和交互式学习的区域创新系统研究

续表

学者	NIS 研究框架的组成
波特(1990)	· 要素状况;需求条件;与相关产业和支撑产业的联系;公司战略、结构和竞争;机遇和政府。
马松尧(2004)、郭树东等(2004)	· 企业、大学、科研机构、中介机构、金融机构和政府机构是创新系统的主要组成要素。
陈劲(1994)	· 教育;财政与金融;研究开发体系;有效的政府规制。
路甬祥(1999)	· 知识创新系统;技术创新系统;知识传播系统;知识应用系统。
孟晓飞等(2004)	· 要素子系统;制度子系统;文化子系统。

资料来源:作者根据相关文献资料整理。

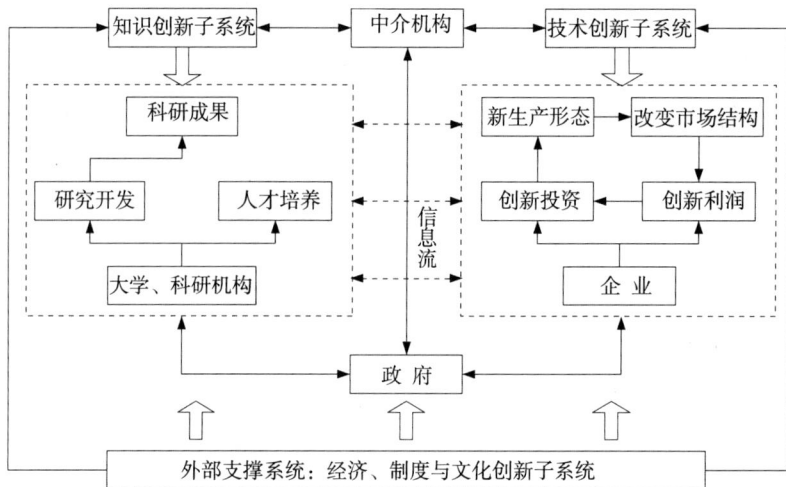

图 2.8　国家创新系统概念框架

资料来源:改编自吴贵生、魏守华、徐建国《区域科技论》,清华大学出版社 2007 年版,第 81—82 页。

▷▷　**2.2.3　内涵特点**

2.2.3.1　国家边界

　　NIS 研究首先就是对于国家的界定,"Nation"在美国传统词典中的解释是"一个享有共同的风俗、起源、历史和大多数语言的民族"。弗里曼认为 NIS 方法将国家作为其自然边界,民族文化、语言以及政府等因素则是影响一国不同部门和技术领域内创新的关键因素。① 伦德瓦尔也认为NIS的概念有两个维度的内涵,即国家文化和政治特点。② 抽象的单一民族国家的思想是这两个维度取得一致的基点,也就是所有的个体属于一个由其文化、技术以及语言特色所定义的民族,个体聚集在一个单一的地理空间,由一个中央政府所统治。其理论强调在不同的国家系统中,从生产和制度要素来看,历史经验、语言和文化都会有所不同,这些不同对于创新绩效有非常重要的影响。在一个复杂的创新过程中,知识交流的本质在很大程度上是隐性特点的,而源于同一种民族环境的组织有同样的行为标准和基于同种文化的理解系统,这些都将大大推动交互式学习和创新。

2.2.3.2 制度特点

制度是NIS研究中的一个重要方面,也对后面的RIS研究带来了重要的影响。霍尔(Hall)等学者认为在制度概念的理解上有着很多不同的观点,如有的学者将制度看成是"社会规则和规范",也就是社会团体所表现出来的文化特征,而也有人将制度看成是设计来完成一组特定功能的专业组织。艾德奎斯特和约翰逊认为制度在创新过程中履行了三个功能:第一,它们减少了不确定性,如通过标准或者信息的提供;第二,它们可以调节不同要素间的冲突并为合作提供规则;第三,它们通过给予经济和其他回报来提供创新的动力(如提供一段时间的专利保护期)。③ 通过管理交互作用的方式,制度影响着信息的流动以及网络化活动的开展,因此,也就影响着一个特定社会的学习和创新。

NIS研究学者对于制度非常重视,科古特(B. Kogut)认为,由于各个国家在财政政策的组织方式、工人的雇用、薪酬、提升制度以及科技发展的模式等方面各有不同,一个国家的制度状况对于提高一个国家的竞争力来说

① Freeman C. , "Japan: a new national system of innovation." In: Dosi G, et al, editors. *Technical change and economic theory*. London: Pinter, 1988:337—368.

② Lundvall B. , editor. , *National systems of innovation: towards a theorem of innovation and interactive learning*. London: Pinter,1992.

③ Edquist, C. and Johnson, B. , "Institutions and organizations in systems of innovation." In C. Edquist (Ed.) *Systems of Innovation—Technologies, Institutions and Organizations*. London/Washington: Pinter,1997.

非常重要。[①] 弗里曼、尼尔逊等学者对于 NIS 的研究也都是基于制度的视角,如弗里曼在 1995 年对 NIS 研究所做的历史回顾中,提出不同的国家在如何组织和维系技术创新的发展和扩散方面有很大的不同。换句话说,国家之间不但在产出的创新数量上有所不同,而且在这些创新被采用的方式方法以及部门组成上也是不一样的。同样,尼尔逊在 1993 年通过对 15 个国家创新系统的经验研究也发现,在各个国家支持技术创新的制度安排上有着非常显著的不同。

▷▷ **2.2.4 理论述评**

创新系统可以简单地被描述为在限定边界内的制度和组织的网络,其行为和相互作用能发起、引进、改进和扩散创新。创新系统方法不是一个正式的理论,而更像一个支持理论应用的框架。艾德奎斯特认为创新系统方法对于政策制定者非常有吸引力,它提供了一种新的理解经济发展和各种支持技术变革和创新的方式之间差异的框架,[②]包括欧盟和 OECD 国家的很多政府政策制定者和分析者都在积极地采用它。

NIS 概念模型或者研究的目标都是为了分析和理解一国之内创新的动态过程,组织、技术、制度等就可被看成是整体系统的各个方面。创新系统的要素组成除了传统的知识生产组织如大学和科研机构以外,还包括存在于一国之内的经济系统,如生产系统、市场系统、金融系统以及更次一级的经济系统。对于系统方法,其要考虑的不仅是系统要素,要素之间的联系也应包含在内。由于系统的大小和复杂性,在经验研究中多强调静态的或者相对动态的分析,因此,大量的要素间的联系都处于较低的聚合层面。当然理论上也不是不提倡更加动态化的研究,因为创新系统本身就具备动态特征。

开展 NIS 研究的学者对于创新系统诱发创新的机制以及技术变化的焦点有着不同的理解。弗里曼专注于技术变化的长期作用和特定制度安排下创新主体的表现。尼尔逊认为技术变化的过程是一个包含于选择和转变

---

① Kogut B, editor, *Country competitiveness: technology and the organizing of work*. New York/ Oxford: Oxford University Press, 1993.

② Edquist, C. (ed.), *Systems of Innovation—Technologies, Institutions and Organisations*, London/Washington: Pinter, 1997.

中的进化过程,他对于 NIS 的观点集中于生产系统与创新过程的相互作用上。在他对于 NIS 的理解和诠释中,强调了支持技术创新的机制和制度要素对于创新绩效的影响。更为准确地说,尼尔逊专注于企业与制度环境之间的关系的研究,认为不同的制度设置以及制度所扮演的不同的角色影响着 NIS 的创新能力。这一方法的采用是基于对不同国家案例研究的高度的经验主义特性。伦德瓦尔对于理解创新系统的贡献在于其更加注重从创新理论的历史的角度来立论,强调在一个国家系统中,根据生产和制度要素来看,历史经验、语言和文化都会有所不同,这些不同对于创新绩效有非常重要的影响。伦德瓦尔重视和强调持续创新和创新的长期作用。在他看来,系统的效率可能受到与历史轨道和系统环境有关的社会规范和价值观的影响,对于系统的分析是一个既包含历史分析也包含理论考量的工作。在不同的历史阶段,经济系统的不同部分或者子系统间不同的分界面可能在创新过程中扮演更加重要或者更加轻微的角色。波特的"钻石模型"提出政府应该为企业创造一个适当的创新激励环境,并且应该采用不同的手段来影响和推进创新的过程。阿歇姆和柯伦(L. Coenen)认为 NIS 方法强调了交互式学习的重要性,同时基于国家制度来解释不同的国家创新绩效以及经济增长的差异。由此可见,企业对于社会制度的适应性、与要素间的交互式学习以及公司能力和运行程序,对于一国之内新的知识和创新技术的有效利用有着非常重要的作用,这也为区域创新系统的研究提供了有益的启示。

▶▶ 2.3 区域创新相关研究

为了更加深入地理解区域创新系统,基于文献研究,本书试图探讨几类跟区域创新活动密切相关的概念,即产业区理论、新产业空间理论、创新环境以及技术极概念。

▷▷ 2.3.1 产业区理论

产业区理论(Industrial Districts)主要基于马歇尔著作的有关内容。产业区就是一个社会—地区的统一体,其特点是人类社区和企业群体在一个自然和历史所限定的区域内的积极出现。① 产业区理论强调了中小型企业间的合作、区域要素的透明性以及要为企业建立真正的服务网络。这一理论在意大利中小企业产业集群"第三意大利（Third Italy）"中得到了尤为深入的发展。马歇尔鉴别出在何种程度上小企业能够获得相对于大企业的竞争优势。他指出了两点：(1)外部经济，指的是集聚经济所带来的成本收益；(2)空间集中和产业氛围（Industrial atmosphere），它们有利于学习的推进和知识获取。产业区可以被看成是一种特殊类型的集聚，特点是产业间关系的"当地化的粘性"，随着时间推移其呈现一种静态。在这种观点看来，企业都很小，而且是专业化的，都位于一个给定的地域。创新和学习来自于合作、相互依赖以及当地要素间的信任。他对用来描述空间产业集群的产业氛围概念进行了深入思考，并且发现在这一氛围对特定产业非常有益的一些区域，这种氛围的发展经历了很长的时间而且不能转移。产业区是小规模的地方化生产系统在社会—文化环境中发展的结果，其驱动力受到当地的规则和当地管理模式的支配。马歇尔也看到了在一个产业区域之内不只是包含着买与卖的交易关系，他将这种买与卖之外的相互作用称之为建设性的合作，用来描述这一沟通过程中的多个方面的特征。

▷▷ 2.3.2 新产业空间理论

新产业空间理论（New Industrial Spaces）主要基于新制度经济学理论。企业为什么存在？这是科斯（R. Coase）在 70 多年前所问的问题。即使并不完美，但科斯对于交易费用和垂直整合的分析还是为理解不同组织形式的存在提供了一个良好的起点。根据新产业空间理论学者的观点，区域生产系统是通过企业组织内部成本和企业网络中的交易成本的联系而形成的。实际上，仅仅通过交易成本理论来评估贸易商的相互依赖是不够的。因此，斯托普在 1995 年的研究中引入了"非交易性相互依赖"（Untraded interdependencies）的概念对新产业空间的理论框架进行完善。非交易性相互依赖是指诸如区域惯例、规则或者公共的以及半公共的制度等因素进一

① Beccatini, G., "The Marshallian industrial district as a socio economic notion." In Pyke, F., Beccatini, G. and Sengenberger, W. (editors). *Industrial Districts and Inter — Firm Cooperation in Italy*. International Institute for Labour Studies. Geneva, Switzerland. 1990:37—51.

步地推进了区域中的企业网络的形成,并深化了网络中的要素之间的联系。非交易性的相互依赖为更好地理解区域创新网络、区域内部的各种正式和非正式的联系,以及交互式的学习活动,提供了新的启发和新的视角。

▷▷ **2.3.3 创新环境**

"创新环境"(Innovative Milieu)概念重点在于表达创新能力与区域经济环境的关系。卡玛格尼在 1991 年的研究中将创新环境定义为:"在一个有限的地理范围内以非正式的社会关系为主的网络,常常决定了特定的外部形象和内部的表现以及归属感,这一切通过集体的协同的学习过程提升了当地的创新能力。"[①]之后,科斯提亚恩(J. Kostiainen)在 2002 年的研究中将创新环境定义为:"出现在一定地理范围内的所有关系,区域具有很高的生活水平,其网络关系也延伸到区域以外,同时其也促进了生产系统的联合,经济要素和产业文化促进了当地的集体学习,同时也作为一种机制减轻了创新过程中的风险。"[②]这一概念是基于当地化的学习和创新过程的思想来探索地方创新的社会和文化维度。环境概念在这里不只是指一个地理单元,而且指的是"能够推进协同过程的联合体"。在这一视角下,协作优势就是基于作用于这一环境中的两种效应:邻近性效应,有利于减少面对面交流的成本;社会化效应,与集体学习、合作和构建网络有关。企业家精神、组织形式、创业氛围以及利用技术的能力,都是创新环境的主要因素。这一环境拥有不同的资源,可以产生新的当地化的组织,并且通过为企业提供创新所需资源和机会来决定他们的创新能力,而且也决定了企业所能获取的技术诀窍(Know—how)、可供企业利用的强烈的本地的联系、市场的邻近性、高素质劳动力的供应,这些都是企业创新能力的决定因素。根据这一学派的思想,区域经济的成功在很大程度上依赖于区域内的创新网络的质量,而且也将集体学习的思想提升到了作为创新网络动力的中心。

---

① Camagni R. , "Introduction: From the local milieu to innovation through cooperation networks." In: Camagni R, editor. *Innovation networks: spatial perspectives*. London: Belhaven Press, 1991.

② Kostiainen, J. , *Urban Economic Development Policy in the Network Society*. Teknikan akateemisten liitto. Tampere, Finland. 2002, p.80.

▷▷ **2.3.4 技术极**

"技术极"(Technopole)概念是在 20 世纪 70 年代日本的技术社会项目和法国的技术社会政策中被提出的。技术极被看成是产业创新活动和技术转移的重要的制度和基础设施,为大学和产业间的合作提供了机会。技术极能够促进高技术活动的增长并强化技术转移,这些又导致了新的有利可图的产品和工艺开发。技术极在国与国之间有很大的不同。但实际上,所有的技术极都有相同的特征:(1)大学和研究机构作为科技要素,其使命是创造和扩散技术;(2)知识密集型企业作为生产要素,能够生产和扩散知识以及技术;(3)包括服务和机制的结构要素,其作用在于将技术转移到企业。技术极概念的核心是使大学、研究机构与创新型企业在区域上邻近,在此基础上来培育协同作用。因此,技术极可以被看成是"社会实验室",其主要目标就是减少要素之间在创新和技术转移上的交易成本。在法国,"技术极"政策的采用招致了批评,被观察到的问题就是在分散的政府研究实验室周围缺乏系统的网络的发展。这一境况就像在沙漠中的大教堂。其情形常处于凝聚状态,但却没有集群效应,也没有通过产生衍生新公司和转包合同等活动来获取协同效应。

第 **3** 章
区域创新系统理论的研究与发展

▶▶ ## 3.1 基本概念

▷▷ ### 3.1.1 理论溯源

20 世纪 90 年代以来,区域创新系统(RIS)作为一种深入理解区域创新过程的分析框架而得到了研究者和政策制定者的青睐。RIS 是创新的系统方法在区域环境的具体应用,与此同时,其也伴随着同期的产业经济、区域经济、经济地理、学习经济和网络理论的研究热潮而得到蓬勃发展。多罗瑞克斯(D. Doloreux)认为,要想寻求 RIS 的理论基础,可能需要从发展经济学、制度经济学、新区域经济学、学习经济、创新经济和网络理论等学科中去寻求解答。但是这些理论探讨主要都是针对技术创新,而且都只是局限于创新的复杂本质的某些方面,因此,尽管这些理论影响非常重要,但是却没有一个是绝对的,或在一般意义上以 RIS 为重点的基本理论。[①] 库克认为RIS 概念的发展思路基本上是来自于区域科学和经济地理,但其在研究中也强调 NIS 研究对于 RIS 研究具有很大的启发作用。而多罗瑞克斯和帕托布(S. Partob)、阿歇姆和柯伦等学者则认为,RIS 研究的起源和发展与两类主要的理论和研究密不可分:其一就是国家创新系统(NIS),其二就是对于区域创新的相关研究。

1. NIS 研究与 RIS 研究

阿歇姆和柯伦认为,RIS 概念的提出源于对 NIS 的探讨,它们基于相似

---

① D. Doloreux, "What we should know about regional systems of innovation." *Technology in Society* 24 (2002):243—263.

的基本原理,强调在区域层面上来探讨创新系统。① 博西玛(R. Boschma)也认为 RIS 研究的系统维度在很大程度上得到了 NIS 研究的启发,因为基于地域的创新系统与基于国家的创新系统具有一样的基本原理,也就是要么基于粘性知识和本地化学习的历史技术轨道,通过 NIS 或者 RIS 的形式来加强生产结构和知识基础设施的系统关系,以使国家或者区域更具创新性和竞争性;要么是促进创造知识的组织建设,通过知识生产来支持新出现的经济活动。② 库克同时还强调,开展 RIS 研究的学者必须理解在 NIS 研究中弗里曼等学者所强调的"网络"思想,以及伦德瓦尔和多西等学者所提出的"交互式学习"的思想,这对于 RIS 研究非常重要。③ NIS 和 RIS 之间的准确区别很难确定。实际上,也并不总是有人去做出区分。有些学者将这些观点分成不同的概念,而有的则将 RIS 作为 NIS 的子系统或其组成部分看待。相应地,一个国家创新系统可以被理解成是区域创新在国家层面的聚合。库克等学者认为在 NIS 内部存在发达或欠发达的 RIS 的组合。由于在国家层面研究创新的巨大复杂性,首先从区域而不是从国家层面入手是可取的,而且区域共享的文化、区域的行政和政治组织等要素为创新和其他相关政策的发展提供了重要的制度环境。④

2. 区域创新相关研究与 RIS 研究

在创新过程的本土化这一问题上,关于区域创新和发展方面的理论文章都提出了一些关键的特征。多罗瑞克斯、哈马科尔皮(V. Harmaakorpi)、常和陈、阿歇姆和柯伦等学者都认为,RIS 的研究学者从相关的区域创新研究中得到了很重要的启发。对于区域层面的创新来说,相关的理论研究有

---

① B. T. Asheim, Lars Coenen. "Knowledge bases and regional innovation systems: Comparing Nordic clusters."*Research Policy* 34 (2005):1173—1190.

② Boschma, R., "Rethinking Regional Innovation Policy: The Making and Breaking of Regional History", in G. Fuchs and P. Shapira (eds.), *Rethinking Regional Innovation and Change: Path Dependency or Regional Breakthroughs?* Dordrecht: Kluwer International Publishers. 2004.

③ Philip Cooke, *Regional innovation systems, clusters, and the knowledge economy. Industrial and Corporate Change*. Oxford: Dec 1, 2001 Vol. 10, Iss. 4, pp. 945—974.

④ Cooke, P., Uranga, M. and Etxebarria, G., "Regional Innovation Systems: Institutional and Organisational Dimensions." *Research Policy* 26. 1997:475—491.

很多,如产业区理论(Industrial Districts)、新产业空间学派(New Industrial Spaces)、创新环境(Innovative Milieu)、技术极(Technopole)、学习区域(Learning Region)等。根据文献研究的结论,本书认为至少有四个不同的学派为区域创新系统的研究进展做出了巨大的贡献,即上文提到的产业区理论、新产业空间学派、技术极以及欧洲的 GREMI 学派所强调的创新环境概念的重要性。基于前面章节对于这些区域创新相关研究的探讨,我们可以看出,这些概念之间很难进行区分,因为它们都强调了很多共同的要素。大量 RIS 的研究学者在他们的研究中都尝试将不同的产业系统理论方法整合到一起,如阿歇姆、库克、梅拉特(Maillat)等学者的有关研究。多罗瑞克斯在 2002 年对这些研究的一些共性特征进行了梳理,本书据其归纳如下:第一,上述研究都认为地理环境是创新和集体学习的相关要素;第二,上述研究都强调了企业和相关组织与机构间的经济、技术和社会关系,这形成了系统的内部动力。例如,邻近性和当地网络都是创新和学习的推进因素,而根植性则促进了区域内企业之间的交易和交流。这些共性特征在 RIS 的概念和研究中也有非常清楚的体现。

除此之外,上述概念也还存在一定的片面性或者不足,这些不足也使得 RIS 理论的产生具有了现实的意义和基础。(1)上述概念对于影响创新和技术轨迹的区域要素的研究还不全面,或者说具有明显的侧重点,如技术极概念的重点就更多地放在促进创新的支持要素和政策执行上;(2)上述概念对于要素之间的交互式作用和学习过程的研究不够深入,而这些创新和技术变革的相关过程却可以更好地解释系统所表现出来的一般的功能和差异;(3)对于创新过程的理解过于简单,如技术极就是基于简单的创新的线性过程,而将创新过程与线性和非线性、集权和分权、等级制和扁平化等区域发展手段和组织管理思想联系在一起的研究还不够。

▷▷ **3.1.2 概念提出**

RIS 研究的兴起是由于研究者们开始注意到区域在创新管理、技术窍门和隐性知识的交流与积累以及知识溢出等方面的重要性。多罗瑞克斯和帕托布对区域发展方面的理论文章进行了归纳研究,发现创新过程的重要要素应该变得本土化已经得到越来越多的认同。① 尽管萨克森宁(A. Saxenian)并没有刻意去应用 RIS 的概念,但她在阐述生产网络和区域内企业间的伙伴关系如何推动区域经济的繁荣时,却突出了这一概念的内涵。她在于 20 世纪 90 年代初对加州硅谷所做的研究中,说明了区域内企业间的相互作用是如何去分散开发新技术的风险和成本、同时强化相关公司间互惠互利的创新关系的。区域内企业间的伙伴关系和技术转移的方式在很大程度上依靠非正式的知识转移、人力资源的流动以及区域内的网络,以区域内企业网络为代表的新的创新制度产生了一种成功的、充满活力的技术创新关系。

弗里曼和库克都认为对 RIS 的形成必须在这种情境下进行理解,也即为了获得区域创新能力和竞争优势,要在系统促进当地化学习过程的目标下设立一个制度框架。② 区域被认为是在介于国家和地方(集群或企业)之间的中观层面的经济协调和管理的重要基础,日益成为创新者的区域网络、当地集群以及研发机构之间通过相互作用而产生创新的重要层面。③ 同时也有越来越多的经验研究表明学习过程和知识转移具有高度的地方化特征,区域也被认为是支持创新和学习经济的最合适的层面。④ 彭宜新等认为,在民族国家内,至少有三个特征在区域间是不相同的,即金融、基础设施以及文化。⑤ 区域特征的不同也说明了开展 RIS 研究有其合理性。

RIS 概念的提出可以追溯到库克在 1992 年所撰写的一篇论文"Regional Innovation Systems:Competitive Regulation in the New Europe",而后来在 1998 年由布拉茨克和库克等学者对这个专题所编的一个综述性的论文集,则推进了 RIS 概念的传播。此后,大量学者都开始投入到对 RIS

---

① David Doloreux, Saeed Partob, "Regional innovation systems: Current discourse and unresolved issues."*Technology in Society* 27(2005):133—153.

② Freeman C., "The 'national system of innovation' in historical perspective."*Camb J Econ* 1995;19(1):5—24. Cooke, P., P. Boekholt, and F. Totling, *The Governance of Innovation in Europe*, London: Cassel.2000.

③ Lundvall, B. and S. Borrás, "The Globalising Learning Economy: Implications for Innovation Policy."*Report from DG XII*, Commission of the European Union.1997:34—39.

④ David Doloreux, Saeed Partob, "Regional innovation systems: Current discourse and unresolved issues."*Technology in Society* 27(2005):133—153.

⑤ 彭宜新、邹珊刚:《创新系统研究方法述评》,载《自然辩证法研究》2002 年第 6 期,第 6 页。

的研究中来。基于不同的视角和观点,不同的学者在区域层面上探讨创新系统时所给出的 RIS 的定义也不一样(见表 3.1)。尽管各有侧重,但还是突出了一些共同的观点,如库克、阿歇姆、科斯提亚恩、黄鲁成、任胜钢等学者在定义中强调了制度的重要性;科斯提亚恩、布塞(M. Buesa)和黑吉斯(J. Heijs)、胡志坚、苏靖、王缉慈等学者则突出了创新网络的地位;阿歇姆、托蒂宁、费列罗(L. Ferrero)等学者则认为 RIS 应该是基于产业集群的;而交互式学习或者组织要素之间的交互作用和联系几乎在所有学者的定义中都可以得到体现。

表 3.1　不同学者对于 RIS 的定义

学者	主要观点
库克等(1998)	RIS 是在一个以根植性为特点的制度环境中,企业与其他组织和机构系统地致力于交互式学习的系统。
布拉茨克等(1998)	在理性上,可以将 RIS 看成是一个抽象的模型术语,包括关键的组织要素和其相互之间的联系,而这种系统支持并产生技术创新。
奥堤欧(1998)	RIS 是基本的社会系统,由相互作用的子系统组成,组织和子系统内部及相互之间的互动产生了推动 RIS 演化的知识流。
阿歇姆和伊萨克森(1997),阿歇姆和柯伦(2005)	RIS 包括生产结构(技术－经济机构)和制度基础设施(政治－制度体系),可被看成是制度基础设施支持着区域生产结构中的创新。
科斯提亚恩(2002)	RIS 就是位于一定的地理范围之内的创新网络和制度的系统,通过经常的和强烈的内部相互作用来促进区域内企业的创新。
阿歇姆和伊萨克森(2002),托蒂宁和考夫曼(2002),费列罗和马菲欧利(A. Maffioli)(2004)	RIS 可以被概念化为"被提供支持的知识型组织所包围的区域产业集群"。
布塞和黑吉斯等(2006)	RIS 可被定义为在公共和私立部门之间的一套网络,其在一定的地域内通过使用它们自己的基础设施来相互作用和彼此之间产生反馈,目的是适应、产生、扩散知识和创新。
胡志坚,苏靖(1999)	RIS 是为创造、储备及转让知识、技能和新产品的相互作用的网络系统。

续表

学者	主要观点
黄鲁成(2000)	RIS是指在特定的经济区域内各种与创新相联系的主体要素(创新的机构和组织)、非主体要素(创新所需要的物质条件)以及协调各要素之间关系的制度和政策网络。
王缉慈(2001)	RIS是区域创新网络与区域创新环境有效叠加而成的系统。
任胜钢等(2006)	RIS是由特定区域内相互联系、共同协作的企业、高校、研究机构、中介和政府等创新主体构成的,在一定的制度、政策等运行环境中,以促进创新、推动区域经济社会发展为目标所形成的空间组织结构体系。

资料来源:作者根据相关文献资料归纳整理。

▷▷ 3.1.3 RIS 与产业集群

创新在地理集中和邻近中更容易发生,这就说明区域集群在这一过程中扮演了关键的角色。产业集群和 RIS 都很强调区域对于企业技术创新的重要性,但在现有文献中,对 RIS 与集群进行清楚明确的概念性澄清的研究相对较少。在很多学者的 RIS 研究中也并未对集群与 RIS 的区别做特别的说明,甚至把集群仅仅看成是 RIS 研究的必然。阿歇姆认为,尽管波特拓展了产业集群的概念,这或多或少地消除了集群与创新系统之间的差异,但对"纯粹"的产业集群的不同的产业发展道路,却可以采用更加系统的方式进行解释。在这些集群中,RIS 为了支持现有产业的创新而得以建立,同时为了促进基于新的知识的新兴产业的发展,也必须要在集群和 RIS 间建立联系。[①]

1. 概念对比分析

根据波特给出的定义,产业集群就是"相互关联的企业、特定的供应商、服务提供者、相关产业的企业和相关的机构在地理上的集中……在特定的领域,它们既相互合作,也相互竞争"。[②] 伊萨克森和豪格(E. Hauge)在

[①] B. Asheim, "Differentiated Knowledge Bases and Varieties of Regional Innovation Syatems." *Innovation*, Vol. 20, No. 3, 2007:223—242.

[②] Porter, M., *On Competition.* Harvard Business School Press: Cambridge, MA. 1998, p.197.

2002 年的研究中将集群定义为在一个小的地理环境内相同的或相近的产业部门内的相互依赖的企业的集中。① 集群的边界由相互联系的不同机构以及产业间的互补性来决定。而 RIS 则强调知识生产和知识应用以及扩散子系统的相互联系,这些子系统都具有开放的边界。RIS 的定义穿越了区域经济中的好几个部门,包含了企业、大学、研究机构、地方政府、制度结构等多种要素和组织,而集群则强调企业的创新主体地位。显然 RIS 的概念更为宽泛。阿歇姆和柯伦认为在学习经济时代,集群和 RIS 尽管存在差异,但这两个概念之间却又有非常紧密的联系。库克等学者在阐述 RIS 的概念时,也强调区域生产机构或者知识应用子系统通常显现出集群特征。集群的概念有很强的部门内涵,而 RIS 却可以包括不同的产业部门;也就是集群往往限制于某一个行业,而 RIS 则无此限制。从某种意义上说,集群可以看成是 RIS 的组成部分,但这并不意味着可以忽略部门差异,因为从政策的视角来看,部门差异也是很重要的。在这种理解下,集群和 RIS 就能够(通常也确实是)共同存在于同一区域。通常一个 RIS 可能包含几个或多个集群,当然也可能一个都没有。正如库克所说,一个 RIS 不是一个集群,但是它具有支持大量的集群和非集群产业的能力。②

2. 产业集群与 RIS 研究

产业集群与 RIS 在实际研究中的关系更为紧密,如费列罗和马菲欧利、阿歇姆和伊萨克森等学者都强调了区域集群在 RIS 中的重要性。阿歇姆和伊萨克森在研究挪威的 RIS 时甚至认为,理想的 RIS 就是由当地的支持组织所围绕的产业集群;帕克和李在研究瑞典的 RIS 时,认为瑞典 RIS 的发展主要就是基于该国的汽车、钢铁、新材料、信息和通信技术以及生物科技等创新集群;托蒂宁和考夫曼通过对奥地利地区 RIS 的研究,也认为 RIS 的发展应该支持区域集群的形成。

库克将 RIS 看成是一种观念、一种方法或者一种思想,而产业集群则是这种方法或者观点的实际体现或应用。他将 RIS 作为一种用来分析如

---

① Isaksen, A., Hauge, E., *Regional Clusters in Europe*. Observatory of European SMEs report 2002 No. 3, European Communities, Luxembourg. 2002.

② Phil Cooke, "Regionally asymmetric knowledge capabilities and open innovation Exploring 'Globalisation 2'—A new model of industry organization." *Research Policy* 34(2005): 1128-1149.

何建设、提升和支持地方创新集群的政策工具。因此,在他对 RIS 的实证研究中,也常常基于某一地区的产业集群而展开,如基于美国马萨诸塞州的波士顿地区(Boston)以及英国剑桥地区(Cambridge)的生物科技产业集群进行 RIS 的研究。同时,库克也认为产业集群和要素间的网络是 RIS 的基础。在他对英格兰东南部的创新热点区域、荷兰的阿姆斯特丹-乌得勒支走廊(Amsterdam-Utrecht)以及瑞典的斯德哥尔摩-乌普沙拉走廊(Stockholm-Uppsala)进行研究时发现,在这些地方,生物技术、信息通信技术(ICT)新兴企业以及互联网企业在各自的产业集群中发展势头良好,而这些区域 RIS 的发展也显得非常强劲。在我国也有很多学者基于产业集群来探讨 RIS,如魏江、吴德进等学者对于集群创新系统的研究。

▶▶ 3.2 研究要素

▷▷ 3.2.1 要素组成

在现有文献中,不同学者对 RIS 的组成和结构都有自己的理解。本书对有关文献资料进行了整理,列出了不同学者所提出的 RIS 研究框架的要素组成(见表 3.2),以供比较研究。

表 3.2 不同学者提出的 RIS 的组成要素对比

学者	RIS 研究框架的组成
韦格(H. Wiig,1995)	• 生产企业群;教育机构;研究机构;政府机构;创新服务机构。
库克(1998);奥堤欧(1998)	• 区域生产体系或者知识应用与开发子系统;区域支持基础设施或者知识生产子系统和扩散子系统;非正式的制度环境,如规范、信任和常规等。
托蒂宁和考夫曼(1999,2002)	• 主要的产业集群内的企业;研发机构和大学;教育、培训机构;金融机构;相关的服务机构。
阿歇姆和伊萨克森(1997,2002),费列罗和马菲欧利(2004)	• 主要的产业集群中的企业;制度基础设施。
多罗瑞克斯(2002)	• 企业;制度;知识基础设施;创新政策。

续表

学者	RIS 研究框架的组成
布塞等(2006)	· 企业;公共管理部门;创新支持基础设施;区域和国家的创新环境。
胡志坚等(2000)	· 主体要素,包括区域内的企业、大学、科研机构、中介服务机构和地方政府;功能要素,包括制度创新、技术创新、管理创新和服务创新;环境要素,包括体制、机构、政府或法制调控、基础设施建设和保障条件等。
周亚庆,张方华(2001)	· 教育子系统;科技子系统;资金体系;政府子系统;文化子系统。
张敦富等(2000)	· 创新机构,指企业、科研院所、大专院校和政府有关部门;创新资源,主要指创新人才和创新资金;中介服务系统,主要指在技术和知识转移过程中起着桥梁作用的组织和机构;管理系统,主要强调政府的地位与作用。
潘德均(2001);龚荒等(2002)	· 创新主体层次:科技研究系统、企业技术创新系统、创新成果扩散系统;创新支撑层次:教育培训系统、区域宏观调控系统、社会服务支撑系统。

资料来源:作者根据相关文献资料整理。

韦格在1995年的研究中提出了广义上的 RIS 的组成,包括:(1)进行创新产品生产供应的生产企业群;(2)进行创新人才培养的教育机构;(3)进行创新知识与技术生产的研究机构;(4)对创新活动进行金融、政策法规约束与支持的政府机构;(5)金融、商业等创新服务机构。[①]

库克、奥堤欧等学者提出了两个关键的存在于任何一个运行着的 RIS 中的子系统:(1)区域生产结构或者知识应用与开发子系统,主要由企业构成,往往显现出集群特征;(2)区域支持基础设施或者知识生产和扩散子系统,主要由公共或者私立研究机构、大学、技术转移机构、职业培训机构以及区域和当地负责创新支持政策的政府机构组成。[②] 此外,库克还强调促进交互式学习的发生所必需的非正式的制度环境,如规范、信任和常规等。库克认为只有当两个要素子系统都系统地致力于交互性地学习的过程之中,

[①] 转引自范柏乃《城市技术创新透析:区域技术创新研究的一个新视角》,机械工业出版社2004年版,第8页。

[②] Cooke P, Uranga MG, Etxebarria G. "Regional systems of innovation: an evolutionary perspective." *Environment and Planning* 1998, 30:1563—1584. Autio, E., "Evaluation of RTD in Regional Systems of Innovation." *European Planning Studies* 1998, 6:131—140.

才能认为一个 RIS 已经产生。

多罗瑞克斯认为,RIS 概念的前提就是创新作为一个过程依赖于企业内外不同的要素。一般说来,企业、制度、知识基础设施和创新政策是构成 RIS 的主要要素,RIS 的出现不仅依赖于企业和相关机构所创造的大量知识,也与这些机构之间的作用方式以及它们与环境之间的作用方式有关。环境可以被看成是要素网络或者企业行为的一般模式,也可以被看成是一个知识储藏库,在其中企业发生交互式学习,产生集聚经济。因此,可以由知识流、信息流、投资流以及结网(Networked)和其他伙伴关系来确定的组织之间的交互式学习,是推进和强化 RIS 的最为重要的功能。①

阿歇姆和伊萨克森、费列罗和马菲欧利研究认为,RIS 包含两类主要的主体和它们之间的相互作用。第一类主体是在产业集群中的企业,产业集群位于包含着支持产业的区域中;第二类主体是制度基础设施,也就是研究机构、教育和培训机构、技术转移机构、服务机构和组织等,这些组织和机构拥有支持区域创新的重要能力。②

托蒂宁和考夫曼认为 RIS 由五类要素构成。(1)区域中的主要产业集群内的企业,其与相关产业一起构成了各种不同的网络(供应商/客户网络、合作网络、信息网络),在其中相关的信息流和相互作用开始出现;(2)研发机构和大学是知识提供者,它们只有与区域内的企业发生相互作用时才会有效;(3)培训机构,劳动力的素质是创新的另外一个重要因素,在这里,不只是研发人才与创新有关,生产、市场和管理人才也很重要;(4)金融机构,其要为创新项目提供必需的金融资助,帮助企业克服资本紧缺问题;(5)相关的服务机构,像商业创新中心、科技园区或者技术转移中心以及行业协会

① D. Doloreux, "What we should know about regional systems of innovation." *Technology in Society* 24 (2002):243—263.

② Asheim, B. T., Isaksen, A., "Regional innovation systems: the integration of local 'sticky' and global 'ubiquitous' knowledge." *Journal of Technology Transfer* (2002)27:77—86. Lucas Ferrero, Alessandro Maffioli, *The Interaction between Foreign Direct Investment and Small and Medium—sized Enterprises in Latin America and the Caribbean: A Look at Regional Innovation Systems*. November WORKING PAPER, Series No. 6A. 2004.

等机构,都是以支持企业创新为目标,试图去减少它们特定的创新障碍。[①]

布塞等研究者认为,企业、公共管理部门、创新支持基础设施、区域和国家的创新环境是 RIS 最为重要的组成要素。(1)企业是创新系统中最为重要的要素,其不只是将知识转化为产品和工艺,也是内部学习的主体;(2)公共管理部门在区域创新的财政资助和科技政策的制定方面扮演着重要角色;(3)创新支持基础设施是企业创新活动的推进因素,其包括技术中心、科技园区等提供中间服务的组织,同时科研机构以及大学也会对科技发展和人力资源做出贡献;(4)区域创新环境是一个宽泛的概念,其包括对于区域的科技能力有着间接影响的方面,如劳动力的素质、产业结构、风险投资的多少、知识的积累、大学的数量、区域文化、学习氛围等。他们认为子系统间的界限并不是非常的清楚,不同领域间也会有重叠,子系统的不同部分和要素间存在相互依赖、相互作用的关系。[②]

基于我国 RIS 建设和发展的实际,国内学者在 RIS 的组成和结构上也提出了很多不同的观点,如胡志坚等认为,RIS 主要由主体要素、功能要素和环境要素构成;[③]周亚庆和张方华认为 RIS 包括教育子系统、科技子系统、资金体系、政府子系统和文化子系统;[④]张敦富等人认为 RIS 建设包括创新机构、创新资源、中介服务系统、管理系统四个相互关联、相互协调的主要组成部分;[⑤]潘德均、龚荒等认为 RIS 包括两个层次六个子系统,两个层次是指创新主体层次和创新支撑层次,六个子系统包括科技研究系统、企业技术创新系统、创新成果扩散系统三个主体系统和教育培训系统、区域宏观

① Franz Todtling, Alexander Kaufmann. "Innovation systems in regions of Europea comparative perspective." *European Planning Studies*. Abingdon: Dec 1999. Vol. 7, No. 6:699 —717. Franz Todtling, Alexander Kaufmann. "SMEs in Regional Innovation Systems and The Role of Innovation Support—The Case of Upper Austria." *Journal of Technology Transfer 2*, 2002, 7:15—26.

② Mikel Buesa, Joost Heijs, Monica Martinez Pellitero, Thomas Baumert, "Regional systems of innovation and the knowledge production function: the Spanish case." *Technovation* 26(2006):463—472.

③ 胡志坚:《国家创新系统——理论分析与国际比较》,社会科学文献出版社 2000 年版。

④ 周亚庆、张方华:《区域创新系统研究》,载《科技进步与对策》2001 年第 2 期,第 42—45 页。

⑤ 张敦富:《知识经济和区域经济》,中国轻工业出版社 2000 年版,第 66—88 页。

调控系统、社会服务支撑系统三个支撑系统。① 黄鲁成则认为从知识的角度、创新的结构、创新的动态过程以及创新对象等不同的方面来看，RIS 亦应该有不同的结构和组成。②

综上所述，对于 RIS 的要素组成，第一，可以从子系统的角度来探讨，如库克、奥堤欧等国外学者以及国内大部分学者的研究；第二，可以从企业与相关支持制度和机构的角度来探讨，如韦格、多罗瑞克斯、阿歇姆和伊萨克森、托蒂宁和考夫曼、布塞等学者的研究。尽管划分方法不一样，但从不同学者的研究中也可以看到，一个完整的 RIS 应该包括负责知识应用的企业、负责知识生产的大学和研究机构、负责知识传播和扩散的科技服务机构、负责协调和引导的公共管理机构等。当然，这些组织和机构在知识的产生、扩散、应用和创新方面的界限并不是十分清楚，如科技服务机构也可以产生新的知识，企业的供应商也可以向企业扩散知识等。在区域之内，这些主体之间产生交互式作用。这些动态和复杂的相互作用构成了创新系统。③ 也就是创新系统可以被理解为相互作用的网络。④

▷▷ **3.2.2 概念框架**

图 3.1 是库克基于奥堤欧的工作所提出的抽象的 RIS 的概念模型，得到了很多学者的认同。这一概念模型也为本书概念模型的提出和构建打下了基础。库克认为该模型抓住了在多层管理环境下的 RIS 的主要特征和关系，但它仅仅以一种描述性的方式来表达了要素间的关系。经验研究有必要探讨在特定区域中知识应用、开发、生产和扩散要素是否存在，相互之间或强或弱的关系所带来的不同程度的影响，同时区域的决策制定机构以及 RIS 的"系统"程度也值得研究。托蒂宁和特瑞普（Trippl）则认为，在该

① 潘德均：《加速西部区域创新系统建设》，载《科技日报》2001—12—16(5)。龚荒、聂锐：《区域创新体系的构建原则、组织结构与推进措施》，载《软科学》2002 年第 6 期，第 22—25 页。

② 转引自胡明铭《区域创新系统理论与建设研究综述》，载《外国经济与管理》2004 年第 9 期，第 45—49 页。

③ Edquist, C. (ed.), *Systems of Innovation—Technologies, Institutions and Organisations*, London/Washington: Pinter. 1997.

④ Kaufmann, A., Todtling, F. "Science—industry interaction in the process of innovation: the importance of boundary—crossing between systems." *Research Policy* 2001. 30:791—804.

结构图中,还应该增加政策维度。

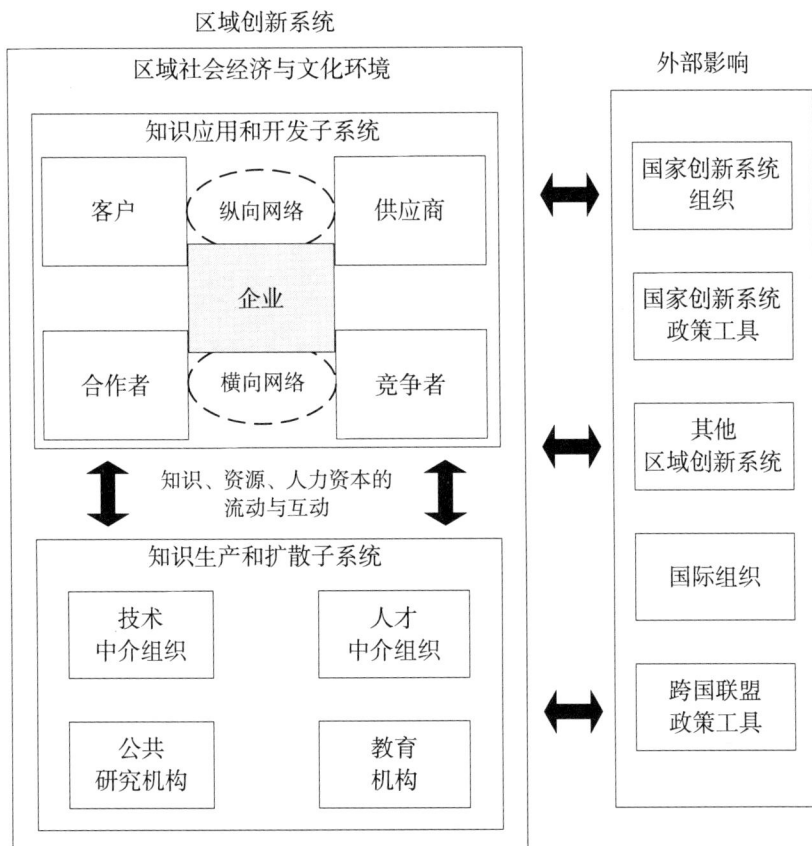

区域创新系统

区域社会经济与文化环境

知识应用和开发子系统

| 客户 | 纵向网络 | 供应商 |

企业

| 合作者 | 横向网络 | 竞争者 |

知识、资源、人力资本的
流动与互动

知识生产和扩散子系统

| 技术中介组织 | 人才中介组织 |

| 公共研究机构 | 教育机构 |

外部影响

国家创新系统组织

国家创新系统政策工具

其他区域创新系统

国际组织

跨国联盟政策工具

图 3.1　RIS 的概念框架

资料来源:作者根据库克(2002)的研究框架改编。

▶▶ 3.3 *基本类别*

RIS 的概念特点应该从区域和功能的层面来理解。为了反映出概念的多样性和区域中生产结构与制度设置的关系的丰富性,库克、布拉茨克、阿歇姆和伊萨克森、阿歇姆和柯伦等学者都试图在研究中对 RIS 进行分类,以期能更清晰地把握 RIS 的特征。本文根据相关资料,对学者们所界定的

不同类型的 RIS 进行了汇总（见表 3.3）。从表 3.3 中可以看出，对于 RIS

表 3.3　RIS 的不同类型

划分标准	学者	类型	界定
根据区域创新潜力划分	库克等（1998）	高潜力的 RIS	· 拥有很强的技术和创新的知识供应结构，如教育系统、大学和研究机构、技术转移中心等，显示出很高的区域自治水平。
		中等潜力的 RIS	· 区域在创新支持组织，包括管理、基础设施以及以创新为目标的政策方面都是各有优缺点。
		低潜力的 RIS	· 组织间的交互作用很弱，由于是以低技术活动为主导，区域支持创新的活动不多，大学—产业的联系缺乏，创新支持有关的组织和形式较弱。
根据社会根植性程度来划分	阿歇姆和伊萨克森(1997，2002)；阿歇姆和柯伦(2005)	区域化的国家创新系统（Regionalized National Innovation System）	· 部分产业和制度基础设施在功能上越来越多地与国家和 NIS 实现了融合，如创新活动由于受到国家相关部门和政策的干预而与区域外的因素开展合作。 · 在这类 RIS 中的组织间的合作与线性模型更加一致，因为创新主要基于来自区域外的大学和科研院所的科学知识，有可能出现根本性的创新。 · 如日本、法国和中国台湾的技术极，其特点就是区域内的企业间只有有限的创新相互作用，而多与区域外的企业通过垂直的转包关系发生联系。
		地域根植型区域创新系统（Territorially Embedded Regional Innovation System）	· 生产结构和制度基础设施都根植于区域的系统。 · 企业(主要是应用合成的知识的企业)的创新活动主要是基于本土化的、企业间的学习过程，这一过程受到地理关联和相互邻近的关系的促进，而与知识生产组织(如研发机构和大学)则没有多少直接的联系，如意大利艾米尼亚—罗马涅地区(Emilia—Romagna)的 SMEs 网络。
		区域网络型的创新系统（Regionally Networked Innovation System）	· 企业和组织也是根植于一个特定的区域并且以本土化、交互式学习为特征。 · 当地的创新网络中不仅仅只包含 SMEs，还有区域内的研究机构、职业培训等制度基础设施。 · 网络化的系统通常被认为是理想的 RIS 形式，即区域企业的集群被区域的支持制度基础设施所包围。 · 网络方法在德国、澳大利亚以及北欧国家的区域中较具典型性。

续表

划分标准	学者	类型	界定
根据构建RIS的不同视角来划分	豪尔斯(1999)	采用"从上至下(Top-down)的视角"的RIS	· 采用"从上至下的视角"来看RIS,可以说RIS是NIS的一个小的原型。
		采用"自下而上(Bottom—up)的视角"的RIS	· 从"自下而上的视角"来看RIS,这是一个独特的系统,拥有自己的内部特点和系统内不同要素间的相互作用。这种视角的重点放在在区域层面上运转的创新系统内的问题、要素和过程。
根据技术转移的管理模式来划分	布拉茨克等(1998)	基本型RIS(Grossroots RIS)	· 区域的技术转移主要是由区域层面上的管理组织和机构进行组织和推进。 · 整个系统的协调程度低,研究偏重于应用,技术专业化水平也较低。 · 类似于阿歇姆和伊萨克森所界定的区域根植的创新系统。
		网络型RIS(Networked RIS)	· 技术转移经受多层管理,也就是综合考虑当地、区域、国家和全球层面。 · 整个系统协调程度高,理论研究与应用研究相结合,技术专业化水平高低并存。 · 类似于阿歇姆和伊萨克森所界定的区域网络型的创新系统。
		国家干预型RIS(Dirigiste RIS)	· 技术转移活动受制于政府政策,政府决定企业的资金来源。 · 研究侧重于基础方面,整个系统的协调水平很高,技术专业化水平也较高。
根据创新网络类型、重要性及企业的根植性程度来划分	托蒂宁和考夫曼(1999)	企业基础型创新系统(Firm—based Innovation System)	· 企业与顾客和供应商之间的合作关系最重要,而与大学、研究机构等的关系则次之。
		科学基础型创新系统(Science—based Innovation System)	· 企业除与顾客、供应商和咨询顾问保持重要的联系之外,与大学和研究机构的合作关系也相当重要。
		政策基础型创新系统(Policy—based Innovation System)	· 企业除与顾客、供应商和咨询顾问的合作之外,更多地是与技术转移机构、培训机构、创新支持机构或地区研究组织等保持着重要的合作关系。

续表

划分标准	学者	类型	界定
根据区域创新的障碍因素来划分	伊萨克森(2001)	组织薄弱型的RIS(Organizational Thinness RIS)	• 区域中缺乏相关的主体要素来推进交互式学习。
		零散型的RIS(Fragmented RIS)	• 区域中的主体间缺乏区域合作和相互间的信任。
		锁定型的RIS(Lock—in RIS)	• 主要是指工业技术已经过时的老工业区,区域内各主体间虽然存在合作,但与区域外主体合作很少。

资料来源:作者根据相关文献归纳整理。

的划分都是围绕着区域内的制度基础设施的多寡、创新网络的发展程度、交互式作用的紧密程度、区域政策支持力度的大小以及企业对区域的根植性程度等为标准来进行的,分类的标准也体现了 RIS 概念所强调和包含的不同方面,因此,这些类型之间并不相互排斥,它们之间也有重叠。了解这些不同的分类,有助于我们更好地理解 RIS。

在 RIS 研究领域,阿歇姆和伊萨克森在 1997 年和 2002 年的研究,以及阿歇姆和柯伦在 2005 年的研究中所做的划分得到较为广泛的认可,他们对 RIS 的划分也充分考虑了库克等学者所做的分类。他们的分类基于企业的根植性程度和区域的知识基础设施,考虑到创新网络和政策的作用,认为构建 RIS 可以有不同的逻辑,并将 RIS 分为三类,即地域根植型区域创新系统(Territorially Embedded Regional Innovation System)、区域化的国家创新系统(Regionalized National Innovation System)和区域网络型的创新系统(Regionally Networked Innovation System)。

▷▷ **3.3.1 地域根植型区域创新系统**

这类创新系统重点在于本土化的、路径依赖的区域内企业间的学习过程,这一过程受到地理关联和相互邻近的关系的促进,而与知识生产组织

(如研发机构和大学)则没有多少直接的联系。区域知识基础设施的角色就在于对特定产业提供具体实用的服务和短期的问题解决方案。区域根植的创新系统的最佳案例就是产业区中的中小企业的网络,例如在意大利艾米尼亚－罗马涅地区,创新系统就可以被描述成是根植于某一特定区域之中。这些本土化根植的系统通过技术中心、创新网络或者提供市场研究以及智力服务的机构来提供一种基于网络的支持,并推进区域中的适用技术的扩散和组织学习。这类创新系统类似于布拉茨克和库克所提出的"基本型RIS"(Grassroots RIS)。

▷▷ **3.3.2 区域化的国家创新系统**

在这类创新系统中,部分产业和制度基础设施在功能上越来越多地与国家和国际创新系统实现了融合,创新活动主要通过与区域外的机构合作开展。库克认为这类 RIS 主要结合了大学、科研院所和企业的研发功能,反映了一种狭义的创新系统概念。他也将其称为国家干预型 RIS(Dirigiste RIS)。与此同时,在这类 RIS 中的组织间的合作与线性模型更加一致,因为合作主要包括基于正式的科学知识来开发与根本性创新相关的特定项目。在这种体系中,拥有共同职业和教育背景的人之间的合作更有可能增加(如科学家之间)。这种职能上的相似促进了知识在知识相关社区的分享和循环,其成员可能穿越区域甚至国际的界限。一个特别的区域化的国家创新系统的例子就是大公司研发实验室和国立研究机构在经过规划的科学园或者技术发展极中形成的集群,它们通常与大学和技术学院邻近。但是根据阿歇姆的经验研究,它们与当地产业的联系非常有限。科学园一般都未能基于园区内企业间的相互合作和学习来发展创新网络。[①] 而在日本、法国和中国台湾的技术极中,内部企业间只有有限程度的创新相互作用,与区域外的企业主要通过垂直的转包关系发生联系。在区域化的国家创新系统中鲜有本土化的创新网络出现,这也说明本土化和区域根植的缺乏,当然也使得我们对于科学园和技术极在推进和提升当地产业的创新和竞争能力

① Asheim, B. T., Cooke, P., "Localised Innovation Networks in a Global Economy: A Comparative Analysis of Endogenous and Exogenous Regional Development Approaches." *Comparative Social Research* 17, JAI Press, Stamford, CT, 1998:199－240. Henry, N., et al., "Along the road: R&D, society and space." *Research Policy* 1995. 24:707－726.

方面产生了质疑,而在当地产业中推进创新和竞争又是区域内生发展的前提。①

▷▷ **3.3.3 区域网络型的创新系统**

在区域网络型的创新系统中,企业和组织也是根植于一个特定的区域并且以本土化、交互式学习为特征。实际上,通过有意图地强化区域制度基础设施,例如使得区域的研发机构、职业训练组织以及其他与企业创新过程有关的本地组织更加强大、更加发达,可以实现一种理想的 RIS 状态,即区域企业的集群被区域的支持制度基础设施所包围。长期看来,大多数企业并不能单纯地依靠非正式的本土化学习,它们也需要获得基于国家或者全球基础的不同种类的知识。阿歇姆和柯伦认为通过增强与区域内的大学和研发机构的合作,或者通过设立技术转移机构来创造区域网络型创新系统,可以为企业的本土化能力提供知识和能力的补充。这不但可以增强他们的集体创新能力,也可以防止区域集群或者企业的技术锁定(Lock－in)现象。② 区域网络型的创新系统与区域化的国家创新系统相比,当地的知识基础设施和企业间的创新网络扮演了一种不可或缺的角色。与区域根植的创新系统相比,区域网络型的创新系统更加注重与大学和科研机构的合作。布拉茨克和库克也将这种创新系统称作网络型 RIS(Networked RIS)。网络方法在德国、澳大利亚以及北欧的国家中较具典型性。

地域根植型区域创新系统常常出现于成熟的产业群中,而区域化的国家创新系统更多地出现于新兴的产业,区域网络型的创新系统则可以支持不同类型的处于不同生命周期的产业。③ 由此也就不难理解,现在大多数学者所研究和构建的 RIS 都是一种理想的区域网络型的创新系统。结合珠三角产业发展的实际,本书也更加强调区域创新网络在 RIS 中的地位和作用。

---

① Asheim, B. T., Cooke, P., "Localised Innovation Networks in a Global Economy: A Comparative Analysis of Endogenous and Exogenous Regional Development Approaches." *Comparative Social Research* 17, JAI Press, Stamford, CT. P. 1998:199－240.

② 根据阿歇姆和柯伦的解释,技术锁定(Lock－in)就是没有能力偏离已建立但已经过时的技术轨道。

③ B. T. Asheim, Lars Coenen, "Knowledge bases and regional innovation systems: Comparing Nordic clusters." *Research Policy* 34 (2005):1173－1190.

▶▶ **3.4 内涵特点**

根据库克在 2001 年的研究,RIS 的内涵可以从"区域"、"创新"、"网络"、"学习"和"交互式作用"五个方面来理解。[①] 多罗瑞克斯则认为,以库克为代表的学者们在对 RIS 的研究中都强调了"交互式学习"、"环境"(Milieu)和"根植"(Embeddedness)三个方面。[②] 为了更好地理解 RIS 的内涵特点,我们先从以下五个方面进行剖析:

1. 区域。指介于国家与地方管理层面之间的中观层面的政治单元,其可能有一些文化以及历史的同质性,但其至少具备一定的干预和支持区域经济发展尤其是创新的法定权利。区域概念强调了管理一国以内不同地域的经济运行的重要性,是中观层面的调节经济活动的重要基础,尽管在实际研究中对于区域的界定并不一致。区域管理的主体既包含典型的私立组织,如产业联合会、商业委员会的分支机构等,也包含公共组织,如国家推进企业建设和支持创新的相关组织在区域层面的下属机构。

2. 创新。也就是以弗里曼和伦德瓦尔等学者为代表的新熊彼特学派所宣扬的广义的创新概念,包括产品、工艺、市场和组织等方面的创新。

3. 网络。被认为是主体要素间基于互惠、惯例、信任、声誉的合作和联系,这种结合使得其成员去追求共同的利益。网络中的主体之间往往已经超越了单纯的商品和服务的交换,还包括一种非交易性的相互依赖关系(Untraded Interdependencis),也就是基于区域的惯例、规则、正式的以及非正式制度之上的相互作用。[③]

4. 学习。学习在 RIS 中有非常突出的地位,尤其是关于"制度学习",在这里新的水平和新的种类的知识、技巧和能力可能被嵌入企业和创新支

---

① Philip Cooke, *Regional innovation systems, clusters, and the knowledge economy. Industrial and Corporate Change*. Oxford: Dec 1, 2001 Vol. 10, Iss. 4, pp. 945—974.

② Doloreux, D. ,"What should we know about regional systems of innovation." *Technology in Society*(2002)24:243—263.

③ Storper, M. and Scott, A. J. "The wealth of regions." *Futures*(1995)27, 5:505—526.

持组织的日常运作和惯例中,而老的则被遗忘和遗弃。

5. 交互式作用。这是 RIS 的关键,常规的手段如正式或非正式的以创新为中心的会议或者交流,就可以使得企业和相关的网络组织成员在学习、特定的项目实践等活动中联系到一起。

更进一步,我们也可以对这五个方面进行归纳和综合,从"交互式学习"、"环境"和"根植"这三个方面对 RIS 的概念进行更深入的理解和认识。

1. "环境"。RIS 被认为是一个开放的区域化的联合体,其环境包括正式的制度、惯例、规则、标准、价值观、人力资源和物质资源等。

2. "根植"。根植性是 RIS 概念的中心,可以被理解成个人间的联系和关系网络,也可以指一个社会组织根据共享的合作规则和规范、相互之间的信任和非交易性的相互依赖,在区域内进行交易和运作。① 根植出现于这样一种区域:在区域内有高度分享的社会文化和价值观,以及可以用来生产新的产品和工艺的不同资源。区域内的创新网络和交互式学习就包括一个社会根植的过程。根植性使得企业和区域的创新优势很难被模仿。

3. "交互式学习"。强调了 RIS 中的主体要素相互作用的过程,是 RIS 中的中心活动,其中知识得到应用,并被认为是生产系统中不同要素的集体资产。

由此,通过区域环境、交互式学习、根植性等特点,我们就可以对 RIS 进行本质上的判断和确定。

▶▶ 3.5 相关的实证研究

尽管我国学者在 RIS 的实证研究方面起步较晚,但是国外学者、尤其是欧洲学者在 RIS 的实证研究方面已经取得了很多成果。这些实证研究对于进一步丰富和发展 RIS 理论和概念框架具有非常重要的意义(见表3.4)。

---

① Dosi, G. , "The Nature of the Innovation Process", in G. Dosi, C. Freeman, R. Nelson, G. Silverberg and L. Soete (eds), *Technical Change and Economic Theory*. London/New York : Pinter, 1988.

表 3.4　国外学者所开展的 RIS 实证研究

学者	研究区域	研究主题	主要结论
杜尔夫曼（Dorfman，1988）；西格尔（Segal，1988）；斯米勒等（W. Smilor et al，1988）；维甘德（1988）；萨克森宁（1994）	较为成功的高技术区域，如美国的硅谷、波士顿的 128 号公路、奥斯丁－圣安东尼奥走廊（Austin － San Antonio）；英国的剑桥地区和菲尼克斯地区（Phoenix）。	公共研究机构对于创新过程所起的作用和作用方式。	通过案例研究，认为区域内的公共研究机构强化了区域内企业的创新能力，对于这些区域的快速发展起到了重要的推动作用。
杰斐（A. B. Jaffe ,1989）	以美国的州作为区域研究单位。	企业和大学研发对于区域创新绩效的影响。	通过对各州的数据进行计量经济研究表明专利的数量不仅仅与产业研发的总量正相关，也与大学的研发投入正相关。
布塞等（2006）	以西班牙的 17 个自治区作为 RIS 的研究单位。	研究了区域生产和创新环境、大学、公共管理、创新型企业四个变量对于区域创新能力的影响。	采用专利数作为因变量，通过回归分析发现，区域生产和创新环境成为对区域创新能力影响最大的因素。
克斯夏特斯基等（K. Koschatzky et al, 2001）	斯洛文尼亚（Slovenia）。	分析了斯洛文尼亚制造业企业的创新行为。	对弗朗霍费尔（Fraunhofer）系统和创新研究所与卢布尔雅那（Ljubljana）经济研究所在 1997—1998 年联合开展的创新调查的数据进行了分析，认为纵向联系对于企业创新来说非常重要，但通过创新网络来进行的交互式的学习过程并没有得到充分利用。

续表

学者	研究区域	研究主题	主要结论
荣德(P. Rond)和胡斯勒(C. Hussler)(2005)	法国的 94 个区域。	法国制造业发展中区域层面创新的决定性因素。	通过建立知识生产方程的形式进行了分析,得出的主要结论就是企业在区域内建立外部联系比发展内部学习能力更为重要,要素间的知识流动多是有意识的行为,而且法国创新系统的区域特征要比部门特征更加强烈。
托蒂宁和考夫曼(1999)	欧洲 REGIS 项目中的 11 个区域,包括德国的巴符州(Baden－Wurttemberg,巴登－符腾堡州的简称,下同)、比利时的瓦隆尼亚地区(Wallonia)、荷兰的布拉班特地区(Brabant)、芬兰的坦佩雷省(Tampere)、葡萄牙的森特罗(Cntro)、匈牙利的费杰省(Fejer)、波兰的下西里西亚(Lower Silesia)省、西班牙的巴斯克地区(Basque)、意大利的弗里乌利地区(Friuli)、奥地利的斯特利亚地区(Styria)、英国的威尔士(Wales)。	欧洲不同区域的创新系统组成要素及创新网络是如何支持企业的创新过程的。	通过对欧洲 REGIS 项目的调查问卷进行分析发现,对于在创新方面表现较好的区域,网络确实更加相关,它们更加重视采用来自于顾客、供应商、咨询顾问、大学、资金提供机构和培训机构的思想、技术诀窍和互补的资产。
库克和摩根(K. Morgan)(1990,1993,1994);库克(2001)	德国的巴符州和英国的威尔士地区。	对比分析了两个地区 RIS 的现状。	巴符州的汽车产业蓬勃发展得益于汽车产业与邻近的研究机构、供应商、高等教育机构、行业协会、政府产业管理机构以及技术咨询机构的紧密联系。而威尔士地区是政府主导的管理结构,过度依靠 FDI 战略,忽视了创新环境的培育,导致区域创新绩效较差。

续表

学者	研究区域	研究主题	主要结论
库克(2002)	美国马萨诸塞州波士顿地区和英国剑桥地区。	基于两地的生物科技产业集群来分析 RIS 的运行机制。	两个地区的生物科技产业都有很强的支持基础设施和良好的科技基础,企业和创新支持基础设施之间的联系网络共同构成了区域的知识生产和扩散子系统,从而强化了两个地区的创新能力。
阿歇姆和伊萨克森(2002)	基于挪威的三个地区的产业集群来研究 RIS:杰伦地区(Jaren)的机械工程的集群,孙默勒(Sunnmore)地区的造船业集群,赫特伦地区(Hortren)的电子产业集群。	RIS 中的知识流动与交互式学习。	采用案例分析的方法,认为区域内企业与客户的非正式联系、技术人员之间的非正式交流、员工流动、区域内的良好的信任氛围、大学、研究机构等对于区域中企业创新能力的增强都有很大的促进作用。
阿歇姆和柯伦(2005)	基于5个北欧地区:丹麦的撒宁地区的家具集群,北加特兰地区的无线通信产业集群;瑞典斯堪尼亚地区(Scania)的功能食品集群;挪威罗格兰德地区(Rogaland)食品产业集群和霍尔腾地区(Horten)的电子产业集群。	研究不同区域的产业发展所基于的不同的知识基础,从而制定有针对性的区域创新政策。	采用案例分析的方法,认为不同的产业可以具有综合型的知识基础或者解析型的知识基础。基于不同的知识基础,RIS 以及区域创新政策就应该采取相应的措施去促进企业与相关组织间的相互作用以及交互式学习。
托蒂宁和考夫曼(2002)	奥地利的上奥地利省(Upper Austria)。	调查了 SMEs 在多大程度上致力于创新网络建设以及公共创新支持在 RIS 中的角色。	通过对240家企业的问卷调查进行分析,结果显示接受了创新支持的 SMEs,相比那些没有接受的,是更为成功的创新者,同时也显示区域中的创新合作还很少。

基于知识和交互式学习的区域创新系统研究

续表

学者	研究区域	研究主题	主要结论
弗里奇（M. Fritsch）和舒沃腾（C. Schwirten）(1999)	德国的巴登地区（Baden），下萨克森州（Niedersachsen）的汉诺威－布伦斯威克－高廷郡地区（Hanover－Brunswick－Gottingen）和萨克森州（Saxony）。	对所研究的 RIS 中的企业与大学和研究机构的合作进行了实证研究。	对调查问卷的分析显示，大学和研究机构在这一领域相当活跃，并且为企业的创新活动做出了很大的贡献。大学和研究机构对企业创新的贡献主要是在创新过程的早期阶段，地理上的邻近性显然在建立或者维系各种合作关系方面具有优势。
迪茨(2000)	巴塞罗那产业带（Barcelona），包括巴塞罗那及其周边城市，如格拉诺莱斯尔（Granollers）、沙巴德尔（Sabadell）、特拉萨（Terrassa）、马托雷尔（Martorell）和马塔罗（Mataro）。	对于巴塞罗那产业带内企业的创新网络进行了实证研究。	对调查问卷的分析显示，尽管重要性各不一样，但是空间邻近性对于企业与区域内的供应商、竞争对手、服务业机构以及研究机构开展合作具有非常重要的意义。
穆勒(E. Muller)和岑克尔（A. Zenker）(2001)	法国的阿尔萨斯地区（Alsace）和吉伦特地区（Gironde）；德国的巴登地区、萨克森州和下萨克森州。	区域内的 SMEs 与知识密集型服务业（KIBS）之间的创新相互作用。①	对调查问卷的分析显示，SMEs 与 KIBS 的交互式作用确实是其创新活动的促进因素，这种类型的相互作用促进了创新系统中知识的产生和扩散，不管是在国家还是区域层面的创新系统都是如此。
库克等(2000)	欧洲 REGIS 项目中的 11 个区域。	对组成 RIS 的关键的组织和制度维度进行了理论探讨。	在不同的组织和制度环境下，区域的创新绩效也有很大的不同。

---

① 知识密集型服务业（KIBS）：在广义上，KIBS(Knowledge－Intensive Business Service)可以被定义为咨询机构；更为一般地，KIBS 可以被认为是为其他企业提供包含很高的智力附加价值服务的公司（穆勒，2001）。

续表

学者	研究区域	研究主题	主要结论
克斯夏特斯基和斯腾伯格(R. Sternberg)(2000)	欧洲区域创新调查(ERIS)的11个区域,包括奥地利的维也纳(Vienna)、瑞典的斯德哥尔摩(Stockholm)、西班牙的巴塞罗那、法国阿尔萨斯地区、德国的巴登地区、下萨克森州,法国吉伦特地区、荷兰南部地区、德国萨克森州、斯洛文尼亚(Slovenia)、英国的南威尔士。	探讨了创新系统内的研发合作。	空间上的邻近性是一些创新网络形成的前提条件。对于企业来说,它们主要是与邻近的大学和研究机构发生相互作用;利用了网络活动的企业,相比那些没有与其他企业或者研究机构发生联系的企业,显示出更好的经济绩效;小型企业对于区域内的网络依赖特别强烈。
斯腾伯格(2000)	欧洲区域创新调查(ERIS)的11个区域。	对每一个区域的创新潜能做了定性和定量的研究,同时对不同主体间的创新联系和网络进行了研究。	创新活动和商业创新过程可以被看成是一个网络过程,在其中与其他伙伴的交易和相互作用扮演了重要角色。
阿歇姆等(2003);托蒂宁和考夫曼(2001)	欧洲的11个区域,如奥地利的上奥地利省,比利时的瓦隆尼亚地区(Wallonia),丹麦日德兰南部的三角地区,意大利的伦巴第州(Lombardy)和阿普利亚地区(Aprilia),比利时的林堡省(Limburg),挪威的东南和北部地区,西班牙的巴伦西亚地区(Valencia),英国伦敦部分地区(London)和赫特福特郡(Hertfordshire)的部分地区。	分析比较了不同区域内近40种区域创新政策对SMEs创新的作用。	创新政策的主要目的在于其提升区域的能力以及其中小企业的创新能力,其主要作用是促进企业内和区域内企业间的交互式学习。

学者	研究区域	研究主题	主要结论
阿歇姆和柯伦(2003)	13个北欧区域,包括挪威的奥斯陆(Oslo),瑞典的斯德哥尔摩,芬兰的赫尔辛基(Helsinki),瑞典哥德堡地区(Goteborg),马尔默伦德地区(MalmoLund),丹麦的奥尔堡地区(Aalborg),挪威的斯塔万格地区(Stavanger),瑞典的林雪平地区(Linkoping),芬兰的于韦斯屈莱地区(Jyvaskyla),挪威的霍尔腾地区、杰伦地区、撒宁地区,冰岛地区(Iceland)。	探讨北欧不同地区内的SMEs集群的异同点。	在北欧的产业集群中,主动进行社会网络的构建被证明能够促进信任和获取社会资本。采用解析型知识基础并通过科学驱动的研发来创新的中小企业倾向于与全球的伙伴进行合作来寻求新的和独特的知识;而采用综合型知识基础并通过与用户和生产者间的学习来创新的中小型企业,往往倾向于与区域伙伴的合作。
乌尔夫(D. Wolfe, 2003);霍尔布鲁克(A. Holbrook)和乌尔夫(2002)	研究加拿大9个区域的集群,包括多伦多(Toronto)、蒙特利尔(Montreal)、温哥华(Vancouver)、卡尔加里(Calgary)的生物医药产业;多伦多、蒙特利尔、温哥华的多媒体产业和文化产业;渥太华(Ottawa)、沃特卢(Waterloo)、卡尔加里、魁北克省(Quebec)的无线和光子技术产业;渥太华,大西洋区(Atlantic)的信息通信技术产业;卡洛娜(Kelowna)、魁北克省、大西洋地区的林业产品;多伦多、奥提根(Okanagan)、魁北克省、大西洋地区的食品饮料产业;安大略省(Ontario)的汽车和钢铁产业;贝克地区(BC)的金属制品业。	分析不同区域中产业集群的创新与知识基础的特点。	有两类主要的正在出现的集群形式,第一类根植于本地,当地的知识和科学基础可以提供主要的、独特的知识资产;第二类中创新和生产所必需的知识基础通过直接的市场交易获得,通常是来自非本土的资源。

资料来源:作者根据相关文献归纳整理。

根据托蒂宁和考夫曼的研究和本书的整理,RIS 研究的要素和机制主要有:(1)区域作为创新的前提条件在教育质量、培训质量以及研究机构的质量上存在差异,这也就导致了一些区域比另一些区域更有创新优势;(2)产业集群经常都是基于当地资源产生网络以推进隐性知识的交流和集体学习;(3)大学和产业间的联系以及知识的溢出常常导致区域高新技术的发展;(4)区域管理机构和政策的支持对于 SMEs 的创新过程尤为重要;(5)区域内的交互式学习和相互作用与区域内的非正式制度,如习惯、常规、价值观等密切相关,区域间的创新能力也会因此而产生差异。

从表 3.4 中我们也可以看出,国外学者在 RIS 实证研究方面有一些特点值得我们学习和借鉴:

1. 在研究对象的选择上各有不同。部分学者对 RIS 的研究往往基于区域内的产业集群进行实证分析或案例分析,而结论则又回到区域层面上,例如萨克森宁对美国硅谷的 IT 产业集群的研究、库克对英国剑桥地区的生物科技产业集群的研究、阿歇姆和伊萨克森对挪威赫特伦地区的电子产业集群的研究、库克对德国巴符州汽车产业集群的研究等;也有学者选择以一个区域内的所有的产业或者 SMEs 为分析对象来研究 RIS,如托蒂宁和考夫曼对欧洲 11 个区域的研究,弗里奇和舒沃腾对德国巴登地区、下萨克森州的汉诺威—布伦斯威克—高廷郡地区和萨克森州的研究,斯腾伯格对欧洲区域创新调查中的 11 个欧洲区域的研究等。

2. 在 RIS 研究的区域选择上有三种倾向。第一种是选择一个较小的地理(集群)区域,如美国的硅谷、英国的剑桥地区、挪威的赫特伦地区等。第二种是选择一个城市区域,如奥地利的维也纳、瑞典的斯德哥尔摩、西班牙的巴塞罗那等。第三种是选择一国之中比城市更大的行政区,可以是一个州,如人口占整个德国的 12.6% 的巴符州、制造业部门的就业人口占德国 5.6% 的萨克森州;也可以是一个产业带,如巴塞罗那及其周边城市所组成的巴塞罗那产业带,位于下萨克森州、人口占整个德国的 5.1% 的汉诺威—布伦斯威克—高廷郡地区等。

3. 在 RIS 实证研究的主题和结论方面,主要有以下特点:第一,区域内的创新网络以及交互式学习对于企业技术创新的重要意义。这一点在库克、阿歇姆、柯伦、穆勒、岑克尔、杜尔夫曼、西格尔、斯米勒等学者的研究中都得到了体现。在这些研究中交互式学习发生在企业与大学、企业与研究机构、企业与客户和供应商、企业与竞争对手以及企业与服务机构之间。第二，空间邻近性对于创新网络的构建和交互式学习的重要作用。摩根、库克、克斯夏特斯基、斯腾伯格、弗里奇、舒沃腾等学者的研究都说明了这一点。第三，区域中良好的氛围，如非正式交流、信任氛围对于企业获取知识、增强创新能力也很重要。这在阿歇姆、伊萨克森等学者的研究中得到了论述。第四，创新政策和公共创新支持在创新网络建设以及促进技术创新能力方面的重要性。托蒂宁、考夫曼、阿歇姆等学者的实证分析都说明了这一点。第五，所有的实证研究往往都是集中在某一个方面进行研究，如克斯夏特斯基仅仅探讨了创新网络和交互式学习对于企业技术创新的影响，弗里奇、舒沃腾等仅仅研究了企业与大学和研究机构的合作以及邻近性对这种合作的影响，而全面地考察邻近性、文化环境、创新政策等各个方面对交互式学习和企业技术创新绩效的影响的研究还不多。

4. 关于 RIS 的实证研究也还存在一些不足，如研究的主题往往只是偏重于 RIS 的某一个方面，缺少对 RIS 模型的系统建构和实证检验，在分析方法上多采用简单的描述性统计分析或者案例分析。当然，这些也都为本书研究的开展提供了有益的启示。

▶▶ 3.6 理论述评

创新系统方法在不同层面的应用会有差异，但也具有一些相似的特征。很多研究都强调了创新过程中的制度、交互性、集体学习和非线性的角色。艾德奎斯特的研究界定了在所有的方法中都有所体现的九类特征：(1)创新和学习是中心；(2)评定是整体的和跨学科的；(3)很自然地采用了历史的视角；(4)系统间的差异和非最优性都得到体现；(5)强调相互依赖和非线性；(6)方法包括产品技术和组织创新；(7)强调制度的作用；(8)方法的传播多是概念性的；(9)方法多是概念框架而不是正式理论。[①] 艾德奎斯特归纳的这些一般的特征仿佛给出了创新系统研究方法的全景图，在技术—社会—

---

① Edquist, C. (ed.), *Systems of Innovation—Technologies, Institutions and Organisations*, London/Washington: Pinter. 1997.

经济范式出现和变革的过程中区域竞争优势也得以创造。

　　RIS 方法基于一个特定的区域,研究公司间的网络、区域制度和非贸易性的生产文化如何影响一个区域内的产业以及产业集群内企业的创新绩效。通过对区域、创新、系统的解构剖析,我们可以发现,创新是核心,系统则包含了创新的主体要素、特征以及彼此间的相互关系,而区域则界定了创新的空间结构与规模。最后,制度在创新主体相互作用的过程中提供了准则、规范和价值观。费舍尔也认为 RIS 的方法并不是正式的理论,而只是一个正处于发展的早期阶段的概念框架。这一概念框架的核心思想是区域的经济绩效并不仅仅依赖于工商业组织和机构是如何运行的,而且与它们相互之间、它们与创造知识和传播知识的公共部门之间如何产生相互作用有关。这一方法将创新、知识创造和扩散置于其中心,创新和知识创造被看成是在制度设置中相互作用和累积的过程。

　　根据古纳赛格勒(C. Gunasekara)2006 年的研究,在现有的研究中 RIS 有四个方面被广为接受,本书整理归纳如下:(1)在一定范围的地理空间内,一个产业或者互补产业内的企业和其他组织在空间上的集聚;(2)一定数量的邻近资本(Proximate Capital)的可利用性,尤其是人力资本;(3)一种联合的管理体制(Associative Governance Regime);(4)开放性的学习、信任以及企业间合作的文化规范的发展。

　　对于 RIS 的本质,我们可以从三个方面来认识:(1)RIS 从本质上来说是一个社会系统,创新可以被看成是根植在社会关系之中;(2)RIS 包含着不同要素之间的交互作用,并且学习是这种作用的中心,创新网络中的交互作用和区域根植的模式代表创新和集体学习的重要基本条件,同时也会促进创新和集体学习;(3)RIS 是为了增强和提升区域的本土化学习能力而对系统的相互作用模式的表述。

　　根据我们对 RIS 实证研究的归纳也可以看出,强调地理维度的重要性是不同学者研究中的一个共有的特点,在很多实例中学习过程和知识转移都具有高度的地方化特征。然而对区域的规模、范围的界定在不同学者的研究中却存在很大的差异,归纳起来,区域概念的应用层面包括各国不同的省份、中心城市或城市群、一些小面积的产业区、集群区或不同管辖权地区的组合。研究中区域范围界定的混乱使得理论研究失去了统一的分析框架,使得各地区的实证研究缺乏可比性,在某种程度上促成了 RIS 理论研究的模糊性,而这类系统的多样性又导致了定义和经验研究的有效性问题。弗里奇和舒沃腾也认为,学者们进行区域案例分析的一个缺点,就是他们仅仅集中于一个或者少数几个区域,所以他们的结论在何种程度上具有普遍性还不得而知。[①] 就实证研究所涉及的问题来说,也往往是偏重于区域创新中的某一方面,而构建完整的 RIS 概念模型、进而通过实证研究分析检验的研究还比较缺乏。在实证研究的方法上,案例研究和调查问卷采用较多;在分析方法上,则多为简单的统计分析。当然,必须指出,在这些实证研究中所体现出来的问题和结论还是为本书研究的开展打下了坚实的基础。

---

① Michael Fritsch, Christian Schwirten, "Enterprise－University co－operation and the role of public research institutions in regional innovation systems." *Industry and Innovation*. Sydney: Jun 1999. Vol. 6 : 69－83.

第 **4** 章

区域创新系统的知识基础

▶▶ 4.1 知识与知识经济

▷▷ **4.1.1 知识经济的特点**

由于科技的快速发展,在一定的周期内,世界经济面临着技术—经济范式的转型。在 20 世纪,世界多数国家和地区完成了从农业时代向工业时代的转变;当代社会正在由工业时代跨向信息时代。在 21 世纪,基于微电子技术、数字通信技术、生物技术、机器人技术和信息系统发展的社会运行周期,常被称作"第五次浪潮"。信息技术的发展在促进信息时代形成的同时,也在催生着一种新的技术—社会—经济范式:基于知识的经济(The Knowledge—based Economy,KBE)。新的范式的出现也引发了大量概念和理论来对其进行描述。早在 1982 年,美国的奈斯比特(Naisbitt)就在《大趋势》一书中提出了"信息经济"的概念。具有突破意义的是在 20 世纪 80 年代中期产生的新经济增长理论。该理论全面确立了知识经济化和经济的知识化的一体化观念,孕育了知识经济的理论基础,促进了知识经济的形成。这种以知识为基础的新的经济增长理论,鼓励新知识的积累以及知识在经济中的广泛运用,它的出现无疑大大加快了 20 世纪 80 年代兴起的高技术革命的步伐,确立了经济增长全面依赖知识的生产、分配和使用的观念,构筑了知识经济的理论基础,从而孕育并促进了知识经济时代的来临。① 此后,"高技术经济"、"数字经济"等概念先后出现。1996 年 OECD 发表的《以知识为基础的经济》,首次正式使

---

① 转引自庄子银《新增长理论的兴起与知识经济的出现》,载《经济评论》1999 年第 6 期,第 20—26 页。

用了"知识经济"这一概念,并把知识经济界定为"建立在知识和信息的生产、分配和使用上的经济"。这一概念及其思想不断得到发展和完善,并正在孕育一次知识经济学研究的浪潮。根据德鲁克的观点,人类正在进入一个知识社会,知识是其关键的资源,也是一个主要的生产要素,知识型员工将成为知识社会的主宰。社会处于知识变革的过程中,这要求组织去充分利用包括知识资产在内的所有可资利用的资产,任何组织的长期竞争优势都来自于对于某种可资利用的知识的获取。

在斯图尔德(T. A. Steward)看来,知识经济主要有三大支柱,而且所有新经济中的原则和利润都建立在这三大支柱之上。第一大支柱就是我们可以购买、销售和制造知识,知识是生产中的重要要素;第二大支柱就是知识资产已经成为企业中较金融资产和实物资产更为重要的资产;第三大支柱就是为了在新经济条件下使企业得到发展,同时开发这些新类型的重要资产,需要我们改变自己的观念,采用新的管理技巧、新技术和新策略。① 根据 OECD 对于知识经济的界定,一个国家要迈向 KBE,必须具有下述潜质:

1. 具有知识创新能力的优秀的人力资源,可以促进创新以及知识和信息的传播与应用;

2. 有效的信息基础设施,可以帮助知识的交流和扩散;

3. 有利于强化创新环境的良好的外部经济环境,包括适合经济发展的法律条文、良好的知识产权保护体系以及高效的政府服务机构;

4. 上述手段、工具和环境的良好互动与整合,形成可以支持学习、扩散和创新的国家创新系统,国家创新系统能够帮助一个经济体将知识快速地转化为经济优势。②

在很多研究报告中,不论是世界经济论坛(WEF)的《全球竞争力报告》还是瑞士洛桑国际管理发展学院(IMD)的《世界竞争力年鉴》,都认为经济发展的焦点已经由强调基于传统资源的经济转向了以知识基础为中心的经济。也就是说,不同国家竞争力的差别就体现在 KBE 发展的差异上。诺贝尔经济学奖获得者萨缪尔森(Paul A. Samuelson)基于对增长核算技术的研

① 斯图尔德:《"软"资产——从知识到智力资本》,邵剑兵译,中信出版社 2003 年版,第 5 页。

② OECD (1996), *The Knowledge—based Economy*, OECD, Paris.

究,把私人企业部门 GDP 的增长分解到对其有贡献的各种要素中。最近的研究发现,在美国,资本增长占产出增长的 32%,教育、研发以及其他知识上的进步对总产出增长的影响则占到了 37%,对人均产出增长的影响则约为 50%,知识进步已经超过了资本对经济增长的贡献(见表 4.1)。[①] 在国际竞争日益激烈、全球知识存量迅速膨胀的今天,要构造以知识为基础的国际竞争力,就必须创造出促进知识进步和技术创新的制度基础,从各个不同层面上塑造出 R&D、知识积累、知识应用和技术创新的运作机制。

表 4.1　1948—2001 年不同因素对美国实际 GDP 增长的贡献

		百分比/年	总计百分比
实际 GDP 的增长(私人企业部门)		3.56	100
投入品的贡献	资本	1.13	32
	劳动	1.09	31
研发、教育、知识进步		1.34	37

资料来源:见萨缪尔森、诺德豪斯著《经济学》(第 18 版),萧琛主译,人民邮电出版社 2008 年版,第 468 页。

▷▷ **4.1.2 知识与区域发展**

区域经济增长的一个核心问题就是知识的溢出和知识的外在化。作为创新产出和生产率增长源泉的知识溢出的存在和效果,是创新的经济效应和地区经济增长研究的重要研究课题。

在一个区域中,企业的研发活动或者与外界知识源的联系可以增加区域公共知识库的容量,一些知识就可以溢出到其他经济系统。当然,知识创新和创造可以通过知识产权的形式来得到保护,从而提供给知识创新者在一段时间内的垄断力量,使得他们可以得到对于创新知识的收益。但是,这些知识创新的成果随后就将可能成为其他公司的中间投入品,或者直接进入市场。当这种情况出现时,公司就可以创造其前向和后向联系,同时促进经济积聚体的产生,使得后续的公司更有可能在一定的创新区域集中,以更加高效地享受知识扩散的效应。正如格莱斯(Gleaser)所说,知识穿过门廊

---

① 萨缪尔森、诺德豪斯:《经济学》(第 18 版),萧琛主译,人民邮电出版社 2008 年版,第 468 页。

和街道要比漂洋过海容易得多。如果创新和新知识的创造倾向于集中在一特定区域,最初的原始创新优势会通过增长的收益,最终导致区域经济的加速发展,尤其是在产品生命周期的最初阶段的创新和知识创造,情形更是如此。这一过程导致区域经济增长的地理集中。因此,快速增长地区在地理上倾向于与其他的快速增长区域结群;而同样,增长较慢的地区在空间上也是相互邻近的。今天,依托强大的知识支撑而取得快速发展的区域比比皆是,如美国的北卡三角研究园、苏格兰"硅谷"、法国的法兰西岛科学城和索菲亚·安蒂波利斯(Sophia Antipolis)科技城、日本的筑波(Tsukuba)科技园、中国台湾的新竹科学工业园等。本书以美国的硅谷和 128 号公路两个地区作为案例来分析地区的经济快速发展与知识的关系。

4.1.2.1 案例研究:知识对于硅谷崛起的推动①

硅谷位于圣弗朗西斯科(San Francisco)以南的半岛上,是自帕洛阿尔托(Palo Alto)延伸到圣何塞(San Jose)南郊的长 64 公里、宽 16 公里的条状地带。硅谷是美国微电子的发源地,也是世界上最大的微电子产业基地。20 世纪的三次技术革命——70 年代的半导体(Intel 公司)、80 年代的个人电脑(苹果电脑)、90 年代的互联网(3COM 公司、Netscape 公司),都发生在硅谷。从 20 世纪 50 年代到 60 年代末,硅谷主要生产联邦政府的军事电子订货产品,当时的美国国防部订购了大量的半导体,订单占到硅谷公司产量的 50% 以上。从 20 世纪 60 年代末到 80 年代,硅谷依托于附近的斯坦福大学、加州大学伯克利分校和加州理工学院等一些具有雄厚科研力量的世界知名大学,以高技术的中小企业集群(Cluster)为基础,取得了快速发展。一些国际知名企业,如英特尔(Intel)、惠普(HP)、苹果(Apple)等公司,也都是这一时期在硅谷迅速崛起并取得蓬勃发展的。20 世纪 80 年代后,生物、空间、海洋、通信、能源材料等新兴技术的研究机构纷纷出现,硅谷地区也成为美国高新技术的摇篮。目前硅谷已有大大小小电子工业公司达10000 家以上,所产半导体集成电路和电子计算机约占全美的 1/3 和 1/6,在世界的电子信息和网络科技等领域占有举足轻重的地位。硅谷作为世界信息技术革命的动力源,其发展和进步也在不断改变着我们的工作、生活和

---

① 部分案例材料选自张蜀平《美国硅谷现象分析》,载《微电子学》2008 年第 8 期,第530—533 页。

娱乐方式。可以说,硅谷不但是这个星球上最为典型的依靠知识来创造财富的区域,也是今天人类进步的发动机。

1. 成功因素一:强大的知识创造型文化

硅谷有一个相当完善且强大的教育学术体系,如斯坦福大学、加州大学伯克利分校,这些大学为硅谷的发展提供了智力、知识和技术上的支持。美国第一家高技术工业园——斯坦福工业园的建设,吸引了一大批企业的创建和进驻,如通用电气公司(GE)、柯达公司(Kodak)、惠普公司(HP)等。这个工业园离斯坦福大学的教学区很近,对学校科研教学有益的科技型企业可以进入斯坦福大学。这样,园区内的企业就常雇用教授作为咨询顾问,雇用学生作为雇员,企业也可参与到学校里的一些有关的科研项目中来。几十年来,硅谷逐步形成了一种分散化的商业模式,公司追求专业化,公司间则通过联盟或合伙与公司外的客户和供应商建立紧密合作。一种新的生产组织和公司模式——"虚拟化生产"和"虚拟化公司"得以发展。硅谷开放型的生产方式有利于快速的技术创新和知识创造,使其保持了在高新技术产品方面的领先地位。因此,很多人说硅谷不只是一个区域,它更是一个网络,那里不仅仅有技术创新和知识创造,而更多的是一种社会网络组合方式的创新。

硅谷不是一个规划的土地,而更多的是创新的精神。硅谷文化广泛的包容性及其推崇创业、宽容失败、鼓励冒险的社会文化观念,能够极大地激发人们的创新和奋斗精神,从而为硅谷企业注入了强大的活力。硅谷文化的特色是容忍失败和背叛、热衷改变、论功行赏、对产品全心投入、崇尚合作、多元化、让每个人都有机会,等等。在硅谷,人们以现在正在做什么、而不是以过去做过什么来衡量一个创业者。硅谷公司非常重视行业与社会关系网的建立。在高科技工业领域,信息和知识的时间价值很有限,产品周期短,市场变化快,信息和知识上的交流十分必要。硅谷创业者继承了最早的"肖克利八叛逆"所创建的仙童公司重视信息交流、反对等级制度的传统。从1957年著名的"肖克利八叛逆"开创自己的事业开始,仙童公司已成为今天英特尔、国家半导体公司、AMD以及其他40多家美国半导体公司的主要"母体"。这在一定程度上也提供了硅谷文化形成的基础,包括反传统、具有冒险精神、开放的个性和合作精神等。

硅谷宽容的创新环境和发达的创业文化推进了区域内的知识共

享与基于知识的合作,这也与当时电子信息行业大量的小企业的特性相吻合。这种开放的知识创造型文化为硅谷的腾飞打下了坚实的基础。

2. 成功因素二:知识与资本的完美结合

硅谷有著名的斯坦福大学、加州大学伯克利分校、加州理工大学等四所知名大学和其他几十所专业院校,知识和技术的密集度居美国之首。斯坦福大学的人才和开放的环境是硅谷不断发展与创新的源泉。这里有世界上最好的电气工程和计算机系,拥有众多得到公司资助的一流实验室,与产业界保持着广泛的联系。同时,硅谷也堪称全世界的人才高地,有40多位诺贝尔奖获得者,上千名科学院和工程院院士。此外,斯坦福大学还是世界上诺贝尔奖获得者最多的高校。斯坦福大学的师生注重实际,崇尚创业。斯坦福大学通过制订产业联盟计划来促进个别研究人员、院系之间以及大学与外部公司之间的合作,从而进一步拓展了大学在区域中所发挥的知识源的作用。硅谷还分布着3000多家高科技企业和许多研发机构,以及一批能够培养高级技术人员和管理人员的大众化教育机构。大学与产业部门互相依托,教学、科研、生产三者协调发展,知识和信息的创造、加工、传播和应用互相促进,使硅谷成为"美国新技术的摇篮"。

在硅谷,知识就是工作,知识就是财富。面对最优秀的人才和最前沿的技术,硅谷还有成千上万的创业家在游走。他们能慧眼识珠,不会放过任何一个出色的技术成果,并能迅速拉来风险投资。直到20世纪60年代末,联邦政府的军事电子采购仍是支撑硅谷发展的主要金融来源,而从20世纪70年代早期开始,风险资本开始替代政府采购并推动硅谷的创业发展。到1974年,已有超过150家风险资本公司活跃在这一区域。斯坦福大学也积极参与到风险投资中。风险资本的进入大大加快了硅谷知识转化为市场价值的速度。

可以说,硅谷的创新发展主要就是基于优良的知识库(大学)、充裕的风险资金和积极创新的文化。今天,我们耳熟能详的行业巨头微软(Microsoft)、思科(Cisco)、英特尔(Intel)、AMD、惠普(HP)、朗讯(Lucent)、苹果(Apple)、太阳微系统(Sun)、甲骨文(Oracle)、Adobe、谷歌(Google)等公司,无不是在硅谷强大的知识创新型文化中将知识与资本完美结合的典范。

4.1.2.2 案例研究:知识与128号公路的重新振兴①

128号公路是波士顿郊区的一条高速公路,长108公里,距市中心16公里,环绕波士顿呈半圆形。公路两侧的高科技产业密集区今天被称为是"美国的高技术高速公路",目前聚集了数以千计的研究机构和高科技企业,呈线状分布,并与麻省理工学院、哈佛大学等大学相连。早在第二次世界大战之前,128号公路沿线就建立了几家从麻省理工学院的一些研究实验室分离出来的科技型企业,但这些企业十分零散,在相当长一段时间里发展缓慢。后来在128号公路地区美国军事科技和政府采购的推动下取得了快速发展,一度成为美国电子信息行业的领头羊;但在20世纪80年代,128号公路地区开始没落;到了90年代,又重新恢复发展的活力。128号公路地区起起伏伏的背后,有很多值得研究的东西。本书主要从知识创造和应用的角度来论述这一问题。

1.128号公路的崛起:军事科技推动的知识转化

第二次世界大战之后,在联邦政府巨额研制资金和军品订单的强有力的支持下,大量资金投向128号公路附近的公司和麻省理工学院的实验室。麻省理工学院作为国防和航天研究合同的主要承担者和受益者,成为波士顿地区经济转型的先锋。1951年,麻省理工学院成立林肯实验室(Lincoln Laboratory),致力于发展远程雷达、空防预警系统和高速数位资料处理器;而仪器实验室(Instrumentation Lab)日后则独立发展成为德雷珀实验室,成功研发出航空器和飞弹导航设备。在20世纪60年代中期,这些实验室一共雇用了大约5000名科学家和工程师。在整个60年代,麻省理工学院的工程学系和研究实验室至少衍生出了175家企业,其中有50家来自林肯实验室,30家出自仪器实验室。随后,各种不同性质的实验室、一些新型中小企业和老牌公司的分支机构纷纷在此落户。1965年,该地区已有近600家科技型企业。同时,128号公路地区的创新活动也极其活跃,发明层出不穷,新的公司不断涌现,如晶体管、半导体芯片、电子计算机等,都是这一时期的新的知识创造的成果。

到了1970年,波士顿的128号公路地区已经成为美国首屈一指的电子

---

① 部分案例材料选自王宏飞《美国波士顿128号公路的兴与衰》,载《全球科技经济瞭望》2005年第1期,第50—53页。

产品创新中心。20世纪70年代末,微型计算机工业的迅猛发展帮助128号公路地区成为美国计算机行业的一个中心。几百家各种文字处理和电脑公司在此聚集,包括美国无线电公司(RCA)、阿杰克公司、波纳罗伊德公司(Polaroid)和王安公司(Wang)等一大批著名企业。1980年,该地区中档计算机销售总额为260亿美元,占全美销售额的34%,而数字设备公司(DEC)、王安公司和通用数据(Data General)等公司更是占据了微型计算机市场的多半份额。

在这一阶段,128号公路的崛起也可以说是得益于麻省理工学院的知识的快速成功的转化。斯坦福大学工程学院院长特曼教授(Terman)曾在麻省理工学院学习,他回忆说,麻省理工学院恰好位于剑桥和波士顿的产业集散地的正中心。在这里,大学教授很容易就能在当地的企业界找到贡献所长的舞台,他们的专业知识对企业界来说具有相当的价值;而对这些学者而言,能够把知识应用在真实世界,也是件充满乐趣的事情。

2.128号公路的没落:知识产业化的进程受阻

进入20世纪80年代,曾以数字设备公司、王安电脑以及通用数据等大型电脑公司引领电脑科技业的128号公路,经历了市场转向小型个人电脑的巨大冲击,开始落后于硅谷,并开始严重衰退,直至远远落后于硅谷,被硅谷取而代之。萨克森宁教授在其《地区优势》一书中,对128号公路的没落和硅谷的崛起进行了分析。她认为单纯从技术和人力资源的角度,硅谷与128号公路地区不相上下;它们之间的根本差异在于,硅谷具有一种更适合高新技术企业发展的机制和文化,而128号公路却没有。麻省理工学院和128号公路地区企业之间的关系很大程度上体现了主导该地区的等级森严的社会关系模式。麻省理工学院一向认为投资刚起步的公司太过冒险,不符合其"谨慎、有判断力的聪慧之上的处理原则",因此,只重视与有成熟技术、与政府关系良好的大企业发生关系。与此相反,斯坦福大学的产业合作计划却促进了大学和各种规模的企业的直接联系。只要每年支付1万美元,公司就可以同大学里任何院系的实验室建立定向联系,这种合作为公司招聘人才提供了特殊的联系,同时还向公司提供了参加实验研究项目的途径。

同时,128号公路地区的风险投资多是由大银行、财团、保险公司提供的,有很强的政府背景。投资者没有专业技术和生产管理经验,也就难以规避不确定性带来的风险,因此对于投资创新公司总是慎之又慎,不愿在初创企业上下赌注。而硅谷地区的风险资本家多半是由懂技术、会管理的退休工程师或前任企业家组成,他们有能力鉴别创业者的素质和创新的价值,经过接触,不需要什么复杂的手续就可以做出投资决策。在这样一种环境下,新生的基于个人电脑技术、软件技术、互联网技术的小型企业尽管掌握专业知识和技能,但根本得不到麻省理工学院这一知识源和地区投资者的青睐与支持,知识的产业化过程也就必然受阻,区域发展活力当然也就随之丧失。

3.128 号公路的重新崛起:知识源的重新定位与开发

20 世纪 90 年代末期,在麻省理工学院和哈佛大学等知名高校的协助下,128 号公路开始凭借人才优势,重振高新技术产业。同时,在当地很多没落的大型高技术企业的重整中,许多被精减和遣散的人士转而自行创业。当地的文化风潮也开始转变,原有文化传统和社会机制也因受到冲击而演化。麻省理工学院和哈佛大学的师生、研究团队和实验室也积极地参与到区域发展中来。128 号公路两旁高技术产业区内的公司,有 70% 是麻省理工学院的毕业生创办的;而麻省理工学院和哈佛大学的一些教师和毕业生以自身的技术优势,在该地区独立创办的一批生物技术公司,更是使得 128 号公路成为全美著名的生物技术走廊。如在以生物技术为中心的肯德尔园区,已集中了近百家生物技术公司,其中大多数都与麻省理工学院和哈佛大学密切相关。由此可见,128 号公路地区重新崛起,与波士顿的高等院校有着密不可分的关系。在过去十年里,波士顿地区的科技发明,2/3 是由各大学完成的。大学教授、研究人员乃至在校学生创办高科技企业、技术入股、公司兼职蔚然成风。

在论证 128 号公路地区的重新崛起时,有专家认为具备企业家精神的工业传统与能够提供必要的新原料(科学知识和技术能力)的卓越的大学系统独特地结合在一起,是 128 号公路地区发展的最大动力源。而纵观 128 号公路的兴衰起伏,麻省理工学院作为该地区最有学术声望、科学技术最先进的研究型大学,通过产学研合作,对 128 号公路高技术园区的建设与发展起到了发明创造的摇篮的作用。可以这样说,没有麻省理工学院,就不会有128 号公路高技术园区的形成和发展。

▷▷ **4.1.3 知识与企业发展**

基于知识经济的转变和基于知识融合的创新,产生了很多可为企业所用的技术元素,知识作为竞争优势的来源得到了越来越多的重视。相应地,组织也开始将注意力转向了知识管理(Knowledge Management,KM)。1987年,当彼得·圣吉教授(Peter M. Senge)经过15年的研究在麻省理工学院(MIT)的斯隆管理学院提出他的学习型组织(Learning Organization)的概念时,企业界已经在如何更好地管理其知识方面大步前进了。马奎塔特(Mqrtuardt)在1996年预言,只有学习型组织才能在未来得以生存。通过总结达文波特(T. Davenport)、普鲁萨克(L. Prusack)、竹内(Takeuchi)、奥斯丁(Austin)和拉尔基(Larkey)等几位专家的研究,他认为组织对知识的创造、存储、交流以及应用是其未来能够取得成功的关键。

爱因斯坦曾经说过,任何问题都不能够以创建这一问题的思路来解决,我们必须学着去重新审视这个世界。为了生存和发展,组织需要不断地更新它们的组织知识并且创造新的知识;如果不能做到这一点,组织将会丧失在未来解决问题的能力。德鲁克是第一个宣扬在组织管理中以知识为中心的管理大师,他强调储存在员工、顾客、供应商等头脑中的集体知识是组织经济增长的最为重要的资源,甚至要比传统的生产要素(土地、劳动力和资本)更为重要。大量的文献和案例研究表明,知识管理在成功的商业实践中扮演着关键的角色,组织的学习方式对于组织的有效性以及发挥创新与增长的潜力来说也是关键的要素。格兰特(Grant)认为成功的组织战略应该基于其关键的资源和能力,而不是基于如何去创造和维系市场地位。因此,组织学习、获取、促进和整合相关知识与价值链的能力,就被认为是企业取得成功的一种最为重要的能力。[①]

在进入其发展的第三个十年后,知识管理还在持续地获得发展的动力。根据费尔南德斯(B. Fernandez)等做的一项统计来看,2004年,美国和欧洲81%的行业领先的企业都在实施某种形式的知识管理。诚然,知识管理正

---

① Agustin Perez—Araos, Kevin D. Barber, J. Eduardo Munive—Hernandez, Steve El-dridge, "Designing a knowledge management tool to support knowledge sharing networks." *Journal of Manufacturing Technology Management* Vol.18 No.2, 2007:153—168.

在被一些世界上最大、最负盛名的企业所采用，如埃森哲（Accenture）、英国大东电报局（Cable & Wireless）、戴姆勒－克莱斯勒（Daimler－Chrysler）、安永（Enrst & Young）、福特（Ford）、惠普（HP）、联合利华（Unilever）等。麦格吉尼瑞（MacGillivray）所开展的一项对于美国公司 CEO 的调查显示，除全球化外，知识管理被认为是当今商业环境中最为重要的发展趋势；在知识管理方面的投资也成为企业支出增长速度最快的一个领域。

商业组织在应用组织所拥有的商业知识和他们的员工所拥有的个人知识方面具有与生俱来的兴趣。今天，企业对于知识的管理和应用的能力决定着企业在行业的竞争地位。由泰里欧斯公司（Teleos）和 KNOW 网络联合主办的每年一度的全球最受赞赏知识型企业奖（The Most Admired Knowledged Enterprises，MAKE）自 1998 年设立以来，已成为评选知识经济中卓越企业的标杆之一。该奖项颁给在知识管理领域开展实践和研究并卓有成效的企业组织。MAKE 评选出的这些公司在创造、分享和运用知识以取得最佳的业绩表现方面为业界树立了榜样。在 1998 年到 2008 年间，在过去的 11 届 MAKE 奖前 20 名榜单上，麦肯锡（McKinsey）、谷歌（Google）、微软（Microsoft）、苹果（Apple）、安永（Ernst & Young）、埃森哲（Accenture）、普华永道（PWC）、IBM、惠普（HP）、本田（Honda）、丰田（Toyota）、三星（Samsung）、英国石油（BP）、3M、巴克曼实验室（Buckman Labs）等公司和组织常年榜上有名。这些公司的成功也为我们提供了一些有益的启示。MAKE 奖的评选委员会由全球五百强企业的高管和全球知名的知识管理和智力资产领域的专家组成。委员会根据 MAKE 奖评选框架中八个最重要的知识表现维度进行评选，获得最受赞赏的知识型企业称誉被认为在这八个维度上是名副其实的领导者。这八个维度包括：（1）创造了知识驱动型的企业文化；（2）通过高层领导的推动开发了知识工作者的能力；（3）向市场提供了基于知识的产品或者解决方案；（4）最大化了企业知识资产；（5）创造了一个协同的知识共享环境；（6）建立了学习型组织；（7）提供基于客户知识基础上的价值；（8）将企业知识转化为股东价值。可见，重视知识的开发和应用已经让企业产生了根本的变化，从企业组织形式、企业文化、企业资产到企业领导和企业的最终产品，知识正在改变着企业的面貌，而知识经济时代的企业更是呈现出完全不同于传统行业企业的特征（见表4.2）。

基于知识和交互式学习的区域创新系统研究

表 4.2 工业经济时代的企业与知识经济时代的企业特点对比

	工业经济时代的企业（以福特为例）	知识经济时代的企业（以谷歌为例）
特点对比	资本密集型 大量的厂房、资产和设备。	知识密集型 谷歌的办公楼位于硅谷，由装有各种 IT 设备、娱乐设施的隔间组成。
	命令/控制结构 不同的信息汇集到底特律，然后由底特律向各工厂发布指令。	共同管理模式 信息流是各个方向的，大多数决策由个人或通过小组讨论做出，只有少量的控制命令。
	员工服务于工具 工人利用机器来加工产品并对其进行维护。	工具服务于员工 员工运用计算机来完成其工作。
	重复型工作 大多数劳动者在流水线上从事重复性工作，如产品加工、整车装配等。	知识型工作 谷歌员工主要进行创新性工作，思考创新性网络服务的推出。
	资本所有者占有生产财富 主要的生产财富是厂房和设备，由福特家族所有。	知识员工占有生产财富 生产主要由员工的创造性思维完成，员工的头脑和知识是主要的财富。
	资本是第一驱动力 企业的发展主要通过拥有更多的厂房和投资更多的生产设备来实现。	知识是第一驱动力 谷歌的发展主要是通过新的点子或新的解决方案的推出，即通过知识的创造而实现企业的发展。
	大规模生产 生产是面向库存的，同时企业也希望取得规模效应来降低成本，根据顾客的需求来提供个性化产品的能力不足。	大规模定制 产品根据需要来生产，客户能够根据自身需求来配置产品，企业积极地感知客户的需求，并通过快速调整来给出回应。
	行业竞争策略 专注行业发展，针对竞争对手制定竞争策略。	动态竞争策略 专注于企业的学习能力和应用知识能力的提升，基于企业的知识基础制定竞争策略。

▶▶ **4.2 知识的概念与特征**

▷▷ **4.2.1 知识的基本概念**

在德鲁克看来,知识就是信息,但其必须跟人的行为紧密联系起来,要么通过成为行为的基础来改变某事或某人,要么通过使得组织或个人能够做出不同或者更有效的行为来改变某事或某人。莱贝斯肯德(Liebeskind)也认为知识就是已经通过证据检验建立起有效性的信息。野中郁次郎(Nonaka)在早期的研究中认为,知识是经过验证的正确的信念(True belief);之后野中郁次郎和竹内将知识的定义上升到组织层面,并认为知识就是向着真理证明个人信念的动态的人类过程。阿拉维(Alavi)和莱达(Leidner)的观点与他们类似,认为知识是经过验证的、能增强个体采取有效行动的能力的个人信念。[①] 布瓦索(Boisot)将知识界定为建立在信息基础上的能力,或者观察者对于一个事件的一组期望。费尔斯通(Firestone)和麦克尔罗伊(McElroy)也认为知识就是一种经过检验、评估而继续存在的信息结构(如染色体结合结构、信念、声明等),其有助于开发它的现有系统更好地适应环境。[②] 达文波特和普鲁萨克认为知识是由经验、价值观、情境中的信息、专家见解等组成的不固定的混合体,其提供了一种评价和吸收新经验和信息的框架,在知识掌握者(Knower)的思维中产生并得到应用。在组织中,其往往不只是根植于(Embedded)文件和知识库中,同时也根植于组织常规、过程、实践和行为模式中。[③]

为了更好地了解知识这一概念的内涵,我们对相关学者的研究进行了归纳(见表4.3)。在现有大量的研究中对于知识的界定都突出了以下十个方面:

---

① Alavi, M., & Leidner, D., "Knowledge management systems: Issues, challenges, and benefits." *Communications of the Association for Information Systems* 1(7), 1999.

② Joseph M. Firestone, Mark W. McElroy, "Doing knowledge management." *The Learning Organization*, Vol. 12 No. 2, 2005.

③ Davenport, T., & Prusak, L., *Working knowledge: How organizations manage what they know*. Boston: Harvard Business School Press. 2000.

1. 知识被看成是行动和做出决策的力量；

2. 知识是情境中的信息以及对于如何使用信息的理解；

3. 知识指的是特定领域中的专业知识；

4. 知识是正确的能驱使人们行动的事物；

5. 知识是可以增强个体采取有效行为的能力的合理的个人信念；

6. 知识是经过证明的真实有效的信息；

7. 知识是结合情境的完整的信息；

8. 知识是具备可行性的信息；

9. 知识是能够增加企业价值的可行性信息；

10. 知识是一组正确的、恰当的洞见、经验和程序。

从不同的定义中不难看出，知识具有人本主义的特点，因为其与人的行为具有本质上的联系，来自于专业的思维能力，如知道是什么(Know－what)、知道为什么(Know－why)、知道如何做(Know－how)、关注为什么(Care－why)等。简单地说，知识就是你所知道的和你是如何知道的，它是一种生产要素，与个人的思维、能力、情境和信息有关。知识的积累可以通过经验，也可以通过学习。作为组织中使用知识的主体，知识工人(Knowledge Worker)需要推进组织中知识工作的开展。对于知识工人和知识工作，德鲁克强调只有通过正式的学校教育这种方式的系统学习，才能够获取知识工作所需的知识。知识工作所需的知识不能通过学徒制来获得。他强调知识在商业中的实际应用，而不同于传统知识分子的脱离现实。不得不提的是，在野中郁次郎看来，学徒制却是知识工人获取知识的一种有效途径。尽管存在分歧，但德鲁克与野中郁次郎都坚定地认为，知识应该与行动相联系；德鲁克强调的是知识工人所做的知识工作以及他们的生产率，野中郁次郎则认为组织中的每一个人都应该加入到知识创造的活动中来。

表 4.3　不同学者对于知识的界定

学者	对于知识的界定
达文波特等(1998)	知识就是结合了经验、情境、解释和思考的信息。
扎克(Zack，1999)	知识就是有意义的信息。

续表

学者	对于知识的界定
贝尔(Bell,1973)	知识就是一整套经过组织的对于数据或思想的表达,或者更为一般地,知识是一种知识产权。
莱贝斯肯德(1996)	知识就是已经通过证据检验建立起有效性的信息。
野中郁次郎(1994)	知识是经过验证的正确的信念。
德鲁克(1999)	知识就是跟人的行为紧密联系的信息。
野中郁次郎和竹内(1995)	知识就是向着真理证明个人信念的动态的人类过程。
阿拉维和莱达(1999)	知识是经过验证的、能增强个体采取有效行动的能力的个人信念。
达文波特和普鲁萨克(1995)	知识是框架化的经验、价值观、情境信息和专家见解的流动混合体。
布瓦索(1998)	知识是建立在信息基础上的能力,或者观察者对于一个事件的一组期望。
约瑟夫(Joseph,2005)	知识就是一种经过检验、评估而继续存在的信息结构。

资料来源:作者根据相关文献整理。

▷▷ **4.2.2 知识的基本类别**

4.2.2.1 基本类别

知识作为一种区域资产在区域创新研究中得到了广泛的探讨,很多学者的研究都围绕着显性知识和隐性知识展开。显性知识也就是可以被编码、记载和转移的知识。企业大多数的知识产权(专利、版权和工业设计)都是显性的。显性知识容易利用现代信息技术进行传播,这就有利于其得到广泛的应用。隐性知识主要基于个人的经验和学习,不太容易被记录或者交流,对一个企业来说是独一无二的,其可以嵌入在企业文化中,或者延伸至更大的范围,如行业或者整个区域的文化。波兰尼在1967年指出,隐性知识的特点就是人们所知的多于他们所说的。他也强调隐性知识和显性知识是不可分的,对显性知识或者编码化知识的理解需要隐性知识的帮助。因此,对于隐性知识的理解本身也会产生新的隐性知识。野中郁次郎和竹内认为这两类知识可以在网络化的创新过程中相互转化,并提出了由四个知识的转化阶段组成的学习环(SECI 模型①)。SECI 模型的目标就是引发学习螺旋,从而促进知识的转化和创新。

在显性知识和隐性知识的基础上,不同学者又对知识进行了进一步的细分。OECD 根据知识对象的不同,把企业知识分成四类(见表 4.4),正式的教育寻求对于"是什么"(Know—what)、"为什么"(Know—why)这类问题的答案,这些知识在本质上一般是显性的;但实际上,在非线性和渐进性的创新过程中,创新是由根植于一般的经济和社会活动中的学习过程所产生的,这些学习过程包括不同主体要素的干中学(Learning—by—Doing)、用中学和交互作用中学等活动(Learning—by—Using and Learning—by—Interacting),在这一过程中常常产生隐性的知识,回答"技术诀窍"(Know—how)、"技术主体"(Know—who)等问题。野中郁次郎等人从知识资产的角度对知识进行了划分(见表 4.5),他们认为知识资产是知识创造和创新的基础,构成了知识创造和管理中的输入、输出和调节因素。从这两种分类中我们也可以产出,隐性知识和显性知识是分类的标准和基础。伦德瓦尔和约翰逊认为,对于知识的细分有助于我们认识到对相关知识进行交易的可能性和将零散的知识以新的方式组合以产生创新的可能性。

表 4.4　根据知识对象划分的企业知识类型

类型	内涵	例证	获取途径示例	可表达性
知道是什么 (Know—what)	关于实事方面的知识	化学配方,原料产地	读书、查看数据库	显性知识
知道为什么 (Know—why)	指科学理论	牛顿运动定律,量子力学原理	吸纳受过科学训练的劳动力	
知道怎么做 (Know—how)	知道怎么做某事,积累的技能和知识	企业判断新产品市场前景、操作技能	干中学、用中学、企业—企业合作	隐性知识
知道是谁 (Know—who)	知道谁拥有知识、知道从哪里获取知识	利用咨询公司、销售网络	在特定的社会关系中获取、接触有关的人和专家	

资料来源:见 OECD《以知识为基础的经济》,机械工业出版社 1997 年版。

---

① 野中郁次郎所提出的 SECI 模型包括知识的社会化(Socialization)、外在化(Externalization)、组合化(Combination)和内在化(Internalization)四个阶段,隐性知识和显性知识通过这四个过程发生相互作用和转化。

表 4.5 知识资产的分类

类型	内涵	可表达性
概念性知识资产（Conceptual Knowledge Assets）	通过形象、符号和语言来清楚表述的显性知识系统性知识资产	显性知识
系统性知识资产（Systemic Knowledge Assets）	系统化的分门别类的显性知识	
经验性知识资产（Experimental Knowledge Assets）	通过共同的参与来分享的隐性知识	隐性知识
常规性知识资产（Routine Knowledge Assets）	转换成常规并且体现在日常行动和实践中的隐性知识	

资料来源：Nonaka，I，Toyama，R. and Nagata，A.，"A Firm as a Knowledge－Creating Entity：New Perspective on the Theory of a Firm."*Industrial and Corporate Change*（2000）9：1－20.

4.2.2.2 粘性知识

野中郁次郎和竹内以及伦德瓦尔和博拉斯（Borras）都已指出，知识创造和应用的过程需要隐性知识和显性知识的动态的相互作用和转化。尽管显性知识可以毫无障碍地穿越时空限制进行传播，但对其理解和应用却要依赖于根植于个人和组织中的隐性知识。隐性知识由于不能被清楚明晰地表达，因此很难通过远距离传播，在区域环境中其也被很多学者认为是更有价值的资产。然而，区域的知识优势并不只是基于隐性知识，因为当地的知识基础设施还包含有"粘性知识"。

卡斯特罗（Castro）和巴特勒（Butler）认为粘性知识指的是显性知识，但其应用通常要基于很高水平的个人技巧和经验（隐性知识）、集体学习过程和发展良好的制度框架，这些都使得这类知识很难在区域之间转移。① 而冯·希普尔（Von Hippel）的论证则指出，粘性知识是高度情境化和不确定的知识，只能通过面对面的接触或者网络形式的关系来交流或者传播，其受益于空间的邻近性（Spatial Proximity）。② 阿歇姆在研究挪威的区域创新系统（RIS）时指出，粘性知识包括集体的隐性知识和还未具体化的显性知

---

① de Castro, E. and Jensen－Butler, C., *Flexibility, Routine Behaviour and Neo－classical Model in the Analysis of Regional Growth*. Department of Political Science, University of Aarhus. Aarhus, DK. 1993.

② von Hippel, E., "Sticky information and the locus of problem solving: Implications for innovation."*Management Science*（1994）40：429－439.

识,如还未在机械设备中体现出来的知识。① 随后阿歇姆和伊萨克森在分析挪威杰伦地区的 RIS 时,指出粘性知识是在特定地区的经验基础、隐性知识和能力、工人的技巧以及基于研发的显性知识的合成。② 正式的科技知识对于产品的开发是十分重要的,而个人的经验和技巧则是对于科技知识的补充,这些不同种类的知识的组合与人是分不开的。由于知识的产生在某种程度上与根植于当地的交互式作用的模式有关,而且区域拥有掌握第一手经验同时知道如何将其投入使用的人,因此知识具有"粘性"。在汽车机器人行业享有盛誉的 ABB 公司认为一些区域内特有的知识对于当地的工厂保持竞争优势非常重要,由于这种知识的"粘性",只有来到这一区域的企业才能获得和利用这类知识。因此,获得这些"粘性知识"的最好方式就是使企业位于这一区域,因为当知识的内容发生改变时,只有那些参与其创造的主体才能获得它。③

由此看来,区域的粘性知识就是显性知识和隐性知识基于集体学习以及环境和制度等因素,具备了显著的区域特征,可以看成是区域内显性知识和隐性知识与区域特定环境的一种结合,其传播和扩散受益于相关主体间的空间邻近。马姆博格(A. Malmberg)认为一些形式的知识的粘性是现在全球经济中少数尚存的纯粹的本地化的现象。④ 在这种意义上,独特的区域能力就不能被移植到其他地方,它只能随着时间而被建立起来。

▶▶ 4.3 企业和区域的知识基础

近年来,创新过程变得越来越复杂,有大量的知识资源和输入可供组织

---

① Asheim, B. T., "Interactive learning and localised knowledge in globalising learning economies."*GeoJournal* 49(4), 1999:345—352.

② Asheim, B. T., Isaksen, A., "Regional innovation systems: the integration of local 'sticky' and global 'ubiquitous' knowledge. "*Journal of Technology Transfer*(2002)27:77—86.

③ Lundvall, B. and S. Borrás, "The Globalising Learning Economy: Implications for Innovation Policy."*Report from DG XII*, Commission of the European Union. 1997:34—39.

④ Malmberg, A., "Industrial Geography: Location and Learning."*Progress in Human Geography* 21(4), 1997:34—39.

和企业所用,个体、企业和其他组织等要素之间的劳动分工越来越深化,相互依赖性也越来越强。企业与不同的知识供应者发生作用可以获得不同类型的知识,这些不同的知识来源就形成了企业的知识基础。不同的知识基础对于企业所开展的技术创新类型也会带来不同的影响。野中郁次郎和竹内、伦德瓦尔和博拉斯在他们各自的著作中早已指出,知识的产生和利用的过程需要隐性和显性知识的动态的相互作用和转化,同时也要求组织内部和组织之间的人员的密切的交互作用。显性知识和未具体化的隐性知识之间的关系常常是复杂的,同时也是动态的。即使是显性知识可以毫无阻力和障碍地穿越时间和空间,但其也要依靠根植于人的大脑和组织中的隐性知识来理解和应用。拉姆(Lam)认为集体学习过程之中和集体学习过程之间的知识交流所需的技巧都是基于特定的时间和空间的。交互的、集体的学习要基于组织内部的或者组织之间的制度(常规、规范和惯例)来调节集体行为以及吸收显性知识的隐性机制。这也就要求这些主题与"当地模式"(Local codes)紧密相连,而当地模式正是集体的隐性知识和未具体化的显性知识(粘性知识)的基础。由此可见,知识融入具体的区域情境又会具有新的特点,并形成不同的区域知识基础。因此,本部分将分别论述企业的知识基础和区域的知识基础的概念与特点。

▷▷ 4.3.1 企业知识基础的分布性

近年来,创新过程变得越来越复杂,存在大量的能为组织和企业所用的知识来源和输入,要素(个人、企业和其他组织)之间的相互依赖也越来越强。吉本斯(M. Gibbons)等研究者认为,知识生产开始呈现出一种新的模式:模式2,这一模式与模式1同时存在。[①] 模式1与传统的科学技术学科结构一致,即知识生产是高度制度化的;模式2是一种分布式的(Distributed)知识生产系统,具有动态和融合的特点。他们认为知识生产的过程和特点为:

1. 知识的生产多是在应用的过程中,而问题也多是跨学科的;

---

① M. Gibbons, Limoges C, Nowotny H, Schwartzman S, Scott P, Trow M. *The new production of knowledge*. London: Sage, 1994.

2. 知识生产越来越多地以非等级的、异质的而且本质上随时间而变的组织形式进行;

3. 在这个过程中包含很多要素,如企业、大学、研究院所、智囊团和咨询机构等。

阿歇姆和柯伦也认为企业的知识基础正在由内部基础向分布式的企业价值系统或者依托于产品价值链的知识基础转变。在一个分布式的知识基础中,很多的知识以合成到机器和设备中的形式(物化的知识)、或者以中间投入品(元器件和原料)的形式进入生产过程。更为重要的是,以分布式为特点的知识基础中的知识流,已经越来越多地取代企业内部的知识基础。分布式知识基础中的知识流在研发强度各不相同的产业之间发生,如食品和软饮料生产企业在生产功能性食品时通过与生物科技企业合作,从而获得所需的新知识。而在 20 世纪 70 年代,尽管传统化学技术没有新的发展,但制药业却仍然迎来了一个新时代,因此在这一段时期出现了两股新的创新浪潮,一个建立在生物化学、酶学和微生物学的重大突破基础之上,另一个建立在一门新科学即分子生物学基础之上,也就是 DNA 重组和遗传工程学的重大发展,这些发展都大大推进了制药业的发展和创新。重视知识基础的分布性不光缩短了高技术产业和低技术产业之间的差距,同时也证明了对于很多产业来说,相关的知识基础并不是产业内在的,而是分布在一系列不同的技术、主体要素和产业之中。

企业知识基础的分布性在当代企业发展过程中的重要性也体现得越来越明显。目前在中国的手机行业发展迅猛的"天宇朗通"(K—Touch)可为此例。天宇朗通是 2008 年唯一跻入中国市场手机销量前五名的国产手机厂商,以 2400 万台的销量和超过 6% 的市场份额,仅次于诺基亚、三星和摩托罗拉的相关数据。天宇朗通的快速发展取决于其独特的"集成式技术创新"战略。在这一战略指导下,天宇突破单一平台的制约,在中国台湾联发科公司的 GSM 平台上,嫁接高通、威盛的 CDMA 解决方案,微软的智能手机方案,美光的数码相机方案。通过博采众长,在自己的产品中集成最好用的技术和功能,物美价廉的天宇手机的成功也在预料之中。[①] 当代企业的

---

① 资料来源:《天宇朗通:开放的力量》,载《创业家》杂志 2009 年 3 月刊。

发展战略也在顺应着时代和市场的要求而发生着变化。分布式知识基础对于实施多元化战略的企业来说,重要性不言而喻。而对于时常关注朝阳行业发展的企业来说,分布式的知识基础对其未来发展也是至关重要的。如互联网行业的巨头谷歌公司(Google)就非常关注环保汽车产业的发展,并联合几家企业共同开发环保汽车,在 2009 年年初推出了 Aptera 2e 电动概念车。这款汽车由一位船舶制造工程师和一位生物科技工程师共同设计完成,符合空气动力学要求,搭载环保的动力系统,目前使用锂电池供电。谷歌电动车中所集成的知识就显示出分布式的特征。这也体现出企业在发展过程中会受到来自相关行业的知识的影响,而此时,集成来自不同行业的知识并进行综合应用,也就显得非常关键。

▷▷ **4.3.2 案例研究:知识基础的分布性与杜邦公司的技术创新战略**

杜邦公司(DuPont)是一家有着 200 多年历史的科技企业,提供以科学为基础的产品和服务。如今,杜邦公司通过其五大业务发展平台,即农业与营养、涂料与颜料技术、电子与通信技术、高性能材料以及安全与防护业务平台,生产和提供 51000 多种产品、应用及服务,让全球各地的人们生活得更美好、更安全、更健康。2007 年,杜邦公司全球销售额为 294 亿美元。技术创新对于杜邦公司这种以科学为基础的企业来说非常重要。正如杜邦公司全球副总裁苗思凯(Muzyka)先生所说,科学研究与创新是杜邦长久发展的基础,在长达 200 年的发展历程中始终指引着杜邦发展的方向。[①]

4.3.2.1 杜邦公司的技术创新战略

整体而言,杜邦公司的技术创新战略可以从以下几个方面得到体现。

1. 更加专注于市场。杜邦公司强调通过研发努力来让企业的科技能力与市场走得更近。更接近市场将有助于企业找到更有针对性的研究目标,也大大加快了把实验室构想变成商品的速度。

2. 加快产品和服务的创新速度。考虑到增加生产力的最佳方法就是减少从商品概念到商品化的时间,杜邦公司一直致力于提升技术创新过程的效率。

---

① 季红、杨利红:《杜邦——全球最具示范作用的科学公司》,载《经济导刊》2007 年第 2 期,第 20—33 页。

3. 积极应对全球化。杜邦公司服务的是全世界的客户,因此,了解并且满足他们的各种需要就显得非常重要。杜邦公司正在不断推进自己研究与发展力量的全球化进程。

4. 以更多合作的方式进行技术创新。为了更好地贯彻和实施杜邦公司的前三条技术创新战略,广泛地开展合作和结盟对于杜邦公司的未来发展来说显得十分重要。如与麻省理工学院形成研发联盟以获得未来发展所需的新的科学技术;与相关产业的企业建立合作关系,以发展科技和实现技术的产业化;与供应链下游的客户企业开展合作,以更好地开拓市场并把握市场需求,进而推进下一阶段的技术创新。

4.3.2.2 杜邦公司的知识基础与技术创新战略联盟

本书通过广泛调研和资料收集,从联盟企业、联盟合作领域、联盟中知识的转移与融合、联盟的竞合模式等几个方面对杜邦公司具有代表性的技术创新战略联盟进行了分类对比(见表4.6),以为企业知识基础的分布性特征和知识基础对于企业技术创新的推动作用提供相应的实证基础和证据。

4.3.2.3 杜邦公司技术创新战略联盟的特点

1. 技术创新战略联盟类型的多样性

杜邦公司的技术创新战略联盟主要可以分为三种类型:(1)与高校的战略联盟,如与麻省理工学院的长期合作。(2)基于供应链所建立的技术创新战略联盟。在这种联盟中杜邦公司作为专业技术和知识的供应者而存在,但是也可快速获得来自市场的需求信息和反馈,并进行相应的创新改进,如杜邦与大众汽车、TCL和志高空调等企业的联盟就属于此类。(3)与相关行业企业的技术创新战略联盟。相关行业企业既可能是杜邦公司在某一产业领域的直接竞争对手,如英国石油公司和美国 Broin 公司;也可能是杜邦公司在技术的开发和应用过程中所涉及的相关行业企业,如美国通用磨坊公司、Evogene 公司和日本烟草公司。从杜邦公司联盟伙伴的组成可以看出,合作伙伴的来源非常广泛,也从一个侧面印证了企业知识基础的分布性特点和企业在技术创新过程中知识来源的广阔性。

表 4.6　杜邦公司典型技术创新战略联盟与知识基础的分布性

联盟伙伴	合作领域	联盟中知识的转移与融合	竞合模式
麻省理工学院	在基础研究方面的合作。	通过与麻省理工学院的基础研究力量相结合,保证了杜邦公司在材料和生化科技领域长期的竞争优势。	
大众汽车公司、现代汽车公司	分别与两家公司结盟,共同开发新型汽车涂料技术。	杜邦公司拥有专业的汽车涂料开发技术;大众和现代汽车公司则掌握汽车涂装工艺和设备方面的专业知识;通过合作,加快了杜邦"Ecoconcept"新型涂料的开发速度,同时也减少了合作伙伴在汽车涂装上的成本,提升了涂装质量。	产业链上的技术创新联盟,以合作为主。
TCL 公司,志高空调	TCL 和与杜邦合作推出"绿色"空调产品;志高与杜邦合作在全球推广节能环保空调。	杜邦公司拥有最新的"舒瓦-R410A 制冷剂"合成专利,TCL 和志高空调有专业的空调制造经验和技术,了解空调市场的发展;合作有利于杜邦公司在中国市场开发和推广其最新的制冷剂,而 TCL 和志高也增强了开发新产品的能力。	
李宁、阿迪达斯和阿瑞娜(Arena)公司	分别与三家企业结盟,以拓展杜邦纺织技术在运动产品中的应用面。	杜邦公司在莱卡及其他创新纤维的开发方面拥有强劲实力;而李宁、阿迪达斯和阿瑞娜公司则在运动产品的设计、制造以及推广方面拥有丰富经验;通过合作,拓展了杜邦公司莱卡及其他创新纤维产品的应用广度与深度,同时也提升了合作伙伴新产品的科技含量。	
台湾福懋公司	合作开发推进防火纤维在防护衣市场的应用。	福懋公司的织布、染整技术相当优秀,而杜邦公司则拥有防火纤维 NOMEX 的核心技术;通过联盟,福懋公司可基于 NOMEX 纤维开发新的产品,同时杜邦公司也可进一步拓展 NOMEX 纤维的市场应用。	

续表

联盟伙伴	合作领域	联盟中知识的转移与融合	竞合模式
Evogene 公司	通过研究合作来提高玉米和大豆的耐旱能力。	Evogene 公司有最先进的计算机辅助基因开发技术,而杜邦公司则在开发和供应玉米和大豆种子领域处于全球领先地位;通过合作,增强了 Evogene 公司的基因探索工具的价值,而对于杜邦公司已经展开的种子耐旱性工作则是非常有益的补充。	相关行业企业间的技术创新联盟,以合作为主。
通用磨坊公司(General Mills)	合作开发及营销大豆食品。	杜邦公司拥有大豆保健功能方面的专业知识和专利技术,通用磨坊公司则拥有营养食品开发和市场推广的专业经验;通过合作,杜邦公司将其已开发出的大量有关大豆及其保健功用的科学技术专门知识与通用磨坊公司在消费食品开发及营销方面的技术专长结合在一起,将有利于大豆蛋白食品的快速推广。	
日本烟草公司	合作研究与植物产量有关的性状。	日本烟草公司在农作物的品种识别和筛选方面拥有专长,而杜邦公司则在农作物产品开发方面拥有专业知识;通过合作,杜邦公司可以获得有效地提高农作物产量的解决方案,而日本烟草公司也可提升在增强植物性状方面的研究能力。	
英国石油公司(BP)	共同开发、生产新一代生物燃料。	杜邦拥有世界一流的生物科技和生物制造能力,BP 则拥有燃料技术和市场运作的专长;两者的结盟将大大加快新一代生物燃料的开发和推向市场的速度。	相关行业企业间的技术创新联盟,"先合作,后竞争"。
美国 Broin 公司	共同开发和推动生物燃料"玉米茎叶乙醇"进入市场。	杜邦公司掌握了有效地分解玉米茎叶中复杂的糖源,从而提高纤维素的乙醇转化度的一整套技术,而 Broin 公司在生物精炼领域拥有核心技术;两家公司的联盟将许多必要的技术整合到一起,有助于更快地实现纤维素乙醇的市场化。	
克里奥公司	合作进行彩色打样技术的开发和销售。	克里奥公司具有保证打印图像质量和色彩精准度的多点滴墨列阵成像技术,而杜邦公司则具有色彩管理、油墨和介质等方面的专业知识。通过联盟和合作,两家企业可以互相吸取对方的技术优势,从而为客户带来更高的质量和更多的价值。	

资料来源:作者根据相关资料归纳整理。

2. 技术创新战略联盟强调知识上的互补

从杜邦公司所建立的三种技术创新联盟中不难看出,知识的互补是联盟建立的最根本基础,也是杜邦公司适应知识的分布式特征的体现。在杜邦与麻省理工学院的长期联盟关系中,麻省理工学院拥有全球顶级的化工和生物等学科领域的研究实力,可以为杜邦公司的技术创新提供基础研究和人才的支持。在基于供应链的技术创新战略联盟中,杜邦公司需要将自身的专业技术知识与合作伙伴在生产制造和市场推广方面的知识进行互动与融合,进而实现知识的市场价值,如杜邦公司与大众汽车和现代汽车的合作就大大加快了"Ecoconcept"新型涂料的开发与推广速度。在与相关行业企业的技术创新战略联盟中,杜邦公司往往强调自己的专业知识与联盟成员在相关领域的专业知识的融合,也就是杜邦公司需要通过获得这些知识来取得相关技术或市场的突破,如杜邦公司与 Evogene 公司结盟,是希望将其计算机辅助基因开发技术与自己在种子耐旱性方面的研究能力融合起来,以提升种子的耐寒性,而杜邦公司与美国 Broin 公司的合作则是希望通过将其生物精炼技术与自己的玉米茎叶分解转化技术结合起来,以加快生物燃料的市场化开发速度。

3. 技术创新战略联盟的竞争性各不相同

在杜邦公司的技术创新战略联盟中,尽管杜邦公司非常强调自己与合作伙伴在知识上的互补,但是不同的技术创新战略联盟在竞争性上是有差异的。在与高校的研发联盟中,合作是主旋律。在基于供应链所建立的技术创新战略联盟中,由于杜邦公司扮演的是技术供应者,市场价值的获得需要杜邦与下游伙伴的共同努力。因此,除了供应链上的讨价还价之外,基本上也是以合作并进为主,如在杜邦公司与福懋公司、TCL、大众汽车等公司的战略联盟中合作都占据了主导地位。

在第三种技术创新战略联盟中,根据联盟伙伴对市场的关注程度和合作方式的不同,又可以分为以合作为主的联盟和"先合作、后竞争"的联盟。在以合作为主的联盟中,合作双方对于自身在联盟中的定位非常清楚,或专注于技术的前期开发,或专注于针对市场的应用研究,相互之间的竞争性不强。如在杜邦公司与 Evogene 公司、日本烟草公司的联盟中,Evogene 公司和日本烟草公司扮演的就是某一领域专业知识的提供者,而合作的目的也是为了提升自己在这一领域的研究能力;而在杜邦公司与通用磨坊公司的合作中,通用磨坊公司所承担的主要任务就是对杜邦所提供的大豆保健功能方面的专业知识进行面向市场的产业化开发,而杜邦公司并不介入最后的市场,因此在很大程度上避免了竞争。在"先合作、后竞争"的联盟中,尽管合作双方在专业技术和知识上具有互补性,但是成员的目标都是希望通过合作来解决新技术的产业化问题,以快速获得商业利益。因此,在关键技术突破后,联盟伙伴随即就面临着市场上的直接竞争,如杜邦公司与英国石油公司、美国 Broin 公司的合作便具有非常明确的市场目标,一旦新一代生物燃料的相关技术取得突破,它们随即成为市场上的直接竞争对手,"先合作、后竞争"的特点非常鲜明。

4.2.3.4 杜邦公司案例的启示

作为一家全球最具活力的科技公司,杜邦一直将技术创新作为迎接市场和全球化挑战的基本保证,而技术创新战略联盟则是杜邦公司获取专业知识、减少创新风险、应对市场变化和竞争的有力武器。从杜邦公司广泛的技术创新战略联盟中我们不难看出:

1. 联盟伙伴在相关领域的知识形成互补效应,是形成技术创新战略联盟的前提条件,企业知识资产的特征决定了联盟的类型,因而,具有不同知识资产的企业之间可以形成不同形式的联盟。技术创新战略联盟是联盟伙伴从传统的零合竞争向非零合竞争的转变,企业进行技术联盟的原则是"合则互利"。[①]

2. 技术创新战略联盟的主要合作内容常常要涉及技术创新活动的整个过程,包括从研究开发、生产制造到市场销售等使新技术、新产品商业化的各个环节,是现代企业间的一种较复杂、较全面的综合型企业合作形式。[②]

3. 技术创新战略联盟是一种增加企业可用知识的数量和提高企业吸收能力的方式和手段,可以帮助企业从外部技术机会中获益。通过技术联盟,企业能在更大范围内合理分配和使用技术资源,实现企业优势互补,从而能更有效地提高企业的技术竞争力。[③]

[①] 田丽韫、钟书华:《美国的企业技术联盟》,载《科技管理研究》2000 年第 5 期,第 29—43 页。

[②] 张晖明、丁娟:《美国企业技术战略联盟发展新动向与启示》,载《世界经济研究》2006 年第 8 期,第 74—78 页。

[③] 同上。

4. 技术创新战略联盟可以帮助企业适应知识的分布式特征,通过快速顺畅的知识流动来促进企业与其他联盟成员间知识的分享和持续的学习,进而减少创新过程的不确定性,增强企业灵活适应市场变化的能力。

▷▷ **4.3.3 区域知识基础的类别**

为了理解知识转移和学习过程中越来越强的相互依赖性和多样性,我们有必要弄清楚创新过程的前提,也就是企业的创新过程在不同的产业和部门之间存在很大的不同。阿歇姆和格特勒(M. S. Gertler)、阿歇姆和柯伦等学者在研究中认为,在 RIS 中,企业和产业的创新过程特别地依赖于它们各自特定的知识基础。[①] 企业与不同的知识供应者发生作用,可以获得不同类型的知识。他们划分了三类不同的区域知识基础:基于科学的解析性的知识基础(Analytical Knowledge Base)、基于工程的综合性的知识基础(Synthetic Knowledge Base)和基于创造力的象征性的知识基础(Symbolic Knowledge Base)(见表 4.7)。解析性、综合性以及象征性的知识基础对于区域内企业所开展的技术创新类型也会带来不同的影响。

表 4.7 三种类型的区域知识基础的特点及实例对比

知识基础	特点	实例对比
解析性的知识基础	• 通过创造新的知识来进行创新; • 基于演绎的过程和正式的模型来引入科学知识; • 企业研发部门(R&D)与研究组织之间的合作研究; • 以编码化的显性知识为主,如专利和出版物; • 更多的根本性的创新; • 成熟完善的知识基础设施对于促进企业的根植来说必不可少; • 区域政策应该注重知识基础设施的建设以及促进区域内大学—产业间的系统的相互作用(一种事前的方法)。	• 丹麦北加特兰地区的无线通信产业(案例分析见下文); • 区域内的奥尔堡大学(Aalborg Univ.)在无线通信领域开展带有应用导向的基础研究; • 大学和企业的紧密联系,使得该地区发展出在无线通信领域的创新能力和技术优势; • 具备无线通信专业所需能力的高素质的工程师和研究人员是区域产业成长的前提条件。

---

① B. Asheim, "Differentiated Knowledge Bases and Varieties of Regional Innovation Syatems." *Innovation* Vol.20, No.3, 2007:223—242.

续表

知识基础	特点	实例对比
综合性的知识基础	· 通过应用现有的知识或者创造性地应用现有的知识来创新； · 通过归纳的过程来引入应用性的与具体问题相关的知识； · 与客户和供应商开展交互式的学习； · 以隐性知识为主，如具体的技术诀窍、工艺和实际的技巧； · 主要是渐进性的创新； · 区域内企业间的学习扮演着重要角色； · 对于区域知识基础设施的支持应该与现存的产业的专业特点一致（一种事后的方法）。	· 丹麦撒宁地区的家具产业（案例分析见下文）； · 创新的主要来源是交互式的创新活动，其发生于生产者与其供应商之间的垂直网络和与相关企业的水平网络； · 劳动力通常是从当地技术学校的教育中获得他们最初的训练和所必需的工匠技巧； · 家具工匠协会提供了一个关键的平台去协调企业间的关系、促进企业间的交流合作； · 家具企业在产品创新上多是基于现有的生产线进行款式、材料、颜色上的改进。
象征性的知识基础	· 通过以一种新的方式来重新组织和组合现有知识而创新； · 重新使用或者挑战现有惯例的重要性； · 在专业社区中通过共同活动来学习； · 从青年文化、街头文化或者精致文化（youth/street culture, fine culture）中学习并且通过与专业社群的边缘作用来学习； · 依赖于隐性知识、技术和实践技巧以及搜索技能。	· 好莱坞（Hollywood）影视娱乐产业； · 好莱坞已成为高度概念化、形象化、品牌化的符号； · 创新的来源是剧本作者、导演、演员等人的认知和构思； · 善于挖掘不同时代、不同国家和地区传统文化中的一些经典题材； · 电影元素和风格的不断转变； · 善于融合使用来自其他行业的创新，如 IT 行业的发展对于动画电影的影响。

资料来源：作者根据阿歇姆和格特勒（2005）、阿歇姆和柯伦（2005,2006）、阿歇姆（2007）的研究归纳整理。

4.3.3.1 解析性的知识基础

在这里，解析性的知识基础存在于这样一种产业环境：科学知识非常重要，知识创造通常是基于认知过程、推理过程或者是正式的模型，遗传学、生物科技和一般的信息技术就是这类例子。在解析性的知识基础中，大学—产业联系以及各自的网络非常重要，也比在其他知识基础中出现得更加频繁。典型的企业拥有自身的研发部门，但其在创新过程中也同样要依赖于大学和科研机构的研究成果。基础研究、应用研究以及产品和工艺的系统开发活动都与之有关。在这种知识基础中,知识的投入和产出也要比在其他知识基础中更经常地使用编码(Codified)。这并不是说隐性知识就不重要了,因为在知识的创造和创新过程中每一种知识都是需要的和相关的。[①]在解析性的知识基础中编码化更加频繁的原因主要有:知识输入常常是基于对已有研究的回顾,知识的产生是基于科学原理和方法所进行的实际应用,知识生产过程的组织更加正式化(如研发部门),知识的产出常被编纂成报告、电子文档或专利说明等形式。知识的应用多产生新的产品或者工艺,在此也比其他类型的知识有更多的根本性创新,当然也要求工人拥有更多的研究经历和在大学的训练。知识创造的一个很明显的成果就是新的企业和衍生公司的出现,当然这些都是基于新的发明或者创新而形成的。[②] 如现代制药业的发展更多地就是依托于解析性的知识基础,行业巨头默克制药(Merck)在20世纪70年代末,就建立起美国工业界最大的拥有4500人的研究机构,共开发和生产出50多种新药;而在分子生物学领域,默克公司也敏锐地与大学开展合作,并开发出历史上第一例用于人体的遗传工程疫苗——乙肝疫苗,1986年获得了FDA的批准。依托解析性的知识基础,默克公司不断取得制药技术的进步和突破,并据此在业界长期保持领先地位。

4.3.3.2 综合性的知识基础

综合性的知识基础存在于这样一种产业环境:创新主要通过对现存知识的创造性的应用或者新的组合而产生。这类知识通常产生于解决特定问题的需要,如与顾客和供应商的相互作用,产业的实例包括设备安装使用工程(Plant Engineering)、专业先进的工业机械制造以及造船业等。产出通常是一次性的事物或者是小批量的,研发也没有在第一种知识基础中重要,即使有也是应用性的研究,渐进性的产品或者工艺创新则成为主导。大学—产业联系是存在的,但很明显,这种联系在应用研究开发领域比在基础研究领域要多得多。通过演绎或者抽象的过程来创造的知识较少,但在测试、试验、基于计算机的模拟仿真或者实际工作中通过归纳产生的知识则更

---

① Johnson, B., "Why All This Fuss About Codified and Tacit Knowledge?" *Industrial and Corporate Change* 11, 2002:245—262.

② B. T. Asheim, Lars Coenen, "Contextualizing Regional Innovation Systems in a Globalising Learning Economy: On Knowledge Bases and Institutional Frameworks." *Journal of Technology Transfer* 2006, 31:163—173.

多,体现在各自的技术解决方案或者工程运作中的知识部分地被编码化。实际上,相比前一种知识基础,隐性知识似乎更为重要,因为知识通常来自于在车间中的实际经验、或者通过"干中学"、"用中学"以及相互的作用和影响而获得。综合性的知识基础包含着更多的知识在创造和应用过程中所必需的实质性的技术诀窍、技巧和经验,这些通常由职业学校或技工学校提供,也可以通过在职培训的方式来获取。创新过程通常以提升解决方案的效率和可靠性为目的,或者是从消费者的角度出发提升产品的实际功效和用户友好度。总而言之,这样一种知识基础主要导致渐进性的创新,以对现有产品和工艺的改进为主。由于这些种类的创新大多数发生在现有的企业中,突破性程度不高,对于现有的常规和组织冲击也较小,因此新公司产生的频率也就相对较低。①

以有"中国红木雕刻艺术之乡"和"中国红木家具生产专业镇"之称的广东中山大涌镇为例,该地的红木家具生产和制造在全国享有盛誉。而该地区家具产业的改造和升级所依托的就是综合性的知识基础。当地的家具企业通过将传统的红木雕刻艺术与现代文化相结合,推进了产业的快速发展。例如通过在红木雕刻中突破传统的梅兰竹菊等图案,融合古典明清家具和现代布艺家具的精粹,并加入奥运等现代元素,在传统红木家具中融入了更新的内容,在保留原来"古典"风格的基础上实现了传统家具业的创新。这种创新和突破也为当地企业带来了高额的附加值和巨大的市场。

4.3.3.3 象征性的知识基础

象征性的知识基础与产品的审美属性(Aesthetic attributes)、设计和形象创造、对不同形式的文化产品的经济上的运用有关。这类知识的重要性越来越凸显的原因从文化创意产业,如传媒(电影制作、出版、音乐)、广告、设计和时装等产业的快速发展中可见一斑。这些产业都是创新和设计密集的(Design-intensive),因为有关工作中的核心部分都是致力于创造新的思想和形象,而不是实际的物理生产过程。因此,竞争也就从产品的"使用价值"(Use-value)转变到了品牌的"符号价值"(Sign-value)。在文化产

---

① B. T. Asheim, Lars Coenen, "Contextualizing Regional Innovation Systems in a Globalising Learning Economy: On Knowledge Bases and Institutional Frameworks." *Journal of Technology Transfer* 2006, 31:163—173.

业中,与其说是美学的要素输入,还不如说是对于特征的认知。这就要求对于符号的特别的理解能力,而不是简单的信息处理。知识也就被吸收并转化成为美学的符号、形象、设计、人工制品、声音和叙述。这种知识与对于特定的社会群体的习惯、准则和日常文化的深入理解有着强烈的联系,因此,较强的隐性要素就构成了它的特点。关键的创造性、想象力和理解技巧与正式的规定和大学学位的联系,远不如在创造过程的不同阶段的实践。社会化过程(Socialization)而不是正规教育,不只是对于培训,还对获得"知道是谁"(Know—who)非常重要。这种知识指出了拥有互补性的专业技能的潜在合作者的所在之处,这是非常重要的,因为典型的生产多是通过临时性项目进行组织。事实上,文化产业,如电影制作,都是一种象征性的项目设置(Project Setting),更为一般地,这种项目设置提供了一个组织场所,在这里从艺术世界到商业服务等商业世界的不同类型的专业文化在一个短暂的时间内聚集到一起。实际上,在象征性知识基础中的项目,不一定要去以一种直接的时尚表现来连接或者减少这些差异性,它们也可以被理解为一个会聚引发创新的有益压力和创造性冲突的场所。

今天,世界各地都掀起了一阵创意产业的发展浪潮,中国的北京、上海、深圳、广州等城市的创意产业也取得了快速发展,深圳更被联合国教科文组织认定为"设计之都"。这些创意产业的发展,必须要注重象征性知识基础的打造。如深圳的"大芬油画村"现在就已集聚了 500 多家画廊和工作室,象征性的知识基础也略具雏形。另外一个也是位于深圳的"设计之都"创意产业园,目前已有 50 多家国内工业设计和平面设计企业、20 多家国外设计企业以及 10 多家国内外创意研究机构入园,以工业设计为特色,中外顶级国际大师和知名品牌设计企业为主体的象征性知识基础也正在形成。

4.3.3.4 知识基础与 RIS 的组合

不同的产业发展需要基于不同的知识基础(图 4.1),相应的产业政策也就有着不同的特点。阿歇姆和柯伦认为,对于具有综合性知识基础的产业,RIS 以及区域创新政策的逻辑就应该是支持和强化行业内存在的具有行业特点的本地化的学习,也就是基于粘性知识来推进技术创新沿着既有轨道前行。对于具有解析性知识基础的产业,则需要通过科技孵化器或者大学科技园等组织来推进产业界与大学和科研机构更加系统紧密的合作。而对于需要象征性知识基础的产业来说,培育同类产业的集聚,营造一种良好的交流和沟通的氛围,可能是最重要的。

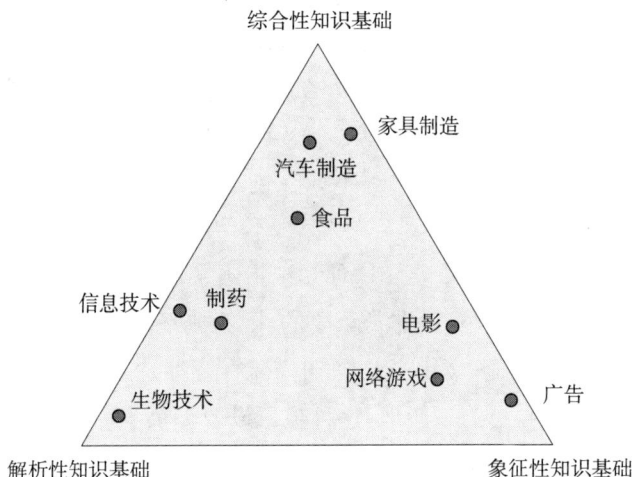

图 4.1　三种知识基础与不同产业之间的关系

资料来源:改编自 B. Asheim,"Differentiated Knowledge Bases and Varieties of Regional Innovation Syatems." *Innovation* Vol. 20,No. 3,2007:223—242.

　　构建区域创新系统也有着不同的逻辑,当然也需要不同的知识基础(见表 4.8)。在区域根植的创新系统中,重点在于当地的、路径依赖的企业间的学习过程,创新是基于综合性的知识基础或者象征性的知识基础,区域知识基础的角色主要在于为特定产业提供实际的服务和有形的、短期的问题解决方案,这是一种对于产业集群的事后(Ex—post)的支持。在区域化的国家创新系统中,研发和科学研究的重要性十分突出,创新主要是基于解析性的知识基础。当然,如果这些研究主要解决的是一些实际应用的问题,那么,综合性的知识基础的特点就会十分明显。当地产业和知识基础设施间的联系较弱。另一方面,这也使得推进处于产业或者技术生命周期开始阶段的新产业变得更具针对性。在这里,区域的知识基础就处于核心地位,因为其通过具有不确定性的商业化的科学任务和项目为集群提供了发展的基础。这是一种对于产业集群的事前(Ex—ante)的支持。与区域化的国家创新系统相似,知识基础设施在区域网络化的创新系统中也扮演着不可或缺的角色。在这里,产业集群就不是完全的科技驱动了,而是科学和市场导向模式的结合。与地域根植的区域创新系统相比,网络化的区域创新系统常常包括结合了解析性知识、综合性知识和象征性知识的更加高级的技术,同时也在大学和当地产业间建立起更为成熟、更为系统的联系。在不同的 RIS 中,企业和知识基础之间都要形成一个动态的整体,并将事后的对于渐进性的问题解决方案的支持和事前的对于技术和认知锁定的防止结合起来。

表 4.8 不同的 RIS 与知识基础的组合

RIS 类型	知识基础类型/区域例证		
	解析性的/基于科学	综合性的/基于工程	象征性的/基于创造性
地域根植的区域创新系统		主要在于区域内企业间的紧密的交互作用关系,如意大利艾米利亚—罗马大区的机械设备制造产业。	主要在于当地的企业间的相互作用,如伦敦的广告创意村落 SOHO。
网络型的区域创新系统	区域产业集群与区域内大学的紧密合作,为产业发展提供专业知识的支持,如丹麦奥尔堡的无线电产业集群。	区域产业集群与区域内的科技大学的紧密合作,解决产业的实际问题,如德国巴登—符腾堡州的机械产业。	研究机构和大学也会对产业集群内的创意的产生带来影响,如作为设计之城的巴塞罗那。
区域化的国家创新系统	主要依赖于相关领域科技的突破。专注于生物、IT 技术的科学园/技术极,如英国的剑桥生物园。	企业的研究主要关注的是具体的实际问题的解决。可在大型的产业综合体中得到体现,如挪威的石油天然气相关产业。	

资料来源:B. Asheim. "Differentiated Knowledge Bases and Varieties of Regional Innovation Syatems." *Innovation* Vol. 20,No. 3,2007:223-242.

▷▷ **4.3.4 案例研究:丹麦撒宁地区与北加特兰地区的知识基础**

丹麦的撒宁地区和北加特兰地区已经分别形成了一定规模的家具产业集群和无线通信产业集群,而且这两个地方的创新系统和知识基础设施具有非常鲜明的特点,因而也引起了很多学者的研究兴趣。本书主要基于这两个案例的分析来说明不同的 RIS 中的知识基础的类型。

4.3.4.1 撒宁地区的家具产业集群①

1. 产业创新的特点

丹麦家具以其独特的设计风格而闻名于世,撒宁地区的家具企业在产品创新上多是基于现有的生产线和生产条件进行款式、材料、颜色上的渐进性改进,而工艺创新往往是伴随着新的产品设计而开展的。产业集群中发生的最大的变化就是在原材料上从硬木材料转变到采用合成板。基于员工的建议和点子的工厂试验和产品改进都是企业内在创新的主要机制,也展示了该地家具产业对于木工经验等隐性知识的依赖和知识基础的综合性本质。该地家具企业进行创新的主要来源是交互式的关系和交往,其发生于生产者与供应商之间的垂直网络(与现存的供应商合作或者改为采用其他供应商的产品)和生产者之间的水平网络(如为了适应漂洗产品线而联合开展的产品设计)。

2. 产业的知识基础

对于撒宁地区的家具企业来说,区域内企业的交互作用是当地集群的发展动力。撒宁地区的企业很少与区域外的主体发生系统的学习关系。两类区域组织在维系当地化的企业间的学习模式上扮演了重要角色。第一,劳动力通常是从当地技术学校的教育中获得他们最初的训练和所必需的工匠技巧。技术学校被认为是丹麦最为专业的家具生产教育机构,它们与家具企业有紧密的合作,以使得其课程安排能够符合企业的要求。第二,当地的家具工匠协会提供了一个关键的平台去促使有规律的信息交流,协调企业间的关系,并且产生一些使得企业根植于撒宁地区家具集群的共同的惯例习俗。不难看出,在撒宁地区的家具企业中,本地化的学习主要是基于综合性的知识基础,而当地的创新政策也主要是为当地家具企业提供支持,如当地经济发展官员致力于帮助集群吸引更多训练有素的家具工匠。

3. RIS 的类型

撒宁地区家具集群内的企业由于其相互之间的依赖关系而根植于区域之中。在过去的 20 年中,每一个企业都通过专注于价值链中的特定部分而发展出了自己最为擅长的能力,企业同时也融进了广泛的当地稳定而具动

---

① 案例材料摘选自 B. T. Asheim, Lars Coenen, "Knowledge bases and regional innovation systems: Comparing Nordic clusters." *Research Policy* 34 (2005):1173—1190.

态特征的企业间的关系网络,这也使得范围经济成为可能。撒宁地区不同企业间管理者共享的价值观和共同的行为准则,对维系这些关系具有非常重要的意义。典型的当地习俗和惯例就是工艺、企业家精神、对一个经济社区的归属感和当地的团结。企业对于当地经济社区的根植和知识创造组织(大学、研究院所)的有限作用,使其成为地域根植型的 RIS(Territorially Embedded RIS)的典型案例。

4.3.4.2 北加特兰地区的无线通信集群

1. 产业创新的特点

丹麦北加特兰地区的无线通信产业集群拥有世界一流的无线通信技术,在全世界也具有一定的影响力,世界第一代 GSM 手机即在该地区发明。当地的奥尔堡大学以训练优秀的专业工程师而闻名,而该地强大的创新支持能力也吸引了一批世界知名的行业巨头如诺基亚(Nokia)、三星(Samsung)、摩托罗拉(Motorola)、博通(Broadcom)等公司的进驻,形成了无线通信产业的集群效应。

2. 产业的知识基础

在北加特兰地区的无线通信产业集群中,区域知识基础设施从集群的形成开始就扮演着关键角色。达鲁姆(B. Dalum)等学者通过考察北加特兰地区无线通信产业集群的发展历史,揭示了奥尔堡大学和 NOVI 科技园在当地无线通信产业的形成和成长中所起的根本作用。[1] 奥尔堡大学可以被看成是集群的基础,没有这所大学,无线通信产业集群不可能发展出其在无线通信领域与众不同的能力和技术优势,并基于此形成集群的竞争力。1974 年奥尔堡大学的建立被看成是一个重要的突破,具备无线通信专业知识的高素质的工程师成为区域产业成长的前提条件。与奥尔堡大学在这一领域的研究相结合(带有充分应用导向的基础研究)成为北加特兰地区吸引跨国企业的最大资本。同时,NOVI 科学园的成功也展示了奥尔堡大学和当地企业之间的成功的系统的相互作用。不难看出,在北加特兰地区,训练

---

① Dalum, B., et al., *The formation of knowledge—based clusters in north Jutland and western Sweden.* In: Paper presented at the DRUID Conference on National Innovation Systems, Industrial Dynamics and Innovation Policy, June 9—12, Rebild. 1999. Dalum, B., Pedersen C., Villumsen, G., *Technological life cycles: regional clusters facing disruption.* DRUID Working Paper 02—10. Aalborg University, Aalborg. 2002.

有素的劳动力（由研究人员和工程师组成）在联系和推进知识基础设施与企业之间的交互作用方面扮演着非常重要的角色,而产业集群发展所依赖的专业知识也说明了该地区的知识基础主要是解析性的。

3. RIS 的类型

在北加特兰地区无线通信产业集群中,当地企业间的学习、区域内的大学与当地企业间的系统的相互作用都帮助产业集群内的企业显著地根植于当地。这一特点也使其与区域化的国家创新系统区分开来。因此,在这一案例中的区域创新系统应该是区域网络型的创新系统（Regionally Net-worked Innovation System）。

表 4.9　两个地区的创新系统与知识基础

地区	区域知识基础设施	特别的区域资产	知识基础	RIS 类型
撒宁（家具制造）	技术学校和家具工匠协会	基于人际网络和当地文化的企业间的联系。	综合性的知识基础	地域根植型的 RIS
北加特兰（无线通信）	奥尔堡大学和NOVI科技园	企业与大学之间的紧密联系,当地拥有专业知识的研究人员和工程师。	解析性的知识基础	区域网络型创新系统

资料来源:改编自 B. Asheim, Lars Coenen, "Knowledge bases and regional innovation systems: Comparing Nordic clusters." *Research Policy* 34 (2005):1173—1190.

第**5**章

区域创新系统中的交互式学习

▶▶ 5.1 区域中的创新网络

▷▷ **5.1.1 创新网络的基本概念**

5.1.1.1 区域与创新网络

柯斯特(M. Castells)在其 1996—1998 年的系列专题研究中认为,"网络社会"已经来临,为了在国际竞争中增强一个区域的竞争力,发展基于网络的具有创造性的区域创新环境就显得非常重要。迪积森(Tijssen)在1998 年将创新网络(Innovation Network)定义为一个建立在资源关系基础上的相互依赖不断发展的体系,这些资源关系的总体特征是交互、过程、程序和制度化的结果,在这样一种网络中发生的活动,包括了资源在广泛的正式和非正式关系内部的创造、结合、交换、转化、吸收和利用。[①] 知识和信息是创新的前提,因此,这两个要素就成为影响区域发展的决定性因素。企业创新能力的增强要求有效地获取隐性知识和粘性知识。对于中小型企业来说,仅仅依靠内部力量具有很大的难度,但是如果可以借助外围网络,外部知识的获取就会变得相对容易。费舍尔也认为,尽管单个企业在特定的创新发展中扮演着关键的角色,但是技术创新的产生和扩散过程却要依托于一系列的公司、相关组织和机构间复杂的相互作用网络。[②] 斯梅德伦德(Smedlund)和波依霍南(Poyhonen)在研究中认为在区域中有三种基本的

[①] 转引自曼弗雷德·费希尔、贾维尔·迪亚兹、福克·斯奈卡斯著《大都市创新体系》,浦东新区科学技术局、浦东产业经济研究院译,上海人民出版社 2006 年版,第 4 页。

[②] Manfred M. Fischer, "Innovation, knowledge creation and systems of innovation." *Ann Reg Sci* 35(2001):199—216.

基于知识和交互式学习的区域创新系统研究

网络类型,这三种类型在区域小公司集群中分别在知识创造、知识传播和知识利用层次上起作用,并将这三种网络命名为生产网络、开发网络和创新网络(见表5.1)。在生产网络中,参与者之间的流和产品的生产相关,它们主要包括物质和货币,网络中有清晰连贯的条例和规则;在开发网络中,区域集群中的公司在一个水平的网络结构中得以联系,参与者通过信息共享,共同受益,参与者之间的流可能是有关生产方法、客户或者参与者个人诀窍的知识和信息,其本质特征是它的知识共享性;在创新网络中,关系是交叉的,意味着创新网络的参与者来自不同的产业或者组织,在其中新知识得以创造,参与者之间的流和即将到来的创新过程有关,可以是产品样本、研究知识或者经验性知识。[①] 斯梅德伦德和波依霍南的研究意味着在区域中的企业之间存在着各种各样的联系,在这些联系中都存在着信息和知识的交流,这些交流对于技术创新来说都是非常重要的。

表 5.1　区域中的生产网络、开发网络和创新网络

	生产网络	开发网络	创新网络
结构图			
结构	垂直的	水平的	交叉的
知识资本功能	利用知识	传播知识	创造知识
知识环境	机械的	有机的	动态的
参与者之间的流	有形的(产品、资金)和无形的(与生产有关的信息)	无形的(信息、诀窍等)	有形的(和创新有关的产品、资金)和无形的(研究知识、经验、诀窍)

资料来源:见阿莫德·波尔弗、利夫·埃德文森著《国家、地区和城市的知识资本》,于鸿君、石杰译,北京大学出版社 2007 年版,第 272 页。

很多学者都开始研究创新网络在区域创新中的作用。一方面,近期大量的文献都专注于将网络能力作为推进创新的主要因素,如在库克、巴尔克

---

① 转引自阿莫德·波尔弗、利夫·埃德文森著《国家、地区和城市的知识资本》,于鸿君、石杰译,北京大学出版社 2007 年版,第 272 页。

利(Balconi)、里特尔(Ritter)等学者所开展的相关研究中,学者们认为,由于知识的多面性(显性、隐性、个人、集体),创新能力的核心就在于有效地结合外部机构所提供的不同的、互补的、有时甚至是相互冲突的知识,这可以使得它们从外部技术机会中获益;另一方面,发展关系网络也是一种增加可用知识的数量和提高吸收能力的方式和手段。[①] 阿恩特和斯腾伯格通过对欧洲区域创新调查项目的调查数据进行分析,认为在所分析的10个欧洲区域中,创新已经越来越明显地成为一个网络化的过程,拥有紧密合作网络的制造类企业比那些没有的要更加成功,相比那些没有与其他企业或者研究机构发生联系的企业,利用了网络活动的企业表现出更好的经济绩效。[②]

5.1.1.2 创新网络的组成

基于网络的组织可以是内部的网络化,就像是分权的组织;也可以是由独立的组织组成,相互间通过伙伴关系联系在一起。在 RIS 研究中,主要强调的是后一种组织形式。迪茨、费舍尔(Fisher)在各自的研究中认为创新系统中应该包含一些基本的联系网络:(1)企业—客户联系;(2)企业—供应商联系;(3)企业—服务机构和组织的联系;(4)生产企业间的联系;(5)科技(大学、科研院所)—产业联系。[③] 汉克森(H. Hakansson)将企业看作是网络行为的中心,可从其识别出三种行为:(1)与客户和供应商的垂直联系;(2)与竞争对手及其他提供补充资产的企业的水平联系;(3)与大学、科研机构等组织的知识生产联系。[④] 克斯夏特斯基和斯腾伯格认为创新联系作为网络关系的一个实质性的方面,包括那些对于信息交换、思想的产生、研发项目的计划编制、原形开发、应用调试、市场引入等有利的所有的正式和非

① Patrick Rond, Caroline Hussler, "Innovation in regions: What does really matter?" *Research Policy* 34 (2005):1150—1172.

② 转引自 Knut Koschatzky, Rolf Sternberg, "R&D cooperation in innovation systems—some lessons from the European Regional Innovation Survey (ERIS)." *European Planning Studies*. Abingdon: Aug 2000. Vol.8, Iss.4:487—501.

③ Javier Revilla Diez, "Innovative networks in manufacturing: some empirical evidence from the metropolitan area of Barcelona." *Technovation* 20(2000):139—150. Fischer M M, "The innovation process and network activities of manufacturing firms." In: Fischer MM, Suarez—Villa L, Steiner M (eds.) *Innovation, networks and localities*. Springer, Berlin, (1999):11—27.

④ Hakansson H. *Corporate technological behaviour: co-operation and networks*. London: Routledge;1989.

正式的关系。① 野中郁次郎和胜见明(A. Katsumi)在《创新的本质》一书中认为,日本公司常常说"构建某某关系网……",但形式的关系网是不会发挥作用的,只有形成了以意义为基础的"场",关系网才能发挥作用,并创造知识。"场"是一种以"想制造什么"、"为了什么而存在"等为基础形成的组织,在"场"中涌现出特定的空间、场所以及人与人之间的关联,"场"就是在同感和信赖的基础上进行交流,进而产生新知识的时间与空间。② 不难看出,野中郁次郎所提出的"场"的概念的基础也是创新网络的形成(见图5.1)。王大洲认为在知识经济时代,企业间的合作网络已经成为企业开展技术创新的一种重要选择,企业间研究合作、战略联盟、用户、供应商等都是企业外部的隐性知识来源。③ 区域内的创新网络大多依赖于个人间的接触和非正式的联系,但是有时也包括更为正式的合同,这些类型的网络关系给学习和创新带来各种不同的机会。综上所述,在区域视角下,创新网络的发展基于市场和非市场的相互作用,其特点是联系、信息的交流以及正式和非正式的合

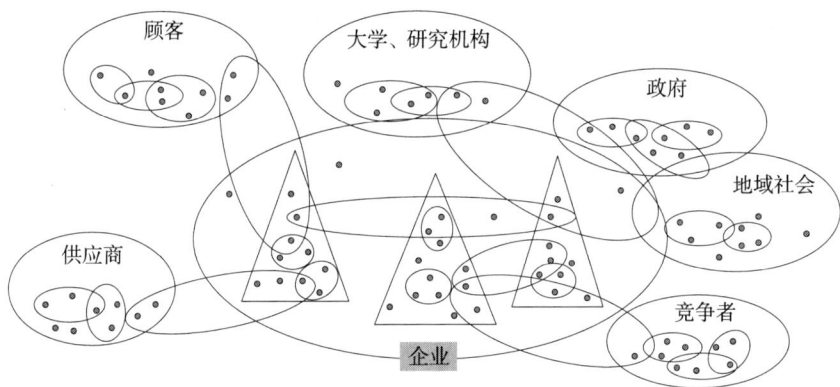

图5.1 "场"中的联系网络

资料来源:改编自野中郁次郎、胜见明著《创新的本质——日本名企最新知识管理案例》,林忠鹏、谢群译,知识产权出版社2006年版,第25—40页。

---

① Knut Koschatzky, Rolf Sternberg, "R&D cooperation in innovation systems—some lessons from the European Regional Innovation Survey (ERIS)."*European Planning Studies*. Abingdon:Aug 2000. Vol. 8, Iss. 4:487—501.

② 野中郁次郎、胜见明:《创新的本质——日本名企最新知识管理案例》,林忠鹏、谢群译,知识产权出版社2006年版,第25—40页。

③ 王大洲:《知识、场域与创新》,中国社会科学出版社2005年版,第29—43页。

作,而在区域环境中,空间、社会和文化的邻近性非常有利于这种联系的产生。因此,本文中的创新网络指的是区域内的行为主体在交互作用和协同创新的过程中彼此之间建立的有利于促进技术创新和学习活动的各种正式和非正式的关系的总和。

▷▷ **5.1.2 创新网络的功能特点**

根据网络的起源、规模、结构和目标来定义,创新网络可以有不同的形式。哈马科尔皮研究认为,大多数的区域创新网络(Regional Innovation Network)都具备一些典型特征:(1)它们通常由不同的集团构成,这些集团包括不同的要素,如企业、大学、技术中心、研发机构、公共组织和非营利组织等;(2)它们能够制定一个朝之努力的共同目标和愿景;(3)相对一个公司的创新网络或者由几个企业伙伴组成的创新网络来说,它们的结构比较松散。①

区域创新网络功能的发挥与企业的学习过程和创新过程联系在一起。通过对不同学者的观点进行归纳(见表 5.2),其具体功能可以在以下几个方面得到体现。

表 5.2 不同学者所提出的创新网络的主要功能

学者	主要观点
拉提凯伦和阿赫派托(1994);欧卢斯等(1998)	·帮助企业适应知识的分布式特征; ·促进知识的分享和学习。
卡玛格尼(1991);格拉伯赫(1993)	·推进信息的公开交流而有利于交互式学习能力的提升; ·减少不确定性; ·增强适应市场变化的灵活性。
库克和摩根(1993);德布雷森(C. De-Bresson)和阿曼瑟(Amesse)(1991);弗里曼(1991);伦德瓦尔(1988);森木林格(Semlinger)(1998);迪积森(1998);托蒂宁(1999)	·将创新要素、创新资源和创新活动在创新系统中和创新系统之间联系起来; ·是知识和信息交换的有效手段; ·促进了学习的过程。

---

① V. Harmaakorpi, H. Melkas, "Knowledge management in regional innovation networks: The case of Lahti, Finland." *European Planning Studies*, 2005.

基于知识和交互式学习的区域创新系统研究

续表

学者	主要观点
克斯夏特斯基和斯腾伯格(2001)	• 帮助单个企业获得互补的资源以及外部效应和协同效应。
卡佩罗(R. Capello,1999)	• 融入创新网络中的企业会持续地提升其学习能力并且强化其知识基础,同时也就增强了利用新知识的能力。
波特和富勒(1986)	• 创新网络加快了企业技术创新的速度降低了创新的成本。
OECD(1992)	• 小型企业与其他企业甚至是自己的竞争对手共同利用资源,降低研发费用。
伦德瓦尔(1988)	• 有利于减少不确定性和复杂性; • 使得企业能够及时应用技术开发; • 通过共享相似的技术和经验而促进了问题的解决。
克莱沃里克等(1995)	• 创新网络可以帮助企业从外部技术机会中获益。
荣德和胡斯勒(2005)	• 发展创新网络是一种增加企业可用知识的数量和提高吸收能力的方式和手段。
斯泰尔和雷恩托(2000)	• 创新网络使得区域中的信息快速流动并且推进了专门技术的广泛应用; • 网络促进了创新的产生,尤其是基于知识的创新。
王大洲(2005)	• 企业在创新网络中交换、吸收并生产知识。

资料来源:根据相关文献资料归纳整理。

1. 创新网络推进了企业的学习过程

拉提凯伦(Raatikainen)、阿赫派托(Ahopelto)、欧卢斯(Ollus)等学者认为,区域创新网络的一个关键功能就是帮助企业适应知识的分布式特征,通过快速顺畅的知识流动促进企业与其他网络成员间知识的分享和持续的学习。[①] 伦科(Yli—Renko)等研究了 180 家英国新技术公司的数据,得出

---

① 转引自 Vesa Harmaakorpi, *Buingding a Competitive Regional Innovation Environment—the Regional Development Platform Method as a Tool for Regional Innovation Policy*. Helsinki University of Technology. Lahti Center. Doctoral dissertation series 2004/1. Espoo 2004.

的结论是，社会性相互作用、客户网络连接、关系质量都和核心客户关系中的学习存在统计上显著的关联；他们也认为这种关系中的学习显著地解释了竞争优势。[①] 卡玛格尼、格拉伯赫(G. Grabher)基于各自的研究认为，创新网络可以通过推进信息的公开交流而有利于提升创新主体交互式学习的能力、减少创新过程的不确定性和增强灵活适应市场变化的能力。[②] 而库克、弗里曼、伦德瓦尔、托蒂宁等学者对于创新网络基本功能的概括是它们将创新要素、资源和活动在创新系统中和创新系统之间联系起来，成为知识和信息交换的有效手段、促进了学习的过程。

2. 创新网络有助于企业获得互补的资源

克斯夏特斯基和斯腾伯格认为创新网络的优势在于它可以帮助单个企业获得互补的资源以及外部效应和协同效应。[③] 外部效应可以通过网络得到实现，当参与主体间建立水平的、相互信任的、等级不强烈的关系时，这一效应就特别显著；而通过将网络中不同的伙伴集合到一起，就可以产生协同效应，进而充分挖掘和利用创新主体的创新潜力。融入创新网络中的企业会持续地提升其学习能力以及知识基础，同时也就增强了利用新知识的能力。克莱沃里克(A. Klevorick)等研究认为，创新网络可以帮助企业从外部技术机会中获益。[④] 荣德和胡斯勒则认为，发展创新网络是一种增加企业可用知识的数量和提高吸收能力的方式和手段。[⑤] 王大洲认为企业在创新网络中交换、吸收并生产知识，位于网络中的企业不仅吸纳外部知识，也与其他组织一道共同进行新知识的生产。这种组织交往，对于企业获取隐性

---

① 转引自阿莫德·波尔弗、利夫·埃德文森著《国家、地区和城市的知识资本》，于鸿君、石杰译，北京大学出版社 2007 年版，第 115—136 页。

② G. Grabher, (Ed.), *The Embedded Firm— On the Socioeconomics of Industrial Networks*. Routledge, London. 1993.

③ Knut Koschatzky, Rolf Sternberg, "R&D cooperation in innovation systems—some lessons from the European Regional Innovation Survey (ERIS)." *European Planning Studies*. Abingdon: Aug 2000. Vol. 8, Iss. 4: 487—501.

④ Klevorick, A., Levin, R., Nelson, R., Winter, S., "On the sources and significance of interindustry differences in technological opportunities." *Research Policy* 24 (2), 1995: 185—205.

⑤ Patrick Rond, Caroline Hussler, "Innovation in regions: What does really matter?" *Research Policy* 34 (2005).

知识即"Know—how、Know—who"类知识,具有极其重要的作用。①

3. 创新网络增强了企业的创新能力

斯泰尔(Stahle)和雷恩托(Laento)认为创新网络使得区域中的信息快速流动,并且推进了专门技术的广泛应用。网络促进了创新的产生,尤其是基于知识的创新。② 米汀恩(Miettinen)等研究了几个芬兰的项目中的创新,研究结果显示,新知识的创造大部分发生于网络中,同时也认为区域性网络在竞争优势中起重要作用。③ 波特和富勒(Fuller)强调速度是创新网络优于企业收购或者内部开发的方面,随着产品生命周期的缩短和竞争的加剧,这一优势变得越来越重要。高昂的研发费用可能是产生创新网络的另一个原因,其使得企业特别是小型企业与其他企业甚至是自己的竞争对手共同利用资源。伦德瓦尔认为企业在地理上的集中可能会促进结网和问题的解决,结网可以被看成是减少不确定性和复杂性的一种方法,使得企业能够及时应用技术开发,同时也通过共享相似的技术经验而促进了问题的解决。④

▷▷ **5.1.3 创新网络与 RIS 研究**

库克"知识存在于网络联系中"的观点被认为符合知识经济的特点,而得到学者们的广泛接受。库克和摩根、库克和维尔斯(D. Wills)的研究认为,RIS 由松散的创新网络组成,其目标是增强系统的创新能力,RIS 的系统纬度也部分地来源于与创新网络相关的特征。⑤ 伦德瓦尔和波拉斯(S.

---

① 王大洲:《知识、场域与创新》,中国社会科学出版社 2005 年版,第 29—43 页。

② 转引自 Vesa Harmaakorpi, . *Buingding a Competitive Regional Innovation Environment—the Regional Development Platform Method as a Tool for Regional Innovation Policy.* Helsinki University of Technology. Lahti Center. Doctoral dissertation series 2004/1. Espoo 2004.

③ 转引自阿莫德·波尔弗、利夫·埃德文森著《国家、地区和城市的知识资本》,于鸿君、石杰译,北京大学出版社 2007 年版。

④ Lundvall, B. A, "Innovation as an interactive process: From user—producer interaction to the national system of innovation. "In Dosi, G., Freeman G., Nelson R., Silverberg, G. and Soete, L. (editors) *Technical Change and Economic Theory*, Pinter Publishers. London, UK / New York, USA. (1988):349—369.

⑤ Cooke, P., Morgan, K., *The Associational Economy: Firms, Regions and Innovation*. Oxford University Press, Oxford, 1998. Cooke, P. and Wills, D., "Small firms, social capital and enhancement of business performance through innovation programmes." *Small Business Economics*(1999)13:219—234.

Borrás)认为区域创新网络是 RIS 的关键组成部分。科斯提亚恩也认为
RIS 是由位于一定的地理区域中的机构和创新网络所组成的系统,系统内
有促进区域内企业创新能力的很强的有规则的内部相互作用。① 艾德奎斯
特指出创新系统方法的特点就是以一定的制度框架为基础,通过不同的要
素所组成的网络而开展创新。② 这一动态和复杂的相互作用构成了通常所
说的创新系统,也就是系统可被理解为相互作用的网络。卡尔森(B. Carls-
son)和斯坦凯维奇(R. Stankiewicz)强调了创新系统内要素之间相互作用
关系的重要性,他们认为企业技术系统就是在一个特定技术领域内的机构
间相互作用的网络,这一网络由一些特定的有利于技术的产生、扩散和应用
的制度基础设施提供支持,网络着重于知识、信息和能力流。③ 国内学者魏
江认为,区域创新成功的前提是在本地企业之间以及在企业与科研机构长
期合作的基础上建立的本地创新网络。④ 肖龙阶研究认为,RIS 系统功能
发挥的关键就在于区域创新网络功能的发育。⑤

综上所述,创新网络已经成为 RIS 概念的一个重要组成部分,同时
也是开发区域创新潜力的催化剂,促进了企业和机构间的交互式学习,
也增加了所分享的知识。在阿歇姆和伊萨克森所提到的区域网络型创
新系统(Regionally Networked Innovation System)、布拉茨克等学者所提
到的网络型 RIS(Networked RIS)中,都强调了根植于当地的创新网络
对于企业创新的重要性,而这种类型的 RIS 也被很多学者认为是理想
的 RIS。

① Kostiainen, J., *Urban Economic Development Policy in the Network Society.* Tekni-
ikan akateemisten liitto. Tampere, Finland. 2002, p.80.

② Edquist, C. (ed.), *Systems of Innovation—Technologies, Institutions and Organi-
sations*, London/Washington: Pinter. 1997.

③ Carlsson B, Stankiewicz R., "On the nature, function and composition of technologi-
cal systems." *J Evol Econ* 1991:93—118.

④ 魏江:《产业集群——创新系统与技术学习》,科学出版社 2003 年版。

⑤ 肖龙阶:《区域创新系统的构建应强化创新网络的功能》,载《科技进步与对策》2003
年 1 期,第 79—80 页。

▶▶ 5.2 区域中的交互式学习

▷▷ **5.2.1 交互式学习的概念内涵**

　　野中郁次郎和瑞恩穆勒(P. Reinmöller)认为:"不同企业间的邻近并不能自己产生创新成果,创新网络中的企业间的频繁的交流也并不能保证创新,因为这两个概念都缺乏根本的资源的合理基础:知识。"[1]因此,学习和知识创造就成为创新的驱动力,它们导致区域竞争优势的形成。学习可以发生在个体层面,也可以被看成是一个集体的行为过程。在创新系统的研究框架下,创新作为一个非线性过程,深深根植于平常的社会和经济活动中,同时它也是一个交互式的(Interactive)集体学习过程,在知识的创造过程中包含强烈的相互作用。

　　多罗瑞克斯认为交互式学习(Interactive Learning)可以被理解为参加创新过程的要素之间发生学习关系的过程,也可以指由创新要素共同参与的交互式的知识产生、扩散和应用的过程,受到制度常规和社会习俗的影响。[2] 张艳等学者认为,交互式学习也指的是知识产生的一种交互式过程,当然这个过程要由创新要素(企业、机构)来共同创造,并且共存于一个制度结构中。[3] 托蒂宁和考夫曼认为,交互式学习存在于相互作用之中,既包括企业的不同部门间的合作(研发、生产、市场、分销等部门),也包括与其他企业(尤其是与供应商和客户)、知识提供者(如大学和技术中心)、金融机构、培训以及公共管理机构的外部合作。[4] 鲍威尔(W. Powell)认为,交互作用包括两个方面,其一就是合作伙伴间联合生产知识,其二就是合作或竞

---

① Nonaka, I. and Reinmöller, P., *The legacy of learning. Toward endogenous knowledge creation for Asian economic development*. WZB Jahrbuch. 1998, pp. 401—433.

② D. Doloreux, "What we should know about regional systems of innovation." *Technology in Society* 24 (2002):243—263.

③ 张艳、吴中、席俊杰:《区域创新系统的内部机制研究》,载《工业工程》2006年第9卷第3期,第10—14页。

④ Franz Todtling, Alexander Kaufmann, "SMEs in Regional Innovation Systems and The Role of Innovation Support—The Case of Upper Austria." *Journal of Technology Transfer* 2, 2002, 7:15—26.

争进行知识的应用。因此,交互式作用可以产生合作和竞争的双重功效。[1]

综上所述,本书作者认为,交互式学习是一个社会过程,意味着创新主体在知识的开发、扩散、应用和创新过程中,要持续地与不同的主体要素发生交互作用,进行知识和信息的输入、输出和反馈。

▷▷ 5.2.2 交互式学习与 RIS 研究

通过对创新系统的文献进行回顾,本书作者发现,在创新系统研究中所提到的最基本的功能和活动就是"学习"或者"交互式学习"。正如库克等人所指出的:RIS 是一个来自于演化经济学的概念,它强调企业管理者对于企业学习和变革的轨迹的选择,这种轨迹是以经济问题为核心的社会交互作用的结果。[2] 而卡玛格尼也坚持认为,技术创新是社会创新的产品,其就是在区域内部层面上以集体学习的形式产生的过程。[3] 多罗瑞克斯和帕托布认为,越来越多的经验研究表明,学习过程和知识转移都具有高度的地方化特征,因此,学习应该是 RIS 方法的核心。[4] 在学习经济中,创新主要被理解为一个交互式的学习过程,学习是知识转移的关键机制,具有社会和地域上的根植性,并且融入文化和制度环境之中。交互式学习强调创新的动态方法而非基于特定的知识库的更加静态的方法。如果创新被当成一个交互式的学习过程,要素间的交互式作用关系就为通过系统的视角来研究创新提供了基础。换句话说,为了理解创新系统,我们要分析的不但是单个的要素,而且还有它们之间的交互关系。在区域层次上的创新网络是 RIS 的重要组成部分,增加了企业和机构之间互相学习和共享知识的机会。根据汉克森、费舍尔、迪茨等学者对创新网络的研究,企业与相关企业的垂直联系

---

[1] Powell W., "Learning from collaboration." *Calif Mngmnt Rev* 1998, 40:228 – 240.

[2] Braczyk HJ, Cooke P, Heidenreich M., *Regional innovation systems: the role of governance in a globalized world*. London: Pinter, 1998.

[3] Camagni R., "Introduction: From the local milieu to innovation through cooperation networks." In: Camagni R, editor. *Innovation networks: spatial perspectives*. London: Belhaven Press, 1991.

[4] David Doloreux, Saeed Partob, "Regional innovation systems: Current discourse and unresolved issues." *Technology in Society* 27(2005):133 – 153.

和水平联系、与大学和科研机构的知识联系、与科技服务机构的联系,构成了企业在 RIS 中交互式学习的基础。其实这四类联系和交互作用在库克和奥堤欧所提出的 RIS 的概念框架中也有所体现(见图 3.1)。基于此,本书将企业在 RIS 中的交互式学习分为与客户和供应商的纵向交互式学习(企业间纵向交互式学习)、与竞争对手和有合作关系的相关行业企业的横向交互式学习(企业间横向交互式学习)、与大学和科研院所等知识生产机构的交互式学习以及与科技服务机构的交互式学习(见图 5.2)。

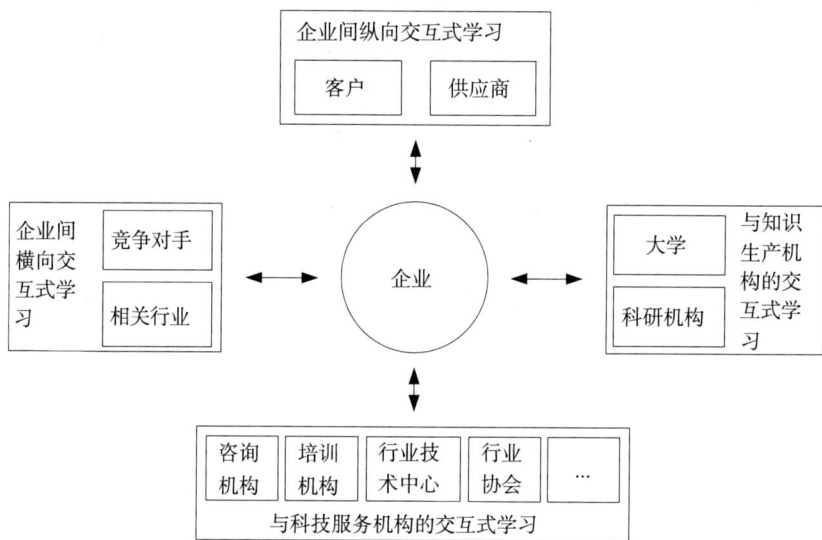

图 5.2 企业在 RIS 中的交互式学习

资料来源:作者根据迪茨(2000)、费舍尔(1999)、汉克森(1989)的相关研究整理。

阿歇姆等学者在对 RIS 的分类中也非常强调交互式学习的重要性。在他所提出的地域根植型区域创新系统(Territorially Embedded Regional Innovation System)和区域网络型创新系统(Regionally Networked Innovation System)中,企业和相关组织的关系便是根植于一个特定的区域并且以本土化、交互式学习为特征,通过学习不仅为企业提供知识和能力的补充,增强它们的集体创新能力,也可以防止区域集群或者企业的技术锁定现象。

▷▷ **5.2.3 交互式学习的作用机理**

1. 交互式学习与协同优势

区域学习能力就是 RIS 在集体的、交互的和积累的学习过程中创造和管理知识的能力,学习过程有利于对资源、能力和技术的新的配置。创新系统由在生产、扩散和使用具有经济价值的知识的过程中相互作用的主体和要素组成,以交互式学习和动态的自我强化的创新过程为特点。交互式学习是一个动态的累积的知识创造过程,这一过程中包含强烈的相互作用。在非线性创新过程中的知识创造和组合过程中,多向的知识流得到重视。由于其交互式特征,具有大量的协同优势,除了知识的溢出效应,在集体的学习过程中所建立的彼此间的信任也会产生协同优势。

2. 交互式学习与知识共享

豪尔斯(J. Howells)和罗伯茨(J. Roberts)认为,知识不能说是"流动"而应该是分享和转让。[①] 知识的共享是 RIS 的一个重要部分,因为其帮助提升创新主体的交互式学习能力,要求参与者之间有很高程度的信任,并且共享相同的文化、制度和企业家活动。知识通过集体的交互作用而得到创造、复制以及根植,这类知识可以是隐性形式或者显性形式的。隐性知识是个人的,并依附于一定的情境(Context),显性知识也会在个体企业、企业群或者整个系统的日常事务和程序之中得到具体化和内在化,从而成为隐性知识或者粘性知识。因此,当企业拥有共同的价值观、背景和对于技术以及商业问题的相同理解时,共享就变得简单了。野中郁次郎和竹内认为组织中的学习和知识创造发生在不同主体和不同种类的知识的相互作用的过程中,不同主体可以通过"干中学"和"探索中学"的方式来进行集体学习。[②]

显性知识的共享对于企业技术创新的重要性毋庸置疑,但在特定的区域情景下,RIS 的系统联系往往建立在非交易性的隐性知识共享和社会网络的根植性之上,RIS 中主体要素间的知识联系一般是非正式的、隐性的、相关的和文化层面的。野中郁次郎和瑞恩穆勒认为:"位置上的邻近可以保

---

① Howells J, Roberts J., "From innovation systems to knowledge systems."*Prometheus* 2000,18(1):17—31.

② Nonaka, I. and Takeuchi, H., *The Knowledge Creating Company*. Oxford University Press. New York, USA. 1995.

证频繁的有计划的会议,在此面对面的交流促进了对于隐性知识和区域粘性知识的分享。"[1]福克纳(W. Faulkner)和森科(J. Senker)强调了隐性知识对于公司合作的重要性。他们发现,隐形知识主要通过个人网络来实现传播,他们在英国和美国的企业中挑选了 60 名研发人员做了一次小样本调查,结果显示,企业与大学的合作在很多时候都是基于人员间的接触。[2] 雅敏(M. Yamin)认为,对于那些不能在合同中一一列举的隐性知识来说,合作是较为合理的知识转移方法。[3] 范·迪耶多克(Van Dierdonck)等研究者对 300 多位比利时大学的科学家进行了调查,结果显示,他们中很大一部分与企业有合作关系,但在大多数情况下,这种合作中显性知识的转移机制并不重要。[4]

综上所述,我们可以看出,交互式学习的过程强调协同效应的发挥。在区域情景的交互式学习过程中,显性知识固然重要,但是隐性知识和结合了区域特征的粘性知识的交流和共享对于企业技术创新的意义却是不容忽视的。合作、个人间的非正式接触、面对面的交流等形式都会促进交互式学习过程,而区域中的共同认可的文化因素也会使得交互式学习的开展变得更加容易。

▷▷ 5.2.4 交互式学习与技术创新

库克认为创新是一个复杂的过程,包括用户、厂商和不同的中介组织,他们相互之间发生学习活动,并进行隐性和显性知识的交换与转移。[5] 罗

---

[1] Nonaka, I. and Reinmöller, P., *The legacy of learning. Toward endogenous knowledge creation for Asian economic development*. WZB Jahrbuch 1998, pp.401—433.

[2] Faulkner, Wendy and Senker, Jacqueline, "Making sense of diversity: public—private sector research linkage in three technologies." *Research Policy* 1994. 23:673—695.

[3] Yamin M., "Understanding 'strategic alliance': the limits of transaction cost economics." In: Coombs R, editor. *Technological collaboration: the dynamics of cooperation in industrial innovation*. Cheltenham: TEdward Elgar; 1996:165—179.

[4] Van Dierdonck, Roland, Debackere, Konrad and Engelen, Bert, "University—industry relationships: how does the Belgian academic community feel about it?" *Research Policy* 1990. 19:551—566.

[5] Philip Cooke, "From Technopoles to Regional Innovation Systems: The Evolution of Localised Technology Development Policy." *Canadian Journal of Regional Science* XXIV: 1. (Spring/printemps 2001):21—40.

思韦尔(R. Rothwall)认为创新是一个交互式的过程,成功的创新型企业一般都要接受来自外部的技术上的专门知识和建议,[①]这一观点得到很多学者的支持。根据一些学者的研究,SMEs 的创新主要来自于交互式学习,创新产生于 SMEs 活跃地参与到创新网络并且与其他组织和企业所开展的合作之中,创新能力被认为与要素在多大程度上能够通过知识扩散来学习有关。约翰里森(Johannisson)、马列基通过各自的研究认为,不同的网络联系为企业获取外部知识提供了辅助支持,通过交互式学习企业可以获得"Know—why"(程序化知识)、"Know—how"(技巧、特长)、"Know—what"(事实知识)等对于企业相当重要的知识。搜寻适当的伙伴和利用外部知识的能力与企业的吸收能力有关。伦德瓦尔认为,企业,尤其是缺乏内部研发设施来提升自身吸收能力的小企业,只能通过其他途径来发展和提升其吸收能力,例如从客户和供应商那里学习、与其他企业加强互动以利用从这些企业和组织中溢出的知识。[②] 因此,交互式学习能补充企业在创新的过程中缺乏而自己又不能提供的知识,已经成为企业所采用的一种建设性的战略。

由此可见,交互式学习对于创新型企业来说非常重要:第一,技术变革使得现存的知识更加陈旧,通过与相关主体要素建立联系并开展交互式学习,企业能够增加技术诀窍(如 Know—how 类知识),并且为创新过程提供专门的外部知识;第二,由于技术变革速度的不断加快,交互式学习降低了获取和分配知识的固定成本;第三,通过缩短产品的生命周期,交互式学习能够对创新进程的管理产生积极的影响,并且降低技术创新中的不确定性。

▶▶ 5.3 案例研究:挪威罗格兰德地区

为了更好地说明 RIS 中的知识基础、创新网络和交互式学习,本书以

---

① Rothwell, R., "Successful industrial innovation: critical factors for the 1990s." *R&D Management* 1990,22(3):221—239.

② Lundvall, B.A., "Innovation as an interactive process: From user—producer interaction to the national system of innovation." In Dosi, G., Freeman G., Nelson R., Silverberg, G. and Soete, L. (editors) *Technical Change and Economic Theory*, Pinter Publishers. London, UK / New York, USA. (1988):349—369.

翁萨格（Onsager）和阿森（Aasen）、阿歇姆和柯伦所分析过的挪威罗格兰德地区作为实例进行说明，并进行了适当的归纳和改编。

▷▷ 5.3.1 RIS 的基本特点分析

1. RIS 的知识基础特点

挪威罗格兰德地区的主导产业是食品产业。为了增强竞争力，罗格兰德地区的企业主要利用基于产业特定技术知识的综合性的知识基础，而且企业也非常依赖大学和研究机构（国家和区域层面）所提供的知识基础，当然这种知识更强调应用。典型的创新是通过对已有的产品、包装、设计、标签、标准等不断地加以改进来实现。因此，罗格兰德地区食品产业的发展所依赖的知识基础具有典型的分布式的知识基础特征，区域内的组织和机构对于食品产业的创新支持大多是基于综合性的知识，尽管有时候也可以观察到基于解析性知识的创新，如对于功能食品的研究与开发。

表 5.3　挪威罗格兰德地区 RIS 的基本特点和知识基础

项目	内容
RIS 类型	区域网络型的创新系统。
RIS 特点	既注重本地的企业间网络，又注重与大学和研究机构在应用研究方面的合作。
企业创新特点	典型的创新通过对已有的产品、包装、设计、标准、标签等不断地加以改进来实现。
知识基础的组成	挪威渔业加工与储存技术研究所（Norconserv）； 挪威农作物研究院等国家研究机构的罗格兰德分院； 区域外的挪威渔业和水产业研究院； 挪威酒店管理学院斯塔万格分校； 科技服务机构； 企业（包括客户、供应商、竞争对手和相关企业）。
知识基础类型	以综合性的知识基础为主，也有解析性的知识基础。

资料来源：作者根据翁萨格和阿森（2003）、阿歇姆和柯伦（2005）的相关研究归纳整理。

2. RIS 的基本结构

在罗格兰德地区，研究机构、大学、政府机构、服务机构围绕当地的食品企业群形成了紧密的合作关系，共同构成了罗格兰德地区的 RIS 来推动当地食品产业的发展（见图 5.3）。RIS 具备了网络型 RIS（Networked RIS）

的特征,从图5.3中我们也可以看出企业与其知识基础设施间的系统的创新交互作用是基于分布式的知识基础的。

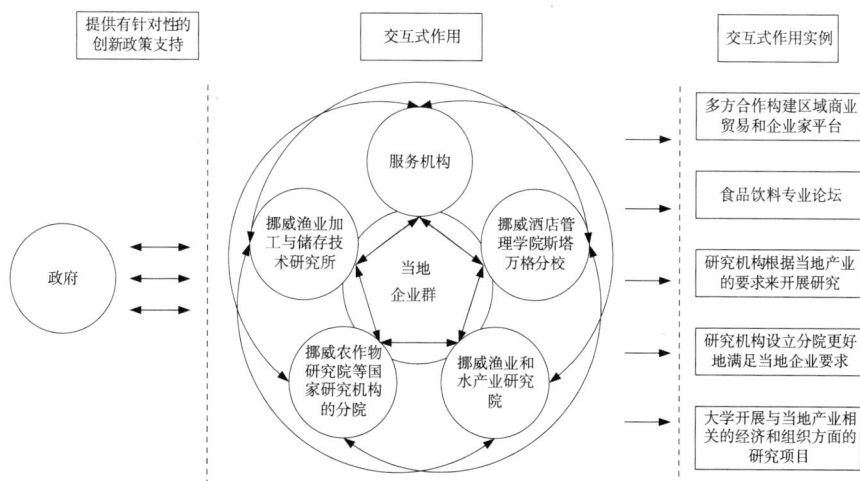

图5.3　挪威罗格兰德地区 RIS 的要素组成

资料来源:作者根据翁萨格和阿森(2003)、阿歇姆和柯伦(2005)的相关研究归纳整理。

▷▷ 5.3.2 RIS 中的交互式学习

　　罗格兰德地区拥有重要的与食品产业相关的研发主体,它们积极地参与到与企业的创新互动之中(见表5.4),如挪威渔业加工与储存技术研究所就以积极地根据鱼类产业的要求来开展研究而闻名,它成为调整和开发生产结构流程的专门的技术中心。由于这一地区的自然条件和农业与食品产业发展的悠久历史,相关的研发和教育组织都开始注意到罗格兰德地区,并开始在该地设立分支机构,如挪威酒店管理学院的斯塔万格分校、挪威农作物研究院的罗格兰德分院等,而在罗格兰德之外的国家研发机构,如挪威渔业和水产研究院,也在积极地与区域内的企业开展合作。

　　区域政府近期的政策措施正在转向为地方提供更强的支持,更加紧密地结合当地产业的需求来提供更有针对性的创新支持,所支持的相关研究项目更加直接和明确地与区域需求相一致,同时也引导和鼓励区域内的研究机构、大学、服务机构、企业开展合作,共同推进当地的产业发展。由此可见,罗格兰德地区的企业在 RIS 中的交互式学习包括了企业间横向交互式学习、企业间纵向交互式学习、与知识生产机构的交互式学习和与科技服务机构的交互式学习。

表5.4 挪威罗格兰德地区 RIS 中的交互式学习的主体和表现形式

交互式作用的主体	交互式作用的形式
当地企业—挪威渔业加工与储存技术研究所	研究所积极地参与到企业的创新互动之中，以积极地根据鱼类产业的要求开展研究而闻名，是调整和开发生产结构流程的专门的技术中心。
当地企业—挪威酒店管理学院斯塔万格分校	大学开展与当地产业相关的经济和组织方面的研究项目。
当地企业—挪威农作物研究院等国家研究机构的罗格兰德分院	为当地产业发展提供技术支持。
当地企业—挪威渔业和水产业研究院等区域外研究机构	区域之外的国家的研发组织也对当地企业提供了大量技术支持。
当地企业—区域政府—研究机构	创新政策支持的区域发展项目"区域商业发展和企业家平台"（Arena for Regional Commercial Development and Entrepreneurship）整合了企业、研究机构和政府的力量，通过在生态食品、微生藻类等项目上的合作来支持食品产业。
当地企业—区域政府—服务机构—研究机构—大学	"食品饮料专业论坛"已成为罗格兰德地区的一个重要的网络组织，其主要使命就是促进当地企业、教育和研发机构间的知识共享和能力的传播，当前主要的努力方向是建成区域食品技术和烹饪技巧中心的"食品库"，其目标是成为一个为致力于食品开发项目的企业提供支持的"一站式"中心。

资料来源：作者根据翁萨格和阿森（2003）、阿歇姆和柯伦（2005）的相关研究归纳整理。

第 **6** 章

概念模型构建与研究假设

▶▶ 6.1 概念模型的提出

▷▷ **6.1.1 模型构建**

本书要构建区域创新系统(RIS)与企业技术创新绩效之间相互作用的概念模型,首先就要对 RIS 的组成进行分析,然后再来探讨这些部分对于企业技术创新的影响。根据第 2 章的文献综述,RIS 就是生产结构根植于当地的制度结构中,在其中企业和其他组织都系统地投入交互式的学习。本书认为这一定义抓住了 RIS 整体的复杂性,较好地体现了 RIS 的组成和结构特点。生产结构主要由区域中的企业组成,而制度结构的组成则范围广泛。

考虑到制度在大多数 RIS 分析中的关键变量的地位,对这一变量的特征和其所扮演的角色进行清楚的界定和说明,就显得非常重要。尼尔逊和温特将制度定义为对于个人能力来说,在整个企业中的活动的重复模式,或者作为描述企业或个人绩效的平稳和平凡的效力的形容词。[①] 费舍尔认为制度可以被看成是用来规范组织内外的个体间相互作用和联系的一组共同的习惯、办事规范、已形成的实践以及法律法规。[②] 艾德奎斯特和约翰逊将制度定义为"一组共同的习惯、惯例、已建立起来的实践、法则或者法规,它

---

① 转引自约翰·E. 艾略特著《创新管理——全球经济中的新技术、新产品和新服务》,王华丽、刘德勇、王彦鑫译,上海财经大学出版社 2008 年版,第 40 页。

② Manfred M. Fischer, "Innovation, knowledge creation and systems of innovation." *Ann Reg Sci* (2001)35:199—216.

们调节着个体以及群体之间的相互作用"。① 制度经济学家诺斯(North)认为,这些规则和规章可以是正式的,也可以是非正式的,它们都是减少交易成本和市场失灵的一种机制。② 而在创新系统文献中,很多学者则利用了制度最惯常的含义:进行研发和经济活动的实体组织,包括研究机构、大学、私人企业、管理机构、协会等。而在霍奇森(G. Hodgson)看来,制度包括游戏规则(如制度、法律)、组织机构(如技术转移机构)以及行为价值观和常规等(如对于风险和变化的态度)。③ 综合以上观点和 RIS 研究的特点,在本书中,制度这一术语指的是游戏规则与实体组织相结合所构成的环境以及它们两者的相互作用,游戏规则既包括正式的规则、规章,也包括非正式的规范和惯例。在霍尔等人看来,非正式的规范和惯例就是社会团体所表现出来的文化特征;④艾德奎斯特和约翰逊也认为非正式的制度来自于文化,而且通常在个体、组织间的相互作用中得到体现;⑤而多罗瑞克斯则研究认为,RIS 的制度要素在很大程度上由国家和区域层面的管理机构所塑造。⑥由此,制度结构不仅仅包括支持企业技术创新的实体组织和机构,还包括区域中的文化、政策等因素。

关于制度对于创新的作用和重要性,可以通过戈德(Godoe)对通信行业的研究来进行论述。戈德在研究中将创新制度定义为原则、规范和意识形态、决策制定过程中的准则,在这个过程中,执行者根据一项技术的未来

---

① Edquist, C. and Johnson, B. , "Institutions and organizations in systems of innovation." In C. Edquist (Ed.) *Systems of Innovation—Technologies, Institutions and Organizations*. London/Washington: Pinter. 1997.

② North, Douglass C. , *Institutions, institutional change and economic performance*. Cambridge: Cambridge University Press. 1990.

③ Hodgson, G. , *Economics and Institution. A Manifesto for a Modern Institutional Economics*. Cambridge: Polity Press. 1988.

④ Andrew Hall, Geoffery Bockett, Sarah Taylor, M. V. K. Sivahoman, Norman Clark. "Why Research Partnerships Really Matter: Innovation Theory, Institutional Arrangements and Implications for Developing New Technology for the Poor." *World Development* 2001, Vol. 29, No. 5:783—797.

⑤ Edquist, C. and Johnson, B. , "Institutions and organizations in systems of innovation." In C. Edquist (Ed.) *Systems of Innovation—Technologies, Institutions and Organizations*. London/Washington: Pinter. 1997.

⑥ D. Doloreux, "What we should know about regional systems of innovation." *Technology in Society* 24 (2002):243—263.

发展形成期望和采取行动。戈德认为通信行业的突破性创新不是巧合或偶然的事件。在研究了通信行业的创新制度之后,他认为这些"强大的技术制度"可以描述如下:(1)通信行业的突破性创新来自于这个部门与国际网络之间密切的长期的相互作用;(2)这个网络为创造新颖的技术解决方案提供了一个正式的框架;(3)研发成员之间的会议在各个研发实验室之间循环召开,这些实验室允许同事所承担的工作,允许标准化,允许未来技术方法的和谐共享;(4)制度可以具体体现为:目标的阶段划分体现目标要素的研发项目,可以成为标准的系统概念的并行设计,引导走向规范的协议,原型测试和现场试验,制造并慢慢扩大生产进入试销市场,以及在企业网络上快速地扩散和采用。这种强大的制度基于强大的网络,也支持费尔德曼(Feldmen)和潘特兰德(Pentland)对于"常规"的重新定义,即认为常规可以是惯性和不可变性的来源,同时也可以是适应性和可变性的来源。所以,创新制度包括任何一致的持久的规则模式、决策过程、由企业复制的规范,它是很难改变的,经得住实践的考验,至少在一个创新周期里是成功的。例如,康宁公司就拥有强大的创新制度,这种制度鼓励内部开放、长期雇佣、乐于奉献。① 所以,当创新制度与企业的技术策略相结合时,创新成功的可能性就非常大。

王缉慈、黄乾等国内学者认为,RIS 是区域创新网络与区域创新环境有效叠加而成的系统。② 在他们所指的创新环境中,制度应该是非常重要的组成部分。其所指的区域创新环境分成三个层次:(1)介质环境。包括人们的文化水平、心理素质、价值观念、社会风气等内容,它直接影响着人们是否追求创新,人与人之间能否相互信任、相互合作。(2)机构环境。包括各种为区域内创新主体之间建立联系的机构和制度。例如为资金流动服务的银行等金融机构,为劳动力流动服务的人才交流中心,为加强同业人员交流合作而成立的行业协会、俱乐部,以及为区域内各种创新主体服务的法律事务所、会计师事务所和其他中介服务机

---

① 转引自约翰·E.艾略特著《创新管理——全球经济中的新技术、新产品和新服务》,王华丽、刘德勇、王彦鑫译,上海财经大学出版社 2008 年版,第 53—67 页。

② 王缉慈:《创新的空间——企业集群与区域发展》,北京大学出版社 2003 年版,第 122—125 页;黄乾:《区域创新系统中的政府角色定位》,载《经济论坛》2004 年第 12 期,第 19—21 页。

构。(3)调控环境。指政府发挥宏观调控作用,使多个相关创新主体发生协同效应,调控环境的好坏,对本地产业能否经受国际竞争的考验起着至关重要的作用。

综合以上分析,RIS 定义中的制度结构和生产结构就可以从三个方面考察:(1)非正式的制度由区域的文化环境来衡量,也即王缉慈所说的介质环境;(2)考虑到中国的实际情况,各级政府在区域的企业技术创新中起着重要的促进和引导作用,由此,正式的制度环境由区域内与创新相关的政策、规章来衡量,包括了王缉慈所说的调控环境;(3)构成 RIS 的生产体系和创新支持基础设施的实体组织则可被看成是主体要素环境,包括了王缉慈所说的机构环境。在这三个环境中,RIS 的特定制度结构和生产结构发生相互作用,而企业就在制度结构中致力于与主体要素的交互式学习和创新能力的提升。制度支配着系统的行为,在 RIS 中这些制度和组织之间的相互根植是一种复杂的双重关系,它统治着企业创新的过程,影响着知识流动以及网络化活动的开展,从而对企业与主体要素在 RIS 中的交互式学习和其技术创新绩效产生影响。由此,我们就可以构建生产结构根植于当地的制度结构中的 RIS 的概念框架(见图 6.1)。

基于 RIS 的概念框架和上述分析,本书构建的区域创新系统与企业技术创新绩效关系的概念模型如图 6.2 所示,将主体要素环境、区域文化环境和区域政策环境作为自变量,因变量为企业技术创新绩效,而企业与区域内相关主体要素的交互式学习则作为中介变量。中介变量有如下定义:考虑自变量 X 对因变量 Y 的影响,如果 X 通过影响变量 M 来影响 Y,则称 M 为中介变量。[①] 在本书中,企业与相关主体要素的交互式学习在主体要素环境、区域文化环境以及区域政策环境对于企业技术创新绩效的影响中产生中介效应。

---

① 温忠麟、侯杰泰、张雷:《调节效应与中介效应的比较和应用》,载《心理学报》2005 年第 2 期,第 268—274 页。

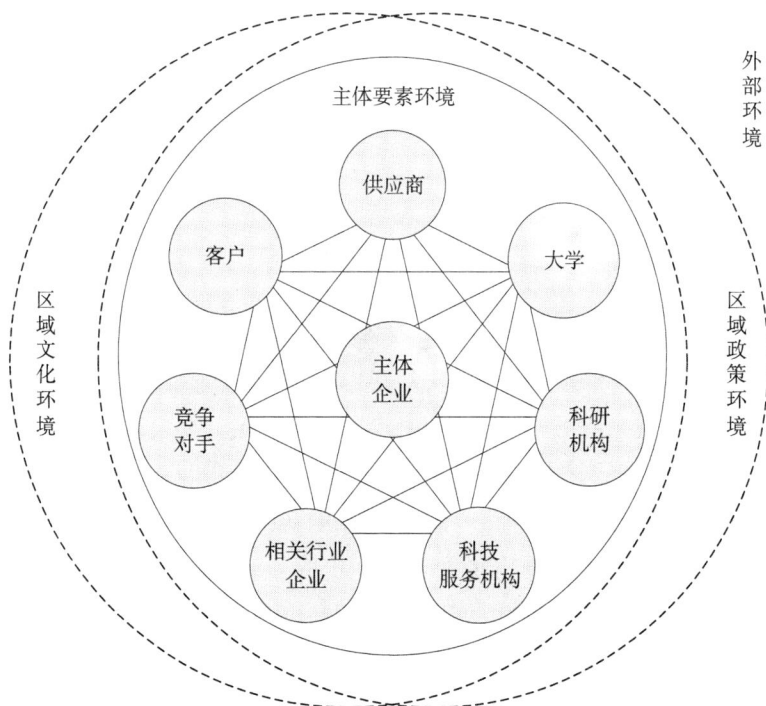

图 6.1　RIS 的概念框架

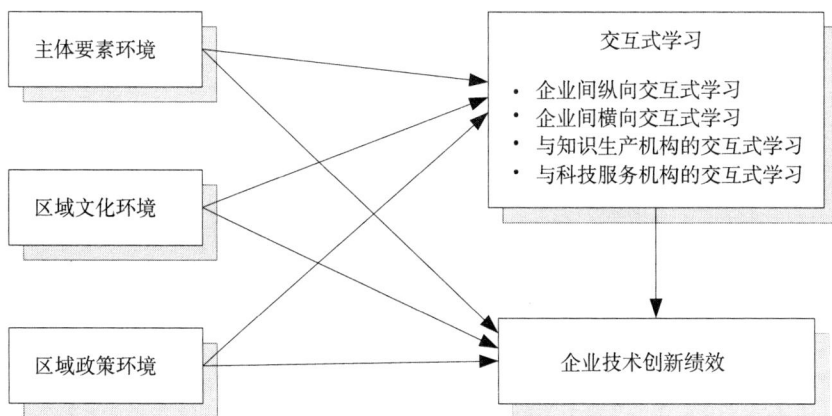

图 6.2　本研究的概念模型

▷▷ **6.1.2 组成分析**

在上文中我们已经对 RIS 中的创新网络和交互式学习做了专门的研究和探讨,本部分主要对模型中的主体要素环境、区域文化环境和区域政策环境进行分析说明。

6.1.2.1 主体要素环境

1. 主体要素环境的组成

对于创新来说重要的前提条件,如研究组织、教育机构和高素质的劳动力等,都与特定的区域紧密相关。这些组织和机构的存在,使得一些区域相对另外的区域就具备了一定的创新优势。RIS 的主体要素环境指的就是区域中创新主体的一个整体状态,包括组成生产体系和创新支持基础设施的组织和机构。也有很多学者将生产体系和创新支持基础设施进一步细分为知识应用子系统、知识生产子系统和知识扩散子系统。在这种分类方法中,主体要素包括了这些子系统中的所有组织和机构。

企业是生产体系即知识应用子系统的主体,其作为经济活动和技术创新的主体,在 RIS 中扮演着重要的角色,所有的企业都可以被分成主体企业、客户、供应商、合作者和竞争对手,它们除了是知识应用的主体,同时也承担着知识的产生和扩散的职责。

创新支持基础设施就是支持创新所需的物资和组织基础,其既包含了创新生产组织,又包含了创新扩散组织。公共和私立组织可以通过生产、资助、协调、监管以及评估创新而在创新支持基础设施中担当不同的角色。支持基础设施可以有不同的形式,第一种形式就是为企业的技术创新提供各种服务的组织和机构,包括技术交易机构、人才服务机构、各种咨询机构、投融资机构、地区的生产力促进中心、孵化器、行业协会、商会组织等;第二种形式的知识基础设施由大学、研究机构、行业技术中心等组成,这些都在技术创新领域起着积极作用,其在参与科技知识的生产和协调的同时,也参与技术的研发和推广教育。区域内的创新支持基础设施的种类和数量各有不同,但不存在一个简单的、最优的推进技术创新的创新支持基础设施的形式。

表 6.1　区域创新要素的组成

基本类别	子系统分类	主要要素
生产体系	知识应用子系统	主体企业、用户、供应商、合作者和竞争对手。
创新支持基础设施	知识生产子系统	大学、研究机构、行业技术中心等。
	知识扩散子系统	技术交易机构、人才服务机构、各种咨询机构、投融资机构、地区的生产力促进中心、孵化器、行业协会、商会组织等。

资料来源：作者根据相关文献资料归纳整理。

2. 要素环境的衡量

对于要素环境的衡量，除了区域中是否存在这些要素以外，另外一个标准就是用空间邻近性的概念来进行界定。要素的邻近是交互式学习的基本条件。奥提欧、阿歇姆和伊萨克森等在各自的研究中认为，地理邻近性对创新具有促进作用，[①]卡玛格尼也认为技术创新是在区域内部层面上以集体学习的形式产生的过程，通过相互间的联系使得企业更容易获取不同的尽管是本土化的创新能力。[②] 库克认为，虽然编码化的知识的转移可以很容易地突破空间的限制，但是由于在特定的知识密集的空间，不同的技术人才对于知识溢出的利用能力却不一样，因此，只要人才稀缺现象存在，空间仍然还会产生影响。[③] 对于创新来说，技术可以促进但是不能代替邻近的社会相互作用，空间邻近性对于 RIS 的研究具有重要的意义。区域中的主体要素环境为企业获取所需创新支持提供了便利的条件。正如格莱斯所说，知识穿过门廊和街道要比漂洋过海容易得多。费舍尔认为 RIS 的形成有两个条件：第一是主体要素间的地理邻近性；第二是技术邻近性，也就是企

① Autio E., "Evaluation of RTD in regional systems of innovation." *European Planning Studies* 1998, 6(2): 131－140. Asheim B, Isaksen A., "Location, agglomeration and innovation: towards regional innovation systems in Norway?" *European Planning Studies* 1997, 5(3): 299－330.

② Camagni R., "Introduction: From the local milieu to innovation through cooperation networks." In: Camagni R, editor. *Innovation networks: spatial perspectives*. London: Belhaven Press, 1991.

③ Philip Cooke, "Regional innovation systems, clusters, and the knowledge economy." *Industrial and Corporate Change*. Oxford: Dec 1, 2001 Vol.10, Iss.4: 945－974.

业与其他组织在技术创新中的相互依赖关系。[①] 区域中主体要素的地理邻近性意味着创新的主体要素在一个给定的空间范围里存在,其为企业的技术创新和集聚提供了一个基础,可以促进企业与其他组织和机构的技术邻近性。RIS 概念的中心是根植的概念,除了下面要提到的区域文化环境,区域邻近性对于企业的根植性也有很大的影响。在本书的研究中以企业在珠三角区域内的合作伙伴的多寡来衡量邻近性。

6.1.2.2 区域文化环境

1. 区域文化环境的概念内涵

区域通过结合政治、文化和经济力量来形成自己独特的发展轨迹。RIS 要通过一组特征来进行界定,而所有这些通常是在特定的边界之内才会一起出现,它们是由一种共同的历史、语言和文化所决定的。由于自然条件、社会环境的差异,所形成的人的实践方式、生活方式和思维方式也不尽相同,这也就构成了各具特色的区域文化。区域文化就像是一条无形的纽带紧紧地作用并连接着每个创新主体,进而影响着 RIS。斯科特(A. Scott)认为,区域是一个制度的仓库,包括一定的协调的、发展的、集体的社会秩序。[②] 阿歇姆和柯伦认为 RIS 系统特征的更进一步加强就是一套态度、价值观、标准、常规以及期望得到共享和认可,这也被很多人称为是一种区域文化。[③] 这些因素将影响企业在区域的实践,形成了区域中企业与相关组织和机构间的相互作用方式,这种区域文化本身也是共同的制度力量的产物。由此可见,区域文化环境是 RIS 的重要组成部分,它包括区域内的非正式制度,也就是在区域中盛行的惯例、风俗、规则、共同的价值观和信任等。

2. 区域文化环境的组成

王缉慈对创新文化进行了研究,她认为技术创新需要企业既竞争又合

---

① Manfred M. Fischer, "Innovation, knowledge creation and systems of innovation." *Ann Reg Sci* (2001) 35:199—216.

② Scott, A., "From Silicon Valley to Hollywood: The multimedia industry in California." In: Braczyk, H., Cooke, F.. Heidenreich, M. (Eds), *Regional Innovation Systems*. UCL Press, London. 1997.

③ B. T. Asheim, Lars Coenen, "Knowledge bases and regional innovation systems: Comparing Nordic clusters." *Research Policy* 34 (2005):1173—1190.

作的特殊文化氛围,创新环境正是存在于有这种文化基础的地方。① 易训华认为创新的产业文化来源于三个方面:一是区域的文化背景;二是基于自由选择的平等、宽松的工作环境;三是有利的信息交流环境。② 库克和他的同事提出了对于一个成功的 RIS 尤为重要的关键文化特征:(1)一种合作的文化(Culture of Cooperation);(2)一种联合的文化(Associative Culture);(3)开展和接受制度变革的能力和经验;(4)协作和共识;(5)一种生产的文化,包括劳工关系、工作中的合作、企业的社会责任和生产专门化等方面;(6)现存的科技、生产、财政等领域的协调和合作机制。③ 诺顿(R. Norton)对于硅谷在技术创新方面的突出表现进行了剖析,并总结出对于失败和员工流失的容忍度、不畏风险、精力充沛、倡导合作、文化的多样性、对于产品开发的迷恋、较低的进入门槛构成了这一地区的文化和有益于衍生新创企业的环境。④ 由此可见,区域文化环境所包含的内容十分广泛,对于合作、交流、创新、学习的态度和看法都是其组成部分。

3. 区域文化与根植性

RIS 的建立离不开一定的区域,而不同的区域有不同的社会文化环境。特别是当一个地区存在独特的本地经济基础和产业文化时,根植往往会对区域的创新能力产生很大的影响。RIS 概念的中心是根植性。库克等人认为 RIS 要具备一个以根植性为特点的制度环境,区域内生产文化的制度化是与根植的概念紧密相连的。基拉特(T. Kirat)和龙(Y. Lung)认为根植性来自一系列的非正式制度。⑤ 多罗瑞克斯也认为企业根植于区域的过程,如果不考虑制度和文化环境这一过程就不能被理解;要产生根植,除了可以用来产生新的产品和工艺的不同资源,区域内还必须要有高度分享的社会

① 王缉慈:《创新及其相关概念的跟踪观察——返璞归真、认识进化和前沿发现》,载《中国软科学》2002 年第 12 期,第 33—34 页。

② 易训华:《产业集群的技术创新机制初探》,载《现代财经》2004 年第 12 期,第 17—19 页。

③ Cooke P., Uranga M, Etexbarria G., "Regional innovation systems: institutional and organizational dimension." *Res Policy* 1997, 26:475—491.

④ Norton, R., *Creating the New Economy: The Entrepreneur and the U. S. Resurgence*. Edward Elgar: Cheltenham. 2000, p.239.

⑤ Kirat T, Lung Y, "Innovations and proximity. Territories as loci of collective learning processes." *European Urban and Regional Studies*(1999)6(1):27—38.

和文化价值观。^① 区域的文化环境促使了区域内相关组织间的"非交易性的相互依赖"的产生,在马歇尔的概念中就体现为"弥漫于空气中的知识",也就是萨克森宁所提出的"边界模糊的公司"、卡玛格尼所讲到的"非正式的关系"、库克等人所提到的"生产文化"。企业所根植的特定的环境不能被复制或者交易,而且其对于集体学习和隐性知识的交流非常关键。

良好的区域文化环境有利于企业发展自己的社会资本,从而强化对于区域的根植。区域内良好的信任氛围和较强的区域根植性在 RIS 中能带来几种实质性的优势。第一,它们通过减少专业化和劳动分工中的不确定性来影响创新网络的生产率。第二,它们降低了网络中的交易成本。第三,它们降低了网络中的协调成本。这三类效应与网络的内部动力和效率有关。第四,可能是最为重要的,它们影响了行为主体所能得到的知识的数量和多样性。萨克森宁一直坚持认为,硅谷之所以能比 128 号公路取得更好和更为长期的创新绩效的关键原因就在于硅谷具有更强的区域根植性。^②

6.1.2.3 区域政策环境

1. 区域政策环境的内涵

RIS 的制度要素在很大程度上由公共管理系统所塑造,因为资金资助、组织结构以及相关活动都依赖于这一层面的公共资源和政府决策。欧盟委员会的创新绿皮书总结认为,区域是对企业进行创新支持的最佳层面。库克和米那多维克(Menedovic)在他们提交给联合国工业发展组织(UNIDO)的报告中写道:区域决策者们越来越意识到区域的经济增长和竞争在很大程度上依赖于本土企业的创新能力,给内部企业提供相应的支持以使其通过创新变得更有竞争力,已日益提上区域政策的日程。^③

区域创新政策的制定必须考虑到区域和部门特征,因此不可能有一个通用的框架,大多数的国家都会利用国家和区域政策的结合去促进创新。库克等学者认为,政府要发展 RIS,应从三个层面来制定政策:第一,以区域

---

① D. Doloreux, "What we should know about regional systems of innovation." *Technology in Society* 24 (2002):243—263.

② Saxenian, A., *Regional Advantage: Culture and Competition in Silicon Valley and Route 128*. Harvard University Press, Cambridge, Massachusetts. 1994.

③ Cooke, P., Memedovic, and O., *Strategies for regional innovation systems: learning transfer and application*. Strategic Research and Economics Branch, United Nations Industrial Development Organization (UNIDO), Vienna, 2003:1—38.

现有产业优势为基础,制定一个未来的发展战略;第二,对创新供给和创新需求进行系统而全面的分析,明确供需差距,从而设计长期的具有连续性的创新战略;第三,在分析区域企业的创新需求时,政府要考虑企业创新活动发生的地域范围和运作空间,从而明确自己促进创新活动的职责。① 由此,本书中的区域政策环境就包括政府鼓励和推进企业技术创新的政策措施以及与企业技术创新有关的规范、规章、技术标准等。

2. 区域创新政策的主要功能

艾德奎斯特和约翰逊认为正式的制度在 RIS 中要发挥一系列的功能,而这些功能都具有强烈的政策导向:(1)正式的制度为创新活动提供稳定的环境,如提供知识产权保护或者稳定的借贷利率等;(2)制度管理冲突和合作,如政策法规提供了解决争端的机制;(3)制度提供了创新的激励,如税收激励和对于创新的奖励等政策;(4)制度将资源引入创新活动之中,如各种共性技术开发计划、行业技术中心的建设、对于区域教育的投入等。②

西蒙(H. Simon)认为,在区域创新政策中,大多数的政策措施的重点都在于提升 SMEs 的创新能力,它们是创新活动的主要受益者。这也就说明 SMEs 是 RIS 的核心要素。③ 帕克和李认为区域政策具有一定的灵活性,但其不能被其他政策所取代。④ 在区域政策中,当地政府是主要的执行力量,而为了给创新活动创造一个理想的环境,政府还会建立特定的组织和机构去支持他们的创新政策,这些政策将为区域和国家的经济发展做出贡献。

在中国,政府在 RIS 中的作用是举足轻重的,既是创新活动的规则制定者,也是区域创新活动的直接参与者。对于在区域创新活动中地方政府所要履行的主要职责,现有两种有代表性的意见:一种意见认为其要提供政

---

① Cooke, P., Memedovic, and O., *Strategies for regional innovation systems: learning transfer and application*. Strategic Research and Economics Branch, United Nations Industrial Development Organization (UNIDO), Vienna, 2003, pp. 1—38.

② Edquist, C. and Johnson, B., "Institutions and organizations in systems of innovation." In C. Edquist (Ed.) *Systems of Innovation—Technologies, Institutions and Organizations*. London/Washington: Pinter. 1997.

③ Simon H., *Hidden champion: lessons from 500 of the world's best unknown companies*. Harvard Business School Press, 1996.

④ Sang—Chul Park, Seong—Keun Lee., "The national and regional innovation systems in Finland: from the path dependency to the path creation approach." *AI & Soc* (2005) 19:180—195.

策支持系统,包括激励政策、引导政策、保护政策和协调政策,从宏观上为区域创新创造制度上的条件;另一种意见认为地方政府的任务是建立企业创新的激励机制,增加地方政府对 R&D 投入、建立技术、知识与人才的流动机制、加快创新成果的扩散和运用、建立和完善终身教育体系和制定具有地方特色的产业政策。① 陈月梅的研究认为,地方政府不仅要直接资助公益性或基础性较强的研究项目,还要发挥在区域内的制度创新和政策安排等方面的相应功能,为 RIS 内各行为主体充分高效的互动提供良好的制度、政策环境。地方政府在区域技术创新体系的创建中占据着企业和科研单位、高等院校及中介服务机构都无法替代的主导地位。地方政府的主要职能是创建良好的区域创新环境,活化资源和信息,增加灵活性,减少不确定性,增强企业的技术创新能力。②

▶▶ 6.2 概念模型中的关系研究

▷▷ 6.2.1 主体要素环境与交互式学习和企业技术创新绩效

6.2.1.1 相关的理论研究

在上一部分我们已经论述了主体要素环境可用空间邻近性来衡量。诺顿探究了空间邻近性对于企业创新的重要性,并预言区域创新将成为新经济的中心。③ 本部分对在 RIS 研究中与主体要素相关的理论观点进行了汇总(见表 6.2)。

表 6.2　相关学者观点汇总

学者	主要观点
伦德瓦尔(1988)	企业在地理上的集中和邻近能够促进创新网络的形成,从而加快了企业技术问题的解决。

①　陈德宁、沈玉芳:《区域创新系统理论研究综述》,载《理论参考》2005 年第 9 期。

②　陈月梅:《论地方政府在构建区域创新系统中的作用》,载《现代管理科学》2003 年第 2 期。

③　Norton, R., *Creating the New Economy: The Entrepreneur and the U. S. Resurgence*. Edward Elgar: Cheltenham. 2000, p.239.

续表

学者	主要观点
王缉慈(2002)	知识隐含性的程度和空间接近的重要性之间呈正相关关系; 邻近性促进了企业间的相互作用,降低了合同谈判成本和执行成本,以及技术服务的成本,同时还能帮助企业留住客户。
马斯凯尔(P. Maskell)和马姆博格(1995),斯腾伯格(1995),弗罗霍尔德·艾斯比斯(Fromhold-Eisebith, 1995),卡玛格尼(1991),夏特兹(L. Schatzl, 1996),科格特(1993)	空间上的邻近性促进了创新网络中要素间的紧密合作,从而推进了交互式学习过程,减少了技术创新中的不确定性。
弗里奇(1992),赫登(1992),多罗瑞克斯(2002)	邻近性促进了知识和信息的交流和交换,同时也降低了交易成本。
卡尔松(C. Karlsson)和曼达赫(A. Manduchi)(2001),希米(Simmie,1997)	空间邻近性对于隐性知识和显性知识在创新过程中的创造和转化尤为重要。
赫奥德(J. A. Heraud,2000)	获得共同的隐性知识需要密切的接触,信息技术的发展也不能降低邻近性对于隐性知识交流的重要性。
弗里奇和舒沃腾(1999),库克等(1996,1997),斯托普(1997),阿歇姆和库克(1999),马斯凯尔和马姆博格(1999)	区域内企业和相关主体的邻近有利于面对面的交流和创新网络的构建,从而推动隐性知识的交流和集体学习。
野中郁次郎和瑞恩穆勒(1998)	位置上的邻近可以保证频繁的有计划的会议,其间面对面的交流促进了隐性知识的分享。
穆勒和岑克尔(2001)	地理邻近对于知识密集型服务业(KIBS)为企业提供服务是至关重要的。
杰斐等(1993),奥德斯克(1998),费尔德曼(2000),考夫曼等(2003),费舍尔(2001)	知识溢出往往会受到地理的限制,企业与相关的组织和机构在当地的集中有利于知识溢出效应的发挥。
杰斐(1989),弗里奇和舒沃腾(1999),库克(1996),库克等(1997)	地理邻近有利于企业获得知识溢出带来的好处。
柯斯特和霍尔(1994)	大学和产业间的联系以及知识的溢出常常导致区域高新技术的发展。

资料来源:作者根据相关文献资料归纳整理。

通过归纳分析,本书认为,主体要素环境可以从以下几个方面对区域内企业的交互式学习和技术创新产生影响:

1. 空间邻近降低了技术创新的不确定性,促进了创新网络的形成

创新过程具有本质上的不确定性,复杂的学习过程产生新的产品、工艺或者组织实践,不确定性和对知识的需求提供了创新型的企业集中到一起的动力。企业在地理上的集中和邻近可能会促进网络化和问题的解决,同时也可以看成是减少不确定性和复杂性的一种方法。作为本地化的网络的一部分使企业能够及时应用技术开发,同时也通过共享相似的技术经验而促进了问题的解决。王缉慈研究认为,企业之间的邻近可以增强专业化,并增强企业间的劳动分工。当企业互相靠近的时候,相互作用频繁,企业关系的亲密、信任和社会规范的程度可能增强,因而降低了合同谈判成本、执行成本以及技术服务的成本。与其他企业相互靠近的企业能够更容易地接收超过其生产能力的订单,而且更容易留住客户。[①]

马斯凯尔和马姆博格、斯腾伯格、弗罗霍尔德·艾斯比斯、卡玛格尼、夏特兹、科格特等学者通过各自的研究认为,空间上的邻近性可对必要的紧密合作提供支持,创新网络的形成是创新型企业和处于同一个区域中的不同要素间的集体的、动态的交互作用的结果,企业与相关要素间的相互作用促进交互式学习,从而降低了技术创新中的不确定性。根据这一理论,小型企业可以从中获得很大的优势,部分地补偿由于企业规模所导致的创新能力不足问题。弗里奇、赫登(R. Herden)等认为在创新过程中,空间上的邻近对于降低交易成本有着决定性的贡献,例如在寻找合作伙伴、联合研发以及技术创新的扩散等方面。

2. 空间邻近促进了隐性知识的交流

当我们考虑到隐性知识和显性知识在创新过程中的创造和转化时,地理在创新活动分布中的重要性就显而易见了。如果在地理位置上靠得很近,知识和信息的交流和交换的成本就更低了。在这层意义上,邻近性增加了企业与相关主体要素间交流的速度,同时减低了相应的成本。

---

① 王缉慈:《创新及其相关概念的跟踪观察——返璞归真、认识进化和前沿发现》,载《中国软科学》2002 年第 12 期,第 33—34 页。

赫奥德认为在新的基于知识的经济中有一个明显的悖论：在某种程度上，信息技术的发展可以帮助构建网络而不用考虑到距离的问题，但与此同时，复杂的认知过程不仅需要大量的编码化的科学和技术方面的知识和信息，而且还要有隐性知识来帮助利用和对接这些信息。因此，组织机构间的邻近性就很重要了，因为获得共同的隐性知识需要密切地接触，至少是在开始阶段。[①]

弗里奇和舒沃腾、库克、斯托普、阿歇姆和库克、马斯凯尔和马姆博格等学者在研究中认为，有些类型的知识的传播主要靠的是显性（编码的）知识，如科技报告或者出版物；而很多知识具有隐性特征，其通过"干中学"或者"用中学"来学习，需要人与人之间的接触和联系才能传播。区域内企业和相关主体的邻近有利于面对面的交流和创新网络的构建，从而推动隐性知识和粘性知识的交流和集体学习。野中郁次郎和瑞恩穆勒认为"产业区域可以通过适当配置来提供必需的隐性和显性知识"。考虑到实际的安排过程，他们提出"位置上的邻近可以保证频繁的有计划的会议，在此面对面的交流促进了隐性知识的分享"。[②]

穆勒和岑克尔认为地理邻近对于知识密集型服务业（KIBS）为企业提供服务也是至关重要的。[③] KIBS所面临的都是客户的一些很具体的问题，为了给出解决方案，它们常常需要进行直接的联系，以便于应用现有的知识，同时补充所需的新知识。这些交互式作用中的很大一部分，特别是在咨询活动的开始阶段，含有大量隐性知识的交流，尤其需要个人间的接触。因此，地理邻近性对于这些阶段的运作是有帮助的。

王缉慈研究了创新过程的地理性质，认为知识的隐含性程度和空间邻近的重要性之间呈正相关关系：隐含经验类知识越多，地理接近越重要。对于客户和生产商的交互作用来说，地理接近是极端重要的，空间邻近性可以

---

① Heraud, J. A., "Is there a regional dimension of innovation—oriented knowledge networking?" Paper presented at the Fifth Regional Science and Technology Policy Research Symposium (RESTPOR), Kashikojima, Japan, 5—7 September, 2000.

② Nonaka, I. and Reinmöller, P., *The legacy of learning. Toward endogenous knowledge creation for Asian economic development*. WZB Jahrbuch 1998, pp.401—433.

③ Emmanuel Muller, Andrea Zenker, "Business services as actors of knowledge transformation: the role of KIBS in regional and national innovation systems." *Research Policy* 30 (2001):1501—1516.

让它们之间产生直接快速的知识交流。①

3. 空间邻近有利于企业获取知识的溢出效应

隐性知识和粘性知识往往在区域或者当地的层面进行交换，面对面的接触和共同的认知非常重要。企业与相关的组织和机构在当地的集中有利于知识溢出效应的发挥。与知识转移有关的另一个相关的机制就是在当地劳动力市场上的人员流动。因此，知识溢出往往会受到地理的限制。

杰斐在研究知识的"传输机制"(Transport Mechanisms)时认为："如果知识的转移机制是非正式的会谈，与溢出源的地理邻近对于获取溢出的好处就是很有帮助甚至是必需的"。② 弗里奇和舒沃腾认为，知识从大学、公共研究机构溢出到生产实践中所依赖的主要渠道，就是学生培养、开展合同研究、提供创新相关的服务、咨询和人员培训、企业和研究机构的联合研发以及非正式的对于技术诀窍(Know－how 类知识)的交流。由于这些知识的转移包括面对面的接触，大学、公共研究机构和企业在地理上的邻近就有利于它们之间知识的溢出。③ 而柯斯特和霍尔则研究认为，大学和产业间的联系以及知识的溢出常常导致区域高新技术的发展。④

6.2.1.2 相关的实证研究

此处本书作者对主体要素环境与交互式学习和技术创新相关的实证研究进行了汇总(见表 6.3)。

---

① 王缉慈：《创新及其相关概念的跟踪观察——返璞归真、认识进化和前沿发现》，载《中国软科学》2002 年第 12 期，第 33～34 页。

② Jaffe, Adam B., "Real effects of academic research." *American Economic Review* 1989(79):957－970.

③ Michael Fritsch, Christian Schwirten, "Enterprise－University co－operation and the role of public research institutions in regional innovation systems." *Industry and Innovation*. Sydney: Jun 1999. Vol. 6:69－83.

④ Castells, M. and Hall, P., *Technopoles of the World. The Making of Twenty－first－Century Industrial Complexes*. London/New York: Routledge. 1994.

表 6.3　相关的实证研究归纳汇总

研究学者	研究对象/主题	相关结论	交互式学习的层面
沃尔斯坦（Wall-sten，2001），杰斐（1989），萨克森宁（1994）	美国的区域，如加州硅谷	企业会从与大学的邻近中获益匪浅，如参加彼此所举行的研讨会，而经常的面对面的交流也对联合的项目研究有利。	企业—大学；企业—科研机构
罗珀等（S. Roper et al，2004），安瑟宁等（L. Anselin et al，2000），艾格恩等（2002）	大学、研发机构对于产业的知识溢出	获得知识溢出的企业在空间上都是围绕着知识源的。	
奥德斯克（D. B. Audretsch）和斯蒂芬（Stephan）（1996）	美国生物科技企业	生物科技企业与学术研究机构在地理上的邻近性与这两个要素之间的合作关系呈正相关。	
曼斯菲尔德（E. Mansfield，1995），曼斯菲尔德和李（J. Y. Lee）（1996）	大型的美国企业与大学科学家之间的合作情况	大学与企业的邻近性对于其被企业选为合作伙伴有积极的影响。	
弗里奇和舒沃腾（1999）	德国的巴登、萨克森州等三个地区	公共研究机构和大学对于其所在区域的产业的创新活动相当重要，地理上的邻近性在建立和维系各种合作关系方面具有优势。	
克斯夏特斯基和斯腾伯格（2000）	欧洲区域创新调查项目（ERIS）中 10 个区域	如果企业与研究机构产生联系，空间邻近性就成为决定因素。	
阿歇姆和柯伦（2005），达鲁姆等（1999，2002）	瑞典北加特兰地区	大学对于该地区产业的发展起到了最为根本的作用。大学和企业之间系统的相互作用以及当地企业间的学习使地区形成了区域网络类型的 RIS。	

基于知识和交互式学习的区域创新系统研究

续表

研究学者	研究对象/主题	相关结论	交互式学习的层面
阿歇姆和伊萨克森（2002）	挪威孙默勒地区	地理上的邻近性促进了区域内的知识溢出和转移，从而推进了交互式的学习和创新。	企业—客户；企业—竞争对手
沃尔斯坦（2001）	美国获得 SBIR 项目支持的企业	SBIR 项目中所资助的企业有强烈的空间集中趋势，企业之间的邻近对于相互学习和技术创新有积极的影响。	
萨克森宁（1994）	美国加州硅谷	非正式的社会网络和交流是硅谷工程师的重要的信息来源。对于位置相当接近的企业来说，知识转移就要比位置较远的企业容易得多。	
库克（2001）	英格兰东南部的创新热点区域、荷兰的阿姆斯特丹—乌得勒支走廊以及瑞典的斯德哥尔摩—乌普沙拉走廊的 RIS	与大学和相关企业在地理位置上的邻近可以使企业更加便利地获得所需知识，从而加快创新进程。	企业—相关企业；企业—大学
阿恩特（Arndt）和斯腾伯格（2000）	欧洲区域创新调查项目（ERIS）中的 10 个区域	空间邻近性对于隐性知识的转移非常重要，企业与研究机构和服务业企业的邻近对于获取隐性知识和技术创新非常重要。	企业—研究机构；企业—科技服务机构
库克（2001）	德国的巴符州	企业与相关组织和机构在地理位置上的邻近促进了交互式学习的快速开展。	企业—供应商；企业—大学；企业—研究机构；企业—科技服务机构

续表

研究学者	研究对象/主题	相关结论	交互式学习的层面
托蒂宁和考夫曼(2002)	奥地利的上奥地利省	空间邻近性对于企业选择合作伙伴具有积极的影响,而且邻近性也有利于企业获取知识溢出效应。	企业—客户;企业—供应商;企业—科技服务机构;企业—相关企业
迪茨(2000)	巴塞罗那产业带	空间邻近性对于企业与供应商、竞争对手、服务业机构、研究机构等组织和机构建立合作关系非常重要。	企业—供应商;企业—竞争对手;企业—研究机构;企业—科技服务机构

资料来源:作者根据相关文献资料整理。

　　通过归纳分析,在对不同区域的实证研究中,不同学者所考察的与企业开展交互式学习的组织和机构也各不相同,也就是考察了主体要素环境对于企业交互式学习中的一种或者几种因素的影响。在库克、沃尔斯坦、罗珀、奥德斯克、弗里奇、阿歇姆等学者所开展的实证研究中,专门强调了空间邻近性对于企业与知识生产机构的交互式学习和企业技术创新的影响;在沃尔斯坦、萨克森宁等学者的研究中,空间邻近性对于区域内企业的横向交互式学习和企业技术创新的影响得到了讨论;阿歇姆和伊萨克森的实证研究探讨了空间邻近性对于企业的横向交互式学习、纵向交互式学习以及技术创新的影响;阿恩特和斯腾伯格的研究探讨了空间邻近性对于企业技术创新以及企业与知识生产机构和科技服务机构的交互式学习的影响;克斯夏特斯基、库克、托蒂宁等学者的实证研究同时探讨了空间邻近性对于三种交互式学习以及企业技术创新的影响,而迪茨则较为全面地考察了邻近性对于企业的四种交互式学习和技术创新的影响。研究的结论显示,企业与相关主体要素的距离越近,产生合作的可能性也越大,空间邻近对于企业开展交互式学习、获取隐性知识和知识溢出效应、推进企业的技术创新大有裨益。以下分别对不同学者的研究进行归纳阐述,以对本部分的研究假设提供支持。

库克通过对英格兰东南部的创新热点区域、荷兰的阿姆斯特丹－乌得勒支走廊以及瑞典的斯德哥尔摩－乌普沙拉走廊的研究发现,对于 ICT 企业和生物科技企业来说,位于与实力强的大学邻近的卫星城市非常重要,地理上的邻近可以使它们更加便利地获得所需知识,从而加快创新进程。而且区域内的企业在获取知识溢出、进行隐性知识交流以及构建非交易性的相互依赖关系方面都表现出较高的水平,非常富有创新活力。因此,世界上很多在上述产业领域领先的企业也开始通过在当地建厂、设立办事处,或通过收购、建立合同关系等形式出现。①

沃尔斯坦通过研究指出,企业可以从与大学的邻近中获益匪浅,例如企业雇员和大学员工以及学生可以参加彼此所举行的研讨会。② 萨克森宁认为这种知识转移机制最好在一个区域或者城市以内运作,地理范围很小,可以降低参会成本,从而提高参会率。比如施乐公司的帕洛阿尔托研究中心就对斯坦福大学的教员完全开放。在该中心的很多研讨会上,斯坦福大学工学院的很多教员都成为常客。③ 此外,企业和大学也可以从联合的研究项目中获益,而其中一些类型的合作也需要研究者在地理位置上很接近,从而可以经常地开展面对面的交流。

萨克森宁在其对硅谷的案例研究中提到,非正式的社会网络和交流是硅谷工程师重要的信息来源,非正式的交谈被认为是中小型技术企业之间

① Philip Cooke, "Regional innovation systems, clusters, and the knowledge economy." *Industrial and Corporate Change*. Oxford: Dec 1, 2001 Vol.10, Iss.4:945－974.

② Scott J. Wallsten, "An empirical test of geographic knowledge spillovers using geographic information systems and firm－level data." *Regional Science and Urban Economics* 31 (2001):571－599.

③ 转引自 Scott J. Wallsten, "An empirical test of geographic knowledge spillovers using geographic information systems and firm－level data." *Regional Science and Urban Economics* 31(2001):571－599.

转移知识的一个重要的机制,因此对于位置相当接近的企业来说,知识转移就要比相距较远的企业容易得多。

奥德斯克和斯蒂芬对美国生物科技企业的分析显示,生物科技企业与学术研究机构在地理上的邻近性与这两个要素之间的合作关系呈正相关。[1] 曼斯菲尔德以及曼斯菲尔德和李在 1995—1996 年调查了美国的大型企业与大学科学家之间的合作情况,结果显示,在不考虑大学的规模和质量的前提下,大学与企业的邻近性对于其被企业选为合作伙伴有积极的影响。[2]

弗里奇和舒沃腾对德国的巴登州、萨克森州和下萨克森州的汉诺威—布伦斯威克—高廷郡地区的研究显示,公共研究机构和大学对于其所在区域的产业创新活动相当重要,地理上的邻近性在建立和维系各种合作关系方面具有优势。通过对大学和科研机构的研究人员进行问卷调查,结果显示,研究机构和大学更愿意与同一个区域的企业开展合作,如汉诺威地区(Hanover)的高等专业技术学院[3]与 67% 的合作企业位于同一区域,而萨克森州的高等专业技术学院则与 53% 的合作企业位于同一区域;在与巴登和萨克森州的大学开展合作的企业中,分别有 43% 的企业是与大学位于同一地区;在与巴登和萨克森州的研究机构有合作的企业中,分别有 37% 和 36% 的企业与研究机构位于同一地区。而来自企业的问卷调查的结果显示,在萨克森州 65% 的企业选择与本州的研究机构和大学开展各种合作。[4]

阿歇姆和柯伦、达鲁姆等学者对瑞典北加特兰地区的 RIS 的研究结果显示,奥尔堡大学对于该地区无线通信集群的发展起到了最为根本的作用,为该地企业提供了具备无线通信专业所需能力的高素质的工程师,满足了

① Audretsch, David B. and Stephan, Paula E., "Company—scientist locational links: the case of biotechnology." *American Economic Review* 1996(86):641—652.

② Mansfield, Edwin and Lee, Jeong—Yeon, "The modem university: contributor to industrial innovation and recipient of industrial R&D support."*Research Policy*1996(25):1047—1058.

③ 高等专业技术学院:原文为"Fachhochschulen",弗里奇和舒沃腾将其解释为"注重工程、商业及其他领域的应用研究的大学",在国内也被一些学者译为"高等专业技术学院"。

④ Michael Fritsch, Christian Schwirten, "Enterprise—University co—operation and the role of public research institutions in regional innovation systems." *Industry and Innovation*. Sydney: Jun 1999. Vol. 6:69—83.

区域产业成长的前提条件。区域内大学和企业之间系统的相互作用,以及当地企业间的学习,使区域内形成了网络类型的 RIS,而且企业也因为这些相互作用而显著地根植于当地。

罗珀等学者在对知识溢出趋势进行研究后认为,获得知识溢出的企业在空间上都是围绕着知识源的,①而安瑟宁等人通过实证分析提出,研发的溢出效应具有空间集中的特征。② 同样,艾格恩(J. Egeln)等人通过对德国公共研究机构所衍生出的 2000 多家企业进行分析指出,66.5% 的企业与它们的孵化器的距离都在 49 公里之内。③

沃尔斯坦基于地理信息系统(GIS)来考察企业之间的地理距离与企业获得 SBIR 项目(Small Business Innovation Research)资助的相关关系,由于 SBIR 项目资助的都是创新性较强的中小企业,因此其也能从一个侧面反映邻近性对于企业之间的相互作用和技术创新的影响。研究得出的结论显示,SBIR 项目中所资助的企业有强烈的空间集中趋势,企业之间的邻近对于相互学习和技术创新有积极的影响。集聚于 SBIR 获得者周围的企业与其他孤立的企业相比更有可能进入这一项目程序并且多次获得这一资助,而当企业与其距离越远,相关系数在统计上就越来越不显著。④

阿歇姆和伊萨克森在分析挪威的 RIS 时指出,强调创新活动是一个区域现象,仍然是很重要的。通过对孙默勒地区 RIS 的案例分析,他们指出,该地区的造船业的竞争优势在很大程度上依赖于集群的创新能力,与用户在地理上的邻近,使得企业的装配工、维修工、产品开发者可以方便地拜访客户,加快了相关知识和信息的反馈,同时地理上的邻近性也有利于相关人员在业余时间的接触和讨论,加强了相互之间经验和信息的交流。在孙默

① Stephen Roper, Nola Hewitt－Dundas, James H. Love, "An ex ante evaluation framework for the regional benefits of publicly supported R&D projects." *Research Policy* 33 (2004):487－509.

② Anselin, L., Varga, A., Acs, Z. J., "Geographical spillovers and university research: a spatial econometric perspective." *Growth and Change* 2000, 31:501－515.

③ Egeln, J., Gottschalk, S., Rammer, C., "Regional Technology Transfer through Public Research Spin－Offs." Paper Presented at the European Regional Science Association Congress, Dortmund, August 2002.

④ Scott J. Wallsten. "An empirical test of geographic knowledge spillovers using geographic information systems and firm－level data." *Regional Science and Urban Economics* 31 (2001):571－599.

勒地区的造船业集群中,隐性的、专业的知识或多或少是一种公共的资源,企业因为位于孙默勒地区而可以获得有用的反馈和思想。此外,当地企业之间的技术转移进一步地促进了创新和学习。由于造船业企业之间的邻近,企业之间在特定项目上会开展合作,而且企业间的个人联系、员工流动常有发生,这也促进了知识的溢出和转移,从而推进了交互式的学习和创新。①

阿恩特和斯腾伯格对欧洲区域创新调查项目中 10 个区域的 3700 多家制造类企业进行了分析,结果显示,尽管区域之间会有不同,但制造类企业有 20%—40% 的客户和供应商都与之位于同一地区,而与制造类企业合作的服务业企业和研究机构有 40%—70% 与之位于同一区域。显然,对于单纯的市场关系来说,外部联系非常重要,但对于隐性知识的转移来说,空间邻近性则具有非常重要的意义,因此企业与研究机构以及服务类企业的邻近对于技术创新就非常重要。就企业的规模来看,企业规模越小,它们对于区域内部的联系的依赖程度就越高。② 与此同时,克斯夏特斯基和斯腾伯格也对欧洲区域创新调查项目的数据进行了分析,他们认为空间上的邻近是一些创新网络形成的前提条件。对于企业来说,它们主要是与它们邻近的大学和研究机构发生相互作用。在所分析的 10 个 ERIS 区域中,区域内的联系是占主导的。由此得出结论:如果企业与研究机构产生联系,空间邻近性就成为决定因素。③

库克将德国的巴符省作为案例,分析了区域内的交互式作用对于企业创新能力的重要性。他认为区域内的梅赛德斯、保时捷和奥迪等豪华车厂商在 20 世纪 90 年代面对以丰田公司的 Lexus 品牌为代表的日系豪华车的冲击。企业技术创新能力快速提升的关键就在于区域内交互式作用能够很

① Asheim, B. T., Isaksen, A., "Regional innovation systems: the integration of local 'sticky' and global 'ubiquitous' knowledge." *Journal of Technology Transfer* (2002) 27:77—86.

② 转引自 Knut Koschatzky, Rolf Sternberg, "R&D cooperation in innovation systems—some lessons from the European Regional Innovation Survey (ERIS)." *European Planning Studies.* Abingdon: Aug 2000. Vol. 8, Iss. 4:487—501.

③ Knut Koschatzky, Rolf Sternberg, "R&D cooperation in innovation systems—some lessons from the European Regional Innovation Survey (ERIS)." *European Planning Studies.* Abingdon: Aug 2000. Vol. 8, Iss. 4:487—501.

快地发生,而与相关组织和机构在地理位置上的邻近则是交互式学习发生的前提条件。区域内不仅有大量的汽车零配件配套厂商,还有大量的研究机构,如在汽车应用研究方面装备精良的弗朗霍费尔(Fraunhofer)研究院、可提供更为基础的研究知识的普朗克(Max Planck)研究院、设在区域内的德国汽车行业协会的分会、Steinbeis 基金会的技术中心、散布在区域内的高等教育系统,同时还有大量的工程和其他技术咨询机构,它们对于彼此的能力和声誉也很了解。①

托蒂宁和考夫曼对奥地利上奥地利省的 240 家 SMEs 进行了分析。研究结果显示,区域内的 SMEs 与其他组织和机构开展创新合作的频繁程度为:客户第一,供应商第二,服务业企业第三,其他企业第四。在这些合作伙伴中,客户、服务业企业和其他企业大多数都位于区域之内,SMEs 与区域之外的企业的合作并不是非常的频繁。而在企业所获得的知识溢出方面,分别有 44.8%、35.8%和 12.7%的被调查企业认为自己从客户、供应商和服务业企业的知识溢出中获得了好处,而 64.1%的 SMEs 认为自己对于区域内其他企业存在知识的溢出效应。②

迪茨对位于西班牙加泰罗尼亚(Catalonia)地区的巴塞罗那产业带(包括巴塞罗那以及周边城市)内企业的创新网络进行了实证研究。研究结果发现,在合作伙伴的空间分布上,57%的企业与加泰罗尼亚地区的供应商建立合作关系,41%的企业与加泰罗尼亚地区的竞争对手建立合作关系,68%的企业与加泰罗尼亚地区的服务业机构建立合作关系,而 94%的企业在与研究机构合作时都会首先考虑邻近地区的研究机构。这些数据也说明了空间邻近性对于企业选择合作伙伴具有重要的意义。③

综合不同学者的理论研究和实证研究的结果可以看出,企业与大学、科研院所、服务机构、客户、供应商、竞争对手以及相关企业的邻近,对于企业构建创新网络、开展交互式学习、提升技术创新绩效有积极的影响。由此,

---

① Philip Cooke, "Regional innovation systems, clusters, and the knowledge economy." *Industrial and Corporate Change*. Oxford: Dec 1, 2001 Vol.10, Iss.4:945—974.

② Franz Todtling, Alexander Kaufmann, "SMEs in Regional Innovation Systems and the Role of Innovation Support—the Case of Upper Austria." *Journal of Technology Transfer* 2, 2002, 7:15—26.

③ Javier Revilla Diez, "Innovative networks in manufacturing: some empirical evidence from the metropolitan area of Barcelona." *Technovation* 20(2000):139—150.

本书认为,主体要素环境对于企业与相关组织和机构的交互式学习以及企业的技术创新绩效具有积极的正向的影响,即企业与相关组织和机构的邻近会促进它们之间的交互式学习,而企业的技术创新绩效也就越好。

假设1:区域主体要素环境对于企业与相关要素之间的交互式学习有着直接的正向影响:企业与相关主体要素之间的邻近性程度越高,它们之间的交互式学习就越容易发生。

假设2:区域主体要素环境对于企业技术创新绩效有着直接的正向影响:企业与相关主体要素之间的邻近性程度越高,企业的技术创新绩效就越好。

▷▷ **6.2.2 区域文化环境与交互式学习和企业技术创新绩效**

6.2.2.1 相关的理论研究

非正式的制度,如文化标准,影响着要素间的交换关系,这也部分地解释了不同区域和国家拥有不同的创新能力和经济增长的原因。区域文化不但可以促进区域社会资本积累,增强 RIS 的整体能力,而且还能够促进区域资源整合,提高 RIS 的运行效率。此处对区域文化与企业交互式学习和技术创新之间关系的理论研究进行了汇总(见表6.4)。

表6.4 相关学者观点汇总

学者	主要观点
诺斯(1992)	·非正式制度,如文化标准也影响着要素间的交换关系。
王丹阳等(2006)	·区域文化会促进区域社会资本积累,增强 RIS 的整体能力; ·区域文化会促进区域资源整合,提高 RIS 的运作效率。
库克(2001,2002)	·相互信赖的文化的形成对于促进组织间的相互联系和作用、降低交易成本很有帮助。
马斯凯尔等(1998)	·区域文化环境能够促进企业间的密切交流、推进在社会和地域上根植的交互式学习和持续创新。
费列罗和马菲欧利(2004)	·RIS 中创新和学习深深根植于当地的文化和制度网络之中。

续表

学者	主要观点
伦德瓦尔和波拉斯(1999)	• 为了促进网络中的交互式学习,降低创新过程中的不确定性,创新网络中的主体需要发展一种共同的沟通和理解模式以及信任。
阿歇姆和柯伦(2005,2006)	• 交互式的学习要通过参与者之间的制度的共同性得到进一步加强; • 共同的文化氛围对于知识的吸收也是大有裨益的; • 融入当地的文化环境对于企业在创新网络中的学习、创新和运作都非常的关键。
王缉慈(2002)	• 相互信任和个人友谊关系会使得相互之间的作用进一步加强。
多罗瑞克斯(2002)	• 共同的区域文化使得知识的分享变得简单。
伦德瓦尔(1992、1994),张艳等(2006)	• 缺乏共同的社会和文化基础将会阻碍相关要素间关系的发展和知识的共享。
考夫曼等(2003),斯托普(1997),巴普蒂斯塔(R. Baptista)和斯旺(Swann)(1998),凯博(D. Keeble)和威尔金森(F. Wilkinson)(1999),梅拉特(1991),阿歇姆(1996),马列基和奥那斯(1999)	• 良好的区域文化环境可以强化"非交易性的相互依赖"关系,进而推进企业与相关主体要素间的交互式学习和创新。
费舍尔(1992,2001),赫登(1992)	• 共同的交流模式使得信息的交流效率更高,对于企业创新和成本的降低大有裨益; • 共享的价值观、惯例、准则、规范以及信任都会推进相互作用的进程,促进相互之间的理解以及信息和知识的传播。

资料来源:作者根据相关文献资料归纳整理。

通过归纳分析,本书认为,区域文化环境可以从以下几个方面对企业在区域内的交互式学习和技术创新产生影响:

1. 良好的文化环境促进了企业与主体要素的交互作用

区域内的社会规范、办事程序、游戏规则、惯例等制度设置,经由一定的实践可以被接受,并且可以促使组织和企业间形成一种相互信赖的文化。这种文化的形成对于促进组织间的相互联系和作用、降低交易成本很有帮助。马斯凯尔等学者认为,区域文化环境能够促进企业间的密切交流,推进在社会和地域上根植的交互式学习和持续创新。① RIS 中创新和学习深深根植于当地的文化和制度网络之中。库克研究认为,在显示出系统创新特征的区域中,合作的文化氛围、联合的倾向、学习导向和对一致性的追求等制度层面的因素表现得更为强烈。②

伦德瓦尔和波拉斯认为,为了促进交互式学习,创新网络中的主体需要发展一种共同的沟通和理解模式以及信任,信任的氛围有利于降低创新过程中的不确定性,从而帮助组织和机构在相互作用和共同的学习过程中取得正的外部性。③

阿歇姆和柯伦研究认为,交互式学习要通过参与者之间的制度的共同性得到进一步加强,共同的制度鼓励共享的习俗、规范、态度、价值观和预期。而当地这种共同的文化氛围对于知识的吸收也是大有裨益的。这就需要相关的主体要素很好地理解这些"当地的习俗和规范",从而也说明融入当地的文化环境对于企业在创新网络中的学习、创新和运作都非常关键。正是在这种共同的区域文化中形成了主体间的相互作用方式。④

王缉慈认为在良好的区域文化的熏陶下,不同学历、不同学科、不同产业领域、不同年龄的人们共同努力为发展科技和经济而奋斗,他们有共享设备和其他科技资源的自觉性。对于近距离的客户和生产商来说,相互信任和个人友谊关系也会使得相互之间的作用进一步加强。⑤

2. 良好的文化环境有利于企业获取相关的知识

在 RIS 中,空间邻近性不仅仅只是一个地理距离的问题,对于区域经济、社会和文化的分享程度也是同等重要的。当企业之间有着共同的背景、

---

① Maskell, P., H. Eskebinen, I. Hannibalsson, A. Malmberg and E. Vatne, *Competitiveness, Localised Learning and Regional Development. Specilisation and Prosperity in Small Open Economies*, London/New York: Routlegde.1998.

② Philip Cooke, "Regional innovation systems, clusters, and the knowledge economy." *Industrial and Corporate Change*. Oxford: Dec 1, 2001 Vol.10, Iss.4:945—974.

③ Lundvall, B. and S. Borrás, "The Globalising Learning Economy: Implications for Innovation Policy." *Report from DG XII*, Commission of the European Union.1997:34—39.

④ B. T. Asheim, Lars Coenen, "Knowledge bases and regional innovation systems: Comparing Nordic clusters." *Research Policy* 34 (2005):1173—1190.

⑤ 王缉慈:《创新及其相关概念的跟踪观察——返璞归真、认识进化和前沿发现》,载《中国软科学》2002 年第 12 期,第 33—34 页。

价值观和对技术、商业的认知时,知识分享就变得简单多了。伦德瓦尔在 20 世纪初期的研究认为,当文化差异存在时,一些形式的信息将变得难以编码、传递和理解。由于在隐性知识的交流中高度的信任和理解非常必要,缺乏对共同的社会和文化背景的理解,可能会给组织机构之间网络关系的构建造成障碍,同时使用者和生产者之间的文化差异也会阻碍相互作用的发生。张艳等认为,对于隐性知识来说,要进行交流需要高度的信任和理解,因此缺乏共同的社会和文化基础将会阻碍相关要素间关系的发展和知识的共享。[①]

3. 良好的文化环境有助于企业与主体要素之间形成"非交易性的相互依赖"

费舍尔、赫登等学者的研究认为,良好的区域文化有利于企业与 RIS 中的组织和机构形成"非交易性的相互依赖关系",这种"非交易性的相互依赖"使得企业可以在网络中分享相关的信息和创新的知识,进而推进交互式的学习和创新。第一,本地化的投入—产出关系构建了客户—生产企业以及生产企业—供应商的关系。这一关系对于创新的知识和信息的交流非常关键,不只会带来技术机会,还会带来及时的市场反馈,而且这些关系还会逐渐发展出一套共同的交流模式,使得信息的交流效率更高,对于企业创新和成本的降低大有裨益。第二,非交易性的相互依赖成为区域文化的一部分,是一种无形的区域资产。隐性知识具有集体本质,而且根植于社会—文化情景之中,其在很大程度上具有地域特征,而区域中丰富的劳动力资源、共享的价值观、惯例、准则、规范以及信任都会推进相互作用的进程,促进相互之间的理解以及信息和知识的传播。[②]

6.2.2.2 相关的实证研究

我们在此处对区域文化环境与交互式学习和技术创新相关的实证研究进行了汇总(见表 6.5)。

---

① 张艳、吴中、席俊杰:《区域创新系统的内部机制研究》,载《工业工程》2006 年第 9 卷第 3 期,第 10—14 页。

② Manfred M. Fischer, "Innovation, knowledge creation and systems of innovation." *Ann Reg Sci* (2001) 35:199—216. Herden, R., Technologieorientierte Außenbeziehungen im betrieblichen Innovations—management: Ergebnisse einer empirischen Untersuchung. Heidelberg. in Stoneman, P. (editor) *Handbook of the Economics of Innovation and Technical Change*, Blackwell. London, UK, 1992:409—512.

表 6.5　相关的实证研究归纳汇总

学者	研究对象	相关结论	交互式学习的层面
克斯夏特斯基（1999）	法国阿尔萨斯和德国巴登地区	共享的、积极的创新文化和制度环境对于区域内企业创新网络的构建和创新能力的增强有积极的支持作用。	企业—相关企业。
阿歇姆和伊萨克森（2002）	挪威孙默勒地区	共享的区域文化都促进了企业间的知识流动、交互式学习和企业技术创新。	企业—客户。企业—竞争对手。
阿歇姆和柯伦（2005），洛伦岑（M. Lorenzen，2003）	丹麦撒宁地区	企业管理者共享的价值观和共同的行为准则对维系相互之间的关系非常重要。	企业—客户；企业—供应商；企业—竞争对手。
迪茨（2000）	巴塞罗那产业带	区域内的文化因素对于企业通过外部网络获取知识和信息有很大的影响。	企业—相关企业；企业—科研院所。
萨克森宁（1994）	美国马萨诸塞州128号公路和加州硅谷	两个地方的企业对于合作和学习的态度不同，从而导致了两地企业在创新能力和适应能力上的差异。	企业—竞争对手；企业—相关行业企业；企业—大学；企业—科研院所。
库克（2001），波特（1998），倍思特（1999）	美国马萨诸塞州的128号公路	对于创新和合作文化的推广让该地企业也开始重视合作创新的强大力量，而相关产业也开始复苏并快速发展。	
克斯夏特斯基和斯腾伯格（2000）	欧洲区域创新调查项目（ERIS）中的10个区域	在空间邻近的基础上发展出一种共享的区域文化是创新网络的形成和交互式学习发生的前提条件。	企业—相关组织和机构。
伊萨克森（2005）	部分欧洲区域	企业与相关的组织和机构的合作需要一种共同认可的文化的推动。	

资料来源：作者根据相关文献资料归纳整理。

　　通过归纳分析，不同学者在实证研究中所提到的与企业开展交互式学习的组织和机构也各不相同，也就是考察了主体要素环境对于企业交互式学习中的一种或者几种因素的影响。克斯夏特斯基的实证研究探讨了区域文化环境对于企业的横向交互式学习和企业技术创新绩效的影响;在阿歇姆、伊萨克森、洛伦岑等学者的研究中,区域文化环境对于区域内企业的横向和纵向交互式学习以及创新能力的影响得到了讨论;迪茨、萨克森宁、库克等学者研究了区域文化环境对于企业的横向交互式学习、与知识生产机构的交互式学习以及技术创新的影响;克斯夏特斯基、伊萨克森等学者的实证研究则论述了区域文化环境对于企业构建创新网络并与相关主体要素开展交互式学习的重要性。研究的结论显示,区域文化环境对于企业的交互式学习的开展和技术创新能力的提升具有很大的影响。以下分别对不同学者的研究进行归纳阐述,以对本部分的研究假设提供支持。

克斯夏特斯基对比研究了法国阿尔萨斯和德国巴登两个地区中创新文化与企业交互式学习和创新的关系。阿尔萨斯地区企业的研发强度不如巴登地区,但该地企业在拓展自己的创新联系上却更加积极,因此相对巴登地区的企业来说,其创新性并不差。克斯夏特斯基由此认为,共享的、积极的创新文化和制度环境对于区域内企业创新网络的构建和创新能力的增强有积极的支持作用。①

阿歇姆和伊萨克森在分析挪威孙默勒地区的 RIS 时,指出该地区的造船业企业在地理上的邻近性又促进了社会和文化上的邻近性。相关企业的员工在日常的接触中会讨论不同的产品如何工作以及如何运作得更好等话题,由于产品开发者和客户位于同一地区、共享同样的文化、语言和专业经验,这种接触因而变得更加容易。而且当地的企业家和工厂的领导层非常推崇地区企业间的集体合作,这已经成为该地的一种传统。此外,当地还有一种自我雇佣(Self-Employed)的生活模式,使得企业之间的员工流动较为频繁,相互之间的非正式交流也常常发生,这些都促进了企业间的知识流动和交互式学习,增强了企业的技术创新能力。②

阿歇姆和柯伦、洛伦岑在分别研究丹麦撒宁地区的 RIS 时,强调了该

① Koschatzky, K., "Firm innovation and region: the role of space in innovation processes." *International journal of Innovation Management*(1998)2:383—408.

② Asheim, B.T., Isaksen, A., "Regional innovation systems: the integration of local 'sticky' and global 'ubiquitous' knowledge." *Journal of Technology Transfer* (2002) 27:77—86.

地区家具制造企业的管理者共享的价值观和共同的行为准则对维系相互之间关系的重要性，并且认为当地典型的习俗和惯例就是传统工艺、企业家精神、对一个经济社区的归属感和当地企业的团结一致。当地的家具工匠协会提供了一个关键的平台去促进企业间的交流、协调企业间的关系，并且传播一些使得企业根植于撒宁集群的共同的惯例和习俗。基于此，集群内的企业之间建立了良好的关系而根植于区域之中。在过去的 20 年中，区域中的企业通过专注于价值链中的特定部分而发展出了自己最为擅长的能力，进而通过企业间的关系网络来合作推进区域产业的发展。①

迪茨在对巴塞罗那产业带内企业的创新网络进行实证研究时发现，区域内的文化因素对于企业通过外部网络获取知识和信息有很大的影响。在其所调查的企业中有 37.8% 的企业认为区域内存在积极地与其他企业开展合作的氛围非常重要，38.8% 的企业认为区域内存在积极地与研究机构开展合作的氛围非常重要，而 36.4% 的企业认为当地的创新氛围非常重要。②

萨克森宁在对美国马萨诸塞州的 128 号公路和加州硅谷的对比研究中提出，导致两地企业创新活力差异的关键就在于文化上的不同，也就是两个地方在等级制度和管理集权以及鼓励创新、合作、集体学习的氛围等方面存在差异，而这些差异又导致了面对变化的市场和技术环境，两个地方的企业对于合作和学习的不同态度，从而导致了两地企业在创新能力和适应能力上的差异。库克、波特和倍思特(M. Best)在后来各自对 128 号公路的研究中，都认为该地生物科技和生物医疗器械等产业的复苏和快速发展跟马萨诸塞州所采取的集群政策有关，对于创新和合作文化的推广让该地企业也开始重视合作创新的强大力量，从而展现出了强劲的发展活力。

克斯夏特斯基和斯腾伯格通过分析欧洲区域创新调查项目的数据认为，对于中小型企业来说，不同的制度系统、语言和文化构成了信息和知识交换的主要障碍。并由此得出结论，在空间邻近的基础上发展出一种共享

---

① B. T. Asheim, Lars Coenen, "Knowledge bases and regional innovation systems: Comparing Nordic clusters." *Research Policy* 34 (2005):1173—1190.

② Javier Revilla Diez, "Innovative networks in manufacturing: some empirical evidence from the metropolitan area of Barcelona." *Technovation* 20(2000):139—150.

的区域文化,是创新网络的形成和交互式学习发生的前提条件。①

伊萨克森通过对欧洲的部分区域的 RIS 进行对比研究,认为地理区位和根植性对于企业与其他组织和机构的合作非常重要。企业与相关组织和机构的合作需要一种共同认可的文化的推动,而合作结束后,隐性知识的交流方式、面对面的接触和交流的传统以及相互之间的信任关系则仍会留在区域中,又进一步强化了 RIS 的区域文化和根植性。②

由相关的理论研究和实证研究我们可以看出,区域文化环境对于企业与相关组织和机构间的交互式学习以及企业的技术创新绩效有积极的正向影响,即区域文化环境越好,企业就越容易与相关组织和机构之间开展交互式学习,区域内企业的技术创新绩效也越好。

假设 3:区域文化环境对于企业与相关主体要素之间的交互式学习有着直接的正向影响:企业所在区域创新的文化环境越好,企业与相关主体要素之间的交互式学习就越容易发生。

假设 4:区域文化环境对于企业的技术创新绩效有着直接的正向影响:企业所在区域创新的文化环境越好,企业的技术创新绩效就越好。

▷▷ 6.2.3 区域政策环境与交互式学习和企业技术创新绩效

6.2.3.1 相关的理论研究

近年来,区域在创新政策领域的角色越来越活跃。从 20 世纪 90 年代开始,不同国家和地区的政府都通过加强创新网络的建设来推进区域经济的发展。区域的经济政策制定者们深信区域内创新网络的数量和质量可以通过政策手段得到提高,进而推进区域内的交互式学习和企业技术创新绩效。这一设想得到了一些学者的研究的支持,如阿明(A. Amin)等人对"制度浓度"(Institutional Thickness)的研究、库克等学者对"联合经济"(Asso-

---

① Knut Koschatzky, Rolf Sternberg, "R&D cooperation in innovation systems—some lessons from the European Regional Innovation Survey (ERIS)." *European Planning Studies*. Abingdon:Aug 2000. Vol.8, Iss.4:487—501.

② Isaksen, A., "Regional Clusters Building on Local and Non—Local Relations: A European Comparison." In A. Lagendijk and P. Oinas (eds.), *Proximity, Distance and Diversity: Issues on Economic Interaction and Local Development*, Aldershot: Ashgate, 2005:129—152.

ciational Economy)的研究等。而现在这一方法已经很明确地成为创新政策的核心。创新网络的建设为推进区域内企业与相关组织和机构间的交互式学习打下了良好基础。根据考夫曼等学者在 2003 年的研究,为了支持商业创新和网络关系的形成、推进各自的 RIS 建设,很多地区都出台了相应的科技政策或者创新计划。例如欧盟的框架计划就已经开始突出中小企业创新和区域创新。此外,框架计划的资助文件中还强调了欧盟对于区域创新政策的重视,十号条款下的关于开展区域技术计划、区域创新战略和区域信息社会的尝试都证实了在区域层面加强创新能力日益增强的重要性。

C. W. 徐(C. W. Hsu)认为,区域创新的流程包含广泛的运作实践,并要结合不同的资源,理想的结果就是创造新的产业或者大大提升现有的产业。就单个企业来说,技术创新的整个过程包含了很高的风险和成本,政府常常利用不同的手段来直接或者间接地推进产业的创新实践,如税务激励、研发支出补贴、转让政府拥有的技术、设立非营利性的研究机构、要求学术机构支持产业的研发活动等。同时他也认为这些举措的实质都是在推进企业与区域内的相关主体要素发生交互式作用,以获取所需的知识、加快创新的速度、降低创新的风险。[1]

多罗瑞克斯认为区域创新政策主要致力于提升和改善知识基础设施,加强企业和相关机构之间的沟通和联系。此外,创新政策也针对个体和集体的创新需求,通过促进区域范围内的技术扩散来开发区域内在的创新潜力。[2]

哈森克(R. Hassink)、库克等学者在研究中认为,区域管理机构和政策的支持对于小型企业的创新过程尤为重要。

马列基在其研究中也强调了政策的重要性,他认为大多数拥有很强的区域创新网络的区域,往往其政策制定的主体和管理制度都非常活跃和强大。[3]

通过对不同学者的理论研究进行归纳(见表 6.6),我们可以看到区域

---

① Chiung−Wen Hsu, "Formation of industrial innovation mechanisms through the research institute." *Technovation* 25(2005):1317−1329.

② Doloreux, D., "What should we know about regional systems of innovation." *Technology in Society* 24(2002):243−263.

③ Malecki E. J, *Technology & economic development*. Longman, Essex, 2nd Ed. 1997.

创新政策的主要目的就在于提升企业的创新能力,进而推进区域的创新能力,其主要作用手段就是促进企业与区域内主体要素间的交互式学习。

表 6.6　相关学者观点汇总

学者	主要观点
拉亨代克（A. Lagendijk,1999），恩莱特（M. Enright, 1996），艾闵等（1995），库克等（1998）	加强创新网络建设已经成为创新政策的核心,创新网络的建设为推进区域内企业与相关组织和机构间的交互式学习打下了良好的基础。
多罗瑞克斯（2002）	区域创新政策主要致力于提升和改善知识基础设施,加强企业和相关机构之间的沟通和联系,通过推进区域范围内的技术的扩散来开发区域内在的创新潜力。
马列基（1997）	大多数拥有很强的区域创新网络的区域,往往其政策制定的主体和政治制度都非常活跃和强大。
考夫曼等（2003）	支持商业创新和网络关系的形成、推进各自的 RIS 建设已成为很多地区出台的科技政策或者创新计划的中心。
哈森克（1996），库克等（2000）	区域管理机构和政策的支持对于小型企业的创新过程尤为相关。
C. W. 徐（2005）	区域创新政策的实质都是在推进企业与区域内的相关组织和机构发生交互式作用,以获取所需的知识、加快创新的速度、降低创新的风险。

资料来源:作者根据相关文献资料归纳整理。

6.2.3.2 相关的实证研究

我们此处对区域政策环境与交互式学习和技术创新相关的实证研究进行了汇总(见表 6.7)。

表 6.7　相关的实证研究归纳汇总

学者	研究对象	相关结论
库克等（1985）	意大利艾米尼亚—罗马涅大区	针对企业间网络建设和面向小型企业需求的区域政策对区域内的企业创新非常关键。
库克（2002）	欧盟 REGIS 项目	欧盟支持下的区域科技和创新政策以及相关的科技计划对区域内的组织和企业的创新很重要。

续表

学者	研究对象	相关结论
克斯夏特斯基和斯腾伯格(2000)	欧洲区域创新调查项目(ERIS)中的10个区域	区域基础设施建设、具有区域特色的资金资助和税收减免可以增强区域的创新潜力;区域政策可以帮助小型企业与知识生产机构建立联系以提升其创新能力。
库克(2002)	美国马萨诸塞州波士顿地区和英国剑桥地区的RIS	两地支持当地生物科技产业发展的创新政策的共同点就是促进要素之间的关系网络建设。美国地方政府在资金和税收方面的资助政策也促进了企业的技术创新。
托蒂宁等(2002)	奥地利的上奥地利省	上奥地利省的技术政策推进了创新网络建设,也推动了当地产业的发展。
翁萨格和阿森(2003),阿歇姆和柯伦(2005)	挪威的罗格兰德地区	区域创新的政策措施正在转向更加紧密地结合当地产业的要求来提供更有针对性的创新支持,其中就包括加强企业与企业、企业与研究机构的交互式作用。

资料来源:作者根据相关文献资料归纳整理。

通过归纳分析,库克、托蒂宁、翁萨格对不同区域的研究强调了区域政策在创新网络的建设方面所起到的作用;而克斯夏特斯基、斯腾伯格、库克等学者的研究又进一步指出区域创新政策可以通过资金资助和税收减免等方式来发挥作用。研究结论显示,区域政策在区域创新网络的构建、支持企业技术创新以及推进企业与相关主体要素的合作等方面发挥了非常重要的作用。以下分别对不同学者的研究进行归纳阐述,以对本部分的研究假设提供支持。

库克等在对意大利艾米尼亚-罗马涅大区的产业区进行研究时发现,针对企业间网络建设和面向小型企业需求的区域政策,对于区域内的企业创新非常关键。[①] 而库克在对欧盟REGIS项目的研究中,他和其他研究者指出,欧盟支持下的区域科技和创新政策以及相关的科技计划很重要,区域内的企业和组织得到和利用创新资金支持的能力,对于推进区域的创新能

---

① Cooke, P. and A. da Rosa Pires, "Productive Decentralisation in Three European Regions." *Environment and Planning* A,17(1985):527—554.

力建设也非常关键。①·

托蒂宁等在 2002 年基于 SMEs 的发展和企业网络研究了奥地利上奥地利省的 RIS。在上奥地利省的技术政策中,构建创新网络的方法已经得到了广泛的认同,同时设立了专门的战略计划,其目的是加强合作创新、促进技术和知识的转移、支持未来有前景的技术以及提升人力资本和支持新创企业。托蒂宁等认为强大的政策支持也可以部分地解释上奥地利省相对于奥地利其他省份拥有较好的经济表现的原因。②

翁萨格和阿森、阿歇姆和柯伦在对挪威的罗格兰德地区的 RIS 进行研究时,注意到政府的政策措施正在转向为区域内产业的发展提供更强、更有针对性的创新支持。区域发展项目"区域商业贸易和企业家平台"就可以看成一例。在这里,企业、政府和研究机构通过生态食品、微生物藻类等项目的合作来支持区域食品产业的升级和发展。③

克斯夏特斯基和斯腾伯格通过对欧洲区域创新调查项目所收集到的 10 个区域的数据进行分析,认为区域基础设施建设、具有区域差异化的资金资助和税收减免可以增强区域的创新潜力,并且在一段时间内增强区域对于生产要素的吸引力。同时,区域政策可以帮助小型企业与知识生产机构建立联系,加快区域内的知识流动,提升其创新能力。④

库克以生物科技的发展为例分析了美国马萨诸塞州波士顿地区和英国剑桥地区的 RIS。他认为马萨诸塞州区域政策干预的主要措施就是促进区域内组织和机构之间的关系网络建设,同时提供商业激励,而英国剑桥东区能够成为欧洲生物科技发展最快的地区,也得益于当地的创新政策对于建设主体要素之间关系网络的重视。同时他也强调了美国地方政府在资金和

① Philip Cooke, "Regional Innovation Systems: General Findings and Some New Evidence from Biotechnology Clusters." *Journal of Technology Transfer* 2002. 27:133—145.

② Franz Todtling, Alexander Kaufmann, "SMEs in Regional Innovation Systems and the Role of Innovation Support—the Case of Upper Austria." *Journal of Technology Transfer 2*, 2002, 7:15—26.

③ B. T. Asheim, Lars Coenen, "Knowledge bases and regional innovation systems: Comparing Nordic clusters." *Research Policy* 34 (2005) :1173—1190.

④ Knut Koschatzky, Rolf Sternberg, "R&D cooperation in innovation systems—some lessons from the European Regional Innovation Survey (ERIS)." *European Planning Studies*. Abingdon:Aug 2000. Vol. 8, Iss. 4:487—501.

税收方面的资助政策对各州生物科技发展的重要作用,在美国加州、麻省、马里兰、北卡等州,生物科技企业都在相关的政策支持、科技计划、积极响应的学术界以及政策激励下开展生产和创新。如加州免除了生物科技企业6%的政府销售税,北卡州免除其设备购置税,华盛顿州则给予生物科技企业的R&D支出以信贷支持。麻省可能干预力度最大,其针对研发提供10%—15%的税收抵免,针对固定资产投资提供3%的税收抵免,同时还给予其很长的延后期。这些区域政策的强大支持也使得美国成为世界生物科技产业最为发达的国家。①

由相关的理论研究和实证研究我们可以看出,区域的政策环境对于企业与相关组织和机构建立创新网络开展交互式学习以及企业的技术创新绩效有积极的正向影响,即区域的政策环境越好,企业就越容易与相关组织和机构开展交互式学习,同时区域内企业的技术创新绩效也就越好。

假设5:区域政策环境对于企业与相关主体要素之间的交互式学习具有直接的正向影响:企业所在区域的创新政策环境越好,企业与相关主体要素之间的交互式学习就越容易发生。

假设6:区域政策环境对于企业的技术创新绩效有着直接的正向影响:企业所在区域的创新政策环境越好,企业的技术创新绩效就越好。

▷▷ 6.2.4 交互式学习与企业技术创新绩效

6.2.4.1 相关的理论研究

在本书的第3章已经论述了RIS中的交互式学习对于企业技术创新的重要意义,本部分则主要侧重于分析交互式学习对于企业技术创新的推进作用。相关学者的理论观点见表6.8。由于企业知识基础的分布性特征,任何企业所拥有的专业化知识都是不完全的,而且技术变化的速度也越来越快,企业必须不断地进行技术研究和开发,这就大大增加了企业的成本。而交互式学习看起来更像是企业所采取的一种战略,用来补充企业自身不能提供但在创新过程中必不可少的知识。

---

① Philip Cooke, "Regional Innovation Systems: General Findings and Some New Evidence from Biotechnology Clusters." *Journal of Technology Transfer* 2002. 27:133—145.

表 6.8　相关学者观点汇总

学者	主要观点
库尔曼(S. Kuhlmann)和雷格尔(G. Reger)(1996),格拉伯赫(1993),格拉伯赫和斯塔克(D. Stark)(1997),哈特(Hatter, 1997),克斯夏特斯基等(2001)	外部的合作和网络被认为是企业技术创新的来源。
罗斯韦尔(1992)	成功的创新企业经常会使用外部的技术资源和建议。
阿巴拉迪欧(M. Albaladejo)和罗梅恩(H. Romijn)(2000)	对于企业的技术创新来说,创新的外部资源需要充分动员起来。
OECD(2002)	有外部合作关系的企业要比没有开展合作的企业更具创新性。
帕维特(1984,1998)	企业与外部创新伙伴的联系对于企业的技术创新非常重要。
库克(2002)	企业和区域内外的其他的创新组织间的创新交互作用对于激发区域的创新潜能来说非常重要。
卡尔森等(2002)	与客户、供应商、大学、研究机构的联系对于企业的技术创新非常重要; 非正式的、个人化的网络也是信息集散的重要渠道。
C. W. 徐(2005)	成功的产业创新需要发挥"持续的交互作用效应"。
张艳等(2006)	交互式学习更像是企业所采取的一种战略,用来补充企业自身不能提供但在创新过程中必不可少的知识。

资料来源:作者根据相关文献资料整理。

　　创新的一个主要来源是对不同种类技术和知识的融合。内部资源与外部要素的结合代表着创新的两个互补的方面,因此,外部的合作和网络在理论研究中也被认为是创新的来源,而它们的角色在转型经济中也开始得到重视和加强。罗斯韦尔认为,成功的创新企业经常会使用外部的技术资源和建议;阿巴拉迪欧和罗梅恩则强调,对于企业的技术创新来说,创新的外部资源需要充分动员起来。OECD 也研究证实,有外部合作关系的企业要比没有开展合作的企业更具创新性。① 在库克对欧盟 REGIS 项目的研究中,他和合作研究者也提出,企业和区域内外的其他的创新组织间的创新交互作用对于激发区域的创新潜能非常重要。②

帕维特研究认为,企业与外部创新伙伴的联系对于企业的技术创新非常重要。在其研究中所提到的联系主要可以分为两类:一是企业与公共、私立研究机构的研发联系;二是与其他企业的研发互动,包括客户、供应商、竞争对手和金融方面的组织和个人。③ 考虑到产业间的相关性,帕维特在早期的研究中也提出,在其所研究的产业分类间存在着强烈的相互依赖关系。这就说明一个产业中的创新能够为其他产业的生产过程提供输入。与此同时,卡尔森等学者也研究认为,与客户和供应商的联系对于企业的创新非常重要,这种重要性越显著,在交易过程中就会有越多的技术信息传递;重要性越小,这种交易就越倾向于简单的物品交易。有时候,最重要的技术信息来自于与买者和卖者无关的源头,如大学和研究机构;而有时通过专业会议、研讨会、出版物等方式建立的非正式的、多为个人化的网络则是知识集散的重要渠道。④

C. W. 徐认为,产业创新包括技术或者知识得以创造、吸收、扩散和利用的一系列的行为和过程,成功的产业创新还需要发挥"持续的交互作用效应"(Continuous Interaction Effects),创新的成果在竞争性的产品、生产工艺和服务中得以体现。创新的过程需要不同种类的技术和知识,包括科学知识、产业工艺设计、产品开发、生产、制造和营销等方面。这些技术和知识有不同的来源,如企业、大学、研究机构、服务机构、消费者等。这类技术和知识的转移和应用依靠的是网络组织成员间健康活跃的关系。为了使得整个过程更加顺畅,在知识的创造、应用和产品开发中加强各方的联合参与是

① OECD, *Foreign Direct Minimising Cost*, Paris: OECD, 2002.

② Philip Cooke, "Regional Innovation Systems: General Findings and Some New Evidence from Biotechnology Clusters." *Journal of Technology Transfer* 2002. 27:133—145.

③ Pavitt, K., "Technologies, products and organisation in the innovating what Adam Smith tells us and Joseph Schumpeter doesn't?" *Industrial and Corporate Change* 3. 1998.

④ Bo Carlsson, Staffan Jacobsson, Magnus Holmén, Annika Rickne, "Innovation systems: analytical and methodological issues." *Research Policy* 31(2002):233—245.

非常重要的。①

综上所述,不同学者的理论研究都强调了交互式学习对于企业技术创新的重要性,这也为本部分的研究假设提供了丰富的支持。

6.2.4.2 相关的实证研究

我们此处对区域内交互式学习与企业技术创新相关的实证研究进行了汇总(见表6.9)。

表 6.9　相关的实证研究归纳汇总

研究学者	研究对象	相关结论	交互式学习的层面
穆勒和岑克尔 (2001)	法国的阿尔萨斯地区和吉伦特地区;德国的巴登地区、萨克森州和下萨克森州	SMEs 与 KIBS 的交互式作用确实是其企业开展技术创新的促进因素。	企业—科技服务机构
杜尔夫曼(1988);西格尔(1988);斯米勒等(1988);维甘德(1988);萨克森宁(1994);弗里奇和鲁卡斯(1999)	较为成功的高技术区域,如硅谷、波士顿的128号公路,奥斯丁—圣安东尼奥走廊,英国的剑桥地区和菲尼克斯地区	企业与大学和研究机构的深入合作对于区域内企业的技术创新绩效大有裨益。	企业—大学;企业—研究机构
弗里奇和舒沃腾 (1999)	德国的巴登州、萨克森州和下萨克森州的汉诺威—布伦斯威克—高廷郡地区	研究机构和大学内的学者专家是在寻求新的创新思想和探索新的开发手段方面需要帮助的企业的主要知识来源。	
安德森和伦德瓦尔 (1988);克斯夏特斯基(1998);伦德瓦尔(1992)	不同区域内的制造类企业	企业与供应商和客户间的密切的相互联系对于制造业的产品创新尤为有效。	企业—客户;企业—供应商

---

① Chiung—Wen Hsu, "Formation of industrial innovation mechanisms through the research institute." *Technovation* 25(2005):1317—1329.

续表

研究学者	研究对象	相关结论	交互式学习的层面
荣德和胡斯勒（2005）	法国的94个区域	制造业企业与大学的联系直接影响着区域内的创新。	企业—相关行业企业；企业—大学
阿歇姆和伊萨克森（2002）	挪威杰伦地区	由相关企业和研究机构组成合作网络，对于当地产业竞争优势的增强也起到了很大的作用。	企业—相关企业；企业—研究机构
克斯夏特斯基等（2001）	斯洛文尼亚	与相关组织和机构之间的交互式的学习和交流对于企业的技术创新意义重大。	企业—客户；企业—供应商；企业—竞争对手
阿歇姆和伊萨克森（2002）	挪威孙默勒地区	区域内的交互式作用，对于当地企业持续的渐进性创新来说是一个重要的推动力量。	企业—相关企业；企业—大学；企业—科技服务机构
迪茨（2000）	巴塞罗那产业带	对于成功的产品创新和工艺创新来说，各种知识来源非常重要。	企业—客户；企业—供应商；企业—相关企业；企业—科技服务机构
阿歇姆和柯伦（2005），洛伦岑（2003）	丹麦撒宁地区	区域内企业创新的主要来源是交互式的创新活动。	
克斯夏特斯基等（2000）	欧洲创新调查项目（ERIS）中的10个区域	拥有紧密的合作网络的制造类企业比那些没有的要更加成功。	企业—客户；企业—供应商；企业—大学；企业—研究机构；企业—科技服务机构
库克（2001）	德国的巴符州	区域内汽车企业创新能力提升的关键就在于区域内的交互式的作用能够很快地发生。	企业—供应商；企业—相关企业；企业—研究机构；企业—科技服务机构

续表

研究学者	研究对象	相关结论	交互式学习的层面
库克(2002)	美国马萨诸塞州的波士顿地区和英国剑桥地区的 RIS	大波士顿地区和英国剑桥地区生物科技产业的成功与两个地区内创新网络对于企业的支持有密切的关系。	企业—相关企业;企业—大学;企业—研究机构;企业—科技服务机构

资料来源:作者根据相关资料文献整理。

通过归纳分析,不同学者在实证研究中所考察的与企业发生交互式学习的组织和机构也各不相同。如杜尔夫曼、萨克森宁、弗里奇等学者就分析了不同区域中企业与知识生产机构的交互式学习对于企业技术创新的影响;穆勒主要考察了企业与科技服务机构的交互式学习对于企业技术创新的影响;安德森、伦德瓦尔、克斯夏特斯基等学者探讨了企业间的纵向交互式学习对于企业技术创新的影响;荣德、阿歇姆、伊萨克森等学者同时考虑了企业间的横向交互式学习和企业与知识生产机构的交互式学习对于企业技术创新的影响;迪茨、阿歇姆、洛伦岑等学者同时探讨了企业间的横向交互式学习、纵向交互式学习以及与科技服务机构的交互式学习对企业技术创新的作用;在克斯夏特斯基、库克等学者的研究中,交互式学习的四种形式均有所体现。研究的结论显示,不同形式的交互式学习对于企业的技术创新都有很大的推动作用。以下分别对不同学者的研究进行归纳阐述,以对本书的研究假设提供支持。

杜尔夫曼、西格尔、斯米勒、维甘德、萨克森宁、弗里奇和鲁卡斯(Lukas)等学者从 20 世纪 80 年代末开始对美国硅谷、波士顿 128 号公路、奥斯丁—圣安东尼奥走廊、英国的剑桥地区和菲尼克斯地区等较为成功的高技术区域所进行的案例研究所得出的一个总体的结论就是,企业与大学和研究机构的深入合作对于区域内企业的技术创新绩效大有裨益。

弗里奇和舒沃腾对德国三个地区的实证研究表明,企业与大学和研究机构之间的合作有利于提升企业的创新能力。77.8%的参与调查的研究人员认为,大学和研究机构对于创新型企业产生和发展新的思想有所帮助;72%的参与调查的研究人员认为,研究机构对于企业的产品原型的开发也相当重要。研究机构和大学内的学者专家们比较了解本领域的前沿研究和最新发展,因此,他们也成为在寻求新的创新思想和探索新的开发手段方面需要帮助的企业的主要知识来源。[1]

穆勒和岑克尔对法国和德国 5 个区域内的中小型制造企业与知识密集型服务业(KIBS)之间的创新交互作用进行了实证研究。在所调查的 1903 家 SMEs 中,有 1492 家与 KIBS 保持联系。有 76.7% 的企业与 KIBS 保持联系的 SMEs 开展了技术创新,而未联系的企业中只有 60.6% 的企业开展创新。在与 KIBS 保持相互作用的 SMEs 中有 20.3% 的企业其创新支出超过其营业额的 8%,而在没有保持联系的企业中,只有 13.9% 的企业有如此高的创新相关支出。这些统计可以说明,SMEs 与 KIBS 的交互式作用确实是其开展技术创新的促进因素。[2]

安德森和伦德瓦尔、伦德瓦尔、克斯夏特斯基分别对不同区域内的制造类企业进行了研究,认为企业与供应商和客户的密切联系对于制造业的产品创新尤为重要。

荣德和胡斯勒利用法国产业部工业研究和统计处(SESSI)所收集的 5000 多家制造类企业的数据进行了 RIS 的实证研究。通过相关和回归分析,该研究认为,同一区域的一个给定部门的创新能力会受到与大学建立关系的能力的积极影响。此外,区域特定产业的创新能力也受到同一区域内相关产业与客户和大学的关系的积极影响。换句话说,如果相关产业在与大学建立关系方面有很强的能力,它们就可以间接地提升同一区域中相关产业的创新产出。总之,这就预示着与大学的联系不但直接影响着区域内的产业创新,而且也会对区域其他产业带来间接的良性影响。[3]

阿歇姆和伊萨克森对挪威两个地区 RIS 的案例研究强调了交互式学习的重要性。在分析孙默勒地区的 RIS 时,他们指出区域内企业间的交互式作用是推进当地企业开展持续的渐进性创新的重要力量。集群中有不同

① Michael Fritsch, Christian Schwirten, "Enterprise — University co — operation and the role of public research institutions in regional innovation systems." *Industry and Innovation*. Sydney: Jun 1999. Vol. 6:69—83.

② Emmanuel Muller, Andrea Zenker, "Business services as actors of knowledge transformation: the role of KIBS in regional and national innovation systems." *Research Policy* 30 (2001):1501—1516.

③ Patrick Rond, Caroline Hussler, "Innovation in regions: What does really matter?" *Research Policy* 34 (2005):1150—1172.

的专业化企业,意味着企业可以向其他的企业咨询,或者获得一些专业能力。不同企业在一些项目上开展合作、企业从相邻企业获得建议、不同企业工人之间的接触或者工人的流动,都会促使学习和知识溢出的发生。在当地,还有职业学校、技术学院以及三个专业协会,这些组织可以为企业的技术创新提供各种促进服务。例如职业学校、技术学院可以提供员工培训和技术支持,而由当地企业组建的机械工程师协会则大大促进了当地企业间的合作、创新能力的建设以及针对生产方法的创新。而在以机械工程为主的杰伦地区,RIS 的特点就是当地形成了合作网络,主要由相关企业和研究机构组成。当地有支持 SMEs 技术开发的研究组织"TESA",还有提供培训服务和为产业未来的发展提供高素质人才的技术中心"Jartek"。当地企业之间的合作对于产业竞争优势的增强也起到了很大的作用。杰伦地区现已成为挪威工业机器人的中心,在电子和微电子方面有很强的竞争实力。[①]

克斯夏特斯基等对欧洲创新调查项目中 10 个区域的数据进行了分析。结果显示,拥有紧密的合作网络的制造类企业比那些没有的要更加成功,参与了网络活动的企业相比那些没有与其他企业或者研究机构发生联系的企业表现出更好的经济绩效。尽管重要性程度各不相同,但客户、供应商和相关的商业服务对于制造业企业获取知识和信息来说是最为重要的渠道,而区域内的大学和研究机构则被认为是区域的信息和知识池(Information and Knowledge Pool),为区域内企业获得国际前沿的信息和知识起着桥头堡的作用。小型的企业从区域内的联系中获益匪浅,在员工增长率、创新产出和营业额方面的增长都要比其他公司快,对于区域内网络的依赖也特别强烈。[②]

迪茨对于巴塞罗那产业带内企业的创新网络进行了实证研究,并分别探讨了对于成功的产品创新和工艺创新来说各种知识来源的重要性。对于成功的产品创新来说,除了内部研发,85% 被调查企业通过客户获取知识,69% 的企业通过参加交易会和展览会获取知识,65.2% 的企业进行市场分

---

① Asheim, B.T., Isaksen, A., "Regional innovation systems: the integration of local 'sticky' and global 'ubiquitous' knowledge." *Journal of Technology Transfer* (2002)27:77—86.

② Knut Koschatzky, Rolf Sternberg, "R&D cooperation in innovation systems—some lessons from the European Regional Innovation Survey (ERIS)." *European Planning Studies*. Abingdon:Aug 2000. Vol.8, Iss.4:487—501.

析,45％的企业通过员工培训获取知识。而对于成功的工艺创新来说,62％的被调查企业从供应商那里直接获取知识,58％的企业参加交易会和展览获取知识,53.5％的企业开展员工培训获取知识,41％的企业购买技术许可证来获取知识,30％的企业与其他企业开展合作获取知识。由这些分析数据我们也可以看出交互式学习对于产业带内企业技术创新的重要性。[①]

阿歇姆和柯伦、洛伦岑分别基于丹麦撒宁地区的家具产业进行了 RIS 的案例研究。研究显示,区域内企业创新的主要来源是交互式的学习活动。当地技术学校根据企业需求安排课程,帮助工匠们获得重要的技术技巧;当地的家具工匠协会则会协调企业之间的关系、促进企业间的信息交流与合作。当地企业间的合作网络主要有生产者与供应商之间的垂直网络和生产者与相关企业的水平网络。相比之下,撒宁地区的企业很少与区域外的主体发生系统的学习关系。[②]

克斯夏特斯基等学者对斯洛文尼亚的制造类企业所做的关于创新的调查研究发现,在与产品创新相关的信息来源方面,有 92％的样本企业认为客户非常重要,83％的样本企业认为交易会和展会非常重要,75％的企业认为相关的文献资料非常重要,71％的企业认为供应商非常重要,64％的企业认为竞争者非常重要。可见纵向联系非常重要,尤其是与客户的联系。作者分析认为,尽管对于斯洛文尼亚的制造业企业来说,通过创新网络来开展的交互式的学习过程并没有得到充分的利用,合作也多是在信息交流的层面上,正式的合作研发较少,但无论如何,与相关组织和机构的交互式学习和信息交流对于企业的技术创新意义重大。[③]

库克以德国巴符州的汽车产业为案例,分析了区域内的交互式作用对于企业创新能力的重要性。他认为巴符州的 RIS 可以被看成是一个包含多种关系的例子。研究显示,企业间的关系包括垂直联系和水平联系、市场联系和非市场联系等。除此之外,企业还与中介机构、研究机构和政府部门

① Javier Revilla Diez, "Innovative networks in manufacturing: some empirical evidence from the metropolitan area of Barcelona." *Technovation* 20(2000):139—150.

② B. T. Asheim, Lars Coenen, "Knowledge bases and regional innovation systems: Comparing Nordic clusters." *Research Policy* 34 (2005):1173—1190.

③ Knut Koschatzky, Ulrike Bross, Peter Stanovnik, "Development and innovation potential in the Slovene manufacturing industry: analysis of an industrial innovation survey." *Technovation* 21 (2001):311—324.

存在联系,它们都是创新网络的组成部分。在 20 世纪 90 年代的早期,面对以丰田雷克萨斯品牌为代表的日系豪华车的冲击,为了降低成本、增强创新能力,政府部门通过一批示范项目来帮助供应商和当地汽车厂商学习如何通过交互式作用来创新,进而形成了一个更为系统化的区域创新过程。通过提升区域内企业的交互式学习能力和创新能力,其也进一步强化了区域内梅赛德斯等企业的全球竞争地位。库克总结该区域内汽车企业创新能力快速提升的关键就在于区域内的交互式的学习能够很快地发生。①

随后,库克又对美国波士顿地区和英国剑桥地区的 RIS 进行了案例分析。美国波士顿地区是世界上公认发展最快、创新能力最强的生物科技企业聚集地,而英国剑桥地区也是欧洲生物科技产业创新能力最强的区域。两个地区的生物科技产业都有完善的支持基础设施和良好的科技基础,要素间的联系网络和交互式学习是明显存在的。在美国的大波士顿地区,大学、研究机构、风险投资机构、中介机构、企业、行业协会等组织由于地理上的邻近性以及共同的文化背景,形成了紧密的联系网络,共同构成了区域的知识生产和扩散子系统,企业可以很方便地获取所需知识。而在英国剑桥地区的生物科技产业同样也是被相关的支持组织和机构所围绕,在该地区的很多支持机构和组织都来自于大学或者医院的研究机构。② 紧密的创新网络保证了快速的知识流动和活跃的交互式学习,也为两个地区企业强大的创新活力提供了保障。

综上所述,企业与区域内相关组织和机构间的交互式学习对于企业的技术创新绩效有积极的正向影响,即企业与相关组织和机构间交互式学习开展得越广泛、越深入,企业的技术创新绩效就越好。此外,考虑到主体要素环境、区域文化环境、区域政策环境会直接影响到企业的交互式学习,而交互式学习作为 RIS 内的中心活动又直接影响着企业的技术创新,因此,其在主体要素环境、区域文化环境、区域政策环境对企业技术创新绩效的影响中还会起到一种中介效应,即主体要素环境、区域文化环境和区域政策环境会影响企业与相关主体要素间的交互式学习,进而影响到企业的技术创新绩效。

---

① Philip Cooke, "Regional innovation systems, clusters, and the knowledge economy. Industrial and Corporate Change." Oxford: Dec 1, 2001 Vol.10, Iss.4:945—974.

② Philip Cooke, "Regional Innovation Systems: General Findings and Some New Evidence from Biotechnology Clusters." *Journal of Technology Transfer* 2002. 27:133—145.

假设7：企业与区域内相关主体要素之间的交互式学习对于企业的技术创新绩效具有直接的正向影响：它们之间的交互式学习开展的越深入，企业的技术创新绩效就越好。

假设8：企业与相关主体要素之间的交互式学习在主体要素环境对于企业技术创新绩效的影响中具有显著的中介效应：主体要素环境会通过影响企业与相关主体要素间的交互式学习进而影响到企业的技术创新绩效。

假设9：企业与相关主体要素之间的交互式学习在区域文化环境对于企业技术创新绩效的影响中具有显著的中介效应：区域文化环境会通过影响企业与相关主体要素间的交互式学习进而影响到企业的技术创新绩效。

假设10：企业与相关主体要素之间的交互式学习在区域政策环境对于企业技术创新绩效的影响中具有显著的中介效应：区域政策环境会通过影响企业与相关主体要素间的交互式学习进而影响到企业的技术创新绩效。

▶▶ 6.3 基于概念模型的研究假设与实证模型

对于上文中基于概念模型所提出的研究假设，我们进行了归纳汇总（见表6.10）。基于这些假设，此处将本章第1节所提出的概念模型转化为实证模型（见图6.3）。

表6.10　研究假设汇总

序号	研究假设
H1	区域主体要素环境对于企业与相关要素之间的交互式学习有着直接的正向影响：企业与相关主体要素之间的邻近性程度越高，它们之间的交互式学习就越容易发生。
H2	区域主体要素环境对于企业技术创新绩效有着直接的正向影响：企业与相关主体要素之间的邻近性程度越高，企业的技术创新绩效就越好。
H3	区域文化环境对于企业与相关主体要素之间的交互式学习有着直接的正向影响：企业所在区域创新的文化环境越好，企业与相关主体要素之间的交互式学习就越容易发生。

续表

序号	研究假设
H4	区域文化环境对于企业的技术创新绩效有着直接的正向影响:企业所在区域创新的文化环境越好,企业的技术创新绩效就越好。
H5	区域政策环境对于企业与相关主体要素之间的交互式学习具有直接的正向影响:企业所在区域的创新政策环境越好,企业与相关主体要素之间的交互式学习就越容易发生。
H6	区域政策环境对于企业的技术创新绩效有着直接的正向影响:企业所在区域的创新政策环境越好,企业的技术创新绩效就越好。
H7	企业与区域内的相关主体要素之间的交互式学习对于企业的技术创新绩效具有直接的正向影响:它们之间的交互式学习开展得越深入,企业的技术创新绩效就越好。
H8	企业与相关主体要素之间的交互式学习在主体要素环境对于企业技术创新绩效的影响中具有中介效应,主体要素环境会通过影响企业与相关主体要素间的交互式学习进而影响到企业的技术创新绩效。
H9	企业与相关主体要素之间的交互式学习在区域文化环境对于企业技术创新绩效的影响中具有中介效应,区域文化环境会通过影响企业与相关主体要素间的交互式学习进而影响到企业的技术创新绩效。
H10	企业与相关主体要素之间的交互式学习在区域政策环境对于企业技术创新绩效的影响中具有中介效应,区域政策环境会通过影响企业与相关主体要素间的交互式学习进而影响到企业的技术创新绩效。

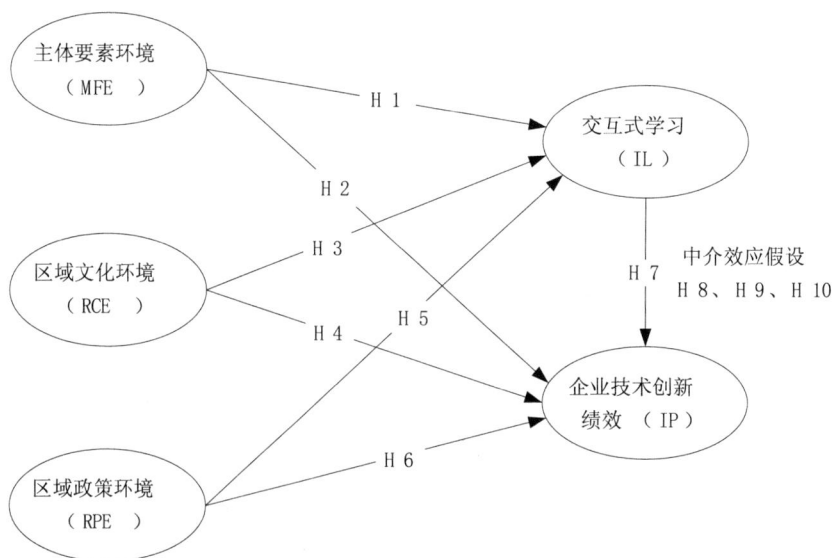

图 6.3　本研究的实证模型

第 **7** 章

实证分析与假设检验

▶▶ ## 7.1 研究对象的选择

▷▷ ### 7.1.1 RIS 研究区域的选择

在尼沃斯看来,任何对于 RIS 的定义都应该从对于区域的界定开始。在现有研究中,对于 RIS 研究区域的选择和界定并没有一个很明确的标准,有学者认为,RIS 的边界取决于非交易性的相互依赖关系所能延伸到的范围。由此看来,RIS 的大小和边界也就比较模糊。库克等人的研究认为,区域沿着不同的轨迹发展进化,这些轨迹结合了政治、文化和经济力量。他将区域定义为在领土范围上小于它们的国家、拥有重要的高于地方的管理能力和凝聚力,这也使得它们与它们的国家和其他区域区分开来。在区域所拥有的不同程度的管理能力中,包含一定的发展创新支持政策和组织能力。[①] 在 RIS 研究文献中,"区域"这一术语包括不同的地域范围和管辖区域,可以是一个国家如丹麦,可以是加拿大的一个省如安大略省或者魁北克省,可以是不同的城市,也可以是在城市集聚区层面以下的小规模的工业区,甚至可以是不属于任一单一管辖区的 NUTS[②]Ⅱ 区域。[③] 库克和肖恩斯托克提出了两种不

---

① Cooke, P. , Uranga, M. and Etxebarria, G. , "Regional Innovation Systems: Institutional and Organisational Dimensions." *Research Policy* 26(1997):475—491.

② NUTS(Nomenclature of Territorial Units for Statistics)是由欧洲统计局建立的标准地区统计单元目录,实行三级分类,目的是为欧盟提供统一的地域单元划分。可用于欧盟区域统计资料的收集与协调。每个欧盟成员国可划分为多个 NUTS Ⅰ 区域,每个 NUTS Ⅰ 区域又可划分为多个 NUTS Ⅱ 区域,依此类推。NUTS 的分类方法未必对应该国的行政区划分类。

③ David Doloreux, Saeed Partob, "Regional Innovation Systems: A Critical Synthesis." *Discussion Paper Series*. United Nations University. 2004. 8.

同的区域界定方法:在第一种界定中,区域被描述为是一个具有地理边界的地域(行政区划)(Geographically—defined),是得到行政支持的创新网络和制度的安排,一般情况下,其与区域内企业的创新产出发生密切的相互作用;在第二种界定中,重点放在地理区域(Georegional)或者区域的文化方面。[①]

意大利学者伊万格丽斯塔等人认为,省(Province)可以作为一个更加适当的观察单元,它可以表现出创新活动在特定环境中的本质特征。[②] 而美国学者费尔德曼等人在以往对创新的空间分布的实证研究中,多利用州作为分析的单元。休斯(P. Hughes)在分析加拿大的创新系统时认为,联邦政府和各省政府都对 S&T 政策负有责任,而且各省的制度和组织都不一样,因此,加拿大的 NIS 应该看成是由 11~12 个按照省或者地区来划分的 RIS 组成(加拿大由 10 个省和 3 个地区组成)。[③] 结合上述学者的观点和文献综述部分的归纳,西方学者在研究中所采用的区域有:集群区域、大都市区域、州、省、产业带、高技术区域、振兴区(早期的重工业区)、农业区或者外围区域等,这就假定了 RIS 中的区域可以如此分类和选择。萨克森宁、库克、布拉茨克等学者认为,从区域科学和相关的政府政策以及欧盟等更高层次的管理机构的政策来看,这些分类都是可行的。

在库克和摩根看来,美国硅谷、意大利的艾米尼亚—罗马涅大区和德国的巴登—符滕堡州可以称为 RIS 的典范。[④] 这三个区域也是 RIS 研究者们所经常选择的研究区域。在巴登—符腾堡州,区域中的企业通过共决制(Codetermination)来开展合作的工厂实践,区域中具有一种一致性的、联合的管理文化和很强的学习安排,创新也得到大力推进和追求。在艾米尼亚—罗马涅大区,工厂合作频繁,企业间通过委托和转包工程等方式产生了大量外化作用(Externalisation),渐进性创新而非根本性创新的频率很高。

---

① David Doloreux, Saeed Partob, "Regional Innovation Systems: A Critical Synthesis." *Discussion Paper Series*. United Nations University. 2004. 8.

② Rinaldo Evangelista, Simona Iammarino, Valeria Mastrostefano, Alberto Silvani, "Measuring the regional dimension of innovation: Lessons from the Italian Innovation Survey." *Technovation* 21 (2001): 733—745.

③ Lindsay P Hughes, *Regional System of Innovation: Theory and Practice*. Master Thesis of Simon Fraser University, Canada. October, 1999.

④ Cooke, P., Morgan, K., *The Associational Economy: Firms, Regions and Innovation*. Oxford University Press, Oxford, 1998.

当然，R&D 的支出很低。区域的战略基础设施能力较低，大学也没有根植于当地的产业。这也反映出 SMEs 对当地经济的主导。本书对这三个区域的基本情况进行了描述（见表 7.1）。从表 7.1 中我们可以看出，这三个区域在文化、产业、地理范围、行政管理方式等方面都有很大的不同，这也说明了选择 RIS 研究区域的灵活性。

表 7.1 三个 RIS 研究热点区域与珠三角的基本情况对比

区域	基本情况
美国硅谷	位于美国加州的旧金山经圣克拉拉至圣何塞的近 50 公里的一条狭长地带，是美国重要的电子工业基地，也是世界最为知名的电子工业集中地。目前该地大大小小的电子工业公司达 10000 家以上，所产半导体集成电路和电子计算机约占全美 1/3 和 1/6，被称为是世界创新能力最强的地区。
意大利艾米尼亚－罗马涅大区	是意大利第六大行政区，也是意大利最发达的大区之一。该大区共有 9 个省，下辖 341 个市、镇，是意大利 SMEs 和工业发展较快的区域，主要工业有陶瓷、汽车、包装机、纺织等。该地区的中小型企业间的创新网络发达，是典型的区域根植的创新系统。
德国的巴登－符滕堡州	该地区人口占整个德国的 12.6%，制造业部门的就业人口占德国该部门就业人口的 18.3%。汽车制造、机械制造、电器及化工在巴登地区占主导地位。该地区的企业家文化享有盛誉，所成立的小型企业的数量要大大高于全国水平。该地区企业与大学和研究机构之间的合作网络在促进知识的流动和转移方面运作良好，而很多学者在研究欧洲的 RIS 时也特别喜欢以巴登－符滕堡州作为分析对象。
中国珠江三角洲地区	珠江三角洲包括广州、深圳、珠海、佛山、江门、惠州、中山、东莞、肇庆 9 个市，其常住人口总数为 4547.1 万人，占广东省总人口数的 54.8%。珠三角是广东乃至全国商品经济最活跃、经济发展最快的地区，同时也是中国最大的制造业基地之一。无论是在传统产品制造业方面，还是在现代新兴的高新技术产品制造业方面，都正在成为世界级的制造业基地。

资料来源：作者根据相关文献资料整理。

国内学者如柳卸林、黄鲁成、官建成等，结合我国幅员辽阔的特点，对于区域的界定往往以省份为界。任胜钢认为，从自然、社会、文化、区域政策的制定和实施以及研究的便利性来看，以省级行政区作为 RIS 的研究对象有相当的合理性。[①] 与此同时，也有学者以城市或者城市圈作为研究区域，如赵

---

① 任胜钢、关涛：《区域创新系统内涵、研究框架探讨》，载《软科学》2006 年第 20 卷第 4 期，第 90—94 页。

黎明、范柏乃等对于城市创新系统的研究,隋映辉对于城市创新圈的研究等。

综上所述,在 RIS 研究中对区域的选择并没有一个统一的标准,而是根据研究目的和区域产业发展的实际而定。改革开放三十年来,广东省的珠江三角洲地区已成为重要的制造业基地和"世界工厂",并形成了一批具有一定经济基础的城市群。本书认为,珠江三角洲地区(以下简称珠三角)①在改革开放以后的发展具有非常鲜明的特点,显示出强劲的增长实力。鉴于广东省的东西两翼以及粤北山区的发展水平与珠三角地区有很大的差距,因此选择珠三角作为本书的实证研究区域。

▷▷ 7.1.2 珠三角地区的发展概况

珠江三角洲地区是我国改革开放最早的地区,也是广东经济发展的"龙头"。改革开放至今,珠三角进入了工业化中后期,呈现出工业化、城市化、信息化和国际化互动共进的良好格局,是国内最具生机活力、经济增长最快的地区之一。"十五"时期,珠三角的龙头地位得到提升,表现在与香港、澳门地区经济关系更加紧密,发展动力更加充足,市场机制得到创新,辐射能力得到延伸。珠三角以显赫的业绩,与长三角、环渤海经济区一起,成为中国区域经济快速增长的引擎。

7.1.2.1 经济发展优势明显

2000 年以来,珠三角地区经济总量规模不断实现新的突破。2002 年珠三角九市增加值突破万亿元大关,达到 10953.96 亿元;2006 年,跨越两万亿元关口;2007 年,珠三角完成生产总值 25606.87 亿元,占全省 GDP 比重的 79.7%。珠三角以占全国 3.6% 的人口和占地不足 0.6% 的土地,创造出了经济总量(GDP)占全国比重高达 10.3% 的经济奇迹。2000 年—2007年八年间,珠三角经济增速持续在 13% 以上运行;2001—2007 年年均增长达 15.7%,高于全省 2.1 个百分点,为全省的经济增长贡献率达 83.1%,平均五年实现翻一番。而 2007 年广东省东翼、西翼和山区五市完成生产总值

---

① 珠三角:"珠三角"概念首次正式提出是 1994 年 10 月 8 日,广东省委在七届三次全会上提出建设珠江三角洲经济区。"珠三角"最初由广州、深圳、佛山、珠海、东莞、中山、惠州 6个城市及惠州、清远、肇庆三市的一部分组成,也就是通常所说的广东珠三角。后来,"珠三角"范围调整扩大为由珠江沿岸广州、深圳、佛山、珠海、东莞、中山、惠州、江门、肇庆 9 个城市组成的区域,这也就是通常所指的"珠三角"或"小珠三角"。

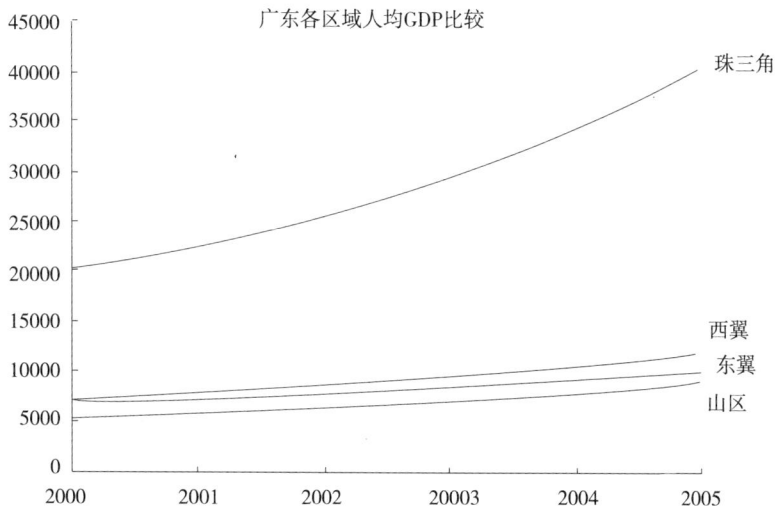

图7.1 珠三角与广东省其他地区的人均 GDP 对比

资料来源:见广东省统计局《广东加快东、西、北三大区域发展问题研究》,中国统计信息网,http://www.tjcn.org,2006.12.08.

分别为 2107.48 亿元、2325.02 亿元和 2075.36 亿元,分别占全省比重的 6.6%、7.2%和 6.5%,三个地区的 GDP 只分别相当于珠三角的 7.9%、9.1%和 8.1%,而且经济总量差距有拉大的趋势。[①] 可用离散系数反映区域相对差异状况。离散系数大,说明经济发展程度不集中、差异较大。2000—2007 年广东珠三角、东翼、西翼和山区四个区域离散系数由 0.4699 上升到 0.5345,各区域处于较高差异区间。也可以用基尼系数度量各区域人均 GDP 变动趋势,基尼系数越大,区域不协调性越大。2000—2007 年各区域人均 GDP 的基尼系数呈扩大趋势,由 0.2647 上升到 0.2988,扩大 0.0351,显示出广东区域经济发展不均衡程度逐渐加深。2000 年,珠三角人均 GDP 是其他三个地区的 2.8—3.8 倍;到 2005 年,差距扩大到了 3.4—4.5 倍。从 2000—2005 年人均 GDP 变化曲线可以看到,东、西、北三地的人均 GDP 增长曲线较为平缓,相互之间的差距没有明显变化,而珠三

[①] 广东省统计局:《改革开放 30 年广东四大区域经济发展概述》,中国统计信息网,http://www.tjcn.org/jingjifenxi/20080820/8298_3.html,2008.08.20.

角的人均 GDP 增长曲线较为倾斜,与三个地区的差距逐年扩大。[①]

7.1.2.2 产业结构逐步优化

2007 年珠三角的一、二、三产业结构为 2.4:51.0:46.6。这种产业构成与全国相比有较明显的特点,其第一产业比重比全国水平低将近 10 个百分点,而第二、三产业比重不同程度地高于全国水平,产业结构优于全国(见表 7.2)。珠三角第二产业比重为 51%,不仅远远高于全国平均 49.2%的水平,也是世界各国中的最高水平,说明珠三角工业化进程不断加快,制造业成为珠三角经济发展的主动力。

表 7.2　2001—2007 年珠三角地区三次产业结构比较　　　　单位:%

	第一产业			第二产业			第三产业		
	2001 年	2004 年	2007 年	2001 年	2004 年	2007 年	2001 年	2004 年	2007 年
珠三角	5.3	3.8	2.4	49.5	53.8	51.0	45.2	42.4	46.6
全国平均	14.1	13.1	11.7	45.2	46.2	49.2	40.7	40.7	39.1

资料来源:作者根据中国统计信息网(www. stats. gov. cn)的相关资料整理。

2007 年,珠三角规模以上工业增加值为 12019.76 亿元,占广东全省份额的 85.2%;其主营业务收入、资产合计、利润总额和从业人员平均人数分别为 46898.67 亿元、34648.51 亿元、2609.55 亿元和 1123.03 万人,占全省份额的 87.0%、87.0%、84.6%和 85.9%。珠三角工业产出进一步向技术要求高及产业关联度高、产业链相对长的行业集中,传统行业生产规模相对有所收缩。分行业看,主导产业科技含量高,信息产业比重大,主营业务收入上千亿元的大类行业有 7 个,分别是:通信设备、计算机及其他电子设备制造业,电气机械器材制造业,电力、热力的生产和供应业,交通运输设备制造业,化学原料及化学制品制造业,金属制品业,塑料制品业。2007 年,广东全省工业总产值最大 50 家工业企业的前 10 家有 9 家都位于珠三角地区,一大批高新技术生产企业快速成长,如鸿富锦精密工业(深圳)有限公司、华为技术有限公司和深圳富泰宏精密工业有限公司等高技术含量工业企业的迅速扩大,使珠三角工业产业结构向不断优化的方向转变。一些高端工业产品如广州本田公司的

① 广东省统计局:《广东加快东、西、北三大区域发展问题研究》,中国统计信息网,http://www. tjcn. org,2006.12.08。

轿车,华为、中兴公司的通信设备,美的、格力公司的家用电器,安利公司的日用品,广州宝洁公司的日用化工产品等,在国内外享有盛名。珠三角第三产业也即服务业占 GDP 比重则由 1978 年的 24.5％上升为 2007 年的 46.6％;服务业增加值占广东全省的比重也由 1978 年的 54.3％提高到 2007 年的 83.8％。一批新型服务业如会展业、文化产业、物流业、现代服务业等也取得了快速发展。广州、深圳第三产业增加值 2007 年分别达到 4152.54 亿元和 3389.87 亿元,分别占全省份额的 30.9％和 25.2％。[①]

7.1.2.3 电子信息产业发展迅猛

自 20 世纪 90 年代中后期以来,有关方抓住世界产业转移和电子信息产业发展的机遇,在政府大力打造珠三角"信息产业走廊"政策指导下,IT 产品生产企业迅速向珠三角地区集聚。经过多年的发展,珠三角逐渐形成了相对完整的 IT 产业链。除个别核心技术产品外(如 CPU),珠三角基本上能生产出所有其他 IT 产品。在通信设备制造行业,程控交换机、光通信产品具有较高的性价比优势;在电子器件制造行业,彩管、分立器件等产品竞争力领先全国;在电子元件制造行业,PCB、SMT 等产品在全国具有重要地位;在软件行业,嵌入式软件在中国内地占一半以上比重。珠三角在国内、国际 IT 产品市场上已经形成了一定的影响力,成为名副其实的"信息产业走廊"和高新技术产业带。在 2004 年广东全省 3605 家电子信息设备制造业企业中,分布在珠三角的就有 3395 家,占广东全省的 94.2％;在珠三角,该产业资本投入和吸纳的就业人数分别占广东全省相应行业的 96.5％和 94.5％;产出的工业增加值占广东全省的 96.4％。[②] 从一定程度上讲,珠三角制造业优势地位的确立,与通信设备、计算机及其他电子设备制造业的迅速发展密不可分。

7.1.2.4 科技创新实力突出

1. 科技创新活动对比

根据广东省统计局对全省 8962 家规模以上的工业企业创新活动所进行的调查,总体来说,广东省规模以上工业企业技术创新活动比较活跃。

---

① 广东省统计局:《改革开放 30 年广东四大区域经济发展概述》,中国统计信息网,http://www.tjcn.org/jingjifenxi/20080820/8298.html,2008.08.20。
② 广东省统计局:《广东工业产业结构调整进程比较分析》,中国统计信息网,http://www.tjcn.org ,2006.11.17。

表 7.3　2004 年珠三角电子信息设备制造业主要指标

指标	广东全省	珠三角	珠三角占全省的比重（%）
企业数（家）	3605	3395	94.2
资产总计（亿元）	4999.11	4824.79	96.5
从业人员数（万人）	182.63	172.80	94.5
工业增加值（亿元）	1741.06	1677.96	96.4

资料来源:见广东省统计局《广东工业产业结构调整进程比较分析》,中国统计信息网,http://www.tjcn.org,2006.11.17。

2004—2006 年间,在被调查企业中,有技术创新活动的企业 4244 家,占 47.4%,全省接近一半的规模以上企业开展了创新活动,技术创新的活跃程度较高。按地区分组来看,在创新企业的绝对数量上,珠三角地区独占鳌头,珠三角地区企业数占全部调查企业数的 83.9%,有技术创新活动的企业数占广东全省创新企业的 84.3%;但如果按开展创新活动的企业占本地区企业的比例来看,珠三角开展技术创新活动的企业比例为 47.6%,略高于全省平均水平;粤西地区和粤北地区企业开展创新活动的比例相对较低,分别为 39.5% 和 40.0%。①

2. 科技人力资源对比

从科技人力资源总量分布看,广东省的科技人力资源大部分集中在珠江三角洲地区。2006 年,全省 20.85 万科技活动人员,近 9 成集中在珠三角 9 个地市,比重由 2005 年的 87.2% 上升为 2006 年的 89.8%。其中,深圳占 36.1%,居全省第一位;佛山占 15.0%,广州占 11.3%,分别为第二,第三位。增长速度较快的是佛山、东莞、中山和深圳,分别为 72.0%、52.7%、32.4%、31.5%。此外,珠三角地区同时拥有全省 9 成以上的科学家工程师和 R&D 活动人员。其中,深圳这两项指标均为全省之首,分别占全省 42.5% 和 48.0%;佛山第二,分别占全省 15.1% 和 14.9%。而粤东、粤西、粤北 3 个地区科技活动人员只有全省的 1 成,科学家工程师和 R&D 活动人员则不足全省的 1 成。②

---

① 数据来源:见王学良《广东省工业企业创新调查分析》,广东统计信息网,http://www.gdstats.gov.cn。

② 中国统计信息网:《广东大中型工业企业科技创新步伐进一步加快》,http://www.tjcn.org ,2007.09.29。

表 7.4　2006 年广东分地区大中型工业企业科技活动人员情况

地　区	科技活动人员		科学家工程师			R&D 人员		
	总量（人）	比重（%）	总量（人）	比重（%）	占科技人员比重（%）	总量（人）	比重（%）	占科技活动人员比重（%）
全省合计	208456	100.0	147879	100.0	70.9	118876	100.0	57.0
珠三角	187243	89.8	135261	91.5	72.2	111224	93.6	59.4
粤东	7105	3.4	4502	3.0	63.4	2396	2.0	33.7
粤西	5172	2.5	3217	2.2	62.2	2445	2.1	47.3
粤北	8936	4.3	4899	3.3	54.8	2811	2.4	31.5

资料来源:作者根据中国统计信息网(www.stats.gov.cn)的相关资料整理。

3. 科技财力资源对比

从科技财力资源总量看,广东科技财力投入地区分布很不平衡。2006年,全省科技经费、R&D 经费、新产品开发经费分别有 93.1%、94.1%、94%集中在珠三角;而以上 3 项指标粤东、粤西、粤北 3 地区之和分别只占全省的 6%—7%。从 R&D 活动的力度看,全省 R&D 经费占科技经费的平均水平为 64.1%,粤北、珠三角地区平均水平较高,分别为 68.9%和64.8%,粤北地区 2006 年提升较快;粤西、粤东较低,分别为 55.4%、36.1%。从新产品开发的力度看,全省新产品开发经费占科技经费比重的平均水平为 70.9%。其中,珠三角平均水平为 73.3%,粤西、粤北地区较低,平均水平为 48.1%、33.6%。但从科技经费投入的强度看,全省科技经费占销售收入比重的平均水平为 1.3%,水平还较低。其中,珠三角与全省水平持平,而粤西地区最低,仅为 0.4%。[①]

表 7.5　2006 年广东分地区大中型工业企业科技活动经费支出情况

地区	科技经费内部支出		R&D 经费支出		新产品经费支出		科技经费占销售收入比例（%）	R&D经费占科技经费比例（%）	新产品经费占科技经费比例（%）
	总量	比重（%）	总量（万元）	比重（%）	总量（万元）	比重（%）			
全省合计	3852034	100.0	2470799	100.0	2630640	100.0	1.3	64.1	70.9

---

　　① 中国统计信息网:《广东大中型工业企业科技创新步伐进一步加快,http://www.tjcn.org ,2007.09.29。

续表

地区	科技经费内部支出		R&D 经费支出		新产品经费支出		科技经费占销售收入比例（%）	R&D经费占科技经费比例（%）	新产品经费占科技经费比例（%）
	总量	比重（%）	总量（万元）	比重（%）	总量（万元）	比重（%）			
珠三角	3587323	93.1	2323966	94.1	2473816	94.0	1.3	64.8	73.3
粤东	89088	2.3	32124	1.3	79405	3.0	1.2	36.1	63.4
粤西	46272	1.2	25624	1.0	26816	1.0	0.4	55.4	48.1
粤北	129351	3.4	89085	3.6	50603	1.9	1.2	68.9	33.6

资料来源：作者根据中国统计信息网（www.stats.gov.cn）的相关资料整理。

4. 企业科技项目对比

从广东省规模以上工业企业的科技项目情况看，2004 年科技项目为 7504 项，珠三角地区企业占 6224 项，比重为 82.9％，占全省科技项目数量的大头。[1]

表 7.6　2004 年珠三角规模以上工业企业科技项目情况

地区	科技项目数		新产品开发项目		R&D 项目	
	总量（项）	比重（%）	总量（项）	比重（%）	总量（项）	比重（%）
全省合计	7504	100	5858	100	3815	100
珠江三角洲	6224	82.9	5040	86.0	3367	88.5

资料来源：见广东省统计局《"珠三角"各市企业科技投入及绩效比较分析》。中国统计信息网.2006.10.12。

5. 科技产出效益对比

从新产品产出的绝对量看，2006 年，广东全省新产品产值、销售收入和出口 95％以上来自珠三角地区 9 个地市。珠三角地区三项指标分别为：4226.13 亿元、4022.66 亿元、1811.76 亿元，占全省的 95.6％、95.4％、95.8％。从新产品产出相对效益看，2006 年，全省大中型工业企业新产品销售收入占全部产品销售收入的比重为 14.1％，珠三角地区较高，但也只有 14.9％，全省新产品发展的整体水平都不高，粤西、粤北只占 4.3％、3.8％（见表 7.7）。在发明专利方面，2006 年，珠三角地区专利申请数占全

---

① 广东省统计局：《"珠三角"各市企业科技投入及绩效比较分析》，中国统计信息网，http://www.tjcn.org ，2006.10.12。

省97.2%,发明专利申请数占全省97.7%,区域科技产出的效果显著。[1]

表7.7 2006年珠三角规模以上工业企业新产品产出对比

地区	新产品产值		新产品销售收入		新产品出口销售收入		比2005年增长(%)			新产品销售收入占全部销售收入比重(%)
	总量(亿元)	比重(%)	总量(亿元)	比重(%)	数量(亿元)	比重(%)	新产品产值	新产品销售收入	产品出口销售收入	
全省	4419.56	100.0	4216.53	100.0	1891.25	100.0	24.9	24.6	25.4	14.1
珠三角	4226.13	95.6	4022.66	95.4	1811.76	95.8	25.7	25.2	24.6	14.9
粤东	106.05	2.4	103.71	2.5	69.65	3.7	42.7	42.7	60.1	14.2
粤西	50.40	1.1	48.55	1.2	7.16	0.4	−18.2	−19.7	5.4	4.3
粤北	36.98	0.8	41.62	1.0	2.68	0.1	−2.9	7.7	−9.3	3.8

资料来源:见广东省统计局《"珠三角"各市企业科技投入及绩效比较分析》,中国统计信息网,http://www.tjcn.org,2006.10.12.

▷▷ **7.1.3 珠三角的主体要素环境**

随着珠三角基础设施建设的推进,在珠三角九市因公路及轨道交通越来越近之时,珠三角"一小时生活圈"也正在形成。珠三角城市在地理位置上的临近和越来越发达的交通网络,便于企业、大学、科研院所、服务机构之间开展联系,经济和社会的密切交往带来了市场的繁荣,经济社会的流动性增强也为地区的发展带来了活力。根据前面对珠三角发展概况的分析,珠三角已经形成了具有一定特色的产业分工体系,如珠三角东岸的东莞、深圳、惠州等地已形成全国最大的电子通信制造业基地;珠三角西岸的珠海、中山等城市已形成以家庭耐用品、五金制品为主的产业带;中部的广州、佛山、肇庆等城市则形成传统的电气机械、钢铁、汽车、纺织、建材产业带;广州、珠海、惠州还是广东沿海石化产业带的一部分。由此可见,珠三角无论是在传统的制造业产品方面,还是在现代新兴的高新技术产品制造业方面,

---

① 中国统计信息网:《广东大中型工业企业科技创新步伐进一步加快》,http://www.tjcn.org,2007.09.29。

都正在成为世界级的制造业基地。①

除了上述特点,珠三角的产业发展还以专业化产品/服务的生产而形成企业簇群,表现出"一镇一业,一村一品"的特色经济结构。在科技园区、孵化器、创业服务中心、高等院校、科研院所等为企业发展提供支持的组织和机构建设方面,珠三角也拥有丰富的资源,见表 7.8。

表 7.8　珠三角地区产业发展的要素环境基本情况

名称	珠三角的基本情况
专业镇②	珠三角共有省级专业镇 114 个,其中广州 4 个、佛山 34 个、珠海 4 个、东莞 13 个、中山 14 个、惠州 9 个、江门 19 个、肇庆 17 个; 珠三角的专业镇中共有 64 家建立了专业镇科技创新平台。
产业基地	3 个国家软件产业基地; 2 个信息产业国家高技术产业基地; 1 个国家电子信息产业基地; 1 个国家动画产业基地; 1 个新材料国家高技术产业基地; 1 个国家生物产业基地; 1 个中国小家电产业基地; 1 个综合性国家高技术产业基地; 23 个科技部火炬中心特色产业基地; 19 个广东省火炬计划特色产业基地; 4 个集成电路产业化基地。
科技园区和创业服务中心(孵化器)	10 个高新技术开发区,其中有深圳、中山、广州、惠州、佛山、珠海 6 个国家级高新技术产业开发区和东莞、江门、肇庆、佛山 4 个省级高新技术产业开发区; 7 个大学科技园,其中有 3 个国家级大学科技园和 4 个省级大学科技园; 9 个省级民营科技园,分布在广州、深圳、东莞、中山、江门、佛山、肇庆等市; 10 个创新服务中心(孵化器),其中 8 个国家级服务中心,两个省级服务中心; 除深圳外各市均建有生产力促进中心,深圳建有中小企业服务中心。

---

① 杨京英等:《2005 年长江和珠江三角洲经济发展研究》,中国统计信息网,http://www. tjcn. org ,2005.12.19。

② 广东的专业镇表现出"一镇一业,一村一品"的特色经济结构,已经成为广东最有特色、最具活力的经济增长点和区域产业发展的集聚地。来自广东著名专业镇的一些产品,已经在全国乃至国际市场上占据了相当份额。

续表

名称		珠三角的基本情况
高等院校		珠三角目前拥有各类高校 60 多所; 其中国家"211 工程"院校 5 所,普通本科院校 24 所,成人教育、职业技术学院以及私立高校 34 所。
研究机构	行业技术中心	国家驻粤和省地两级研究所 200 多家; 9 家国家级工程技术开发中心; 21 家国家级企业技术中心; 164 家省级工程技术研发中心①,其中广州 38 家、深圳 14 家、佛山 48 家、珠海 15 家、东莞 11 家、中山 9 家、惠州 10 家、江门 9 家、肇庆 10 家; 68 家省级企业技术中心。
	重点实验室	5 家国家重点实验室; 16 家省级公共实验室; 90 家省级重点实验室,其中 41 家依托于科研机构,45 家依托于高校,4 家依托企业。
技术交易中心		华南技术交易中心。
咨询行业		目前珠三角咨询业的企业主要集中于广州和深圳两大城市。根据统计,2000 年全省咨询业产值 32 亿元,其中广州、深圳咨询业产值均超过 10 亿元,各占全省的三分之一。 咨询业的业务种类比较多,其中占主导地位的是管理咨询、商品咨询、企业形象策划、投资咨询、工程咨询、市场调查、房地产咨询和专业技术类咨询。
行业协会、商会		广东省改革开放先行一步,珠三角各地的行业协会、商会发展较早、较快,功能和职能都在逐步完善,对于区域产业的发展起到了积极的推动作用,也积累了宝贵的经验。

资料来源:作者根据广东省科技厅的统计资料和相关文献整理。

▷▷ **7.1.4 珠三角地区的文化特点**

珠三角地区的文化具有典型的岭南文化特色,而岭南文化的内涵和特点中包含着两个重要因素。第一就是开放。珠三角地区从汉代到唐宋,内外交流已日趋繁密,而明清以后,则成为我国对外交流的主要渠道。汉代的

---

① 根据广东省科委、计委、经委制定的《广东省工程技术研究开发中心管理办法》(1998.12)所作的界定,工程中心是指依托于行业、领域具有综合优势的单位,具有较完备的工程技术综合配套试验条件,有一支高质素的研究开发、工程设计和试验的专业科技队伍,并能提供多种综合性技术服务的工程技术研究开发机构。

徐闻港已经相当繁荣,唐代中叶广州已有"通海夷道"之称,而番禺则是著名的海上丝绸之路最早、最繁荣的出海口。第二就是商品经济。自唐宋尤其是明清以后,广东的商品经济颇为发达,珠江三角洲更是如此,佛山曾是古代中国的四大名镇之一,而自 19 世纪 70 年代以来,珠三角更是出现了大量的民族资本家。开放与商品经济对岭南文化的形成和发展起到了极为重要的作用,而"重商性、开放性、兼容性、多元性、直观性、平民性、非规范性"则成为岭南文化最显著的特点。[①]

改革开放以来,珠三角企业家"勇于开拓、敢为天下先"的企业家精神使珠三角的企业得到了快速发展,也造就了珠三角企业勇于进取的企业文化。朱文晖在其所著《走向竞合:珠三角与长三角经济发展比较》一书中指出,广东改革的早期经验,已使其先于我国内地其他地区发展起市场导向的文化,并建立了各种有利于自身把握更多机会的机制。祝国华等认为珠三角地区经济之所以能够快速发展,立足沿海沿边的区位优势,不断解放思想、更新观念、把握机遇是他们最根本的经验。[②] 刘健认为自 20 世纪 90 年代以来珠三角经济的发展也受到地区文化的影响,而"开放性、包容性、经济至上、务实、敢为天下先"则是其文化特色。[③]

综上所述,珠三角地区有自己独特的区域文化,而"开放、务实、重商、包容、多元、敢为天下先"等文化特点必然会对区域内企业的发展和企业家的思想观念带来很大的影响,如对于合作、创新、创业、诚信的认识和看法,进而影响企业和企业家在 RIS 中的决策和表现。

▷▷ 7.1.5 珠三角地区的政策环境

在珠三角地区,各级政府都非常注重对于地区科技创新的引导和扶持,出台了大量相关政策对科技创新进行鼓励和支持(见表 7.9)。为提高自主创新能力,建设创新型广东,各级政府正在围绕产学研合作、科技投入、税收激励、金融支持、政府采购、知识产权保护、人才队伍、科技创新基地与平台

---

① 张磊、张苹:《岭南文化的特点:新、实、活、变》,载《广州日报》2004 年 7 月 13 日。

② 祝国华、王泽强:《珠三角经济发展的经验及启示》,载《理论建设》2004 年第 6 期,第 56—57 页。

③ 刘健:《区域高等教育发展——以珠三角高校为例》,载《黑龙江高教研究》2006 年第 3 期,第 32—34 页。

建设等方面加大政策扶持力度，不断完善自主创新的政策环境。

表7.9　珠三角地区创新相关政策列表

政策类别	典型政策示例
推进产学研合作	《广东省产学研联合开发工程实施方案》(1999)； 《广东省人民政府、教育部关于加强产学研合作提高广东自主创新能力的意见》(2006)； 《关于深化省部产学研结合工作的若干意见》(2008)。
推进各类研究和创新服务机构建设	《广东省择优扶持50家工业大企业、企业集团办好工程技术研究开发中心实施方案》(1999)； 《广东省技术市场条例》(2000)； 《关于大力发展科技中介机构的意见》(2002)； 《关于加快发展技术市场的意见》(2006)。
创新资金支持	《关于进一步加强技术改造投资推进企业技术进步的若干规定》(1999)； 《广东省火炬计划项目管理办法》(1997)； 《科技创新百项工程实施方案》(1999)； 《广东省技术创新工程实施意见》(1999)； 《广东省财政扶持中小企业发展专项资金管理办法》(2004)。
税收优惠	《贯彻落实(中共广东省委、广东省人民政府关于依靠科技进步推动产业结构优化升级的决定)有关税收政策实施意见》(1999)； 《关于我省择优扶持50家工业大企业集团办好工程技术研究开发中心有关地方税收问题的通知》(1999)； 《广东省科研机构及其所创办的科技型企业享受税收优惠政策试行办法》(1999)； 《关于广东省民营科技企业享受税收优惠政策的通知》(1999)； 《广东省新产品研究开发费抵扣应纳税所得额操作办法》(1997)； 《关于广东省技术创新优势企业享受税收优惠政策的通知》(1999)； 《广东省专利产品税收优惠政策实施办法(暂行)》(1999)； 《广东省财政扶持中小企业发展专项资金管理办法》(2004)； 《广东省科普税收优惠政策实施细则》(2004)； 《关于企业研究开发费税前扣除管理试行办法》(2008)。
人才队伍建设	《(关于鼓励出国留学高级人才来粤创业的若干规定)的实施意见》(1999)； 《广东省选拔管理优秀专家办法》(1999)； 《广东省选拔和推荐政府特殊津贴人员试行办法》(2002)； 《关于加快吸引培养高层次人才的意见》(2008)。

续表

政策类别	典型政策示例
法律法规保障	《广东省技术秘密保护条例》(1999); 《广东省企业专利工作办法》(1998); 《广东省科学技术计划知识产权管理办法》(1999); 《广东省科学技术奖励办法》(2000); 《广东省技术市场条例》(2000); 《广东省知识产权战略纲要(2007—2020 年)》(2007)。

资料来源:见广东省科技厅《广东科技政策法规选编(1997—2000)》,内部发行;广东省科技厅网站:最新政策法规(http://www.gdstc.gov.cn/zwgk/zcfg.html)。

综上所述,珠江三角洲地区集中了广东省大部分的科技资源,是广东省经济与科技发展水平较高的区域。珠三角地区各地市工业企业的科技创新实力较为突出,工业企业科技投入和产出效果在广东经济发展中取得了举足轻重的地位。因此,研究该地区的 RIS 对于企业技术创新的影响具有一定的现实意义。

▶▶ 7.2 研究方法与研究设计

▷▷ 7.2.1 样本选择与数据收集

本研究的主题是区域创新系统(RIS)与企业技术创新绩效的关系,研究区域为珠三角地区,调查对象是位于珠三角地区的工业企业。

本研究采用向企业发放调查问卷的方式收集数据。问卷的发放对象是企业技术主管以上的中高层管理人员。中高层管理人员对于企业有足够的了解,能够回答本调查中有关企业技术创新的各种问题。本研究中调查问卷的发放和回收主要采取三种方式进行,一种是作者将纸质问卷带到华南理工大学工商管理学院在职 MBA 学员的课堂上发放,请被调查者现场填写,问卷现场回收;第二种方式是作者联系了广州某培训机构,请该培训机构在学员中发放问卷并回收;第三种方式是由作者通过自己的关系网络进行问卷发放与回收。

▷▷ 7.2.2 分析方法

本研究将对以问卷调查方式所收集到的数据,进行描述性统计、信度与效度检验、验证性因子分析、高阶因子分析以及结构方程模型检验等分析工作。本研究所使用的分析软件为 SPSS 13.0 版和 AMOS 5.0 版。

1. 描述性统计分析

描述性统计主要对样本基本资料，包括企业的规模、所属行业、成立时间等进行统计分析，说明各变量的均值、百分比、次数分配表等，以描述样本的类别、特性以及比例分配状况。

2. 信度和效度检验

信度是指衡量效果的一致性和稳定性，利用 Cronbach's alpha 值来衡量。本研究将针对每个变量所对应的问卷题项，计算 Cronbach's alpha 值评价信度。效度是指测量工具能正确测量出想要衡量的性质的程度，即测量的正确性。效度可分为内容效度（Content Validity）、校标相关效度（Criteria-related Validity）和建构效度（Construct Validity）三类。检验建构效度最常用的方法是因素分析法。本研究中信度和效度分析采用的主要统计软件是 SPSS13.0。

3. 结构方程模型分析

本研究运用结构方程模型（Structural Equation Modeling，SEM）来检验概念模型和研究假设。结构方程模型是一种综合运用多元回归分析、路径分析和验证性因子分析方法的数据统计分析工具。它可用来解释一个或多个自变量与一个或多个因变量之间的关系，能够测量自变量对因变量的直接和间接影响。结构方程模型可分为测量模型（Measurement Model）分析或称验证性因子分析（Confirmatory Factor Analysis，CFA）与结构模型（Structural Model）分析，测量模型描述潜变量与指标之间的关系，而结构方程则描述潜变量之间的关系。结构方程模型具有以下一些优点：(1)可同时处理多个因变量；(2)允许自变量和因变量包含测量误差；(3)同时估计因子结构和因子关系；(4)容许更大弹性的测量模型；(5)估计整个模型的拟合程度。[①] 鉴于此，本研究采用结构方程模型方法做测量模型分析和结构模型分析并检验研究假设，选择 AMOS5.0 软件作为分析工具。具体说来，本文将针对所获得的调查数据，进行以下分析：(1)用高阶因子分析（High—

---

① 转引自侯杰泰、温忠麟、成子娟《结构方程模型及其应用》，教育科学出版社 2004 年版，第 15—16 页。

order Factor Analysis)检验交互式学习测量模型,分析测量模型的效度、信度和拟合优度;(2)用验证性因子分析检验整体测量模型,分析测量模型的效度、信度和拟合优度;(3)用结构方程检验模型,进行路径分析并检验研究假设。

▷▷ 7.2.3 变量的操作性定义

在本书提出的概念模型中,各个潜变量分别采用以下操作性定义(参考资料来源见表7.12):

7.2.3.1 主体要素环境

主体要素环境指的是区域内能与企业发生联系的相关主体要素的多寡。本研究主要通过调查企业在珠三角的客户、供应商、竞争对手、相关行业企业、高等院校、科研机构、服务业企业和机构的数量来对这一变量进行测量。

7.2.3.2 区域文化环境

区域文化环境包括区域内有利于创新的氛围和个人的行为认知等方面。本研究通过对创新氛围、诚信氛围、学习氛围、合作氛围、竞争氛围、员工之间的交流和流动以及企业家的价值观等方面进行调查来对这一变量进行测量。

7.2.3.3 区域政策环境

区域政策环境主要通过对区域内的配套基础设施建设、税收优惠政策、人才政策、创新资金支持、对产学研合作的促进、对各种服务机构的建设和法律法规保障等方面进行调查来对这一变量进行衡量。

7.2.3.4 交互式学习

交互式学习主要包括企业与客户和供应商在纵向的交互式学习、与竞争对手和有合作关系的相关行业企业在横向的交互式学习、与大学和科研院所等知识生产机构的交互式学习以及与科技服务机构的交互式学习。

1. 企业间纵向交互式学习

企业间纵向交互式学习主要包括企业与客户和供应商之间的交互式学习。与客户间的学习包括获得客户需求信息、分析利用客户的信息反馈、与客户建立良好的非正式关系等;与供应商间的交互式学习包括与供应商开展技术方面的合作、建立良好的非正式关系、快速获得供应商提供的新型设备、快速获得供应商提供的新的物料供应、供应商帮助企业快速适应新的物料供应和新型设备等。

2. 企业间横向交互式学习

企业间横向交互式学习主要包括企业与竞争对手及有合作关系的相关行业企业间的学习,主要的方式包括分析竞争对手的产品、分析竞争对手所采用的技术、分析竞争对手的专利情况、与相关企业开展合作、聘用竞争对手的离职员工来获取技术知识、与其他企业员工开展非正式交流、通过购买专利和技术许可等形式获取新的技术等。

3. 与知识生产机构的交互式学习

与知识生产机构的交互式学习包括企业与大学、科研机构间的交互式学习,主要形式包括与知识生产机构进行研发合作(包括购买成果、技术转让,技术入股等)、利用知识生产机构的咨询服务、与知识生产机构有人员间的非正式联系、知识生产机构帮助企业开展人员培训、利用知识生产机构的科研设备和检测仪器等。

4. 与科技服务机构的交互式学习

企业与各种科技服务机构发生联系,获得技术创新所需的知识,包括通过培训机构获取知识、通过咨询机构获取知识、通过行业协会和商会获取知识、通过当地的行业技术中心获取知识、通过当地的生产力促进中心获取知识、通过投融资机构获取知识、通过技术交易机构获取知识等形式。

7.2.3.5 企业技术创新绩效

企业的技术创新绩效包括创新效益和创新效率两个方面,创新效益通过创新产品的成功率、年申请的专利数和新产品占销售额的比重来衡量;而创新效率则通过新产品的开发速度、新工艺的开发速度和年新产品数来进行衡量。

▷▷ 7.2.4 量表设计

7.2.4.1 因变量

本研究的因变量为企业技术创新绩效。弗里奇和舒沃腾、加利亚(Galia)和勒格罗斯(Legros)在各自的实证研究中都认为企业的创新绩效应该包括工艺创新和产品创新两个方面。迪茨在对巴塞罗那产业带内企业的创新网络进行实证研究时,将企业的创新分为产品创新和工艺创新分别进行了研究,并将企业在 1994—1997 年间新引进的产品和新开发的产品占实际营业额的比例作为衡量创新项目市场表现的指标。[1] 克斯夏特斯基等在对斯洛文尼亚的制造类企业所做的创新调查中,重点调查了企业的工艺创新和产品创新,对创新的产出的衡量采用的指标是 1994—1996 年新产品占公司所有销售额的比重,托蒂宁和考夫曼在对上奥地利地区开展研究时也采用了同样的方法。柏格斯迪克(S. Beugelsdijck)和库利特(M. Cornet)在分析丹麦的制造业企业的技术创新产出时,用的是新产品占销售额的比重。[2] 张方华认为技术创新绩效可分为创新效益和创新效率两个指标,其中创新效益包括创新产品的成功率、年申请的专利数和新产品占销售额的比重(新产品产值率)三个分指标;创新效率则由新产品的开发速度和年新产品数两个分指标组成。[3]

参考上述学者的研究,本研究对企业技术创新绩效的衡量通过 6 个题项来测量:(1)新产品数;(2)申请专利数;(3)创新产品成功率;(4)新产品销售额占销售总额比重;(5)新产品开发速度;(6)新工艺开发速度。问卷要求被调查者与国内同行业的主要竞争对手进行对比,根据本企业在 2005—2007 年的情况做出评判。所有项目均采用李科特 5 点量表法进行测量。

7.2.4.2 自变量

本研究的自变量为区域主体要素环境、区域文化环境和区域政策环境。

1. 主体要素环境

布拉茨克等认为,如果将创新系统指定为一个抽象的模型术语,则关键的组织要素包括大学、研究机构、技术转移机构、咨询、技术发展组织、公共和私立资金资助组织、企业以及跟创新有关的非企业组织。[4] EUROSTAT(欧盟统计局)1993 年组织的社会创新调查(CIS,Community Innovation Survey)所采用的问卷在设计上遵循了奥斯陆手册中的指导原则,在影响企

---

[1] Javier Revilla Diez, "Innovative networks in manufacturing: some empirical evidence from the metropolitan area of Barcelona." *Technovation* 20(2000):139—150.

[2] Beugelsdijck S., Cornet M., "How far do they reach? The localisation of industrial and academic spillovers in The Netherlands." *Centre discussion paper* 2001:2001—2047.

[3] 张方华:《企业社会资本与技术创新绩效:概念模型与实证分析》,载《研究与发展管理》2006 年第 3 期,第 47—53 页。

[4] Braczyk, H., P. Cooke and M. Heidenreich (eds), *Regional Innovation Systems*. UCL Press: London. 1998.

业技术创新绩效的外部信息来源方面,问卷选取了客户、供应商、竞争对手、大学和公共研发机构、咨询公司、交易会和展览会等要素来衡量。[1] 奥堤欧、伦德瓦尔认为 RIS 中的企业都可以被分成主体企业、用户、供应商、合作者和竞争对手。托蒂宁和考夫曼在研究上奥地利地区 SMEs 的创新伙伴的空间分布时,选择的调查项目为:客户、供应商、其他企业、服务业企业、大学、研究机构、技术中心、培训机构和公共支持机构。[2]

参考上述学者的研究,结合表 4.1 中对于 RIS 主体要素的归纳,本研究对主体要素环境通过 7 个题项来测量:(1)珠三角地区的客户数量;(2)珠三角地区的供应商数量;(3)珠三角地区的竞争对手数量;(4)珠三角地区能对企业技术创新产生影响的其他行业的企业数量;(5)珠三角地区可为企业提供服务的高等院校数量;(6)珠三角地区可为企业提供服务的研究机构数量;(7)珠三角地区可为企业提供服务的服务业企业和机构数量。所有项目均采用李科特 5 点量表法进行测量。

2. 区域文化环境

在现有的研究文献中可供参考的区域文化的量表很少,本研究结合相关学者的观点进行设计。易训华认为创新的产业文化来源于三个方面:(1)区域的文化背景;(2)基于自由选择的平等、宽松的工作环境;(3)有利的信息交流环境。[3] 根据托蒂宁和考夫曼、多罗瑞克斯和帕托布等学者的研究归纳,共同的技术和组织文化可能在一个区域生产系统中发展出来,包括常规、共享的价值观、规范以及信任等。阿歇姆和柯伦认为 RIS 系统特征的更进一步加强就是一套态度、价值观、标准、常规以及期望的流行,也被一些人称作与众不同的"区域文化"。[4] 沃尔斯坦、萨克森宁认为非正式的交谈是中小型技术企业之间转移知识的一个重要的机制。肖恩斯托克和哈姆莱

① EUROSTAT, *The Community Innovation Survey. Status and perspectives*. EuroStat, Luxemborg. 1994.

② Franz Todtling, Alexander Kaufmann, "SMEs in Regional Innovation Systems and The Role of Innovation Support—The Case of Upper Austria." *Journal of Technology Transfer 2*, 2002, 7:15—26.

③ 易训华:《产业集群的技术创新机制初探》,载《现代财经》2004 年第 12 期,第 17—19 页。

④ B. T. Asheim, Lars Coenen, "Knowledge bases and regional innovation systems: Comparing Nordic clusters." *Research Policy* 34 (2005):1173—1190.

恩认为区域内良好的信任氛围和较强的区域根植性在 RIS 中能带来几种实质性的优势。① 王缉慈也认为对于近距离的客户和生产商来说还需要相互信任和个人友谊关系才能发生紧密联系。②

综上所述,结合第 4 章对于创新文化的研究以及所分析的珠三角的实际,本研究对区域文化环境通过 8 个题项来测量:(1)有良好的"支持创新、宽容失败"的创新氛围;(2)有良好的诚信氛围;(3)有浓厚的学习氛围;(4)有良好的合作氛围;(5)存在健康有序的竞争氛围;(6)不同企业的员工交流频繁;(7)不同企业的员工流动频繁;(8)不同企业的企业家有相似的价值观。所有项目均采用李科特 5 点量表法进行测量。

3. 区域政策环境

库克在研究欧洲的 RIS 时认为,一个有很大潜力的 RIS,其在创新政策方面必须具备:(1)可以自我调节的征税和支出的权利;(2)区域的财政权利;(3)对于基础设施的政策影响;(4)区域内大学－企业合作的战略。③ 同时,他也认为美国的生物科技产业能称雄于世界,地方政府在资金和税收方面的资助政策起到了举足轻重的作用。库希曼(Kuhimann)在对欧洲部分地区和德国的区域创新政策进行评价时认为,创新政策工具可分为狭义和广义两种。从狭义上来说,这些政策工具有:(1)制度或机构支持,如国家研究中心、研究委员会、应用研究和技术开发组织、大学和其他高等教育机构等的支持;(2)融资激励,如间接的促进计划或项目、合作性研发项目、风险资本;(3)其他基础设施和技术转移机制,如面向中小企业的信息和技术咨询、示范中心合作关系,网络和人力资源。而广义上的政策工具还包括:(1)公共需求和采购;(2)系统性措施,如技术远景规划、技术评价、标准和知识产权;(3)教育和培训;(4)公共政策,如竞争政策、规制政策和对私人需求的

① Schienstock, G. and Hämäläinen, T., "Transformation of the Finnish innovation system. A network approach." *Sitra Reports series* 7. Hakapaino Oy. Helsinki, Finland. (2001):50.

② 王缉慈:《创新及其相关概念的跟踪观察——返璞归真、认识进化和前沿发现》,载《中国软科学》2002 年第 12 期,第 33—34 页。

③ Philip Cooke, "Regional innovation systems, clusters, and the knowledge economy." *Industrial and Corporate Change*. Oxford: Dec 1, 2001 Vol.10, Iss.4:945—974.

公共激励政策。[1] 克斯夏特斯基和斯腾伯格在对 10 个欧洲区域进行分析时认为区域基础设施建设、具有区域差异化的资金资助和税收减免可以促进区域的发展潜力,并且在一段时间内增加区域对于生产要素的吸引力。[2]

在王大洲、关士续对我国国有大中型企业技术创新的实证研究中,他们将政府激励创新的公共政策分为资金型政策、引导型政策和保护型政策三类(表 7.10)。资金型政策主要为企业技术创新提供资金支持,或者从投入上予以资金支持(各种创新基金),或者从产出上增大企业净收益(如减免税);引导型政策则着眼于引导企业在国家鼓励的产业发展领域、技术发展领域进行创新;保护型政策指的是那些为扶持企业、减轻竞争压力或鼓励创造发明而由政府采取的措施或法律保护(知识产权、关税保护等)。[3] 根据对企业样本的分析结果,企业最为看重的是负载直接资金收益的创新公共政策,因此作者认为,为了有效实施国家产业政策和技术政策,有必要把它们与资金型政策如减免税政策、资金支持等政策结合起来,以便达到实质性的调节结果。

表 7.10　公共政策的类型和重要性

类型	重要性排序	公共政策
资金型	1	减免税政策
	2	科技人员奖励政策
	3	科技开发贷款
	5	融资政策
引导型	4	产业政策
	5	技术政策
保护型	6	知识产权保护
	7	关税保护政策

[1]　Stefan Kuhimann, *European/ German efforts and policy evaluation in regional innovation*. University Utrecht Fraunhofer Institute Systems and Innovation Research. International Workshop on the Comprehensive Review of the S&T Basic Plans in Japan－Towards the Effective Benchmarking of Integrated S&T Policy－Tokyo, NIS TEP, September, 2004:13－14.

[2]　Knut Koschatzky, Rolf Sternberg, "R&D cooperation in innovation systems—some lessons from the European Regional Innovation Survey (ERIS)."*European Planning Studies*. Abingdon:Aug 2000. Vol.8, Iss.4:487－501.

[3]　王大洲、关士续:《我国国有大中型企业技术创新与制度创新现状分析》,载《中国软科学》2000 年第 4 期,第 32—37 页。

综上所述,结合第 4 章中对于区域创新政策研究的归纳和前文所分析的珠三角的实际,本研究对区域政策环境通过 7 个题项来测量:(1)政府推进配套基础设施建设;(2)政府促进企业技术创新的税收优惠政策;(3)政府鼓励企业引进人才的政策;(4)政府促进企业技术创新的各项资金支持;(5)政府促进企业与大学和科研机构合作的政策;(6)政府推进企业所在地各类创新服务机构的建设;(7)政府促进企业技术创新的法律法规保障。所有项目均采用李科特 5 点量表法进行测量。

7.2.4.3 中介变量

中介变量为企业与 RIS 中主体要素间的交互式学习,包括企业间纵向交互式学习、企业间横向交互式学习、企业与知识生产机构的交互式学习和企业与科技服务机构的交互式学习。

1. 企业间纵向交互式学习

荣德和胡斯勒在对法国制造业创新行为的区域特征进行分析时,采用了法国产业部下属的工业研究和统计处(SESSI)利用问卷调查所收集到的数据。对于企业与客户合作,SESSI 的问卷包括下列方面:(1)分析客户的本质和需求;(2)通过分销机构和售后服务收集客户的反应;(3)以产品作为客户满意信息的来源;(4)对最终客户进行测试;(5)识别客户新的行为和最初客户;(6)企业的创新形象。对于企业与供应商的合作,包括下列方面:(1)快速采用技术上有改进的新的设备;(2)快速采用技术上有改进的新的物料供应;(3)转包或者购买研发成果;(4)转包高技术的元器件;(5)吸收体现在创新设备和元器件中的知识的能力。[①] 克斯夏特斯基等学者在对斯洛文尼亚的制造类企业所做的关于创新的调查研究中认为,市场分析、合作、新的中间品都是企业产品创新重要的影响因素。[②] 考虑到弗里奇和舒沃腾、库克、斯托普、阿歇姆和库克、马斯凯尔和马姆博格等学者所提到的区域

---

① Patrick Rond, Caroline Hussler, "Innovation in regions: What does really matter?" *Research Policy* 34 (2005):1150—1172.

② Knut Koschatzky, Ulrike Bross, Peter Stanovnik, "Development and innovation potential in the Slovene manufacturing industry: analysis of an industrial innovation survey." *Technovation* 21 (2001):311—324.

内的隐性知识的交流需要面对面的交流来传播,非正式的联系也就应该考虑在内。

综上所述,本研究中企业与客户和供应商的纵向交互式学习通过以下8个题目进行测量:(1)分析识别客户的需求;(2)重视客户的信息反馈;(3)与客户建立良好的非正式关系;(4)与供应商开展技术方面的合作;(5)与供应商建立良好的非正式关系;(6)供应商快速为企业提供新型设备;(7)供应商快速为企业提供新的物料供应;(8)供应商帮助企业快速适应新的物料供应和新型设备。所有项目均采用李科特5点量表法进行测量。

2. 企业间横向交互式学习

荣德和胡斯勒在对法国制造业企业的研究中认为,与竞争对手的联系可以通过11个方面来衡量:(1)分析竞争产品;(2)分析竞争对手的专利;(3)分析竞争对手工程师的出版物;(4)比较并且评估竞争对手的整体的知识产出;(5)了解竞争对手的技术;(6)技术调查;(7)外部技术的测试;(8)与其他企业的研发联盟;(9)利用外部创新(专利、授权);(10)为了创新进行部分或者整体的企业收购;(11)联合企业、不同的战略联盟和合作形式。[1]

哈拉比(N. Harabi)对瑞士企业之间的知识的流动与传播进行了研究。该研究的量表最早被耶鲁大学的创新研究团队所采用。量表包括6个方面:(1)通过技术许可证获取知识;(2)通过专利公开获取知识;(3)通过出版物或者公开的技术会议获取知识;(4)通过与创新型企业的员工的非正式的交谈来获取知识;(5)通过聘用竞争对手的有经验的从事研发的员工来获取知识;(6)得到产品并进行逆向工程。[2] 克斯夏特斯基等学者在对斯洛文尼亚的制造类企业所做的关于创新的调查研究中认为合作、许可证信息都是企业产品创新重要的影响因素。[3]

综上所述,本研究认为,企业与竞争对手和相关行业企业在横向联系中

① Patrick Rond, Caroline Hussler, "Innovation in regions: What does really matter?" *Research Policy* 34 (2005):1150−1172.

② Najib Harabi, "Channels of R&D spillovers−An empirical investigation of Swiss firms." *Technovation* 17(11/12)(1997):627−635.

③ Knut Koschatzky, Ulrike Bross, Peter Stanovnik, "Development and innovation potential in the Slovene manufacturing industry: analysis of an industrial innovation survey." *Technovation* 21 (2001):311−324.

的交互式学习可以通过以下 7 个题目进行衡量:(1)分析竞争对手的产品来改进自己的产品;(2)分析竞争对手所采用的技术;(3)分析竞争对手的专利情况;(4)与珠三角地区的相关企业开展合作;(5)聘用竞争对手的离职员工来获取技术知识;(6)企业员工与其他企业员工之间的非正式交流;(7)通过购买专利和技术许可等形式获取新的技术。

3. 与知识生产机构的交互式学习

荣德和胡斯勒在对法国制造业企业的研究中认为,与公共研究机构的联系可以体现在两个方面:(1)与公共研究机构的研发伙伴关系;(2)从研究机构招聘具有很强能力的员工开展创新活动。[①] 福克纳和森科在对英美企业的小样本调查中得出的结论是,企业与大学的合作在很多时候都是基于人员间的接触。[②] C. W. 徐研究认为,研究组织依靠信息发布、技术座谈会、访问企业、技术许可证、人力资源培训、成立新公司以及合同研发等形式,在它们和产业间建立关系。[③] 弗里奇和舒沃腾对德国三个州的 RIS 中的企业与大学和研究机构之间的合作进行了实证研究。其问卷量表所考察的项目有:(1)非正式联系;(2)正式交流;(3)针对企业开展研究;(4)与企业开展联合研究;(5)为企业提供检测;(6)为企业提供仪器设备服务;(7)咨询服务;(8)培训服务;(9)企业借调人员到研究机构;(10)研究机构借调人员到企业。[④]

因泽特(A. Inzelt)对大学和企业之间的交互式作用的类型和层面进行了归类(见表 7.11)。[⑤]

---

① Patrick Rond, Caroline Hussler, "Innovation in regions: What does really matter?" *Research Policy* 34 (2005):1150—1172.

② Faulkner, Wendy and Senker, Jacqueline, "Making sense of diversity: public—private sector research linkage in three technologies." *Research Policy* 1994.23:673—695.

③ Chiung—Wen Hsu, "Formation of industrial innovation mechanisms through the research institute." *Technovation* 25(2005):1317—1329.

④ Michael Fritsch, Christian Schwirten, "Enterprise—University co—operation and the role of public research institutions in regional innovation systems." *Industry and Innovation*. Sydney: Jun 1999. Vol. 6:69—83.

⑤ Annamária Inzelt, "The evolution of university—industry—government relationships during transition." *Research Policy* 33(2004).

表 7.11　大学和企业之间交互式作用的类型和层面

交互式作用的类型	最为一般的层面
1. 企业员工在大学就特定问题进行咨询	个人之间
2. 企业员工在大学开办演讲	
3. 大学职员到企业开办讲座	
4. 大学教职员和企业员工之间的非正式的讨论(专业会议、研讨会)	
5. 购买大学研究成果	个人与组织之间
6. 聘请大学研究人员为企业的正式顾问	
7. 大学研究人员指导企业员工	
8. 大学教授为企业员工开展培训	
9. 大学教授与企业员工联合发表研究成果	
10. 大学和企业联合培养博、硕士人才	
11. 大学教授和企业员工建立良好的公共关系	
12. 在相关组织的帮助下共同开发特定设备	组织之间
13. 为大学设备投资	
14. 经常获得大学研究成果	
15. 正式的研发合作如合同研究	
16. 正式的研发合作如联合研究项目	
17. 由大学向企业的永久的或暂时的知识流动	
18. 通过新企业的产生促进知识的流动	

资料来源:作者根据因泽特(2004)的研究整理。

综上所述,考虑到区域内的企业与大学和企业与研究院所之间的交互式作用存在一定的差异,本研究将企业与知识生产机构的交互式学习分为与大学的交互式学习和与研究机构的交互式学习。与大学的交互式学习通过 6 个题目进行测量:(1)与大学进行研发合作(包括购买成果、技术转让、技术入股等);(2)大学为企业提供咨询服务;(3)企业与大学有人员间的非正式联系;(4)大学帮助企业开展人员培训;(5)招聘大学相关专业的毕业生;(6)利用大学的科研设备和检测仪器。

与科研机构的交互式学习通过 5 个题目进行测量:(1)与科研院所进行研发合作(包括购买成果、技术转让、技术入股等);(2)科研院所为企业提供咨询服务;(3)企业与科研院所存在人员间的非正式联系;(4)科研院所帮助企业开展人员培训;(5)利用科研院所的科研设备和检测仪器。所有项目均采用李科特 5 点量表法进行测量。

4. 与科技服务机构的交互式学习

迈尔斯(I. Miles)等学者将 KIBS 分成两类,也即传统的专业服务

(KIBS I)和基于新技术的知识密集型服务(KIBS II)。① 穆勒和岑克尔在探索 KIBS 在 RIS 中的角色和作用时,将法国和德国五个地区中 KIBS 所开展的活动归为四类:(1)与计算机相关的咨询和互动;(2)法律、会计和税务咨询;(3)商业、管理和市场咨询活动;(4)建筑、工程和技术活动。② 这四类活动其实都可归为咨询服务。克斯夏特斯基等人在对斯洛文尼亚企业的创新调查中研究认为,相关的服务和信息获取相当重要,包括:(1)职业培训;(2)寻找合作伙伴的经纪人;(3)融资和相关的支持计划的信息;(4)组织经验的交流;(5)技术发展的状况和许可证方面的信息。③ 在迪茨对巴塞罗那产业带的研究中,则强调了员工培训、获取技术许可证、参加交易会和展览会对获取信息的重要性。④

参考上述学者的研究,同时考虑到珠三角的实际情况,本研究中将科技服务机构分为七类:培训机构、咨询机构、行业协会和商会、当地的行业技术中心、当地的生产力促进中心、投融资机构和技术交易机构。相应地,对于企业与科技服务机构间的学习通过 7 个题目来测量:(1)通过培训机构获取知识;(2)通过咨询机构获取知识;(3)通过行业协会和商会获取知识;(4)通过当地的行业技术中心获取知识;(5)通过当地的生产力促进中心获取知识;(6)通过投融资机构获取知识;(7)通过技术交易机构获取知识。所有项目均采用李科特 5 点量表法进行测量。

7.2.4.4 控制变量

控制变量可能会对被解释变量(即企业的技术创新绩效)产生影响,这些控制变量包括企业规模、行业属性、企业成立年数、企业所在区域等。企业规模是影响企业行为和决策的重要属性:企业规模越大,企业的规模效应

① Miles, I., Kastrinos, N., Flanagan, K., Bilderbeek, R., den Hertog, P., Huntink, W., Bouman, M., *Knowledge—Intensive Business Services: Their Roles as Users, Carriers and Sources of Innovation*. PREST, Manchester. 1994.

② Emmanuel Muller, Andrea Zenker, "Business services as actors of knowledge transformation: the role of KIBS in regional and national innovation systems." *Research Policy* 30 (2001):1501—1516.

③ Knut Koschatzky, Ulrike Bross, Peter Stanovnik, "Development and innovation potential in the Slovene manufacturing industry: analysis of an industrial innovation survey." *Technovation* 21 (2001):311—324.

④ Javier Revilla Diez, "Innovative networks in manufacturing: some empirical evidence from the metropolitan area of Barcelona." *Technovation* 20(2000):139—150.

和声誉优势就越明显。这对于企业吸引合作伙伴、强化创新合作具有一定的影响。行业属性的差异对企业的技术创新绩效也会产生影响,RIS 对于高技术行业和传统行业企业技术创新绩效的影响可能不同。一般而言,随时间的推移,企业将逐步积累其知识和能力,因此企业年龄也会影响企业的技术创新绩效。结合前人的研究,在本研究中将企业成立的年数、企业规模、行业属性作为控制变量。

综上所述,本研究中变量的操作性定义和量表设计的参考资料来源见表 7.12。

表 7.12　变量的操作性定义和测量量表参考资料来源

变量		参考资料来源
企业技术创新绩效 (IP)		托蒂宁和考夫曼(2002);克斯夏特斯基等(2001);弗里奇和舒沃腾(1999);迪茨(2000);柏格斯迪克和库利特(2001);加利亚和勒格罗斯(2004);张方华(2004)
主体要素环境 (MFE)		布拉茨克等(1997);奥堤欧(1998);托蒂宁和考夫曼(2002);伦德瓦尔(1992);EUROSTAT(1993)
区域文化环境 (RCE)		萨克森宁(1994);肖恩斯托克和哈姆莱恩(2001);托蒂宁和考夫曼(1999);多罗瑞克斯和帕托布(2005);阿歇姆和柯伦(2005);王缉慈(2002);易训华(2004);沃尔斯坦(2001)
区域政策环境 (RPE)		克斯夏特斯基和斯腾伯格(2000);库克(2001,2002);库希曼(2004);王大洲,关士续(2000)
交互式学习 (IL)	企业间纵向交互式学习(VR)	斯托普(1997);库克等(1997);马斯凯尔和马姆博格(1999);阿歇姆和库克(1999);克斯夏特斯基等(2001);荣德和胡斯勒(2005);弗里奇和舒沃腾(1999);库克(1996)
	企业间横向交互式学习(HR)	克斯夏特斯基等(2001);荣德和胡斯勒(2005);诃罗毕(1997)
	与知识生产机构的交互式学习(UIR)	C. W. 徐(2005);荣德和胡斯勒(2005);弗里奇和舒沃腾(1999);福克纳和森科(1994);因泽特(2004)
	与科技服务机构的交互式学习(SR)	克斯夏特斯基等(2001);迪茨(2000);穆勒和岑克尔(2001)

▷▷ **7.2.5 预测试分析**

针对问卷的预测试是为了修正问卷的内容,保证正式测试的问卷能有较好的效度和信度。为了提升问卷的内容效度,本问卷在预测试前,请了2位教授、2位具有硕士学位的从事科技方面管理和研究的政府工作人员、3位博士生和3位硕士生对问卷层面、题项的表达和措辞等进行了审查,并根据他们的建议和意见对问卷进行了修改和增删。

确定最初的问卷后,研究人员向华南理工大学工商管理学院的部分在职MBA学员发放了问卷进行预测试,共发放问卷92份,收回问卷64份,其中有效问卷53份。

应用SPSS 13.0对预测试问卷进行统计分析,主要包括问卷题项效度和信度的检验(见表7.13)。问卷信度采用内部一致性系数(Cronbach Alpha值)来检验。在信度系数的衡量上,根据吴明隆对不同学者观点的归纳研究,一份信度系数好的量表或者问卷,其总量表的信度系数最好在0.80以上,如果在0.70—0.80之间,还算是可以接受的范围;如果是分量表,其信度系数最好在0.70以上,如果在0.60—0.70之间,还可以接受使用;如果分量表的内部一致性系数在0.60以下或者总量表的信度系数在0.80以下,则应考虑修订量表或者增删题项。预测试分析结果显示分量表的Cronbach Alpha系数都在0.70以上,而总量表的Cronbach Alpha系数则达到了0.916,所以量表具有较好的信度。同时,预测试分析结果也显示各个题项的因素负荷都在0.40以上,所以量表具有一定的建构效度。

表 7.13　预测试问卷的因子载荷和内部一致性系数

构面名称	题项	因子载荷	Cronbach Alpha 值
主体要素环境 (MFE)	MFE1	.866	.739
	MFE2	.407	
	MFE3	.867	
	MFE4	.633	
	MFE5	.782	
	MFE6	.862	
	MFE7	.817	

续表

构面名称	题项	因子载荷	Cronbach Alpha 值
区域文化环境（RCE）	（RCE）RCE1		.731
	RCE2	.851	
	RCE3	.863	
	RCE4	.814	
	RCE5	.554	
	RCE6	.816	
	RCE7	.636	
	RCE8	.702	
区域政策环境（RPE）	（RPE）RPE1		.848
	RPE2	.871	
	RPE3	.557	
	RPE4	.888	
	RPE5	.924	
	RPE6	.750	
	RPE7	.609	
企业间纵向交互式学习（VR）	（VR）VR1		.795
	VR2	.877	
	VR3	.414	
	VR4	.701	
	VR5	.704	
	VR6	.725	
	VR7	.866	
	VR8	.818	
企业间横向交互式学习（HR）	（HR）HR1		.705
	HR2	.831	
	HR3	.794	
	HR4	.477	
	HR5	.735	
	HR6	.860	
	HR7	.922	

续表

构面名称	题项	因子载荷	Cronbach Alpha 值
与知识生产机构的交互式学习（UIR）	UIR1	.708	.896
	UIR2	.834	
	UIR3	.790	
	UIR4	.616	
	UIR5	.849	
	UIR6	.863	
	UIR7	.643	
	UIR8	.808	
	UIR9	.589	
	UIR10	.675	
	UIR11	.878	
与科技服务机构的交互式学习（SR）	SR1	.883	.783
	SR2	.706	
	SR3	.725	
	SR4	.650	
	SR5	.806	
	SR6	.834	
	SR7	.835	
企业技术创新绩效（IP）	IP1	.845	.807
	IP2	.932	
	IP3	.547	
	IP4	.660	
	IP5	.921	
	IP6	.876	
总量表			.916

综上所述，本研究的调查问卷具有一定的信度和效度，可以用其开展正式调研。

▶▶ 7.3 数据分析与研究结果

▷▷ 7.3.1 问卷发放与回收

问卷调查的回收率低一直是一个困扰实证研究的现实问题。本研究中调查问卷的发放和回收主要采取三种方式进行。一种是作者将纸质问卷带到 MBA 学员的课堂上发放,请被调查者现场填写,问卷现场回收。这种方式共发放问卷 80 份,回收问卷 72 份,回收率为 90%,其中有效问卷 60 份,有效率为 83%。

第二种方式是作者联系了广州某培训机构,该培训机构曾在广州、佛山、东莞、中山、江门等地开班授课,学员也大都是来自于企业。该培训机构以纸质和电子邮件的形式对问卷进行了发放,在两个月的时间里共发放问卷 200 份,回收 130 份,回收率为 65%,其中有效问卷 112 份,有效率为 86%。

第三种发放问卷的方式是由作者通过自己的关系网络进行问卷发放。两个多月中共发放问卷 30 份,回收 24 份,回收率为 80%,其中有效问卷 15 份,有效率为 62.5%。

本次研究共发放调查问卷 310 份,回收 217 份,问卷回收率为 70%;其中有效问卷 187 份,有效率为 86%。回收率和有效率均符合实证分析的要求。

▷▷ **7.3.2 正式调研样本概况**

本研究运用 SPSS 13.0 统计软件对样本数据进行了描述性分析,有关情形见表 7.14—表 7.16。

表 7.14 填答者的基本信息

	类别	频数	百分比(%)	有效百分比(%)	累计百分比(%)
性别	男	134	71.7	71.7	71.7
	女	53	28.3	28.3	100.0
	总计	187	100.0	100.0	
年龄	20—30 岁	96	51.3	52.5	52.5
	30—40 岁	70	37.4	38.3	90.7
	40 岁以上	17	9.1	9.3	100.0
	缺失数据	4	2.1		
	总计	187	100.0		
职位	高层管理人员	22	11.8	11.8	11.8
	中层管理人员	94	50.2	50.2	62.0
	技术人员	71	38.0	38.0	100.0
	总计	187	100.0	100.0	

表 7.15　样本企业的基本情况

类别		频数	百分比(%)	有效百分比(%)	累计百分比(%)
企业年龄	1—5 年	35	18.7	20.1	20.1
	5—10 年	46	24.6	26.4	46.6
	10—15 年	44	23.5	25.3	71.8
	15 年以上	49	26.2	28.2	100.0
	缺失	13	7.0		
	总计	187	100.0		
行业分布	电子、信息技术类	72	38.5	38.5	38.5
	生物、医药、新材料类	11	5.9	5.9	44.4
	化工、纺织、传统制造业	104	55.6	55.6	100.0
	总计	187	100.0	100.0	
企业规模	少于 100 人	43	23.0	23.0	23.0
	100—300 人	46	24.6	24.6	47.6
	300—500 人	14	7.5	7.5	55.1
	500 人以上	84	44.9	44.9	100.0
	总计	187	100.0	100.0	
企业性质	国有企业	45	24.1	24.1	24.1
	民营企业	63	33.7	33.7	57.8
	外商独资企业	66	35.3	35.3	93.0
	中外合资企业	13	7.0	7.0	100.0
	总计	187	100.0	100.0	
是否设有研发机构	有研发机构	147	78.6	78.6	79.1
	无研发机构	40	21.4	21.4	100.0
	总计	187	100.0	100.0	

1. 填答者基本情况

从表 7.14 我们可以看出,在问卷的填答者中,企业的中层管理人员和技术人员占了绝大多数,这些人对企业的技术创新情况较为熟悉,保证了填答的问卷可以反映出其所在企业的真实情况。

2. 样本企业的基本情况

从表 7.15 我们可以看出,样本企业中各个年龄段的企业数量分布较为均衡。从行业分布来看,信息技术、生物、医药等技术密集行业共有 83 家,而化工、纺织、制造业等传统行业共有 104 家。从企业规模来看,员工人数在 300 以上的和 300 以下的企业数量也相差不大,但其中人数在 500 以上的企业人数最多。从企业性质来看,民营企业和外商独资企业较多。而在所调查的企业中,78.6%的企业都设有自己的研发机构,所占比重较大。

3. 变量的描述性统计

表 7.16　变量的描述性统计

代码	变量	平均值	标准差
MFE	主体要素环境	3.2590	.76634
RCE	区域文化环境	3.7235	.76725
RPE	区域政策环境	3.5120	.61143
VR	企业间纵向交互式学习	3.9940	.59615
HR	企业间横向交互式学习	3.4202	.67984
UIR	与知识生产机构的交互式学习	3.1823	.74110
SR	与科技服务机构的交互式学习	3.2345	.68584
IP	企业技术创新绩效	3.3663	.71610

▷▷　**7.3.3 探索性因子分析**

本研究采用 SPSS13.0 软件,通过探索性因子分析(EFA)方法来对量表的结构效度进行分析。建构效度由于有理论的逻辑分析为基础,同时又根据实际所得的资料来检验理论的正确性,因此是一种最严谨的效度检验方法,可以避免内容效度有逻辑分析而无实证依据的弊端。[1]

7.3.3.1 主体要素环境

通过 KMO 与 Barlett 检验,KMO 值为 0.777,Barlett 球形检验 Chi—Square 值为 417.892(自由度 21),达到显著,表明相关矩阵间有共同因素存在,适合进行因子分析。

因子分析结果得到一个因子结构,各项的因子负载均在 0.6 以上。该因子解释了总方差的 61.038%,该部分量表的检验可以通过。

---

[1]　吴明隆:《统计应用实务——问卷分析与应用统计》,科学出版社 2003 年 10 月版,第 107—109 页。

表 7.17 主体要素环境测量项目因子负载

代码	项目	因子
MFE6	珠三角地区可为企业提供服务的研究机构数量	.883
MFE5	珠三角地区可为企业提供服务的高等院校数量	.865
MFE7	珠三角地区可为企业提供服务的服务业企业和机构数量	.810
MFE4	珠三角地区能对企业技术创新产生影响的其他行业的企业数量	.791
MFE3	珠三角地区的竞争对手数量	.773
MFE1	珠三角地区的客户数量	.652
MFE2	珠三角地区的供应商数量	.633
解释方差(%)		61.038

7.3.3.2 区域文化环境

通过 KMO 与 Barlett 检验,KMO 值为 0.816,Barlett 球形检验 Chi-Square 值为 477.909(自由度 28),达到显著,表明相关矩阵间有共同因素存在,适合进行因子分析。

因子分析结果得到一个因子结构,该因子解释了总方差的 44.726%。除 RCE7 以外,各项的因子负载均在 0.5 以上,因此,删除 RCE7,该部分量表的检验可以通过。

表 7.18 区域文化环境测量项目因子负载

代码	项目	因子
RCE2	有良好的诚信氛围	.776
RCE4	有良好的合作氛围	.774
RCE3	有浓厚的学习氛围	.766
RCE5	存在健康有序的竞争氛围	.730
RCE6	不同企业的员工交流频繁	.677
RCE1	有良好的"支持创新、宽容失败"的创新氛围	.645
RCE8	不同企业的企业家有相似的价值观	.555
RCE7	不同企业的员工流动频繁	.271
解释方差(%)		44.726

7.3.3.3 区域政策环境

通过 KMO 与 Barlett 检验,KMO 值为 0.846,Barlett 球形检验 Chi—Square 值为 609.340(自由度 21),达到显著,表明相关矩阵间有共同因素存在,适合进行因子分析。

因子分析结果得到一个因子结构,该因子的累计解释方差为 55.908%。除 RPE1 以外,各项的因子负载均在 0.7 以上,RPE1 的因子负载虽然大于 0.40,但与其他各项有显著的差异且负载较低,因此,本量表删除该项目,该部分量表的检验可以通过。

表 7.19　区域政策环境项目因子负载

代码	项目	因子
RPE4	政府促进企业技术创新的各项资金支持	.828
RPE5	政府促进企业与大学和科研机构合作的政策	.812
RPE6	政府推进企业所在地各类创新服务机构的建设	.809
RPE3	政府鼓励企业引进人才的政策	.799
RPE2	政府促进企业技术创新的税收优惠政策	.726
RPE7	政府促进企业技术创新的法律法规保障	.726
RPE1	政府推进配套基础设施建设	.471
解释方差(%)		55.908

7.3.3.4 交互式学习

通过 KMO 与 Barlett 检验,KMO 值为 0.853,Barlett 球形检验 Chi—Square 值为 3384.772(自由度 528),达到显著,表明相关矩阵间有共同因素存在,适合进行因子分析。

因子分析结果得到 4 个因子结构,分别为企业与客户和供应商在纵向的交互式学习、企业与竞争对手和相关行业企业在横向的交互式学习、企业与知识机构之间的交互式学习、企业与科技服务机构间的交互式学习,四个因子的累计解释方差为 52.394%。除项目 UIR5 以外,各项的因子负载均在 0.45 以上,因此,本量表删除项目 UIR5,其检验可以通过。

表7.20　交互式学习测量项目因子负载

代码	项目	因子1	因子2	因子3	因子4
UIR2	大学为企业提供咨询服务	.785	.020	.209	.129
UIR1	与大学进行研发合作（包括购买成果、技术转让，技术入股等）	.754	−.002	.092	.248
UIR8	科研院所为企业提供咨询服务	.750	.155	.190	.076
UIR3	企业与大学有人员间的非正式联系	.750	.135	.131	.075
UIR6	利用大学的科研设备和检测仪器	.745	.171	.036	.228
UIR9	企业与科研院所存在人员间的非正式联系	.726	.186	.109	.179
UIR7	与科研院所进行研发合作（包括购买成果、技术转让，技术入股等）	.711	.031	.173	.214
UIR11	利用科研院所的科研设备和检测仪器	.689	.292	.145	.150
UIR10	科研院所帮助企业开展人员培训	.672	.164	.345	.113
UIR4	大学帮助企业开展人员培训	.671	.044	.366	−.076
VR6	供应商快速为企业提供新型设备	.241	.756	.107	.039
VR7	供应商快速为企业提供新的物料供应	.268	.726	.099	.070
VR8	供应商帮助企业快速适应新的物料供应和新型设备	.217	.716	.054	.133
VR4	与供应商开展技术方面的合作	.202	.675	.126	.138
VR3	与客户建立良好的非正式关系	−.079	.655	.100	−.004
VR5	与供应商建立良好的非正式关系	.203	.634	.030	.187
VR2	重视客户的信息反馈	−.181	.497	.367	.091
VR1	分析识别客户的需求	−.004	.466	.233	.155
SR1	分析竞争对手的产品来改进自己的产品	.082	.197	.737	−.047
SR3	分析竞争对手的专利情况	.072	.106	.642	.020
SR2	分析竞争对手所采用的技术	.209	.140	.638	.021
SR5	聘用竞争对手的离职员工来获取技术知识	.243	.079	.618	.113
SR4	与珠三角地区相关企业开展合作	.259	.132	.610	.211
SR6	企业员工与其他企业员工之间的非正式交流	.181	.002	.554	.313
SR7	通过购买专利和技术许可等形式获取新的技术	.313	.079	.497	.302
UIR5	招聘大学相关专业的毕业生	.265	.172	.359	−.285

续表

代码	项目	因子1	因子2	因子3	因子4
HR5	通过当地的生产力促进中心获取知识	.026	−.076	.164	.624
HR1	通过培训机构获取知识	−9.83−005	.315	.039	.623
HR6	通过投融资机构获取知识	.285	.047	.190	.618
HR3	通过行业协会和商会获取知识	.317	.323	.066	.611
HR4	通过当地的行业技术中心获取知识	.332	.276	.035	.595
HR2	通过咨询机构获取知识	.092	.369	−.012	.570
HR7	通过技术交易机构获取知识	.361	.030	.074	.562
解释方差比例(%)		19.349	12.540	10.720	9.785
累计解释方差(%)		52.394			

7.3.3.5 企业技术创新绩效

通过 KMO 与 Barlett 检验,KMO 值为 0.812,Barlett 球形检验 Chi−Square 值为 479.326(自由度 15),达到显著,表明相关矩阵间有共同因素存在,适合进行因子分析。

因子分析结果得到一个因子结构,该因子的累计解释变异量为 57.361%。各项的因子负载除 IP2 以外均在 0.7 以上,IP2 的因子负载虽然大于 0.4,但与其他各项有显著的差异,且填答者对于该项也多有疑问。根据国家知识产权局发布的报告,我国企业的知识产权保护意识还很薄弱,99%的企业没有申请专利,考虑到这一现实和因子分析结果,本研究删除项目 IP2,该量表的检验可以通过。

表 7.21 企业技术创新绩效测量项目因子负载

代码	项目	因子
IP5	新产品开发速度	.813
IP1	新产品数	.794
IP3	创新产品成功率	.791
IP4	新产品销售额占销售总额比重	.782
IP6	新工艺开发速度	.743
IP2	申请专利数	.602
解释方差(%)		57.361

7.3.3.6 信度分析

在实证分析中,本研究采用内部一致性系数(Cronbach Alpha 值)来检验数据的可靠性,计算结果见表 7.22。根据吴明隆对不同学者观点的归纳研究,一份信度系数好的量表或者问卷,其总量表的信度系数最好在 0.80 以上,如果在 0.70—0.80 之间,还算是可以接受的范围;如果是分量表,其信度系数最好在 0.70 以上,如果在 0.60—0.70 之间,还可以接受使用。在本研究中,所有分量表的 Cronbach Alpha 值都在 0.784 以上,总量表达到了 0.939,由此可见,经建构效度分析调整之后,各分量表及总量表的信度较好,量表具有较好的信效度。

表 7.22 量表的 Cronbach Alpha 值

分量表类别	题项	项目数	Cronbach Alpha 值	检验结果
主体要素环境	MFE1—MFE7	7	.784	通过
区域文化环境	RCE1—RCE8(不包括 RCE7)	7	.828	通过
区域政策环境	RPE2—RPE7	6	.878	通过
企业间纵向交互式学习	VR1—VR8	8	.841	通过
企业间横向交互式学习	HR1—HR7	7	.805	通过
企业与知识生产机构的交互式学习	UIR1—UIR11(不包括 UIR5)	10	.925	通过
企业与科技服务机构的交互式学习	SR1—SR7	7	.807	通过
技术创新绩效	IP1—IP6(不包括 IP2)	5	.852	通过
总量表		57	.939	通过

▷▷ **7.3.4 验证性因子分析**

在验证性因子分析和结构方程模型中,研究人员通常以各个概念的计量项目作为相应的潜变量的指标。计量尺度有多少个项目,潜变量就有多少个指标。然而,随着指标数量的增加,模型中的待估计参数也会增加,研究人员就必须增加样本量。与此同时,各个计量项目的随机误差往往也会比较大。因此,研究人员以计量项目作为潜变量的指标,会影响参数估计值的稳定性,降低模型的拟合程度。为了使样本数目与变量间呈现出较好的比例,对于有较多测量项目的变量,我们根据需要把这些项目进行分组,从而得到新的观测指标,再以各组项目评分之和或平均数作为相应的隐变量的指标值。这种做法可以减少模型中待估计的参数数量,降低对样本量的要求,减少各个计量项目的随机误差对模型分析结果的影响,增强参数估计结果的稳定性。[①] L. 常(L. Chang)等学者所开展的多项实证研究表明这一方法具有满意的统计学特性。[②] 据此,本研究将每个变量的测量项目分成小组(Parcle),并使每个小组的构成和内容尽量相似,[③]将小组得分的平均分作为新的测量指标值。

验证性因子分析是在探索性因子分析的基础上考察测量指标与潜变量的关系,检验模型理论的合理性并做出修正,以为后续结构方程模型分析提供依据。验证性因子分析对于测量工具的信度与效度的评估更具操作性和实质性。我们可以通过测量单个项目的效度、信度、潜变量的成分信度、聚合效度来进行衡量与分析。单个项目的效度通过因子载荷来测量;信度通过方差比率(R^2)来测量,R^2 表示各变量可以被模型解释的方差比例;成分信度(CR,Composite Reliability)主要评估一组潜在建构指标的一致性程度;聚合效度使用平均方差抽取量(AVE,Average Variance Extracted)来测量,主要评估通过测量指标到底能测出多少百分比的潜变量。对于这些指标的衡量标准,本书采纳巴格兹(Bagozzi)和易(Yi)的观点,即个别项目的效度在 0.5~0.95 之间,信度(R^2)在 0.5 以上,潜变量的成分信度(CR)

---

① 温碧燕等:《服务公平性、顾客消费情感与顾客与企业的关系》,中山大学出版社 2004 年版,第 57—61 页。

② Chang L, Schwartz D, Dodge K, McBride—Chang C., "Harsh parenting inrelation to childe motion regulation and aggression." *Journalof Family Psychology* 2003, 17: 598—606. Chang. L, McBride. Chang C, Stewart S M, AuE. "Life satisfaction, self—concept, and family relations in Chinese adolescents and children." *International Journal of Behavioral Development* 2003, 27(2):182—190.

③ 侯杰泰、温忠麟、成子娟:《结构方程模型及其应用》,教育科学出版社 2004 年版,第 126 页。

在 0.6 以上,而聚合效度(AVE)在 0.5 以上。①

结构方程分析方法会对模型的适配度(Model Fitness)进行分析。模型适配度评判的目的,就是要从各方面来评鉴理论模型是否能解释实际观察所得的资料,或者说是要评鉴理论模型与实际观察所得资料的差距有多大。关于模型适配度的标准,有很多不同的主张。过去评量模型的整体适配标准都是以卡方值的显著与否为标准。然而,卡方值常会随着样本数而波动,一旦样本数很大,几乎所有的模型都可能被拒绝。因此,评判模型的适配度应从不同角度、参照多种指标来合理进行。除了卡方检验之外,统计学者们发展了一系列的评判模型适配度的指标。而对于各种评价标准是否会随样本数而波动,学者们仍有不一致的看法。② 结合 AMOS 5.0 分析软件的特点,本研究中采用 11 个较为常用的评判模型整体适配度的指标(见表 7.23)。

表 7.23　本研究中采用的模型适配度评价指标

拟合指标	理想的数值
卡方统计量(CMIN)	不显著
卡方与自由度之比(CMIN/DF)	小于 2,模型拟合良好;在 2 与 5 之间,模型可以接受
残差均方根(RMR)	小于 0.08
近似残差均方根(RMSEA)	小于 0.05
拟合优度指数(GFI)	大于 0.9
调整后拟合优度指数(AGFI)	大于 0.9
比较拟合指数(CFI)	大于 0.9
规范拟合指数(NFI)	大于 0.9
非范拟合指数(TLI)	大于 0.9
增量拟合指数(IFI)	大于 0.9
相对拟合指数(RFI)	大于 0.9

资料来源:侯杰泰等(2004),陈正昌等(2005)。

---

① 转引自黄芳铭《结构方程模式——理论与应用》,中国税务出版社 2005 年版,第 262—342 页。

② 转引自陈正昌、程炳林、称新丰、刘子键《多变量分析方法—统计软件应用》,中国税务出版社 2005 年版,第 327—440 页。

本研究应用 AMOS 5.0 软件对交互式学习测量模型和整体测量模型分别进行高阶因子分析（High－order CFA）和验证性因子分析，路径图见图 7.2 和图 7.3。为了使样本数目与变量间呈现出较好的比例，对于有较多测量项目的变量，依据需要把这些项目进行分组，从而得到新的观测指标。在本研究中，对 MFE、RCE、RPE 等潜变量的测量指标进行了分组，利用各组的平均数作为新的观测指标值代入结构方程模型进行运算。

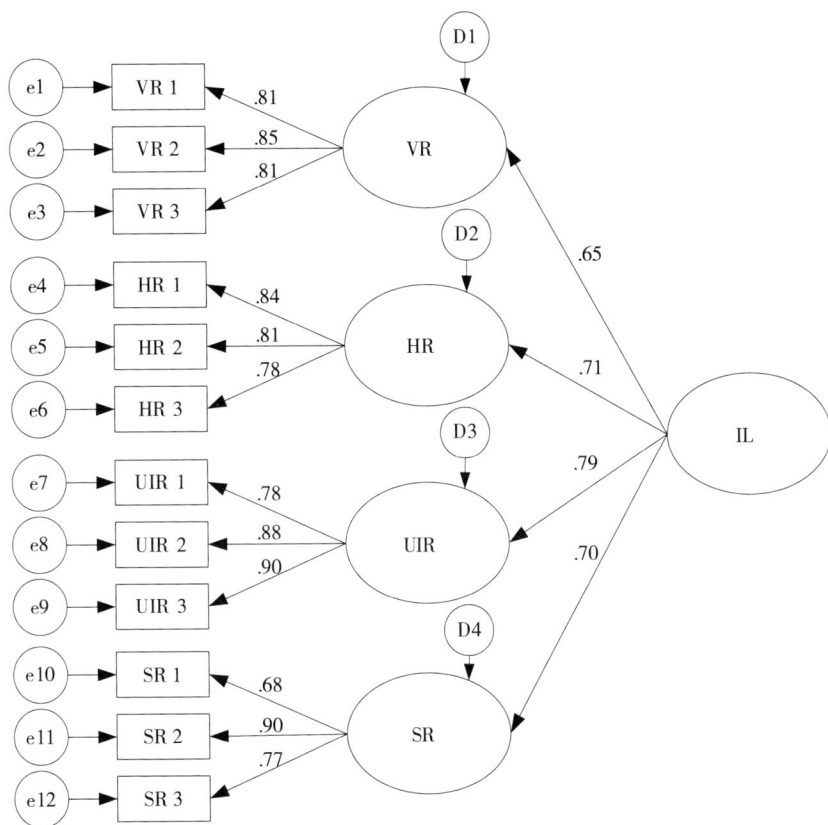

图 7.2　交互式学习测量模型

7.3.4.1　交互式学习测量模型

好的模型要既简单，又能准确描述数据中各变量的关系。本研究用企业与相关企业在纵向的交互式学习、横向的交互式学习、与知识生产机构的交互式学习和与科技服务机构的交互式学习来测度企业与区域内相关主体要素间的交互式学习。也就是将交互式学习（IL）作为二阶因子，而横向交

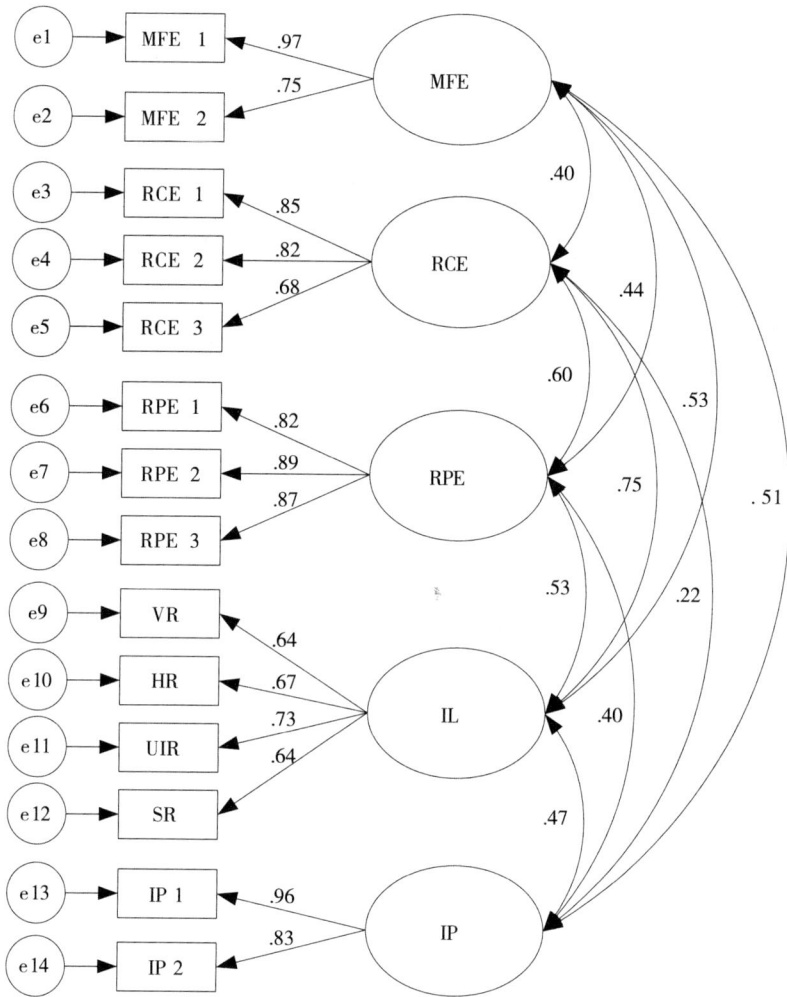

图 7.3　整体测量模型

互式学习（HR）、纵向交互式学习（VR）、与知识生产机构的交互式学习（UIR）、与科技服务机构的交互式学习（SR）则作为一阶因子（见图 7.2），采用 AMOS 5.0 软件来对这一测量模型进行二阶因子分析（Second－order CFA）。

　　AOMS 软件分别进行了一阶因子和二阶因子分析，分析完成，在输出的"模型提示"部分没有出现错误或警告信息，意味着没有发生违反估计的现象，可以安全地进入下面的评估程序。由表 7.24 可以看出一阶因子模型与二阶因子模型的拟合优度大致相同,二阶模型的自由度增加了,但是卡方的变化不显著。按简约原则,本研究选择二阶模型。同时,在二阶因子模型中,二阶因子与一阶因子之间的因子负荷分别为 0.645、0.713、0.792 和 0.701,证明二阶因子与一阶因子间的关系很强,支持了二阶因子的存在。[①]

交互式学习二阶因子模型的拟合度指数见表 7.24。结果显示卡方值未达显著,卡方与自由度之比(CMIN/DF)小于 2,均方根残差(RMR)和近似均方根残差(RMSEA)均小于 0.05,GFI、AGFI、CFI、NFI、IFI 等拟合指标的值都大于 0.90,位于 0.917—0.988 之间,这些都说明该测量模型的整体拟合度较高。

表 7.24　二阶因子模型的拟合指数

拟合指数	数值	
	一阶因子模型	二阶因子模型
卡方统计量(CMIN)	62.411	64.857
DF	48	50
P 值	.125	.077
卡方与自由度之比(CMIN/DF)	1.300	1.297
均方根残差(RMR)	.026	.030
近似均方根残差(RMSEA)	.036	.040
拟合优度指数(GFI)	.951	.947
调整后拟合优度指数(AGFI)	.920	.917
比较拟合指数(CFI)	.991	.988
规范拟合指数(NFI)	.954	.950
非范拟合指数(TLI)	.987	.984
增量拟合指数(IFI)	.991	.988
相对拟合指数(RFI)	.937	.933

由表 7.25 可以看出,交互式学习二阶因子模型的各个观测指标中除了 ASR1 的 R^2 值为 0.467、低于 0.5 之外,其他观测指标的 R^2 值均在 0.5 以

[①] 侯杰泰、温忠麟、成子娟:《结构方程模型及其应用》,教育科学出版社 2004 年版,第 71—76 页。

上,潜变量的成分信度(CR)都大于0.8,表明模型的信度符合要求。而测项与一阶因子、一阶因子与二阶因子之间的因子负载均显著大于0.6,所有潜变量的聚合效度(AVE)也都大于0.5,表明测量模型的效度较好。该部分的分析也说明该测量模型的内在结构适配度较好。

表 7.25　二阶因子模型观测变量的标准化因子载荷和 R^2

	因子和观测变量		标准化因子载荷	R^2	成分信度	聚合效度
交互式学习测量模型	二阶因子:交互式学习(IL)	VR	.645	.417	.806	.511
		HR	.713	.508		
		UIR	.792	.627		
		SR	.701	.492		
	企业间纵向交互式学习(VR)	AVR1	.811	.657	.862	.676
		AVR2	.848	.719		
		AVR3	.807	.652		
	企业间横向交互式学习(HR)	AHR1	.843	.710	.850	.655
		AHR2	.806	.650		
		AHR3	.779	.606		
	与知识生产机构的交互式学习(UIR)	AUIR1	.783	.613	.893	.735
		AUIR2	.883	.779		
		AUIR3	.902	.814		
	与科技服务机构的交互式学习(SR)	ASR1	.684	.467	.829	.621
		ASR2	.900	.810		
		ASR3	.765	.586		

7.3.4.2 整体测量模型

整体测量模型见前图 7.3 所示。

AOMS 软件分析完成后,在输出的"模型提示"部分没有出现错误或警告信息,意味着没有发生违反估计的现象,可以安全地进入下面的评估程序。

测量模型的拟合度指数见表 7.26 所示。卡方值虽然达到显著,但由于其容易受到样本数量的影响,所以还要在观察其他指标。卡方与自由度之比(CMIN/DF)小于2,均方根残差(RMR)和近似均方根残差(RMSEA)均小于 0.05,GFI、AGFI、CFI、NFI、IFI、RFI 等拟合指标的值位于 0.904—0.983 之间,这些都说明该测量模型的整体拟合度很好。

表 7.26　测量模型的拟合指数

拟合指数	数值
卡方统计量（CMIN）	88.803
DF	67
P 值	.039
卡方与自由度之比（CMIN/DF）	1.325
均方根残差（RMR）	.026
近似均方根残差（RMSEA）	.042
拟合优度指数（GFI）	.939
调整后拟合优度指数（AGFI）	.904
比较拟合指数（CFI）	.983
规范拟合指数（NFI）	.935
非范拟合指数（TLI）	.977
增量拟合指数（IFI）	.983
相对拟合指数（RFI）	.912

　　由表 7.27 可以看出，各观测变量的多重相关系数的平方（R^2）的数值中除了四个观测变量的 R^2 值在 0.4 和 0.5 之间，其余各个观测变量的 R^2 都在 0.5 之上；而潜变量的成分信度（CR）均大于 0.7，表明整体测量模型的信度尚可。测量模型中所有假设路径的标准化因子载荷除两个略高于 0.95 外，其余均在 0.6~0.95 之间；而潜变量的聚合效度（AVE）除了交互式学习的值为 0.448 低于 0.5 以外，其余都大于 0.5，表明效度尚可。该部分的分析也说明整体测量模型的内在结构适配度还不错。

表 7.27　各观测变量的标准化因子载荷和 R^2

观测变量		标准化因子载荷	R^2	成分信度	聚合效度
主体要素环境（MFE）	MFE2	.745	.555	.850	.743
	MFE1	.965	.931		
区域文化环境（RCE）	RCE3	.682	.466	.827	.617
	RCE2	.818	.670		
	RCE1	.846	.716		

续表

观测变量		标准化因子载荷	R^2	成分信度	聚合效度
区域政策环境 （RPE）	RPE3	.866	.750	.896	.742
	RPE2	.894	.799		
	RPE1	.822	.676		
交互式学习(IL)	SR	.638	.407	.764	.448
	UIR	.727	.528		
	HR	.665	.443		
	VR	.644	.415		
技术创新绩效 （IP）	IP2	.832	.691	.891	.804
	IP1	.958	.917		

此外,从 AMOS 5.0 的分析结果我们也可以得到各个变量间的相关系数,由表 7.28 可知,主体要素环境、区域文化环境和区域政策环境与企业技术创新绩效之间存在极其显著的相关,这就满足了本研究接下来对区域创新系统(RIS)中交互式学习的中介效应进行检验的前提条件。[1]

表 7.28　变量间的相关系数

相关关系	相关系数	P
主体要素环境(MFE)←→区域文化环境(RCE)	.395	＊＊＊
主体要素环境(MFE)←→区域政策环境(RPE)	.440	＊＊＊
主体要素环境(MFE)←→交互式学习(IL)	.533	＊＊＊
主体要素环境(MFE)←→技术创新绩效(IP)	.507	＊＊＊
区域文化环境(RCE)←→区域政策环境(RPE)	.601	＊＊＊
区域文化环境(RCE)←→交互式学习(IL)	.754	＊＊＊
区域文化环境(RCE)←→技术创新绩效(IP)	.217	.008
区域政策环境(RPE)←→交互式学习(IL)	.526	＊＊＊
区域政策环境(RPE)←→技术创新绩效(IP)	.404	＊＊＊
交互式学习(IL)←→技术创新绩效(IP)	.467	＊＊＊

＊＊＊表示 P＜0.001。

---

[1]　温忠麟、张雷、侯杰泰、刘红云:《中介效应检验程序及其应用》,载《心理学报》2004 年第 5 期,第 614—620 页。

▷▷ **7.3.5 模型拟合与假设检验**

7.3.5.1 模型拟合与评价

本研究应用 AMOS 5.0 软件对整体概念模型进行检验(见图 7.4)。

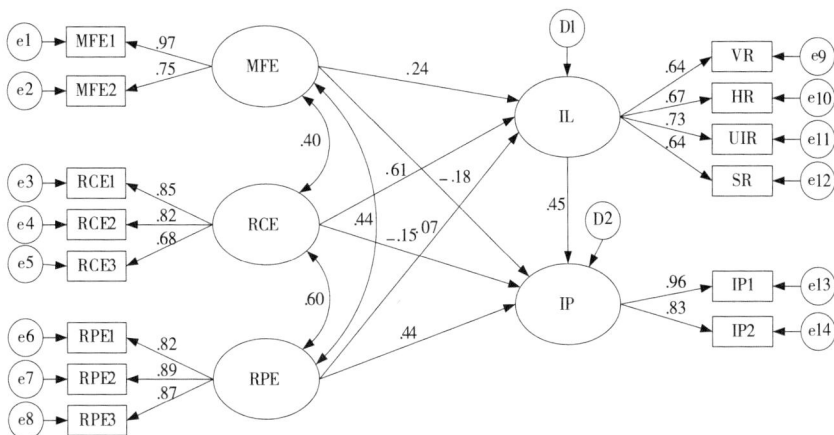

图 7.4 概念模型的路径图与总样本的路径系数

AOMS 软件分析完成,在输出的"模型提示"部分没有出现错误或警告信息,意味着没有发生违反估计的现象,可以安全地进入下面的评估程序。

各项拟合度指标的值见表 7.29,变量间路径系数的标准和非标准化数值见表 7.31,变量间的直接和间接影响效应见表 7.32。从表 7.29 中我们可以看到,各项拟合指标的值均在理想范围之内,虽然卡方值达到显著,但由于其容易受到样本数量的影响,所以还要再观察其他指标。卡方与自由度之比小于 2,均方根残差(RMR)和近似均方根残差(RMSEA)均小于 0.05,GFI、AGFI、CFI、NFI、IFI、RFI 等拟合指数均高于 0.9,这些都说明假设模型与样本数据的拟合程度很好。

表 7.29 结构方程模型的拟合指数(总样本)

拟合指数	数值
卡方统计量(CMIN)	88.803
DF	67
P 值	.039

续表

拟合指数	数值
卡方与自由度之比(CMIN/DF)	1.325
均方根残差(RMR)	.026
近似均方根残差(RMSEA)	.042
拟合优度指数(GFI)	.939
调整后拟合优度指数(AGFI)	.904
比较拟合指数(CFI)	.983
规范拟合指数(NFI)	.935
非范拟合指数(TLI)	.977
增量拟合指数(IFI)	.983
相对拟合指数(RFI)	.912

　　AMOS5.0 软件给出了模型修正建议,但由于修正模型所要增加的相关关系和因果关系得不到相应的理论支持,而且假设模型的拟合程度很好,所以对于初始的假设模型不做修订。

　　根据模型的分析结果(见表7.31),我们可以看到主体要素环境(MFE)与交互式学习(IL)之间的标准化路径系数为0.238,在 P<0.01 水平达到显著;区域政策环境(RPE)与交互式学习(IL)之间的标准化路径系数为0.066,但未达显著;区域文化环境(RCE)与交互式学习(IL)之间的标准化路径系数为0.610,在 P<0.001 水平达到显著;主体要素环境(MFE)和区域文化环境(RCE)与企业技术创新绩效(IP)之间标准化路径系数未达显著;区域政策环境(RPE)与技术创新绩效(IP)之间的标准化路径系数为0.436,在 P<0.001 水平达到显著;交互式学习(IL)与企业技术创新绩效(IP)之间的标准路径系数为0.446,在 P<0.001 水平达到显著,这些将为假设检验提供依据。

　　结构方程模型对于各个变量的解释程度(R^2)可见表7.30。可见模型对各个变量的解释程度较好。

表 7.30　模型对变量的解释程度

变量	IL	IP	IP1	IP2	SR	UIR	HR	VR
R^2	.621	.199	.691	.917	.407	.528	.443	.415
变量	RPE1	RPE2	RPE3	RCE1	RCE2	RCE3	MFE1	MFE2
R^2	.676	.799	.750	.716	.670	.466	.931	.555

表 7.31　总样本的路径系数估计值

路径	标准化路径系数	路径系数	C.R.	P
交互式学习（IL）←主体要素环境（MFE）	.238	.128	3.006	.003
交互式学习(IL)←区域政策环境(RPE)	.066	.045	.704	.481
交互式学习(IL)←区域文化环境(RCE)	.610	.307	5.546	＊＊＊
技术创新绩效（IP）←主体要素环境（MFE）	−.181	−.181	−1.024	.306
技术创新绩效（IP）←区域文化环境（RCE）	−.153	−.143	−.919	.358
技术创新绩效（IP）←区域政策环境（RPE）	.436	.555	3.903	＊＊＊
技术创新绩效(IP)←交互式学习(IL)	.446	.567	3.975	＊＊＊

＊＊＊表示 P＜0.001。

表 7.32　变量间的标准化影响效应数值（总样本）

		RCE	RPE	MFE	IL	IP
直接效应	IL	.610	.066	.238	.000	.000
	IP	−.153	.436	−.181	.446	.000
间接效应	IL	.000	.000	.000	.000	.000
	IP	.272	.029	.106	.000	.000

7.3.5.2 假设检验

1. 主体要素环境(MFE)与交互式学习(IL)：假设 H1

从表 7.31 中可以看出主体要素环境与交互式学习之间的标准化路径系数为 0.238，在 P＜0.01 水平达到显著。这表明珠三角地区的主体要素环境对于企业与相关主体之间的交互式学习有着直接的正向影响,并且这种影响是显著的。因此,假设 H1 得到了实证支持。

2. 主体要素环境(MFE)与企业技术创新绩效(IP):假设 H2

从表 7.31 中可以看出,主体要素环境与企业技术创新绩效之间的标准化路径系数为 -0.181,但未通过显著性检验。因此,珠三角地区的主体要素环境对于企业技术创新绩效直接的影响并不显著,假设 H2 没有获得实证支持。

3. 区域文化环境(RCE)与交互式学习(IL):假设 H3

从表 7.31 中可以看出,区域文化环境与交互式学习之间的标准化路径系数为 0.610,在 $P < 0.001$ 水平达到显著,这表明企业所在区域的文化环境对于企业与相关主体之间的交互式学习有着直接的正向影响,并且这种影响是显著的。因此,假设 H3 得到了实证支持。

4. 区域文化环境(RCE)与企业技术创新绩效(IP):假设 H4

从表 7.31 中可以看出,区域文化环境与企业技术创新绩效之间的标准化路径系数为 -0.153,但未通过显著性检验。因此,企业所在区域的文化环境对于企业技术创新绩效直接的影响并不显著,假设 H4 没有获得实证支持。

5. 区域政策环境(RPE)与交互式学习(IL):假设 H5

从表 7.31 中可以看出,区域政策环境与交互式学习(IL)之间的标准化路径系数为 0.066,但未通过显著性检验。因此,珠三角地区的政策环境对于企业与相关主体的交互式学习的直接正向影响并不显著,假设 H5 没有获得实证支持。

6. 区域政策环境(RPE)与企业技术创新绩效(IP):假设 H6

从表 7.31 中可以看出,区域政策环境与企业技术创新绩效之间的标准化路径系数为 0.436,在 $P < 0.001$ 水平达到显著。这表明珠三角地区的政策环境对于企业的技术创新绩效有着直接的正向影响,并且这种影响是显著的。因此,假设 H6 得到了实证支持。

7. 交互式学习(IL)与企业技术创新绩效(IP):假设 H7

从表 7.31 中可以看出,交互式学习与技术创新绩效之间的标准化路径系数为 0.446,在 $P < 0.001$ 水平达到显著。这表明珠三角地区企业与区域内相关主体要素间的交互式学习对于企业的技术创新绩效有着直接的正向

影响,并且这种影响是显著的。因此,假设 H7 得到了实证支持。

8. 交互式学习(IL)的中介效应:假设 H8、假设 H9、假设 H10

本研究采用结构方程模型的方法来研究交互式学习的中介作用。与传统的中介作用检验采用的多元回归分析方法相比,结构方程模型允许对所有的变量同时进行检验,并能评价整个模型的拟合效果,而且这种方法还可以减少犯 I 类错误的概率。[①]

由上一节的分析可以知道,主体要素环境、区域文化环境、区域政策环境与企业技术创新绩效具有显著的相关关系,因此符合中介效应检验的前提条件。

由 AMOS5.0 的分析结果可以看出,主体要素环境对交互式学习会产生显著的正向影响(标准化路径系数为 0.238 * *),而交互式学习对企业技术创新绩效的正向影响也是显著的(标准化路径系数为 0.446 * * *);与此同时,主体要素环境对于企业技术创新绩效的直接影响并不显著(标准化路径系数为 -0.181,未达显著)。因此,交互式学习在主体要素环境对企业技术创新绩效的影响中具有显著的中介效应(中介效应为 0.106),而且是一种完全的中介效应(Full Mediation Effect),假设 H8 得到了实证支持。

区域文化环境对于交互式学习会产生显著的正向影响(标准化路径系数为 0.610 * * *),而交互式学习对于企业技术创新绩效的正向影响也是显著的(标准化路径系数为 0.446 * * *),与此同时,区域文化环境对企业技术创新绩效的直接影响并不显著(标准化路径系数 -0.153,未达显著),因此,交互式学习在区域文化环境对于企业技术创新绩效的影响中具有显著的中介效应(中介效应为 0.272),而且是一种完全的中介效应,假设 H9 得到了实证支持。

区域政策环境对于企业与相关要素的交互式学习的影响并不显著(标准化路径系数为 0.066,未达显著),而交互式学习对于企业技术创新绩效的影响则是显著的(0.446 * * *)。分析交互式学习在区域政策环境对于企业技术创新绩效的影响中的中介效应,根据依次检验的结果,这一中介效应是不显著的,但为了更准确地判断,就需要做 Sobel 检验。根据计算,

---

① 张志杰:《时间管理倾向与自尊、自我效能、学习满意度:中介作用分析》,载《心理科学》2005 年第 3 期,第 566—568 页。

Sobel检验的 Z 值为 0.639,在 0.05 水平未达显著,因此交互式学习对于区域政策环境与企业技术创新绩效之间的中介效应不显著(间接效应为 0.029),假设 H10 未得到实证支持。

综上所述,对于交互式学习中介效应的检验,假设 H8 和假设 H9 得到实证的支持,而假设 H10 未得到实证的支持,即交互式学习在主体要素环境和区域文化环境对于企业技术创新绩效的影响中起着完全的中介效应,但在区域政策环境对于企业技术创新绩效的影响中的中介效应并不显著。

7.3.5.3 概念模型的普遍适用性

1. 拟合程度分析

由于样本量的限制,本研究仅分析概念模型对于不同行业样本的拟合情况。考虑到样本的数量问题,本研究将回收样本根据传统制造业和技术密集型行业进行了分类,其中传统制造业包括化工、纺织以及制造业,技术密集型行业包括信息技术、生物、制药、新材料等产业,两类各包含样本企业 104 个和 83 个。

利用两个分样本的数据进行结构方程分析,AMOS 5.0 软件运行后在输出的"模型提示"部分没有出现错误或警告信息,意味着没有发生违反估计的现象,可以安全地进入下面的评估程序。

根据给出的拟合指数可以看出(见表 7.33),通过两个分样本的数据分析出的卡方值均不显著。与总样本的卡方值对比可以看出,样本量的大小确实会影响到卡方值的显著性。卡方值与自由度之比均小于 2,两个样本的 RMR 和 SMSEA 的值均小于 0.05,GFI、CFI、NFI、IFI 等拟合指数均高于 0.9,AGFI、RFI 的值虽低于 0.9 但高于 0.8,这些数据说明假设模型与分样本数据的整体拟合程度较好。

表 7.33 结构方程模型的拟合指数(分样本)

拟合指数	传统制造业	技术密集型行业
卡方统计量(CMIN)	68.756	71.701
DF	67	67
P 值	.418	.325
卡方与自由度之比(CMIN/DF)	1.026	1.070

续表

拟合指数	传统制造业	技术密集型行业
均方根残差(RMR)	.031	.036
近似均方根残差(RMSEA)	.016	.029
拟合优度指数(GFI)	.916	.914
调整后拟合优度指数(AGFI)	.869	.848
比较拟合指数(CFI)	.997	.992
规范拟合指数(NFI)	.907	.904
非范拟合指数(TLI)	.996	.989
增量拟合指数(IFI)	.997	.993
相对拟合指数(RFI)	.874	.860
样本量	104	83

2. 传统制造业样本的假设检验

表 7.34　传统制造业样本的路径系数估计值

路径	标准化路径系数	路径系数	C.R.	P
交互式学习(IL)←主体要素环境(MFE)	.226	.190	3.146	.002
交互式学习(IL)←区域政策环境(RPE)	.138	.102	1.018	.309
交互式学习(IL)←区域文化环境(RCE)	.589	.270	3.880	＊＊＊
技术创新绩效(IP)←主体要素环境(MFE)	−.059	−.059	−.462	.644
技术创新绩效(IP)←区域文化环境(RCE)	−.286	−.226	−1.315	.189
技术创新绩效(IP)←区域政策环境(RPE)	.344	.431	3.576	＊＊＊
技术创新绩效(IP)←交互式学习(IL)	.450	.778	5.535	＊＊＊

＊＊＊P<0.001。

表 7.35　传统制造业样本变量间的标准化影响效应数值

		RCE	RPE	MFE	IL	IP
直接效应	IL	.589	.138	.226	.000	.000
	IP	−.286	.344	−.059	.450	.000
间接效应	IL	.000	.000	.000	.000	.000
	IP	.265	.062	.102	.000	.000

通过对传统制造业的 104 个样本的数据进行分析(见表 7.34、表 7.35),我们可以看到主体要素环境(MFE)与交互式学习(IL)之间的标准路径系数为 0.226,在 P<0.01 水平达到显著。因此,假设 H1 得到实证支持。

区域文化环境(RCE)与交互式学习(IL)之间的标准路径系数为 0.589,在 P<0.001 水平达到显著。因此,假设 H3 得到实证支持。

主体要素环境(MFE)和区域文化环境(RCE)与企业技术创新绩效(IP)之间的标准化路径系数均不显著。因此,假设 H2 和假设 H4 未得到实证支持。

区域政策环境(RPE)与交互式学习(IL)之间的标准化路径系数为 0.138,但未达显著。因此,假设 H5 未得到实证支持。

区域政策环境(RPE)与技术创新绩效(IP)之间的标准化路径系数为 0.344,在 P<0.001 水平达到显著。因此,假设 H6 得到实证支持。

交互式学习(IL)与企业技术创新绩效(IP)之间的标准化路径系数为 0.450,在 P<0.001 水平达到显著。因此,假设 H7 得到实证支持。

对于传统制造业分样本中交互式学习中介效应的分析与总样本中的分析方法一样,交互式学习(IL)在主体要素环境(MFE)和区域文化环境(RCE)对于企业技术创新绩效(IP)的影响中具有显著的中介效应,中介效应分别为 0.102 和 0.265,而且是一种完全的中介效应。因此,假设 H8 和假设 H9 得到实证的支持。

交互式学习(IL)在区域政策环境(RPE)对于企业技术创新绩效(IP)影响中的中介效应根据依次检验,结果不显著,由计算可得 Sobel 检验的 Z 值为 0.102,在 0.05 水平,未达显著,这与依次检验的结果一样。由此可以判断,在区域政策环境(RPE)对于企业技术创新绩效(IP)的影响中,交互式学习(IL)的中介效应不显著,假设 H10 未得到实证的支持。

3. 技术密集型行业样本的假设检验

表 7.36　技术密集型行业样本的路径系数估计值

路径	标准化路径系数	路径系数	C. R.	P
交互式学习(IL)←主体要素环境(MFE)	.246	.117	2.061	.039
交互式学习(IL)←区域政策环境(RPE)	−.116	−.080	−.651	.515
交互式学习(IL)←区域文化环境(RCE)	.749	.364	3.381	＊＊＊
技术创新绩效(IP)←主体要素环境(MFE)	.301	.264	2.414	.016
技术创新绩效(IP)←区域文化环境(RCE)	−.088	−.078	−.335	.738
技术创新绩效(IP)←区域政策环境(RPE)	.689	.872	3.614	＊＊＊
技术创新绩效(IP)←交互式学习(IL)	.419	.431	3.522	＊＊＊

＊＊＊P<0.001。

表 7.37　技术密集型行业样本中变量间的标准化影响效应数值

		RCE	RPE	MFE	IL	IP
直接效应	IL	.749	−.116	.246	.000	.000
	IP	−.088	.689	.301	.419	.000
间接效应	IL	.000	.000	.000	.000	.000
	IP	.314	−.047	.103	.000	.000

通过对技术密集型行业的 83 个样本的数据进行分析(见表 7.36、表 7.37),我们可以看到主体要素环境(MFE)与交互式学习(IL)之间的标准路径系数为 0.246,在 P<0.05 水平达到显著。因此,假设 H1 得到实证支持。

主体要素环境(MFE)与企业技术创新绩效(IP)之间的标准化路径系数为 0.301,在 P<0.05 水平达到显著。因此,假设 H2 得到实证支持。

区域文化环境(RCE)与交互式学习(IL)之间的标准化路径系数为

0.749,在 P<0.001 水平达到显著。因此,假设 H3 得到实证支持。

区域文化环境(RCE)与企业技术创新绩效(IP)之间的标准路径系数为−0.088,但未达显著。因此,假设 H4 未得到实证支持。

区域政策环境(RPE)与交互式学习(IL)之间的标准化路径系数为−0.116,但未达显著。因此,假设 H5 未得到实证支持。

区域政策环境(RPE)与技术创新绩效(IP)之间的标准化路径系数达到0.689,在 P<0.001 水平达到显著。因此,假设 H6 得到实证支持。

交互式学习(IL)与企业技术创新绩效(IP)之间的标准化路径系数为0.419,在 P<0.001 水平达到显著。因此,假设 H7 得到实证支持。

由于主体要素环境(MFE)与交互式学习(IL)和技术创新绩效之间(IP)的路径系数均达到显著,同时交互式学习(IL)与技术创新绩效(IP)之间的路径系数也达到显著,因此,交互式学习在主体要素环境对企业技术创新绩效的影响中具有显著的中介效应,中介效应为 0.103,但不是完全的中介效应,而是部分中介效应(Partial Mediation Effect),总的效应为 0.404,中介效应占总效应的比例为 25.5%。因此,假设 H8 得到实证支持。

交互式学习(IL)在区域文化环境(RCE)对于企业技术创新绩效(IP)的影响中具有显著的中介效应(中介效应为 0.314),而且是一种完全的中介效应。因此,假设 H9 得到实证支持。

交互式学习(IL)在区域政策环境(RPE)对于企业技术创新绩效(IP)影响中的中介效应根据依次检验,结果不显著,由计算可得 Sobel 检验的 Z 值为−0.644,在 0.05 水平未达显著,这与依次检验的结果一样。由此可以判断,在区域政策环境(RPE)对于企业技术创新绩效(IP)的影响中,交互式学习(IL)的中介效应不显著,假设 H10 未得到实证的支持。

▷▷ 7.3.6 研究结果

综合不同样本的检验结果,我们可以看出不同的样本对于研究假设的支持情况(见表 7.38)。从汇总表中我们可以看到,除了在假设 2 上不同的样本产生的检验结果有差异之外,其他各个假设检验的情况基本一致。因此,本研究所提出的概念模型对于珠三角的企业具有一定的普遍适用性。

表 7.38 不同样本假设检验的结果

假设		检验结果		
		传统制造业样本	技术密集型行业样本	总样本
H1	区域主体要素环境对于企业与相关要素之间的交互式学习有着直接的正向影响:企业与相关主体要素之间的邻近性程度越高,它们之间的交互式学习就越容易发生。	支持	支持	支持
H2	区域主体要素环境对于企业技术创新绩效有着直接的正向影响:企业与相关主体要素之间的邻近性程度越高,企业的技术创新绩效就越好。	不支持	支持	不支持
H3	区域文化环境对于企业与相关主体要素之间的交互式学习有着直接的正向影响:企业所在区域创新的文化环境越好,企业与相关主体要素之间的交互式学习就越容易发生。	支持	支持	支持
H4	区域文化环境对于企业的技术创新绩效有着直接的正向影响:企业所在区域创新的文化环境越好,企业的技术创新绩效就越好。	不支持	不支持	不支持
H5	区域政策环境对于企业与相关主体要素之间的交互式学习具有直接的正向影响:企业所在区域的创新政策环境越好,企业与相关主体要素之间的交互式学习就越容易发生。	不支持	不支持	不支持
H6	区域政策环境对于企业的技术创新绩效有着直接的正向影响:企业所在区域的创新政策环境越好,企业的技术创新绩效就越好。	支持	支持	支持
H7	企业与区域内的相关主体要素之间的交互式学习对于企业的技术创新绩效具有直接的正向影响:它们之间的交互式学习开展得越深入,企业的技术创新绩效就越好。	支持	支持	支持

续表

假设		检验结果		
		传统制造业样本	技术密集型行业样本	总样本
H8	企业与相关主体要素之间的交互式学习在主体要素环境对于企业技术创新绩效的影响中具有显著的中介效应:主体要素环境会通过影响企业与相关主体要素间的交互式学习进而影响到企业的技术创新绩效。	支持	支持	支持
H9	企业与相关主体要素之间的交互式学习在区域文化环境对于企业技术创新绩效的影响中具有显著的中介效应,区域文化环境会通过影响企业与相关主体要素间的交互式学习进而影响到企业的技术创新绩效。	支持	支持	支持
H10	企业与相关主体要素之间的交互式学习在区域政策环境对于企业技术创新绩效的影响中具有显著的中介效应,区域政策环境会通过影响企业与相关主体要素间的交互式学习进而影响到企业的技术创新绩效。	不支持	不支持	不支持

7.4 实证研究结果讨论

7.4.1 主体要素环境

7.4.1.1 主体要素环境与交互式学习

在本研究中,主体要素环境对于 RIS 中企业与区域内相关主体要素间的交互式学习有着显著的正向影响,而这种影响在技术密集型行业和传统制造业的分样本中都是成立的。

良好的要素环境保证了企业与其开展技术创新活动有关的各种组织和机构在地理上的邻近。空间上的接近加速了频繁、紧密和面对面的互动。这种互动,无论是计划的、正式的,还是无计划的、非正式的,都导致了互动学习。企业的技术知识往往是隐性的,这类知识的传播在很大程度上依赖于个人的非正式接触。洛伦岑认为地理上的企业集聚,正如在产业区中,其位于同一地区,处于同样的社会—经济环境,有利于隐性知识的分享。① 对于信息交流渠道来说,邻近性依然很重要,因为许多信息要依靠面对面的传播,正如在有身体接触的运动项目中一样。在地理区位靠近的条件下,区域内行为主体之间的信息和知识的交流得到改善,创新机会也会得到增加。目前,广东省具备一定生产规模和能力水平的各类产业集群和专业镇有277 个,主要分布在珠江三角洲地区,集中在电子信息、电气机械及专用设备、纺织服装、食品饮料、建筑材料、金属制品等行业,镇级经济规模达 20 亿元的(包括接近 20 亿元的专业镇)有 125 个,其中超过 30 亿元的有 59 个,年产值 100 亿元以上的有 24 个。② 此外,珠三角地区还集中了广东省大部分的高等院校、科研机构以及科技人员等各种资源,而且区域内的交通、通信网络都十分发达。这些条件都为企业的创新发展提供了良好的主体要素环境,也大大促进了与相关主体要素的交互式学习。

本研究的结论也符合库克、史密斯(K. Smith)等学者所提出的"要素的邻近是交互式学习的基本条件"这一观点,而斯托普、库克、多罗瑞克斯、希米、马斯凯尔和马姆博格、费舍尔、阿歇姆和库克、杰斐、弗里奇和舒沃腾、野中郁次郎和瑞恩穆勒、王缉慈、弗里奇、赫登、卡尔松和曼达赫、赫奥德、奥德斯克、费尔德曼、考夫曼等学者在他们各自的研究中所提出的企业与相关主体要素的邻近有利于创新网络的形成、进而促进隐性知识的交流和开展集体学习的观点,也得到了检验和支持。

与此同时,本研究的实证结果也支持了一些学者实证研究的结论,这些实证研究结论的中心思想就是地理邻近降低了面对面接触和交流的成本。距离越近,产生合作的可能性也越大。如萨克森宁对硅谷的研究,肯定了邻近性对知识交流和转移的重要性;罗珀、安瑟宁等学者对知识溢出趋势的研究显示,获得知识溢出的企业在空间上都是围绕着知识源的;艾格恩等对德国研究机构的衍生企业的研究,肯定了邻近性的重要作用;迪茨对巴塞罗那产业带的研究、奥德斯克和斯蒂芬对美国生物科技企业的研究、弗

---

① Lorenzen M., *Specialisation and localised learning*. Copenhagen: Copenhagen Business School Press, 1998.

② 广东省经贸产业技术处:《广东"十五"产业技术进步综述》,http://www.gdtg.com.cn/2006-11/2006112380846.htm。

里奇和舒沃腾对于德国部分区域的研究,都证明了空间邻近性对合作关系的建立具有积极的影响;托蒂宁和考夫曼对奥地利的上奥地利省的研究显示了邻近性对企业建立合作关系、获得知识溢出效应具有重要的影响;阿恩特和斯腾伯格、克斯夏特斯基和斯腾伯格对欧洲区域创新调查项目中的区域所进行的实证研究、托蒂宁和考夫曼对欧洲 RE-GIS 项目调查结果的分析,则证实了空间邻近性是企业开展各种交互式学习的决定性因素。

7.4.1.2 主体要素环境与企业技术创新绩效

在本研究中,对于总样本和传统制造业分样本的研究显示,主体要素环境对于企业技术创新绩效的正向影响并不显著,而在技术密集型行业的分样本中,这一影响则是显著的。但在所有的样本中,主体要素环境都会通过交互式学习的中介作用来对企业的技术创新绩效产生影响,只不过交互式学习在总样本和传统制造业分样本中要发挥完全的中介效应,而在技术密集型行业则发挥的是部分中介效应。

凯普宁和斯坦纳、钦尼兹(Chinitz)、波特等学者认为,当地特定服务的有效性和更高的效率,如各种公共服务和基础服务设施,都会直接影响企业的技术创新绩效。但这些论点在本研究中仅仅得到了技术密集型行业分样本的支持。当然这并不是说主体要素环境对于企业技术创新绩效不重要,而是其要通过交互式学习的中介作用来间接作用于技术创新绩效。马斯凯尔和马姆博格、斯腾伯格、弗罗霍尔德·艾斯比斯、卡玛格尼、夏特兹、科格特、伦德瓦尔等学者认为,企业与主体要素在地理上的邻近性促进了企业与主体要素的交互式学习,对于降低技术创新的不确定性、加快技术问题的解决大有裨益;与此同时,库克对德国巴符州汽车产业的研究、阿歇姆和伊萨克森对挪威的 RIS 的研究,都说明了企业与区域内相关组织和机构间的交互式学习是其技术创新能力快速提升的关键;而沃伊尔(R. Voyer)则研究认为,企业、教育与研究机构、金融和其他商业机构等在地理上的邻近聚集提高了企业创新过程的效率。这些都说明了主体要素环境会通过影响企业与主体要素的交互式学习,进而间接影响到企业的技术创新绩效。

在本研究考察的技术密集型行业样本中,电子、信息技术行业的企业占了 87%,这在一定程度上也显示出珠三角的产业特色。经过多年的发展,珠三角已逐渐形成了相对完整的 IT 产业链,成为全国最大的电子通信制造业基地和"信息产业走廊",电子信息设备制造业企业的数量占到了全省的 90％以上。产业带内同类企业共居一地,同行业相互比较,有了价格、质量和产品差异化程度的评价标尺。为了满足集群内有经验的、挑剔的客户们的要求,为了在激烈的竞争中占有一席之地,企业必须不断地提升自身的创新能力。与此同时,相关企业在区域内的集中会吸引大量的专业人才和熟练的劳动力在区域内扎堆,同时也便于各种公共服务机构提供更有针对性的配套服务,充足的人力资源和良好的服务也保证了企业技术创新活动的开展。因此,企业与相关主体要素之间的邻近性也就发挥了重要的作用,不光通过促进交互式学习来提升企业技术创新绩效,还可直接作用于企业的技术创新能力建设。克斯夏特斯基和斯腾伯格在对欧洲区域创新调查项目的分析中认为,企业创新活动的知识密集度越高,空间邻近性就越重要;柯斯特和霍尔的研究也认为,大学和产业间的联系以及知识的溢出常常导致区域高新技术的发展。这些都与本文的结论相一致。本研究同时也支持了阿歇姆和柯伦、达鲁姆等学者对瑞典北加特兰地区的无线通信产业发展的研究结论,而库克在对英格兰东南部的创新热点区域、荷兰的阿姆斯特丹－乌得勒支走廊以及瑞典的斯德哥尔摩－乌普沙拉走廊的 ICT、生物科技和媒体产业的研究中所得出的结论也得到了支持,即区域内相关主体要素的存在是高新技术企业发生交互式学习的前提条件,同时也直接影响着当地企业的技术创新绩效。

▷▷ 7.4.2 区域文化环境

7.4.2.1 区域文化环境与交互式学习

在本研究中,区域文化环境对于 RIS 中企业与区域内相关主体要素间的交互式学习有着显著的正向影响,而这种影响在技术密集型行业和传统制造业的分样本中都是成立的。

王丹阳等人认为,区域文化是通过对人的各种影响来参与经济活动的,进而成为 RIS 中的重要能动因子,地区长期沉积下来的价值观念、思维方式、制度规范、生活方式和交往方式等,会直接或间接地决定着区域的物质和精神活动。[①] 共同分享的社会和文化价值会影响集体学习和交互式学习

---

① 王丹阳、张冰、王裕:《区域文化对区域创新系统的影响机制及对策分析》,载《工业技术经济》2006 年第 5 期,第 84—87 页。

的内容、范围、效果等各个方面,缺乏共同的社会和文化基础将会阻碍相关要素间关系的发展。由于文化的导向和凝聚作用,区域内企业间的非契约关系会变得较为稳固,交流、沟通更趋于"制度化",因此,合作创新更容易发生。① 与此同时,考夫曼和托蒂宁研究认为,企业之间信任的缺乏会阻碍合作创新的开展。② 珠三角地区是我国经济与科技发展水平较高的区域,主导产业科技含量高,信息产业比重大,工业企业科技创新实力较为突出,在创新的文化方面融合了"开放、包容、敢为天下先"等岭南文化特色,已经表现出"注重交流合作、崇尚学习、鼓励冒险和容忍失败"等特点,较好的创新文化环境对交互式学习的推动作用在本研究中也得到了体现。

本研究的结论支持了阿歇姆和伊萨克森的观点,即企业是当地网络的一部分,它们之间的交互作用常常是建立在相互信任和互惠的社会价值观和集体愿景之上的;同样也支持了库克、多罗瑞克斯、马斯凯尔、费列罗和马菲欧利、阿歇姆和柯伦、伦德瓦尔、费舍尔、考夫曼、张艳等学者所认同的区域文化对交互式学习具有积极的促进作用的观点。

与此同时,本研究的结论也与国外一些学者的实证研究结论取得了一致,如克斯夏特斯基和斯腾伯格在对欧洲区域创新调查的数据进行分析后认为,共享的区域文化是交互式学习发生的前提条件;萨克森宁在对马萨诸塞州的128号公路和加州的硅谷的对比研究中指出导致两地企业创新活力差异的关键就在于文化的差异;迪茨在对巴塞罗那产业带的研究中认为,区域内的文化因素对于企业通过外部网络获取知识和信息具有很大的影响;阿歇姆和伊萨克森在分析挪威孙默勒地区的 RIS 时指出,当地的文化促进了企业间的知识流动和交互式的学习;伊萨克森在对欧洲的 RIS 进行对比研究时指出,企业与相关的组织和机构的合作需要一种共同认可的文化的推动。

7.4.2.2 区域文化环境与企业技术创新绩效

在本研究中,区域文化环境对企业技术创新绩效没有显著的正向影响作用,在对技术密集型行业和传统制造业分样本的分析中也得到了同样的结

---

① 盖文启:《创新网络——区域经济发展新思维》,北京大学出版社 2002 年版。

② Kaufmann. A, Todtling. F, "System of Innovation in Traditional Industrial Regions: the Case of Styria in A Comparative Perspective." *Regional Studies*, Vol. 2000, 34(1).

论。但这一结论并不意味着区域文化环境对企业技术创新绩效不重要，其对企业技术创新绩效的影响主要通过交互式学习的中介作用来发挥间接效应，而这种间接的正向效应在总样本和各分样本分析中都是显著的。

不同的区域有不同的社会文化环境，当一个地区存在独特的产业文化时，根植往往会对 RIS 的创新效率和创新能力产生很大的影响。隋映辉等认为，传统社会文化的底蕴越深，创新思想越是难以容纳。而长期以来，我国引以自豪的相互共容、彼此一致的传统文化不仅养成了墨守成规和安于现状的思想，而且还形成了难以对创新者采取宽容的态度，压抑了一些创新成果的诞生，①这也可能是区域文化环境未能直接作用于企业技术创新绩效的原因之一。因此，创新文化环境的培育也是 RIS 建设的关键一环。虽然并没有明确指出区域文化环境是直接还是间接对企业的技术创新绩效产生影响，但很多学者在研究中都指出了文化环境对于企业开展技术创新的重要性。如艾德奎斯特和约翰逊、诺斯、威廉姆森（Williamson）等学者认为，区域文化中的非正式的规范和惯例会影响知识的流动以及网络化活动的开展，也就影响着特定区域中的交互式学习和创新；迪茨在对巴塞罗那产业带进行研究时也强调了当地的创新的文化氛围对于企业技术创新的重要性；克斯夏特斯基在对法国的阿尔萨斯和德国的巴登地区的研究中也指出区域文化对这两个相邻区域内的企业之间的合作和交互式学习有很大的影响，进而影响到区域内企业在技术创新方面的表现。本研究的实证结论在一定程度上支持了这些学者的观点，即区域文化环境会对企业技术创新绩效产生正向影响，但这种影响一定要通过推进企业与区域内相关主体要素的交互式学习来起作用。

▷▷ 7.4.3 区域政策环境

7.4.3.1 区域政策环境与交互式学习

在本研究中，区域政策环境对于 RIS 中的企业与相关主体要素间的交互式学习没有显著的正向影响作用，在对技术密集型行业和传统制造业分样本的分析中也得到了同样的结论。国内外很多学者认为，区域对需要创

---

① 隋映辉：《城市创新生态系统与"城市创新圈"》，载《社会科学辑刊》2004 年第 2 期，第 65—70 页。

新支持的企业来说,是政策发挥作用的最好的层面,因为创新政策可以有目的地强化企业的技术创新支持基础、促进企业与相关组织和机构之间的交互作用。同时区域政策环境也可以对技术创新的产生和扩散起到协调和促进作用,降低本地区企业间的交易成本,从而能够使区域的发展表现出整体的优势。但这些观点在本研究中并未得到支持。

库克、艾冈、拉亨代克、恩莱特、多罗瑞克斯等国外学者研究认为,创新网络建设已经成为区域创新政策的核心,它有利于交互式学习的发生。但是这一观点在本研究中并未得到支持。C. W. 徐认为区域政策的实质就是"推进企业与区域内的相关组织和机构发生交互式作用,以获取所需的知识、加快创新的速度、降低创新的风险",此观点也没有得到支持。而库克对美国马萨诸塞州波士顿地区和英国剑桥地区的 RIS 的实证研究,翁萨格和阿森、阿歇姆和柯伦分别对挪威罗格兰德地区 RIS 的实证研究中所提出的区域政策措施可以推进企业与相关主体要素的交互式学习的观点,也未得到支持。这也说明本研究所调查的珠三角地区的创新政策在推进企业之间的合作、"产学研"合作等方面仍有欠缺。分析其原因,创新政策缺乏对产学研合作的引导支持、在技术创新中介体系建设方面的进展不快、公共创新平台的功能还不够完善、鼓励企业开展合作创新的政策激励力度不大、资助企业开展合作创新的面还不够广等方面,都影响了政府推进企业与相关组织和机构开展交互式学习的效果。根据笔者在以往的课题研究中对东莞、佛山、台山等地企业的调研,很多企业反映对相关领域创新源头的知识需求旺盛,但是由于省内的大学、科研院所的知识创新能力在水平上和学科领域分布上与企业的需要不相适应,或者是由于信息不对称,企业对于省内的大学和研究机构缺乏一定的了解而导致许多企业到省外寻求与大学和科研院所的合作,也增加了合作的成本与难度。因此很多企业希望政府和相关组织能够牵线搭桥,帮助企业与大学和科研院所开展合作。而在区域内的企业之间,尽管处于相同的行业,彼此之间有很大的合作空间,但由于缺乏政府、行业协会等组织和机构的积极引导,企业之间往往竞争多于合作,在很多地区形成了企业之间"老死不相往来"的局面。

7.4.3.2 区域政策环境与企业技术创新绩效

在本研究中,区域政策环境对于企业技术创新绩效具有显著的正向影响作用,在对技术密集型行业和传统制造业分样本的分析中也得到了同样的结论。政府在创新系统中提供外控变量,是创新网络的组织、建设和维护者。黄乾认为,在 RIS 中政府通过政策手段,可以矫正市场在企业创新过程中的缺陷;可以通过改善基础设施,营造企业发展和创新的硬环境;可以通过为企业创新提供服务和信息,降低企业创新风险;可以采用各种资助和促进措施来推进企业与大学和研究机构的合作等,而这些都大大有利于企业技术创新能力的建设。[①] 根据王大洲、关士续对我国国有大中型企业技术创新的实证研究,资金政策对企业技术创新活动的影响最大,引导型政策的影响次之,保护型政策(如知识产权保护和关税保护)的影响最小。这反映出附带资金收益的政策如减免税政策更为国有企业看重。相反,引导型政策如产业政策和技术政策通常由于没有直接的资金收益而影响较弱,而资金型政策对于企业技术创新带来的往往也是最为直接的影响。本研究的结论也说明珠三角地区的税收政策、资金支持政策、人才政策、法律法规保障等政策和法规在直接推进企业的技术创新方面还是起到了一定的作用,与阿歇姆、托蒂宁和考夫曼等学者的观点一致,即创新政策的主要目的就在于提升企业的创新能力。

本研究也支持了哈森克、库克、考夫曼等学者的结论,即不同形式的区域政策支持对企业的技术创新非常重要。此外,本研究的结论也与很多学者的实证结果取得了一致,如库克等学者在 1985 年对意大利的艾米利亚—罗马涅大区进行研究时便指出,面向小型企业需求的区域政策对于企业的技术创新非常关键,而其后在对美国加州、麻省、马里兰、北卡等州的生物科技的发展进行研究时,同样也指出了资金和税收方面的资助政策对于企业技术创新能力提升的重要性;克斯夏特斯基和斯腾伯格在对欧洲区域的实证研究中也指出,区域基础设施建设、具有区域差异化的资金资助和税收减免可以增强区域的创新潜力。

▷▷ 7.4.4 交互式学习

7.4.4.1 交互式学习与企业技术创新绩效

交互式学习是 RIS 概念的核心。创新的一个主要来源是对不同种类

[①] 黄乾:《区域创新系统中的政府角色定位》,载《经济论坛》2004 年第 12 期,第 19—21页。

技术和知识的融合。成功的创新型企业应该充分调动外部的技术资源和建议。交互式学习能够帮助企业减少技术创新中的不确定性。根据 OECD 在 1999 年发布的报告，以下几个方面的趋势相结合，正在改变成功的创新所依赖的条件：(1)创新越来越依赖于科学基础与商业部门之间有效的交互作用；(2)更具竞争性的市场和科学技术加速变化的步伐迫使公司更迅速地创新；(3)网络化与公司间的合作比以往更加重要，而且越来越涉及知识密集型服务；(4)中小企业，特别是新型的以技术为基础的公司，在新技术的开发和扩散中有更加重要的作用。在这种新的条件下，创新绩效不仅依赖于特定的行动者，如企业、研究机构或大学如何行动，而且更依赖于它们作为创新系统中的要素如何在不同层面上交互作用。[①]

在本研究中，企业与区域内相关主体要素的交互式学习对于企业的技术创新绩效有着显著的正向影响，在所有的样本中这一结论都是成立的。这也说明在珠三角地区，通过与相关组织和机构开展交互式学习获取技术创新所需知识，已经成为企业强化自身技术创新能力的一个重要手段。这一结论也支持了帕维特、库尔曼和雷格尔、格拉伯赫、库克、卡尔森、C. W. 徐、张艳等学者对于交互式学习在企业技术创新中所起作用的肯定。

与此同时，大量国外学者实证研究的结论也在本研究中得到了检验和支持，如杜尔夫曼、西格尔、斯米勒、维甘德、萨克森宁、弗里奇和鲁卡斯等学者认为，企业与大学和研究机构的深入合作对于硅谷、波士顿的 128 号公路、奥斯丁一圣安东尼奥走廊等区域内企业的技术创新绩效大有裨益；克斯夏特斯基等在对欧洲创新调查项目中的区域进行分析后认为，利用了网络活动的企业相比那些没有与其他企业或者研究机构发生联系的企业，显示出更好的经济绩效；安德森和伦德瓦尔、克斯夏特斯基、伦德瓦尔通过对不同区域内的制造类企业进行研究后认为，企业与供应商和客户间的密切的联系对于制造业的产品创新尤为有效；穆勒和岑克尔通过对法国和德国的 5 个区域的实证研究认为，SMEs 与 KIBS 的交互式作用确实是企业开展技术创新的促进因素；库克分析认为，德国巴符州汽车企业创新能力提升的关键就在于区域内的交互式作用能够很快地发生；阿歇姆和伊萨克森的研究

---

① 转引自李正风、曾国屏《OECD 国家创新系统研究及其意义——从理论走向政策》，载《科学学研究》2004 年 4 月第 22 卷第 2 期，第 206—211 页。

肯定了区域内企业间的交互式作用对挪威孙默勒地区企业持续的渐进性创新来说是一个重要的推动力量;阿歇姆和柯伦、洛伦岑对丹麦撒宁地区家具产业的研究显示,区域内企业创新的主要来源是交互式的学习活动;荣德和胡斯勒对法国制造业的实证研究显示,企业的创新能力会受到与大学建立关系的能力的积极影响;库克对美国马萨诸塞州的波士顿地区和英国剑桥地区的 RIS 的研究肯定了基于创新网络的交互式学习对于当地企业获得创新和发展所需知识的基础作用。

7.4.4.2　交互式学习的组成与中介作用

本研究通过二阶因子分析,检验了本书中所提出的企业与相关主体要素之间交互式学习的基本组成,即企业的交互式学习包括与客户和供应商的纵向交互式学习、与竞争对手和相关行业企业的横向交互式学习、与大学和科研院所等知识生产机构的交互式学习和与科技服务机构的交互式学习,支持了汉克森、费舍尔、迪茨、托蒂宁和考夫曼等学者对交互式学习基本组成的观点。这一结论也说明,在珠三角地区,企业基于创新网络,与不同的组织和结构之间开展了不同形式的交互式学习,表明珠三角的 RIS 具备了区域网络型创新系统(Regionally Networked Innovation System)的特征。

与此同时,交互式学习在珠三角的 RIS 中作为中介变量还发挥着重要的中介效应。主体要素环境、区域文化环境都要通过交互式学习来对企业技术创新绩效产生显著的影响。所不同的是,在主体要素环境对企业技术创新绩效产生影响的过程中,交互式学习在总样本和传统制造行业样本中发挥的是完全的中介效应,而在技术密集型行业样本中发挥的则是部分的中介效应。本研究对于交互式学习中介效应的检验,也肯定了交互式学习在 RIS 中的重要地位和作用,在一定程度上支持了伦德瓦尔、库克、多罗瑞克斯、多罗瑞克斯和帕托布、赫克特(M. P. Hekkert)等 RIS 研究学者在各自研究中所提出的"交互式学习是 RIS 的中心活动和基本功能,也是这一方法的核心"的观点。

第 **8** 章

区域创新系统理论的实践与指导：
科技园区建设

▶▶ **8.1 科技园区与 RIS**

区域产业集聚或产业集群基于本地化的学习和粘性知识，提供了推进创新型公司发展的最好的情境。不同地域层面的政府和各级部门都在尝试着推进创新，因此，创新政策也就成为推进区域和国民经济发展的政策的中心。在区域层面，集群和 RIS 被看成是一种政策框架或者发展模式，一种以之来实施长期的促进基于学习的创新、变革和改善过程的发展策略。

美国加州的硅谷在 20 世纪 70—80 年代的快速崛起的成功案例，促使很多国家和区域的政府通过制定专项的预算、划定专门的高新技术产业发展区来推进高新技术产业联合体的形成。这一做法在一定程度上也是在模仿斯坦福大学在 1951 年建立大学科技园时的模式。在政策制定者们努力复制斯坦福和硅谷高新技术的创新发展模式时，体现出来的一个非常明显的特点就是，大部分的政策和发展思路都是使研究中心与创新密集型企业（Innovation—intensive enterprises）同时位于科技园区之中。在很多的实践中，甚至将整个城市指定为"科学城"（Science Cities）或者"技术极"（Technopoles）。尽管这些计划取得了一些成效，但同时大量的研究文献也显示出更多的目标并未能通过这些计划得以实现。在将"技术极"政策推进得最为深入的法国和日本，在一定程度上我们可以看到，共处一地的企业和研究实验室之间并未产生协同作用。"技术极"的发展思路在中国可以体现为各地所开展的各种形式的科技园区的建设。

如今，创新已被理解为是一个交互式的、系统的过程，更多的注意力也就放到了能够强化企业和创新支持组织的根植性的因素上。这一逻辑思路指的是社区和团体的制度与组织特征，也就是"社会资本"的实践，同时也是企业和组织间的高度信任的、网络类型的关系的基础。解释企业和科技组织之间的创新过程的最佳模式已经由线性模式发展到了交互式模式，由此，基于对于创新的推进来促进区域和地方经济发展的模式，也从等级制度发展到了网络化程度更高的模式。大量的研究都致力于从事创新的组织和企业之间交互作用的研究，而本书的实证研究也证明了，在珠三角地区，交互式的学习对于企业的创新发展意义重大。

此外，我们也开始认识到科技园区是有其价值的。今天，在中国的主要城市中，科技园区已经成为经济增长最快的区域，如北京中关村、上海张江高科技园区、西安高新区、广州高新区、深圳科技园等。但即便这样，我们也不应该将科技园区当成是唯一的或者主要的区域创新政策的目标。因为我们同时也要看到，中国的不同地区早期在选定的区域中推进创新活动的努力，从鼓励和引导研究实验室与创新型企业的重新布局到"科技创新"环境的营造，其产生的结果通常不尽如人意，尤其是在希望通过规划产生"1＋1＞2"的创新协同效应上。调整和重振"技术极"或者"科技园区"这一发展思路的方法只有一种，那就是吸收来自区域创新系统的理论指导，通过提升社会资本、推进结网、促进交互式学习和完善中介活动来强化科技园区的创新环境，并增强对于企业创新活动的支持能力。

▶▶ 8.2 广东科技园区的基本情况

目前，广东有高新区 16 个，其中国家级 6 个、省级 10 个，是拥有国家级高新区最多的省份。经过 20 年的建设发展，高新技术产业开发区实力不断增强，成为广东自主创新和经济发展最活跃的中心区域。整体看来，广州、深圳两个中心城市的高新区的工业总产值均超千亿元，区内企业创新能力也较强，两个高新区每年的专利申请量占广东全省高新区的半数以上，已经成为了广东省自主创新的核心区域，而中山、珠海、惠州、东莞、佛山等珠江三角洲及其周边地区的高新区业已形成一定的产业规模和产业特色，正处于产业提升和发展模式转型的阶段。

与此同时,民营科技经济已成为广东经济最具活力和后劲的板块,每年各项经济指标都以30%～60%的速度超常规增长。而且,广东民营科技企业重视自主研究开发,近年来开发的新产品达3000多个,70%具有自主知识产权,民营科技企业占广东省高新技术企业数和产品数的比例均在50%以上。广东民营科技经济的技术经济活动已覆盖了国民经济的主要行业,为进一步扶持民营科技企业做大做强,广东省把建设民营科技园作为发展民营经济的重要措施,推动民营科技园成为民营科技企业的聚集地。通过培育民营科技企业,民营科技园已成为将科技推向市场的重要载体。目前广州、深圳、佛山、中山等市建立了17个科技部重点联系园和省级民营科技园。民营科技园聚集了一批骨干民营企业,成为各地发展民营经济的集散地和各地经济发展的重要支撑点。

总的来说,广东的各级科技园区(开发区)已经成为广东区域创新体系的重要组成部分,是区域经济发展和行业技术进步的主要创新源泉,同时也是各地区域经济发展中的亮点和增长极。与此同时,科技园区也还面临着政策依赖性强、产业结构亟待优化、技术水平偏低、技术研发能力偏弱、集群培育能力较差、产业链条有待完善等问题。作为区域自主创新的高地,科技园区如何培育和提升自身的创新能力和孵化能力,对于产业持续稳定的发展和区域经济增长的意义重大。今天,广东各地的科技园区都提出了"大力推进二次创业、建设创新型科技园区"的目标,因此,寻求建设创新型园区的解决方案也就具有了现实的意义。根据前面的实证研究结论可以看出,科技园区的创新发展需要培养良好的要素环境、文化环境和政策环境,同时要推进园区内的主体要素间的交互式学习。在知识经济时代,创新已经成为从知识的生产到知识商业化各个环节相互耦合、互动的价值链条,只有创新链和价值链各个环节之间密切联系,同时各自的作用得到充分发挥,科技园区的技术创新能力才能得到有效的提高。结合广东各地科技园区发展的现实,本书将知识和学习活动纳入到科技园区的技术创新活动中,并基于知识的转化和利用提出了科技园区的创新链和价值链的思想。在此基础之上深入分析科技园区内的创新活动和相关支持活动在创新链和价值链各个环节的地位和变化规律,从而帮助我们更好地利用相关资源,更有效地实施政策措施,不断优化园区的创新环境,促进园区内相关主体间的交互作用,并进而推动科技园区技术创新能力和孵化能力持续稳定地提升。

表8.1 广东科技园区的基本情况

类别	名称	建立时间	主导产业
国家级高新技术开发区	广州高新技术开发区	1991年	以电子信息产业、生物医药、新材料三大产业为龙头，新能源、精细化工、光机电一体化等产业共同发展
	深圳高新技术产业园	1996年	重点扶持软件、生物制药、数据通信和网络技术产业，全面推动高新技术产业的发展
	珠海高新技术产业开发区	1992年	重点发展计算机、网络与通信、集成电路、软件、光电子、生物工程、新材料和光机电一体化等主导产业
	中山高新技术开发区	1990年	大力发展电子信息、健康医药、包装印刷、化学工业、汽配工业五大产业，同时发展装备制造、节能与环保、微电子与通信、生物技术四大新兴产业
	佛山高新技术产业开发区	1992年	积极发展数字家电、显示器件产业、光电产业、汽车电子、软件产业及现代信息技术服务业等信息产业
	惠州仲恺高新技术产业开发区	1992年	已经形成了以电子信息、新能源、光机电一体化为主导的高新技术产业体系
省级高新技术开发区	汕头高新技术产业开发区	1992年	以电子信息、光机电一体化、生物制药、新材料新能源为支柱和主导产业
	东莞松山湖科技产业园区	2001年	重点发展先进制造业、高新技术产业和高端服务业三类产业
	肇庆高新技术产业开发区	1998年	初步形成了金属精加工、电子电器、汽车配件及先进装备制造等主导产业
	江门高新技术产业开发区	1993年	形成了机电一体化、电子信息、生化制药、新材料等支柱产业
	阳江高新技术产业开发区	2003年	重点发展高科技、石油化工、纺织服装、包装印刷、海洋资源开发、生物工程技术、食品、五金机械、汽车配件、新材料、电子信息、光电一体化、环境保护以及现代仓储物流等产业
	梅州高新技术产业开发区	2004年	通信电子信息、机械汽车零部件、轻工纺织、食品医药、电气及自动化五大产业
	清远高新技术产业开发区	1991年	以生物医药、电子汽配、陶瓷型材、纺织服装等产业为主
	佛山省级高新技术产业开发区	2003年	主要产业为电子信息、光电照明、装备制造、新材料、汽车配件、精细化工、智能家电等特色产业
	河源高新技术产业开发区	2002年	已初步形成了手机、制衣、模具、食品饮料等主导产业
	揭阳高新技术产业开发区	2002年	重点发展机械制造、IT硬件、生物制药、不锈钢、新材料及节能与环保产业等

基于知识和交互式学习的区域创新系统研究

续表

类别	名称	建立时间	主导产业
省级民营科技园	中山民营科技园	1999 年	电子信息、生物工程、新材料、光机电一体化
	江门新会今古洲民科园	1991 年	电力器材、光学仪器、信息产业、精细化工、纺织制衣、钢铁和五金不锈钢制品、摩托车制造
	揭阳市仙梅民营科技园	1999 年	塑料化工、机械五金、新型材料、电子电器
	云浮初城民营科技园	1995 年	石料建材业
	台山西湖民营科技园	1998 年	新材料、电子电器、精密机械、精细化工、生物制药
	肇庆四会民营科技园	1999 年	金属加工制造业、新兴建材业、纺织服装业和纸品印刷业、电子化工业
	阳江阳东民营科技园	2000 年	五金刀具、服装、食品
	韶关市民营科技工业园	1998 年	电子、机械、新材料、轻工
	汕头市金平民营科技园	1992 年	包装机械、印刷、食品、新型材料、配电控制设备、医药化工
	佛山民营科技园	2000 年	新材料、有色金属深加工、生态和功能陶瓷、电子及家电、光机电一体化、节能环保
	汕头市龙湖民营科技园	1995 年	电子信息、生物技术、新材料、机电一体化
	湛江市民营科技园	2003 年	海洋水产、造纸木浆、高效节能机电产品
	广州民营科技园	1995 年	以生物医药、健康产业、文化产业、汽车零部件产业为主导
	南海汇泉民营科技园	1995 年	以电子信息、电气设备、机械等产业为主导
	深圳天安民科园	1998 年	电子信息和软件开发
	东莞常平民营科技园	1997 年	电子信息、生物技术、新材料、机电一体化
	台山新宁民营科技园	1998 年	新材料、电子电器、精密机械、精细化工、生物制药

资料来源:作者根据广东省科技厅相关资料整理。

▶▶ 8.3 科技园区的创新链与价值链[①]

▷▷ **8.3.1 科技园区的创新要素**

　　科技园区的创新要素主要包括：政府、企业、大学、研发机构、投融资机构和科技中介机构。各个要素借助科技园区这个载体，通过资金流、物资流、信息流、知识流、人才流、政策流的汇集和转化，共同促进科技园区创新能力的提升（见图8.1）。其中，政府是政策支撑主体，一般通过资金流和政策流的形式来对园区内创新要素的创新活动进行扶持和推动。一般来说，政府可以首先在政策引导、舆论发动、体制和机制以及资金支持等方面启动创新体系；企业是创新的出发点和归宿点，是技术创新活动的实施主体和行为主体，主要为科技园区提供物资流和资金流；大学和研发机构是科技园区人才流和技术流的源泉，处于创新链和价值链的上游，从事基础性的科技创新，并向全社会提供公共科技供给，是科技园区技术、科技成果和专业技术人才的提供者；投融资机构是园区内技术创新资金的提供主体，包括向企业家提供风险投资，为研发活动提供低息的政策资金，以为科研项目、科技企业的孵化及发展壮大提供强有力的支持；科技中介机构是创新要素之间信息沟通及专业服务的提供主体，完善的中介服务体系不但包括法律、管理、会计、财务等专业管理服务，还包括专门从事技术成果和技术服务的交易、转化平台，可以为交易双方提供专业、规范的全程促进服务或专项解决方案。创新要素通过融入科技园区的创新链和价值链之中，在长期正式或非正式的合作与交流的基础上共同推进科技园区创新能力的提升。

▷▷ **8.3.2 创新链与价值链**

　　1.创新链

　　创新链反映了知识在创新活动中的推进和转化过程。随着科学技术的迅猛发展和知识生产与经济活动关系的日趋紧密，创新过程便出现于将各

　　① 本节部分内容来自台山市科技局委托项目《台山新宁省级民营科技园科技发展规划》的研究成果，项目负责人为张振刚教授，笔者为项目的主要研究人员和执笔人。

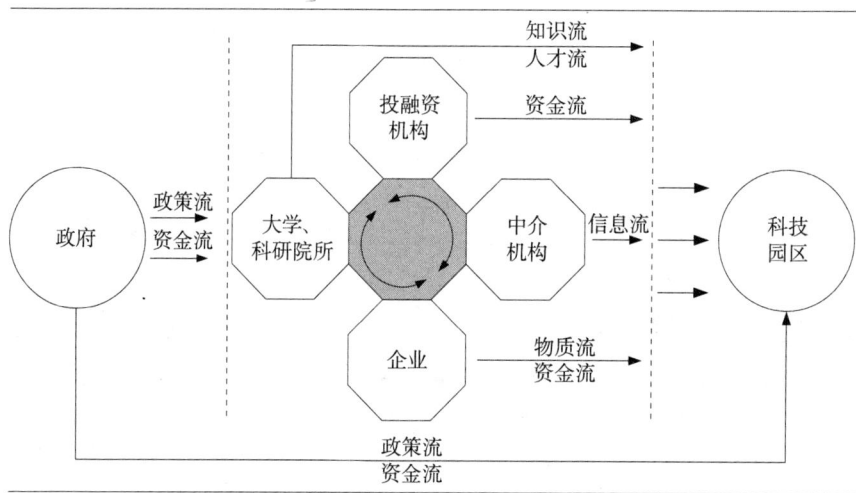

图 8.1　科技园区的创新要素作用图

种要素和资源转化成具有更高附加值的产品和服务的各个环节,形成了从科学技术知识的生产、应用、创新、扩散,到实现产业化,进而获取强大的市场竞争优势的创新链。科技园区的创新链是其价值链的重要组成部分,是指在园区的价值链体系中,技术创新的基本活动和对知识的生产、开发、扩散、利用和创新的全过程(见图 8.2)。

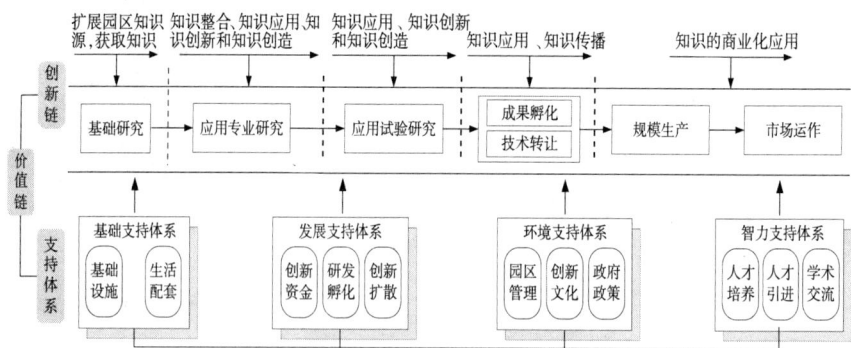

图 8.2　科技园区的创新链和价值链

从形式上看,科技园区的创新链具有一个完整的链式结构,即从以基础研究为起点的科学发现开始,经过应用专业研究、应用实验研究、成果孵化、规模生产形成商品,再经市场运作和服务,最终达到满足用户的需求和形成规模经济的目标。基础研究可以认识现象，获取关于现象和事实的基本原理的知识，主要由大学和研究机构完成，这也构成了科技园区的知识源；应用专业研究是运用基础研究成果和有关知识为创造新产品、新方法、新技术、新材料的技术基础所进行的研究，科技园区可以通过引进世界级企业的研发机构，加强"产学研"合作，逐步增强对于知识的整合和应用能力；应用试验研究是利用基础研究和应用研究的成果，结合具体的产业发展要求，创造新产品、新方法、新技术、新材料，为生产新产品或改进生产工艺而进行的技术研究活动，科技园区在应用试验研究中要为企业提供中间试验的支持；成果孵化和技术转让环节主要是对科技成果进行知识产权和生产许可的申报工作，并进行扩散转让或产业化，寻求资金支持也是这一环节的关键，科技园区在这一环节要重视知识产权的保护、专利的申请，并强化科技中介服务为企业提供"增值"服务；商业开发阶段包括规模生产和市场运作，在这一环节，科技园区需要引进科技中介机构为技术寻找购买方，或为生产企业的投融资、市场研究、生产运作等提供专业服务，以加快科技成果的产业化。

2. 价值链

对于创新活动来说，无论创新的源头来自哪里，无论创新的形式怎样，如果没有新价值的产生，创新就是不完整的，就不能称其为创新。以创新为导向的科技创新链，只有与社会生产、应用紧密结合，在相关支持体系的支撑下形成一条价值链，其价值才能完整地得以体现（见图8.2）。价值链是创新活动背后蕴藏着的价值创造与组织结构形式，代表了创新活动的价值属性，反映着创新过程中价值的转移和创造。价值链是一个连续的过程，它将相关的创新主体连接起来，并将各相关要素和资源组织起来对其形成支撑，使知识、人才、物质、资金能在创新链中顺畅地流动，从而实现将知识转化为有价值的商品和服务。在价值链中，科技园区的价值增值过程可以分为既相互独立又相互联系的多个价值活动，每项活动都能带来有形或无形的价值。不同的经济活动单元通过协作可以共同创造更大的价值，从而形成一个独特的价值链。

科技园区的价值链不仅包括创新链中基本的技术创新活动，更为重要的是，其还包括创新链外部的支持活动。基本活动是在创新链中的知识的整合、创造、应用和创新的过程，是科技园区价值创造的核心业务活动，而支持活动则对科技园区的创新活动和一系列创造价值的活动以及价值增值的过程起到保障性和基础性的作用。价值链体系的每一个环节都对科技园区科技开发和创新活动的价值创造和价值增值过程做出了贡献。

▶▶ 8.4 科技园区的创新支持体系

科技园区的创新支持体系要保证园区创新链内物质流、资金流、信息流、知识流、人才流、政策流的顺畅流动,从而保证实现园区内创新活动的价值。在创新链和价值链分析的基础上,本节提出的创新支持体系主要包括提供基础设施和生活环境支持的基础支持;提供创新资金、研发孵化和创新扩散支持的发展支持;提供园区管理、创新文化和政府政策支持的环境支持;以及提供人才培养、人才引进和学术交流支持的智力支持。

▷▷ 8.4.1 基础支持体系

基础支持系统主要为科技园区内相关的组织和机构提供基础设施服务和生活配套服务,以为园区的创新活动提供最基本的保证和支撑。

1. 基础设施支持能力

科技园区的发展,创新能力的提高,离不开基础设施的支撑,基础设施的供应能力和供应质量,是科技园区创新活动得以进行的物质载体。首先,科技园区的快速发展需要有完善的水、电等基础能源供应以保证技术创新活动的开展,同时便捷的交通运输基础设施又是物流、资金快速流转的保证。其次,科技园区要注重基础信息网络和各种信息数据库的建设,以加快园区内创新主体与区域外的信息沟通。第三,高技术产业的基本活动是研究与开发,专业完善的中介服务设施,如工商税务、管理咨询、法律政策、知识产权保护、专利申报和海关服务等对于园区内的创新主体专注于进行技术开发和市场开拓具有重要的意义。第四,科技园区的发展对生态环境的保护也提出了要求,因此,垃圾、污水处理等环保基础设施的配套建设也至关重要。

2. 生活配套支持能力

在科技园区中,企业家和中高级技术人员占有很大的比重,这部分人对生活质量通常都有较高的要求,完备的休闲度假、社交娱乐、医疗卫生和子女教育等生活配套设施对他们都有很大的吸引力。自然环境优越，具有良好气候条件和完善的生活配套设施的地区，一般具备吸引有专长的科技人员长期定居的磁力。高技术产业在生活环境优越、气候条件良好的地区集中布局并相应形成科技园区，这已被认为是形成现代科学研究和生产活动的一种最有效的地域组织形式。因此，科技园区在提供完善的生活配套设施的同时，还要注重园区生态环境的建设、保护和美化，完善生活环境，在硬件条件上对园区创新进行支持。

▷▷ **8.4.2 发展支持体系**

发展支持系统主要包括创新资金支持、创新主体发展、研发孵化支持和创新扩散支持，其为科技园区整体创新能力的提升和区域创新中心的形成提供支撑。

1. 创新资金支持能力

技术创新经费投入是技术创新的物质基础，是技术创新活动得以进行的最基本、最重要的资源投入，是推动技术创新运行的客观源泉。科技园区作为各地科技企业和创新技术的孵化源，对科技项目提供创新资金支持就显得尤为重要。作为科技园区创新要素之一的政府要发挥政策扶持和资金支持的作用，除保证"政策到位、税费返还"等支持方式之外，还应以出资引导、动员企业和民间资本参加的方式，设立地区"种子基金、专项产业化基金"带动企业和相关主体共同投入，同时还应积极引入风险投资机构，通过贷款贴息、贷款担保等手段促进园区内技术创新活动的开展。从某种意义上讲，创新经费的支持是科技园区提高技术创新能力、增强地区集群品牌竞争力和形成相关高新技术产业的物质基础。

2. 研发孵化支持能力

研发孵化是科技园区的核心功能。对于研发功能的实现，科技园区要提供多种平台的支持，建立官、产、学、研紧密结合的一体化有效研发模式与机制，提供配套完善的研发环境及研发硬件，如专业研发平台、中试与检测平台、公共试验平台、产学研合作研发平台、设备仪器共享平台和知识共享平台等。"孵化器"作为支撑各类科技园区经济持续发展的一个重要基点，其功能在于为创业者提供良好的环境和条件，降低企业的创业风险和创业成本、提高科技成果的成活率和成功率，帮助创业者把科技成果尽快转化为商品进入市场,扶持新兴高新技术小企业成长壮大形成规模,为地区培养成功的企业家,使科技园区更好地发挥创新示范和创新扩散源的作用。

3. 创新扩散支持能力

技术创新扩散能力反映了科技园区创新产品的市场化能力和创新技术对地区传统产业的改造、渗透能力,构成了科技园区技术创新能力的又一个要素。科技园区的创新主体在研究与开发过程中需要大量的投入,所开发的新技术的成本支出除了在最终产品的市场回报中得到补偿外,另外一个很重要的渠道就是技术扩散与转移。通过技术扩散和技术转移,企业可最大限度地获得技术研究与开发的市场回报,同时也有助于园区内相关技术成果的快速孵化和产业化,转化为符合市场需求的具有高利润空间的产品,为地区经济的发展做出贡献。

▷▷ **8.4.3 环境支持体系**

环境支持系统包括园区管理支持、创新文化支持和政府政策支持三个方面,这三个方面为园区内创新活动的高效开展提供了良好的软环境支持。

1. 园区管理支持能力

科技园区的管理机构设置应在具有相对独立性和较高管理权限的基础上,实现"小机构、大服务"和"精简、统一、高效"的大系统管理模式。管理机构工作的重点要放在搞好宏观管理上,依靠市场、经济和法律手段,并通过产业政策引导园区内创新企业的健康发展,从而为提高科技园区的区域创新能力形成一个与国际惯例接轨的新环境。区域内企业需要办理的各种手续均由科技园区的管理服务机构按照"一个窗口对外、一个图章有效、一条龙服务"的运作方式在区域内就地解决,这对于优化科技园区技术创新活动的软环境具有重要意义。

2. 创新文化支持能力

科技园区应注重人文环境对集群内创新活动的支持,一种创新的人文环境对园区内良好的创新氛围的形成有重要意义。科技园区内创新的人文环境应该包括"鼓励创新、宽容失败、勇于实践、提倡竞争、崇尚合作"等基本内容。上海张江高科技园区创建初期便十分注重"自我设计、自主经营、自由竞争"的园区文化和"鼓励创新、宽容失败"的创业氛围的培育,如今在入驻上海张江的467家企业中,创新创业企业占到了总数的50.1%,这充分说明了培育创新的人文文化环境对科技园区发展的重要性。

3. 政府政策支持能力

发达国家和新兴工业化国家高新技术产业化创新活动的实践也表明，财政优惠政策和 R&D 扶持政策是促进高技术产业发展最强有力的经济和法律手段。在科技园区建设的起步阶段，其自身力量亦比较薄弱，需要省市各级政府制定相关的产业政策，对园区发展予以扶持。入园企业除了享受国家给予科技园区的优惠政策外，园区所在地政府还应制定针对园区的相关扶持政策措施，对入园企业在税收、地价与房租补贴、R&D 投入等方面进行专项扶持，在同等条件下，给予最优惠的政策支持企业发展。同时，在企业人才引进与交流、技术成果鉴定、知识产权保护、专利与高新技术企业申报、政府专项资金支持、贷款贴息与担保等方面给予尽量多的扶持与帮助。

▷▷ **8.4.4 智力支持体系**

智力支持系统包括人才培养支持、人才引进支持和学术交流支持三个方面，为科技园区内人才流、知识流和信息流的汇聚和扩散提供支持，保障了园区内创新主体所需的智力资源。

1. 人才培养支持能力

人才是科技园区创新能力和竞争力提升的根本。在人才培养问题上，科技园区应该加强与区域内外的高等院校和科研机构联合，培养面向园区企业的高水平人才；同时可以在园区内设立企业或者高校的博士后科研流动站以及高校研究生实习基地。对于企业与高校的合作，政府应该在政策、合作方式、信息沟通等方面给予积极的引导和帮助，同时在园区企业中推广其成功的经验和做法。而在人才培训上，园区应该引进相应的机构为现有的企业机构内的人员提供再学习、培训等类似的提升服务，比如与省内外的高校合作开展 MBA、工程硕士教育以及面向成人的各种管理人才培训和专业技能培训班，通过系列开放式、适应国际趋势和市场经济发展的培训课程，使科技园区成为地区培育高新技术创新性复合型人才的摇篮。

2. 人才引进支持能力

在吸引人才入园方面，科技园区应打破单一的高工资、高福利的传统激励模式，而应该把温馨的家庭式的工作氛围、良好的工资待遇、诱人的职位、

基于知识和交互式学习的区域创新系统研究

广阔的发展空间、长效的股权及期权激励等多种物质的与精神的、有形的与无形的激励方法和手段有机结合起来,不仅吸引国内外著名高校的优秀毕业生和相关专业技术人才、专家、教授,同时还要汇集一批欧美留学回国创业人员,构筑人才高地,使其为我所用。

此外,还要不断完善园区人才合理流动机制。按照经济结构调整的要求,引导人才在行业、机构间合理流动;鼓励专业技术人才采取兼职、技术合作、技术咨询等形式为企业服务;鼓励企业采取多种方式聘用专业技术人才;鼓励和引导党政机关人才到企业创业;争取将科技园区建成区域高层次人才和高新技术人才的聚集中心。

3. 学术交流支持能力

科技园区作为各地技术创新的密集区,对于相关专业知识的更新和前沿的把握非常重要,因此,科技园区需要与国际学术前沿保持密切的联系,同时也要不断地将自身的研究发现向外界公布,在强化自身地位和品牌的同时也加快园区内相关创新技术和成果的扩散。除了可以定期邀请国内外行业专家来园区开展学术交流活动,园区还可设立专门的基金和政策支持每年在园区内召开一定次数的相关领域的高水平国际会议,真正实现科技园区在促进专业技术信息交流和扩散方面的功能。

▷▷ **8.4.5 支持体系之间的关系**

科技园区价值链的思想重视在各个创新主体的协同作用中提升园区整体创新能力。科技园区创新活动的效果不仅来自创新链各环节的贡献,同时也来自于园区内各支持体系的强力推动和支持。在科技园区价值链的不同环节,存在不同的价值创造的主体,每一个主体都有明确的定位和作用,其中任何一个环节出现问题,都会降低园区创新价值链的整体效果。因此,四大支持系统对于科技园区的价值链来说是缺一不可的。创新支持系统使园区价值链每一个环节上的价值创造主体都能够最大限度地提升和发挥自身的能力,为创新价值链做出最大的贡献,同时又通过优势互补,相互合作,通过交互式作用共同提高创新的整体效益。

科技园区创新能力和可持续发展能力的形成、培育与进展,绝不是其中任何一个支持体系的单独作用,它所体现的是整体支持体系的共同作用和综合贡献。基础支持体系是科技园区启动和加速发展的前提,是创新能力培育和可持续发展的基础支撑；发展支持体系是园区创新能力培育和可持续发展的动力牵引；环境支持体系为园区的发展提供基本的保障，可以增强园区企业对外界社会经济状况波动所带来的负面效应的抵御能力，保障园区企业的稳步发展；智力支持体系涉及园区的教育水平、科技竞争力、管理能力、决策能力和科技创新能力，可以决定园区创新能力的高低和园区可持续发展能力后劲的大小。四大支持体系构成园区发展的四维结构，相互作用、相互支持，其中任何一个支持体系的缺乏或能力不足，都会对科技园区的整体创新能力和可持续发展能力带来较大的负面影响（见图 8.3）。

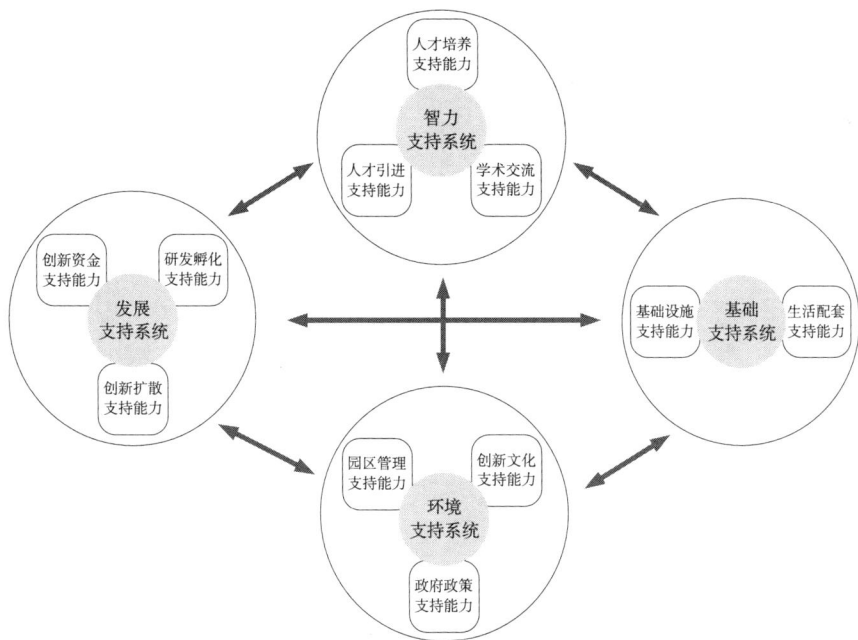

图 8.3　科技园区创新支持体系之间的关系

科技园区的创新活动也是由各个创新组元、部分以及创新子系统所构成，这些子系统和创新要素彼此之间会通过物质、信息、知识、资金、人才流动等方式来产生交互作用。创新支持体系的交互作用就为科技园区营造了一种良好的创新环境和氛围，为交互式学习的开展打下了基础。基于创新要素和子系统的交互作用，各创新要素通过技术创新、管理创新和文化创新，形成科技园区的一种整体效应或者一种竞争优势。在科技园区创新系统这个层次，这种整体效应具有某种全新的性质和功能，有助于科技园区内形成创新联系,构建创新网络,并推进交互式学习活动的开展,真正实现"1+1>2"的创新协同效应,进而以技术创新来推动科技园区持续、快速的发展,真正实现科技园区创新、创业、创税和环保的目标(见图8.4)。

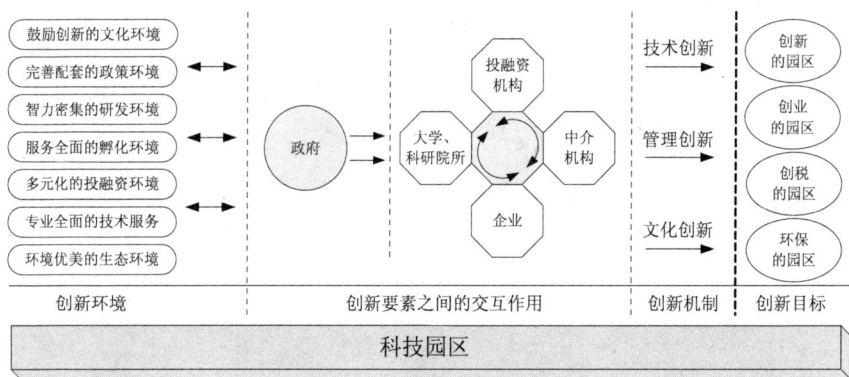

图 8.4 科技园区的创新协同效应

第 9 章

区域创新系统理论的实践与指导：专业镇建设

　　科技园区政策和创新集群政策之间具有明显的区别,前者是一种从上至下的行政性的规划,集聚在政策下得以引导,但在内部联系的创建方面却往往存在不足,而后者则来自更为有机的产业发展与进化,结网得到推进,并促进了联系的产生。在重要的战略层面,RIS 可以包括很多的集群以及其他的发展形式,如供应链上的合作,甚至是以企业为中心的工业城镇(Company town),但不同的发展形式都要得益于系统的知识流和创新活动的推动。根据波特、伊萨克森等学者的研究,相互关联、相互竞争的企业和相关的组织机构通常表现出向同一地理区位集聚的趋势,形成产业集群(Cluster),进而促进创新的产生。创新活动从集群中相似和相关的企业的经济活动的集中中受益,这使得知识的溢出更加便利,也促进了不同类型的适应、学习和创新。正如马姆博格和马斯凯尔所指出的:"在这样一种环境中,单个的企业有更多的机会接触到开发新技术或者已经采用新技术的要素。产业相关的信息和知识通常更为丰富,使所有相关的企业受益。"①根据学者们最为普遍的论点,一个以很多同一行业的企业相互竞争或者与相关产业进行合作为特点的当地的产业结构往往引发一种过程,这一过程不仅仅创造出全面的推动力和灵活性,也促进了学习和创新。

　　专业镇作为极具广东特色的一种产业簇群,在 20 世纪 90 年代取得了快速发展。在广东的专业镇中,大量的同类企业已经形成了空间集聚,为相关产业集群的形成打下了基础。可以说,专业镇是广东打造产业集群、提升

---

　　① Malmberg A, Maskell P., "Toward an explanation of regional specialization and industrial agglomeration." *Eur Planning Stud* 1997; 5(1):25—41.

产业国际竞争力的基础。但要依托专业镇的发展打造产业集群,进而提升广东产业的整体竞争优势,必须要解决一个关键的问题,那就是要推进专业镇企业的创新能力建设。RIS 作为一种支持产业集群发展的重要思路和理论框架,在推进广东专业镇创新能力的建设中可以提供一定的理论和政策指导。

▶▶ 9.1 广东专业镇的发展现状

▷▷ 9.1.1 基本概况

1. 专业镇经济发展迅猛

20 世纪 90 年代以来,广东区域经济发展的一个突出特点是镇一级经济的发展壮大,以"一镇一业,一村一品"为特点的产业相对集中、产供销一体化的专业镇成为区域经济发展的重要依托。据 1998 年广东统计局的数据显示,在全省 1551 个市辖镇中,镇级经济规模达 20 亿元的(包括接近 20 亿元的 13 个镇)有 125 个,其中超过 30 亿元的有 59 个。有些镇的经济规模在 100 亿元以上,主要集中在珠江三角洲腹地和东西两翼地区。这些镇大多都有 1～2 种主导产品,有一定的生产规模,成为镇的支柱产业,具有专业镇经济特点。部分专业镇的市场网络延伸到省外以至国外,经济规模较大,发展势头强劲,已成为广东新的经济增长点(见表 9.1)。根据广东省科技厅的统计,到 2008 年广东全省已有 20 个市建立了 277 个专业镇(见图 9.1),遍及珠三角、山区和两翼,覆盖了全省机械、印刷、五金、灯饰、电子、信息、纺织、家电、建材、电声、服装、物流、工艺美术、种植、果蔬深加工、养殖、花卉、茶叶、家具、精细化工、旅游、摩托车、陶瓷、石材、食品、饲料、玩具、鞋业、音像制品、针织服装等三十多个产业、产品类别。

表 9.1　2001—2006 年广东专业镇主要指标的发展变化

	2001	2002	2003	2004	2005	2006
专业镇数(个)	21	50	71	103	159	201
GDP 总额(亿元)	440.69	976.10	1467.12	2280.15	4658.32	6091.15

续表

	2001	2002	2003	2004	2005	2006
占全省 GDP 的比重(%)	3.66	7.23	9.26	12.09	20.83	23.24
人口总数(万人)	148.00	351.50	549.90	850.30	1358.10	1708.63
企业数(万家)	3.92	9.79	13.47	16.40	23.94	36.66
特色产业企业数(万家)	1.48	3.39	4.30	4.80	10.07	12.2
特色产业产值(亿元)	422.45	1271.38	1780.27	2693.65	4683.13	5607.37
科技人员数(万人)	10.69	18.78	26.01	48.16	42.24	45.24
高新技术企业数(家)	68	257	336	513	688	971
镇政府科技投入(万元)	13527	29525	41132	60004	61283	46738
累计专利授权(件)	2852	16289	23006	46101	49285	68964

资料来源:广东科技统计。

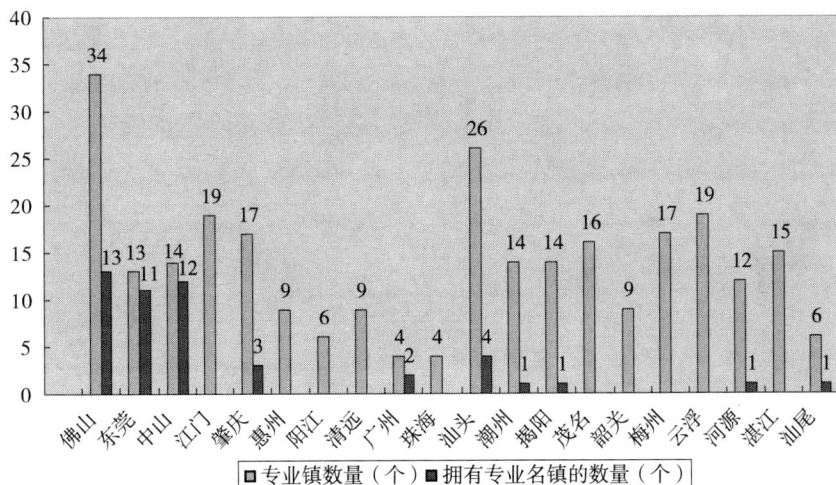

图 9.1　广东各地市专业镇的数量

专业镇是广东各地民营企业的集散地,其中 60% 是科技型中小企业。到 2008 年,在广东 277 个专业镇中,共有 10 个创新示范专业镇,120 家专业镇技术创新中心(平台),推广技术成果 2100 多项,对推动两翼山区经济崛起、珠三角地区产业升级、构建现代产业体系起到了重大作用。在珠三角的 404 个建制镇中,已明显形成专业镇经济的约占 1/4,佛山、中山、东莞等地 2/3 以上的建制镇已形成专业镇经济。专业镇经济已成为县域经济的重要支柱和广东最具特色、最具活力的新的经济增长点。

2. 专业镇的产业特色鲜明

广东专业镇在发展过程中始终坚持"有特色才有竞争力"的发展思路，通过特色产业的培育和壮大，让产业特色成为镇区经济的一张张铭牌。今天，大量的广东专业镇已成为相关产业中重要的生产基地和创新中心，有49个专业镇先后被国家相关行业协会和权威部门授予名镇称号（见表9.2），如中国灯饰之都（中山古镇）、中国铝材第一镇（佛山大沥）、中国建陶第一镇（佛山南庄）、中国女装名镇（东莞虎门）等。产业特色也成为专业镇最响亮的名片，如"中国针织名镇"张槎，针织产品每年的产量占到了全国的30%；在"中国家电制造业名镇"北滘已形成了完整的家电产业链条，几乎所有的家电零配件都可以在当地配齐；又如广东的中山大涌、开平三埠、增城新塘与顺德均安均被授予"中国牛仔服装名镇"的称号，但四个专业镇在牛仔服饰产业发展中却各有特色，三埠以生产牛仔面料为主，增城新塘的定位是中档产品，而均安则以中高档产品为主，主打外销。通过实施错位竞争，四大牛仔服装名镇还找到了合作的空间。

表9.2 广东专业镇获得的名镇称号

地区	专业镇	名镇称号
佛山	均安	中国牛仔服装名镇
	陈村	中国机械装备工贸名镇
	里水	中国袜子名镇
	大沥	中国铝材第一镇
	金沙	中国日用五金之都
	盐步	中国内衣名镇
	南庄	中国建陶第一镇
	北滘	中国家电制造业名镇
	澜石	中国不锈钢名镇
	勒流	国际标准化名镇
	西南	中国饮料名镇
	环市	中国童装名镇
	西樵	中国面料名镇
肇庆	广宁	中国砂糖橘之乡
	黄岗	中国砚都
	东城	中国玉器之乡

续表

地区	专业镇	名镇称号
汕头	谷饶	中国针织内衣名镇
	两英	中国针织名镇
	陈店	中国内衣名镇
	澄海	中国工艺毛衫名城
东莞	长安	中国机械五金模具名镇,中国市场名镇
	常平	中华餐饮名镇,中国最佳物流名镇
	石碣	中国电子信息产业名镇
	虎门	中国时尚女装之都,中国女装名镇
	大朗	中国羊毛衫名镇
	寮步	中国电子信息产业名镇
	厚街	广东省专业家具镇,家具之都,中国会展名镇
中山	古镇	中国灯饰之都
	小榄	中国电子音响行业产业基地,中国五金制品产业基地
	沙溪	中国休闲服装名镇
	大涌	中国牛仔服装名镇,中国红木家具生产专业镇,中国红木雕刻艺术之乡
	东凤	中国小家电专业镇,中国小家电产业基地
	黄圃	中国食品工业示范基地,中国腊味食品名镇
	南头	中国家电产业基地
广州	狮岭	中国皮具之都
	新塘	中国牛仔服装名镇
揭阳	三埔	中国牛仔服装名镇
潮州	庵埠	中国食品第一名镇
汕尾	碣石	中国历史文化名镇
河源	上坪	中国鹰嘴蜜桃之乡

资料来源:作者根据相关调研材料整理。

3. 专业镇产业链条日趋完善

广东省专业镇产业链的延长突破了市、县(区)、镇的行政范围,成为由产业链(包括一个产业的上、中、下游,产供销、科工贸之间的衔接,三次产业间的联系等)紧密联系的经济区。除珠江东岸电子信息产业、西岸电气机械产业成为涵盖几个市的两大簇群外,佛山石湾区和南海南庄的陶瓷簇群,南海金砂及其周边地区的五金制品簇群,顺德伦教(木工机械)、龙江(家具制造)、乐从(家具销售)的家具簇群,都已形成上百亿元产值,形成了上中下游产业链衔接、产供销一条龙的产业地区集聚形态。

4. 专业镇产学研合作逐步深入

"产学研"合作是解决专业镇技术源、知识源、项目源、人才源短缺和资金不足等问题的有效途径,是提升科技创新能力、增强发展后劲的必由之路。广东有100多个专业镇已与中国科学院、清华大学、中山大学、华南理工大学等180多所大学和科研院所建立了长期稳定的合作关系,为专业镇的产业优化升级、产业特色品牌的打造提供了强有力的智力支撑,成为专业镇知识基础的一部分(见表9.3)。如在佛山的专业镇中已经出现了"一镇一校"、"强强联合"、"专业对口"的合作模式。通过将高校技术力量和科技成果引入到相关的专业镇,开展特色产业技术创新项目合作,佛山的专业镇已与24所国内著名高校建立了全面合作关系,同时还推动100多家企业与40多所高校、科研院所开展了200多项技术合作项目,为专业镇培养和引进科技人才、为自主创新提供了智力保障和知识来源,有效地提升了专业镇的技术水平和自主创新能力。产学研合作项目已成为当地专业镇科技创新的支撑点和经济发展新的增长点。如广东省内的华南理工大学在推动专业镇建设方面,已与20多个专业镇形成了密切合作关系,通过采取各工科学院与1—2个专业镇结对帮扶的做法,形成了从技术合作到人才培养全方位的紧密合作关系,取得了显著的成效。

表9.3 部分专业镇开展的产学研合作活动示例

专业镇	产学研合作示例
河源市船塘、上莞、新港、康禾等农业专业镇	与华南农业大学、广东省农科院、省农科院茶叶研究所、广东昆虫研究所等高等院校及科研院所建立了长期的科研合作关系,建设了绿色板栗健康科技示范基地、万亩仙湖茶优质科技示范基地和广东省蜂蜜研究及生产基地。
揭阳市锡场镇、玉湖镇等专业镇	揭东县锡场镇与华南理工大学签订了"食品及食品机械研究开发"协议。揭东县玉湖镇与华南农业大学联合开发淮山种苗脱毒技术。揭阳市东山区管委会与华南理工大学签订了"人才培训与科技合作"协议。普宁市流沙东与东华大学合作开发内衣无缝技术、纱线染色技术等。

续表

专业镇	产学研合作示例
中山市小榄镇、大涌镇、黄圃镇	小榄镇和华南理工大学、清华大学、中山大学、北京理工大学等院校建立了产学研合作关系，技术合作领域涵盖电子、电器、化工、激光、生物技术等领域。 大涌镇与中南林学院、北京林业大学、西安交大、中国林科院木材研究所、中科院广州能源所等高校科研所在红木家具的设计、木材加工、木材烘干技术、家具油漆等领域进行合作，提升了产业的创新能力，增强了产业的竞争力。 黄圃镇通过与华南理工大学、华南农业大学合作，针对粤式传统腊肉制品风味难以控制、过氧化值和酸价容易超标、保质期短和工业化生产程度低导致质量难以保证等问题开展研究，在现代加工技术和质量安全控制体系两个层面上解决长期影响粤式腊肉制品现代化生产和质量安全控制关键技术。
梅州市雁洋镇、汤坑镇	县柚果开发服务公司在中科院广州分院专家的指导下，按生产季节向农户输送技术和药肥等，形成互利的发展。 汤坑镇针对电声行业在技术创新过程中出现的行业技术创新后劲不足、自主创新能力相对薄弱、行业难以形成明显的核心技术竞争优势等问题，通过与华南理工大学合作，借助华南理工大学科研力量与资源，搭建广东省电声专业镇技术创新平台。
广州狮岭镇	针对狮岭皮革皮具产业发展的战略目标，通过与四川大学合作建立"四川大学轻纺与食品学院实习实验基地"及四川大学"狮岭博士后工作站"等方式，促进行业创新和产业的进一步发展。
肇庆市东城街道办	针对四会市玉器行业的工艺制作水平、商品网上展销技术手段等影响四会玉器业进一步发展的问题，通过组织华南理工大学、广东工业大学合力量进行技术攻关，解决玉器行业检测、设计、制造、网上展销等行业共性技术问题，建立公共的技术服务机构。
佛山市勒流镇、均安镇、南庄镇	勒流镇通过与中国地质大学合作，针对勒流小五金行业金属材料表面钝化所造成的六价铬污染问题，采用无铬钝化清洁生产技术，从源头上杜绝钝化工艺中六价铬污染。同时利用纳米成膜技术，研制锌、铜及不锈钢金属表面无铬钝化剂及钝化工艺。 均安镇针对均安镇安牛仔服装创新能力弱的问题，通过与东华大学共建牛仔服装创新平台，提升"均安牛仔"的工艺和创新能力，创造自己的品牌；打造供应分销流通体系，使企业做大做强，成为具备高档服装生产能力的龙头企业，占领国内市场，树立"均安牛仔"的区域品牌，打响国际市场。 南庄镇已与景德镇陶瓷学院形成合作关系。
东莞长安镇、大朗镇、石龙镇	长安镇与华中科技大学合作共建"模具技术国家重点实验室东莞实验中心"和"东莞华中科技大学制造工程研究院"。 大朗镇与东莞理工学院、西安理工大学签署了合作协议。 石龙镇政府与广东工业大学开展合作并设立了产学研合作基金——"石龙科技基金"。

续表

专业镇	产学研合作示例
汕头市永祥街道、乌桥街	永祥街道办事处与武汉大学签订了"共建广东省绿色包装与数字印刷省部产学研结合示范基地"项目合同。 乌桥街道办事处与西安交通大学联合创建广东省汕头市金平区乌桥街道省部电源控制设备专业产学研结合示范镇。
江门蓬江区	蓬江区针对区内的摩托车、五金卫浴、玻璃灯饰等专业镇的发展需求,推进了天津大学、华南理工大学与嘉宝莉、兴江等一批企业建立了稳定的产学研合作关系。

资料来源:作者根据相关调研材料整理。

▷▷ **9.1.2 专业镇的主要类别**

广东现有的专业镇主要可以分为三类,第一类就是传统的、劳动密集型产业占主导地位的专业镇,如服装、玩具、五金、陶瓷等专业镇,这类专业镇的比重最大;第二类就是技术密集型的专业镇,主要依靠接受国际产业转移而形成,如东莞石龙、石碣的电子信息专业镇;第三类就是以农产品加工和物流、展览等服务业为主的专业镇,如潮州凤凰茶叶专业镇、东莞常平物流专业镇,这类专业镇数量最少。[①] 在这三类专业镇中,产业和产品结构档次低、创新能力不强、核心和关键技术缺乏都是企业所面临的共性问题。现在,广东正大力推进专业镇的科技创新平台建设,希望借此稳步提升专业镇企业的技术创新能力。但对于科技创新平台的建设和发展模式仍然处于探索阶段。本书以专业镇科技创新平台的建设和发展为切入点,通过应用RIS的思想,提出切实可行的对策建议。

▶▶ **9.2 RIS 与专业镇发展[②]**

作为珠三角的核心城市,东莞市以发达的制造业闻名全国。全市各镇

[①] 李超:《加强城镇的技术集成建设提升专业镇发展水平》,载《广东科技》2006 年第 9 期,第 20—21 页。

[②] 本节部分内容来自东莞经贸局委托项目《东莞市产业技术进步发展规划》的研究成果,项目负责人为张振刚教授,笔者为项目的主要研究人员和执笔人。

均以市场为导向发展特色经济，打造出一个个响当当的名牌专业镇，如石龙电子、厚街家具、虎门服装、大朗毛织、长安模具、清溪电脑、中堂造纸等。专业镇的发展在东莞产生了巨大的产业集群效应，推进了区域创新能力的建设。东莞专业镇的发展模式、产业特色以及创新能力建设在广东专业镇的发展中也极具代表性。本书将基于东莞的几个名牌专业镇的发展，从专业镇的知识基础、交互式学习的开展以及创新系统的类型等几个方面来探讨和论述 RIS 对于东莞专业镇发展的重要指导意义。

▷▷ 9.2.1 东莞石龙电子信息专业镇

9.2.1.1 专业镇的基本情况

石龙是东莞市以电子信息产业为特色的专业镇，现在已成为广东乃至全国科技、经济、社会综合实力名列前茅的现代化小城镇。目前，石龙已成为以数码复印机、激光打印机、数码相机、电脑整机为主的电子信息产品生产基地，形成了较完整的电子信息产业集群。日本京瓷、柯尼卡、美能达、电产三协、托普康、利富高、TKR、山阳稻田、北大方正等一批国内外企业先后在石龙镇设立了生产和开发基地。2006 年，电子信息产业产值达到 132.9 亿元，占全镇工业生产总值的 85％，形成年产值 50 亿元以上的电子信息高新技术企业 2 家，年产值超过 1 亿元的电子信息高新技术企业 14 家。现在全镇有省级高新技术企业 19 家，省级民营科技企业 25 家，市级民营科技企业 50 家。该镇经济发展的关键和动力就在于科技创新和科技进步。现在石龙已成为"国家星火技术密集区"、"国家电子信息产业基地"和"广东省产业集群示范区"。

9.2.1.2 专业镇的知识基础

作为电子信息产业的重镇，石龙非常重视引导企业开展技术创新活动。为了促进专业镇内内外源企业的同步发展，石龙积极引导外资企业开展本地化技术创新活动，鼓励其在当地设立研发机构，同时也使其产业配套大部分实现本地化，技术创新局部实现本地化，产生了明显的技术溢出效应和二次创新成效。内源企业通过与外源企业在产业链上的相互配套，在承接外资企业订单的同时，在创新上相互学习，不断适应和学习外资先进的发展理念，推动形成自身的技术创新发展思路。这种根植于当地的学习与合作也为综合性知识基础的形成打下了基础。

　　与此同时,石龙镇政府充分发挥公共服务职能,建成石龙科技创新中心,并设立科技创新风险基金,打造了石龙电子信息产业集群电子商务公共服务平台,与华南理工大学和广东工业大学合作设立了研究生工作站,还引导专业镇内的企业与26所省内外高校和科研机构开展了合作。这种合作也为解析性知识基础的形成打下了基础。此外,石龙生产力促进中心还从本地实际出发,整合各方资源,先后与东莞石龙协通企业事务所、东莞中正知识产权事务所、广州赛宝认证中心、深圳南晟管理咨询公司等科技服务机构建立了合作关系,为镇内企业的创新提供全面的指导和帮助。

表9.4　石龙电子信息专业镇的知识基础与创新系统

项目	内容
专业镇创新特点	通过产业链条上的相互配套形成本地的企业间网络,在合作过程中加快了与外资企业在技术、产品和工艺方面的融合步伐;同时也注重与区域外的大学和研究机构在研究开发方面的合作。
知识基础的组成	石龙科技创新中心(包括生产力促进中心、信息中心、软件企业服务中心、科技创新论坛); 石龙电子信息产业集群电子商务公共服务平台; 国内的26所著名高等院校和科研院所; 高校研究生工作站; 当地科技服务机构; 当地的内外资企业(包括客户、供应商、竞争对手和相关企业)。
知识基础类型	既有综合性的知识基础,也有解析性的知识基础。
RIS类型	区域网络型创新系统。

资料来源:作者根据调研材料整理。

9.2.1.3　专业镇中的交互式学习分析

1. 基于综合性知识基础的交互式学习

石龙电子信息产业的迅速发展带动了光学、电子、五金等上下游产业的发展,形成了比较完善的制造研发链条和生产流通网络,区域内企业间的临近便于开展各种正式和非正式的学习。石龙外来企业的产业配套大部分实现了本地化,如东莞方正科技电脑有限公司,除硬盘与CPU之外,90%的零配件供应商均分布在以石龙为中心的80公里范围之内,而在进驻石龙的柯尼卡美能达公司的350多家零配件供应商中,有84%来自本地。外来企业与当地民营科技企业形成相互配套和相互依托的关系,根植性大大增强,产生了明显的技术溢出效应。而民营企业在与外来企业的合作和配套中，也通过学习加快了与外资企业在技术、产品和工艺方面的融合步伐，如东莞泽龙线缆有限公司就在与韩国三星、日本三菱和三洋电机等跨国大企业的配套协作中，加快了自有技术的研究开发，通过吸收消化与再创新，稳步提升了技术创新能力。

2. 基于解析性知识基础的交互式学习

石龙的相关企业非常重视与高校和科研机构的合作，通过发挥高校和科研院所作为知识源的作用来强化自身的创新能力。如从 1989 年起，东莞龙基电子便与上海硅酸盐研究所开展了科技合作；随后东莞泽龙线缆有限公司也与华南理工大学环境学院进行合作开发清洁生产关键技术；广东炬龙电气与华南理工大学合作开发电力变压器新产品并获得国家发明专利 1 项；万通实业通过与华南理工大学、广东工业大学合作改造导轨生产线，使得生产效率和效益大大提升。这些产学研合作的成功例子也让越来越多的企业和高校走上了合作之路。

与此同时，石龙镇还设立了石龙科技发展基金和科技风险投资基金。通过设立科技发展基金引导和支持高校科研人员深入地方企业第一线，帮助企业解决实际问题、培训人才。迄今为止，华南理工大学和广东工业大学有 180 多位专家教授及其科研团队深入企业开展新产品开发和技术培训等工作，每年有 5—7 个项目获石龙科技基金立项支持。石龙镇还与中山大学电子信息学院合作建立了培训中心。除此之外，石龙镇还通过设立科技风险投资基金，扶持企业与高校联合创办实体，加快了科技成果的转化，提升了当地企业的技术水平。如石龙镇现在已为开普互联与北京大学的合作提供了 1000 万元人民币的风险基金，为元典科技与中国科技大学的合作提供了 250 万元人民币的风险基金，为巨龙科技信息与武汉大学的合作提供了 250 万元人民币的风险基金。

综上所述，在石龙电子信息专业镇中，根植于本地的企业间的交互作用为综合性知识基础的形成打下了基础，而当地企业与高校和科研院所等知识生产机构的交互作用主要是基于项目合作和人才培养，这些做法有利于形成解析性的知识基础，并帮助企业在相关领域实现技术突破。因此，石龙电子信息专业镇的知识基础既有解析性的知识基础，也有综合性的知识基础。石龙电子信息专业镇的创新系统主要呈现出区域网络型创新系统的特点。

▷▷ 9.2.2 东莞虎门服装专业镇

9.2.2.1 专业镇的基本情况

虎门是东莞市以服装作为特色产业的专业镇。根据虎门经贸办的资料数据,截至 2007 年年底,虎门全镇有服装加工企业 2000 多家,服装生产量达到 2.5 亿件(套),销售额 135 亿元,出口额达到 4 亿多美元,全镇从事服装生产行业的人员有 25 万人,占常住人口的 40%。从企业规模上看,年销售额过亿元的服装企业有 80 多家,有 30 多个服装品牌获得了省级以上名牌称号,诞生了以纯、松鹰、灰鼠等一批国内知名的超大规模服装生产企业。虎门产业发展具有鲜明的区域特色,先后被授予"中国女装名镇"、"科技部服装设计与制造特色产业基地"、"广东省专业镇技术创新试点区"和"广东省产业集群升级示范区"等称号。

9.2.2.2 专业镇的知识基础

虎门现在拥有各类服装咨询、培训和推广机构 40 多家。与此同时,在推进服装产业发展的过程中,虎门镇政府十分注重服装产业技术支持平台的建设,通过"两个中心"建设来实现"政—产—研"一体化的产业创新体制,促进服装产业的升级和企业竞争能力的提升。"虎门服装产业促进中心"由镇政府牵头,广东省服装协会、虎门服装装饰行业协会、虎门设计师协会、虎门威远高级职业中心联合举办,现已被广东省教育厅命名为"广东中等专业技术学校服装专业研究中心",已经开设的专业有服装设计与营销、服装工程、生产管理、会计等,为虎门服装行业培养了大量实用型人才。"虎门服装技术创新中心"由广东省科技厅、东莞科技局、虎门镇政府和富民集团共同筹建,包括流行信息、人才支持、培训、技术和咨询五大中心,已经设立富民时装网(www.fumin.com)、东莞市虚拟科学院虎门工作站、东莞企业信息化培训基地、虎门服装设计师商家会员俱乐部、中国时尚品牌流行趋势发布基地、虎门服装技术创新中心拓普服装设计学校等机构和组织,主要负责与服装产业有关的高新技术推广和配套技术服务的提供,同时还可根据企业需求,帮助企业引进制衣设备、面料、辅料,为服装企业提供产品质量检测等。除此之外,虎门还十分注重外部知识源对于企业技术创新的推动作用,已经先后与国家棉纺织产品质量监督检验中心、华南理工大学、香港理工大学、香港职业训练局、香港制衣训练局等院校和组织开展合作。

表9.5 虎门服装专业镇的知识基础与创新系统

项目	内容
专业镇创新特点	通过产业链条上的相互配套形成本地的企业间网络,在合作过程中加快了专业镇内企业在技术、产品和工艺方面的融合步伐; 区域内企业的管理人员和专业技术人员可以通过多种平台进行交流学习; 区域内的龙头企业通过知识和技术的溢出,提升了当地中小企业的技术创新能力; 注重与区域外的大学和研究机构在研究开发方面的合作。
知识基础的组成	虎门服装产业促进中心,包括广东省服装协会、虎门服装装饰行业协会、虎门设计师协会、虎门威远高级职业中心等组织和机构; 虎门服装技术创新中心,包括富民时装网、东莞市虚拟科学院虎门工作站、东莞企业信息化培训基地、虎门服装设计师商家会员俱乐部、中国时尚品牌流行趋势发布基地、虎门服装技术创新中心拓普服装设计学校等机构和组织; 华南理工大学、香港理工大学、国家棉纺织产品质量监督检验中心、香港职业训练局、香港制衣训练局等院校和组织机构; 40多家服装咨询、培训和推广机构; 当地的内外资企业,包括客户、供应商、竞争对手和相关行业企业。
知识基础类型	既有综合性的知识基础,也有解析性的知识基础,但以综合性的知识基础为主。
RIS类型	区域网络型创新系统。

资料来源:作者根据调研材料整理。

9.2.2.3 专业镇中的交互式学习分析

1. 基于综合性知识基础的交互式学习

虎门服装专业镇的发展离不开本土企业之间的交流与合作,同时区域外的各种行业信息和行业间的交流也有利于本土企业把握行业的最新发展趋势,不断提升设计水平,开发新的产品,而这些分布于区域内外的信息和知识源就共同构成了虎门服装专业镇的综合性知识基础。

虎门拥有较为完善的服装产业链条,除了大量的服装生产企业,虎门还有织布、定型、漂染、拉链、绣花、纽扣、配件等服装产业配套企业147家,各类面料辅料批发市场 8 个,形成了 1 平方公里的辅料销售集聚区。相关企业和机构在地理位置上的临近带来了知识和信息的快速流动,也为生产企业把握市场动态、掌握流行趋势打下了良好的基础。虎门服装设计师商家会员俱乐部为广大服装设计师提供了一个交流学习的平台,通过举办"虎门服务设计师对话沙龙"、"中俄设计师对话沙龙"等活动,促进了服装设计师之间的学习交流,2007 年就有 500 多本地设计师参加过这些交流活动。虎门的中国时尚品牌流行趋势发布基地通过整合国内外最新流行资讯和最新设计图案,为本土企业提供最新的流行色彩和款式,增强了企业的产品设计与开发能力。与此同时,虎门服装技术创新中心还定期举办虎门服装职业经理人见面会,共同探讨服装品牌的发展之道,以这种形式加强本土服装企业之间的交流与互动,同时也增强了服装企业的根植性。此外,虎门服装技术创新中心拓普服装设计学校至今已为社会培养了 3000 多名服装专业毕业生,为本土服装企业输送了大量专业人才。

2. 基于解析性知识基础的交互式学习

虎门在服装产业发展的过程中非常重视与高校和科研机构等外部知识源的合作,通过充分发挥高校和科研院所这一知识源的作用来强化区域内企业的创新能力。东莞虚拟科学院虎门工作站可帮助企业与大专院校、科研单位及专家开展对接与合作,如松鹰集团就已与华南理工大学开展合作,共同研究 RFID(射频识别)技术在服装中的应用,香港理工大学和亚龙软件共同建立了面向服装行业的公共服务支撑平台,已为富民集团开发出服装专业管理软件,同时还为以纯等公司开发出企业内部信息管理系统,进一步提升了服装企业的信息化能力。虎门服装技术创新中心联合国家棉纺织产品质量监督检验中心举办《国家纺织产品基本安全技术规范》标准培训班,已为 100 多名本土企业负责人进行了培训,进一步提升了服装企业适应标准和加强质量管理控制的能力。除此之外,虎门服装技术创新中心还定期聘请权威营销专家与企业联合举办营销讲座,帮助企业分析营销弊端,有针对性地帮助企业解决营销问题。

综上所述,在虎门的服装专业镇中,以区域内外同行间的交流与合作为基础的交互式学习利用了综合性的知识基础,而当地企业与高校和科研院所等知识生产机构的交互式学习还有待进一步拓展和深入。可以说,解析性知识基础在现阶段对于虎门服装产业的影响力仍然有限,虎门服装产业的发展所依靠的更多地是根植于本地的交互式作用，企业的创新也更多地是渐进性的创新。因此，虎门服装专业镇的知识基础中，既有综合性知识基础，也有解析性知识基础，但以综合性知识基础为主，而专业镇的创新系统则主要体现出区域网络型创新系统的特点。

▷▷ **9.2.3 东莞长安五金模具专业镇**

9.2.3.1 专业镇的基本情况

长安是东莞市以五金模具作为特色产业的专业镇。根据长安镇经贸办的统计资料，截至 2007 年年底，长安 1600 多家外资企业中有 400 多家从事机械五金模具生产，900 多家民营企业中有 400 多家专注于这一行业的生产和销售，而从事五金模具销售服务的个体工商户更是达到了 4000 多家，从业人员近 10 万人，年产值超过 40 亿元。"长安模具"的区域品牌已在国内外具有一定的知名度，集研发、生产、销售于一体的五金模具产业集群正在稳步发展。从 2005 年开始，长安镇先后被评为"中国机械五金模具名镇"、"广东省火炬计划首批模具特色产业基地"、"广东省产业集群升级示范区"和"国家火炬计划模具特色产业基地"。

9.2.3.2 专业镇的知识基础

长安镇政府从发展区域经济、形成五金模具特色产业出发，在产业发展思路中明确提出要重点建设一家专业协会、一所人才培训学校、一家模具实验中心、一个模具检测中心、一个专业信息网络、一家大型专业市场和一个专业化机械五金模具生产基地的目标。现在，由华中科技大学与东莞市科技局以及冠联集团联合组建的"华中科技大学国家模具重点实验室东莞实验中心"已经投入运营，可为专业镇内的企业提供全面的模具数字化设计制造技术服务；方达集团与华南理工大学联合成立了"中国华南模具研发基地"，以进一步强化专业镇在关键共性技术攻关、产业技术开发等方面的能力；长安高级职业中学针对区域产业特色设置了 CAD/CAM 等专业，可为区域内企业提供专业人才支持；中国测试技术研究院广州分院现已在长安设立工作站，可为区域内五金模具企业提供权威的检测、校准和认证等服务；位于长安的东莞五金模具行业协会也在信息服务等方面不断强化能力，建成了东莞市五金模具专业网（www.cimhp.com），为会员提供专业信息服务和交流服务，同时还与德国亚琛工业大学签订了建设模具检测中心的合作意向书。与此同时,长安镇财经办还组织东莞市五金机械模具行业协会联同知识产权事务所、认证中心、管理咨询公司、律师事务所和镇人才服务站,组建了长安镇五金模具技术创新服务平台,用以整合和利用各类资源,为大中小型机械五金模具企业提供优质服务。

基于国家模具重点实验室东莞实验中心、五金模具行业协会、五金模具专业网等平台,长安镇政府还大力鼓励专业镇内的企业通过人才联合培养、科技创新项目的联合申报、模具设计制造技术联合研究等方式开展合作,以整体推进长安五金模具企业的市场竞争力,加快产业的升级换代。

表9.6 长安五金模具专业镇的知识基础与创新系统

项目	内容
专业镇创新特点	通过产业链条上的相互配套形成本地的企业间网络,在合作过程中加快了专业镇内企业在技术、产品和工艺方面的融合步伐; 区域内的企业可以通过多种平台进行交流学习; 区域内的龙头企业通过知识和技术的溢出,提升了当地中小企业的技术创新能力; 注重与区域外的大学和研究机构在研究开发方面的合作,同时也注重与区域外的同行开展交流,以获取最新的专业知识和信息。
知识基础的组成	高等院校和研究机构,包括华中科技大学、华南理工大学、中国测试技术研究院广州分院、德国亚琛工业大学、长安高级职业中学等; 东莞五金模具行业协会; 长安五金模具技术创新服务平台,包括知识产权事务所、认证中心、管理咨询公司、律师事务所和镇人才服务站等; 当地的内外资企业(包括客户、供应商、竞争对手和相关行业企业)和国内外模具行业企业。
知识基础类型	既有综合性的知识基础,也有解析性的知识基础。
RIS 类型	区域网络型创新系统。

资料来源:作者根据调研材料整理。

9.2.3.3 专业镇中的交互式学习分析

1. 基于综合性知识基础的交互式学习

长安五金模具专业镇的发展离不开本土企业之间的交流与合作,同时区域外的各种行业信息和行业间的交流也有利于本土企业把握行业的最新发展趋势、不断提升设计水平、开发新的产品,而这些分布于区域内外的信息和知识源就共同构成了长安五金模具专业镇的综合性知识基础。

长安五金模具产业的发展吸引了一批国内外知名度较高的企业落户长安,如日本三菱电机、德国DMG、瑞士阿奇夏米尔、北京精雕、广州数控、沈阳机床、龙记模架等,这些企业的落户,通过产品辐射、技术示范、信息扩散和人才流动等方式发挥技术和知识的溢出效应,也大大提升了长安五金模具产业的技术水平。与此同时,东莞五金模具行业协会通过建立会员企业联系制度,加强了企业之间的交流与合作;通过举办各种培训和技术论坛来为会员企业提供模具和零配件加工、模具设计、模具材料采购等各种信息和咨询服务;通过定期组织会员企业外出参观来帮助它们即时了解行业发展动态和市场信息,学习先进经验和做法,拓宽企业视野。

从2001年开始,长安已经连续成功举办了七届"中国(长安)国际机械五金模具交易会",大大促进了模具行业企业的交流。与此同时,长安每年一届的"全国五金模具设计大赛",以本土模具行业的发展为命题方向,采用开放的交流心态,吸引了全国乃至世界的五金模具设计人才聚集长安,通过比赛为本土企业的产品设计和开发提供灵感与启发,进一步提升了长安企业在五金、塑胶模具制品等方面的整体设计水平。此外,长安镇政府也十分注重本土企业与外国同行的交流,从2006年开始,在国际机械五金模具交易会期间,都会举办"中德模具机械产业合作交流会",为中德模具领域的同行提供了一个交流和学习的机会,也让本土模具企业更好地了解行业发展的前沿,提升自身的技术创新水平。

2. 基于解析性知识基础的交互式学习

长安在五金模具产业发展的过程中非常重视与高校和科研机构的合作,通过充分发挥高校和科研院所这一知识源的作用来强化内部企业的创新能力。华中科技大学国家模具重点实验室东莞实验中心在五金模具技术展示、技术研发、人才培养、技术服务、精密检测、技术标准推广等方面均可为专业镇内企业提供服务。到2007年年底,"东莞实验中心"已为社会培养专业模具人才60多名,以大专升本科和工程硕士班为主体的学历教育也正在推进。"东莞实验中心"作为一个桥梁和纽带,可以将专业镇内企业所遇到的技术难题及时反馈到重点实验室总部,密切了高校与企业之间的技术关联,实现了产学研的密切结合。通过"东莞实验中心"所开展的工业产品设计项目,华中科技大学已经与专业镇群中20多家实力雄厚的模具企业建立了合作伙伴关系,为后续的模具自主创新研究和应用打下了坚实的基础。与此同时,在长安镇政府的大力支持下,方达集团与华南理工大学合作共建的华南模具研发基地以研发为先导,以市场为导向,在整合技术资源、集中课题攻关、促进技术转化为生产力方面也开始发挥越来越大的作用。中国测试研究院广州分院在长安的工作站可为专业镇内的企业提供专业的模具校准服务,提供的校准证书和检测报告可在全球 48 个国家和地区得到互认。

综上所述,在长安的五金模具专业镇中,以区域内外同行间的交流与合作为基础的交互式学习利用了综合性的知识基础。而当地企业与高校和科研院所等知识生产机构的交互式学习则可以针对当地模具企业所遇到的问题快速地提供专业的解决方案,同时也可以将一些最新的科研成果快速地转化给当地的企业。可以说,高校和科研院所提供给长安模具企业的解析性知识基础对于当地产业的发展也起到了很大的推动作用,而专业镇的创新系统则主要体现出区域网络型创新系统的特点。

▷▷ **9.2.4 东莞大朗毛织专业镇**

9.2.4.1 专业镇的基本情况

毛织业是东莞市大朗镇富民强镇的特色产业,已有 20 多年的发展历史。根据大朗经贸办的资料数据,截至 2007 年年底,大朗有毛织行业企业 3000 多家,其中规模以上近 200 家,大朗的毛衣年销量达到了 8 亿件,60% 出口到美国、意大利等 80 多个国家和地区。目前,大朗毛织业已形成研发设计、生产加工、原料辅料、机械设备、洗水印花、物流贸易、人才培训、科技服务、信息咨询等一条龙的产业配套,集群优势也吸引了 POLO、袋鼠、金利来等十多个世界顶级品牌和鄂尔多斯、杉杉等 20 多个国内名牌来大朗设立生产基地。随着大朗毛织产业集群的不断发展壮大,大朗也先后被授予“中国羊毛衫名镇”、“全国首批产业集群试点单位”、“中国纺织服装企业社会责任管理集群试点单位”、“广东省专业镇技术创新试点单位”、“广东省区域国际品牌试点单位”和“广东省产业集群升级示范区”等称号。

9.2.4.2 专业镇的知识基础

到 2007 年,大朗毛织行业已拥有一千多名高级设计师,一万多名技术骨干,规模以上毛织企业大都成立了自己的研发设计部门,同时大朗镇还确定了20家重点扶持的民营毛织企业,以通过龙头企业的带动来推进当地毛织企业的技术创新建设。与此同时,大朗镇在推进毛织产业发展的过程中,还非常注重公共服务平台的建设。公共服务平台主要包括研发设计平台、质量检测平台、人才培训平台、信息咨询平台、展销物流平台和融资服务平台。其中研发设计平台主要包括中国(大朗)毛纺织产品研发中心、大朗毛织服装设计师协会、与西安工程大学合作共建的毛纺织专业研究生培养基地和博士后流动工作站;质量检测平台是由大朗镇与东莞质监局共建的广东省质量监督毛织品检验站(东莞);人才培训平台包括大朗职业中学和大朗电脑织机技术人员培训中心;信息咨询平台主要依托具备信息发布和电子商务功能的大朗毛织网(www. maozhi. com. cn)建设;展销物流平台主要依托一年一度的"大朗织交会"来建设;融资服务平台主要通过构建银行、政府、企业和信用担保机构的合作关系来建设。除此之外,大朗还先后与清华大学、广州美术学院、香港纺织及成衣研发中心、中科院等院校和组织机构达成了合作关系。

表 9.7 大朗毛织专业镇的知识基础与创新系统

项目	内容
专业镇创新特点	通过产业链条上的相互配套形成本地的企业间网络,在合作过程中加快了专业镇内企业在技术、产品和工艺方面的融合步伐; 区域内企业的专业技术人员可以通过多种平台进行交流学习; 区域内的龙头企业通过知识和技术的溢出,提升了当地中小企业的技术创新能力; 注重与区域外的大学和研究机构在研究开发方面的合作。
知识基础的组成	研发设计平台,包括中国(大朗)毛纺织产品研发中心、大朗毛织服装设计师协会、毛纺织专业研究生培养基地和博士后流动工作站; 人才培训平台,包括大朗职业中学和大朗电脑织机技术人员培训中心; 广东省质量监督毛织品检验站(东莞); 大朗毛织网(www. maozhi. com. cn); 西安工程大学、清华大学、广州美术学院、香港纺织及成衣研发中心、中科院等院校和组织机构; 当地的内外资企业,包括客户、供应商、竞争对手和相关行业企业。

续表

项目	内容
知识基础类型	既有综合性的知识基础也有解析性的知识基础,但以综合性的知识基础为主。
RIS 类型	区域网络型创新系统。

资料来源:作者根据调研材料整理。

9.2.4.3 专业镇中的交互式学习分析

1. 基于综合性知识基础的交互式学习

大朗毛织专业镇的发展离不开本土企业之间的交流与合作,区域内的职业学校和专业培训机构也促进了经验类知识的传播,同时区域外的各种行业信息和行业间的交流也有利于本土企业把握行业的最新发展趋势,不断提升设计水平,开发新的产品,而这些分布于区域内外的信息和知识源就共同构成了大朗毛织专业镇的综合性知识基础。中国(大朗)毛纺织产品研发中心可帮助有需要的企业设立设计部或研发部,并定期开办设计师培训班为专业镇内的企业培养专业设计人才,其举办的一年一度的"中国(大朗)毛织服装流行趋势发布会"则可向专业镇内的企业展示能代表大朗毛衫设计水平和质量档次的毛织产品;东莞市毛织服装设计师协会也定期开展毛织服装的学术研究与交流,同时举办各类毛织服装职业培训、研究等活动,并建立了毛织服装的专业技术档案,发布国内外毛织服装的流行趋势,这些都大大促进了区域内外企业的沟通和交流,有利于专业镇内的企业把握流行和时尚趋势,设计和开发市场欢迎的创新产品。大朗职业中学和大朗镇电脑织机技术人员培训中心针对区域内产业发展的实际需要,设立了广东省第一个毛织设计与管理专业,以帮助企业培养具有产品开发、款式设计、产品结构设计等专业技术的应用型人才,现已招收学生 47 名,这批学员顺利毕业后将进一步壮大大朗毛织研发设计队伍。此外,大朗毛织网通过采集和发布专业镇内外毛织产业的相关信息,推进了行业的交流,而每年的"大朗织交会"则吸引了 30 多个国家和地区的参展商和采购商,为大朗毛织企业掌握行业发展趋势、加强与毛织产业上、中、下游企业的交流与合作提供了平台。

2. 基于解析性知识基础的交互式学习

大朗在服装产业发展的过程中非常重视与高校和科研机构等外部知识源的合作,通过充分发挥高校和科研院所这一知识源的作用来强化区域内企业的创新能力。大朗镇与西安工程大学签署了产学研合作协议，共同建设西安工程大学毛纺织专业大朗研究生培养基地和博士后流动工作站，并设立了50万元的大朗研究生创新基金，还共同成立了培训中心，为该镇相关职能部门人员及企业主要技术骨干开办毛纺织行业研究生课程。与此同时，中国(大朗)毛纺织产品研发中心已与香港纺织及成衣研发中心在科研项目、技术交流、人才交流等领域展开合作。在创建大朗国际区域品牌的过程中，通过与广州美术学院、清华大学、中国社科院、中国科学院等单位开展合作，大朗也获得了区域发展、产业创新、品牌推进等方面的专业知识和具体指导。除此之外，广东省质量监督毛织品检验站(东莞)成立后，通过宣传、培训等方式加快了行业标准、国家标准和国际标准在企业中的推广应用速度，如定期举办提升毛织产品质量的知识讲座，给企业的质量管理人员讲授《国家纺织产品基本技术规范》(GB18401－2003)等产品检测检验细则，防止产品安全事故发生；通过制定和推行《大朗镇毛纺织业推行"联盟标准"的实施方案》来规范专业镇内企业的生产行为，进而提升毛织产品质量；同时还对毛织产品定期进行监督检查，对不合格的企业开办整改学习班，以帮助其进一步提升品质。

综上所述，在大朗毛织专业镇中，以职业培训、区域内外同行间的交流与合作为基础的交互式学习为产业发展提供了综合性的知识基础。当地企业与专业检测机构、高校和科研院所等知识生产机构的交互式学习更多地是帮助企业解决生产中的实际问题，当然通过共建研究生培养基地和博士后流动站也有助于当地企业获得基于科学的解析性的知识，但在现阶段，解析性的知识基础提供给当地产业的帮助还不如综合性的知识基础，专业镇内的企业与大学和科研院所的合作还有待进一步深入，而且毛织产业的创新也更多地是渐进性的创新。因此，大朗毛织专业镇的知识基础中既有综合性知识基础，也有解析性知识基础，但以综合性知识基础为主，而专业镇中的创新系统则主要体现出区域网络型创新系统的特点。

▶▶ **9.3 专业镇科技创新平台的建设与发展**

专业镇的科技创新平台是推进专业镇技术创新能力建设的重要载体，

在专业镇的发展和升级中起着至关重要的作用。在专业镇中,科技创新平台既是技术创新服务的提供者,也是专业镇内企业技术创新的知识源,同时还是专业镇内"产学研"合作活动的促进者。可以说,RIS 理论框架中的交互式学习活动在专业镇的开展,在很大程度上要依赖于科技创新平台的支持和推动,而区域政策对于创新活动的支持,很多时候也要基于科技创新平台来进行传播和发挥作用。因此,本书的这一部分将从强化专业镇技术创新能力的角度,应用 RIS 的理论和思想来重点探讨专业镇科技创新平台的建设问题。

▷▷ **9.3.1 科技创新平台建设的基本情况**

广东省从 2000 年开始实施专业镇技术创新试点工程,现在已有 277 个专业镇成为试点镇,建立起科技创新平台 120 个(见表 9.8)。尽管起点不一样,但所有专业镇的科技创新平台都在朝着综合服务的方向发展,即逐步完善包括专业技术支持、关键共性技术开发与扩散、人才支持、科技信息、人才培训、商贸物流、管理咨询、投融资服务等在内的服务功能。根据广东专业镇科技创新平台建设的现实情况,部分专业镇首先构建专业信息网站,从网络信息服务着手来打造科技创新平台,服务功能还比较单一;而部分专业镇基础较好,主要基于已有的技术创新中心、生产力促进中心等机构来建设创新平台并完善服务功能,提供的服务也较为全面。由此,本书将现有科技创新平台的功能类型分为两类,即主要以信息服务为主的创新平台和主要以综合服务为主的创新平台。从表 9.8 中可以看出,佛山、江门、中山、东莞、汕头、潮州等珠三角和粤东地区,无论是在专业镇数量还是创新平台数量上都要强于粤北和粤西地区,10 个创新示范专业镇也完全集中在珠三角地区。而在专业名镇建设方面,广东获得国家级专业名镇称号的专业镇中有 84% 都集中在珠三角的佛山、中山、东莞和广州等市,这在某种程度上也代表了珠三角专业镇发展的水平和质量。

表9.8 广东专业镇科技创新平台的基本情况

地区	专业镇数量（个）	建有科技创新平台的专业镇数量（个）	各地区建有科技创新平台的专业镇占地区专业镇总数的比例（%）	创新示范专业镇数量（个）	拥有专业名镇的数量*（个）
佛山	34	23	68	5	13
东莞	13	9	69	2	11
中山	14	11	79	3	12
江门	19	14	74	—	—
肇庆	17	3	18	—	3
惠州	9	1	11	—	—
阳江	6	2	33	—	—
清远	9	3	33	—	—
广州	4	1	25	—	2
珠海	4	2	50	—	—
汕头	26	12	46	—	4
潮州	14	9	64	—	1
揭阳	14	2	14	—	1
茂名	16	6	38	—	—
韶关	9	2	22	—	—
梅州	17	8	47	—	—
云浮	19	5	26	—	—
河源	12	3	25	—	1
湛江	15	—	—	—	—
汕尾	6	6	100	—	1
共计	277	120	43	10	49

　　*专业名镇指的是由国家相关行业协会和权威部门授予的名镇称号,如东莞虎门被中国纺织工业协会授予"中国女装名镇"称号、佛山石湾被中国建材工业协会和中国建筑陶瓷协会授予"中国陶瓷名镇"称号。

　　资料来源:作者根据相关调研资料整理。

▷▷ **9.3.2 典型科技创新平台的建设与发展模式对比**

　　通过表9.8可以看出,在专业镇科技创新平台建设方面,珠三角地区的中山、东莞和佛山三地毫无疑问地走在了广东省的前列,在三个地区的专业镇中,超过70%的专业镇都组建了各种形式的科技创新平台,其中已经有一批专业镇获得国家级的专业名镇称号。作为广东专业镇科技创新平台建设的先行镇,它们的实践具有一定的典型性和代表性,因此本书就以东莞的虎门服装专业镇、长安五金模具专业镇、大朗毛织专业镇,佛山的大沥铝材专业镇、丹灶五金专业镇、西樵纺织专业镇、张槎针织专业镇,中山的大涌红木家具专业镇、小榄五金专业镇、民众农业专业镇为例来分析广东专业镇科技创新平台建设的情况(见表9.9)。

表 9.9 典型科技创新平台的建设与发展模式对比

创新平台	建设主体	主要服务功能	运作特点	产学研合作情况
东莞虎门镇"服装技术中心"	企业主导,政府扶持	服装设计开发服务;品牌推广服务;管理咨询服务;网络信息服务。	由东莞富民公司投资,市场化运作,政府给予一定的扶持,依靠项目带动,自负盈亏。	已与香港理工大学、华南理工大学开展合作。
东莞长安镇"模具技术服务平台"	企业主导,政府扶持	产品研究开发服务;产品检测服务;技术标准推广服务;人才培训服务;产业投资服务。	由东莞联冠集团与华中科技大学共同投资成立经营实体,政府给予扶持,为行业企业提供全面服务。	已与华中科技大学、中国测试技术研究院广州分院开展合作。
东莞大朗镇"毛纺织技术创新平台"	政府主导	产品设计开发服务;质量检测服务;人才培训服务;信息咨询服务;商贸物流服务;融资服务。	以政府投入为主,为企业提供公共服务,正在探索市场化转型的方式。	已与西安工程大学开展合作。
佛山大沥镇"南海有色金属技术创新中心"	政府引导,企业化运作	产品检测服务;行业信息服务;产品质量管理咨询服务;知识产权服务;人才支持服务;商贸服务;行业协会服务。	前期由政府投入,但直接面向市场,由市场决定发展方向。	已与广州有色金属学院、上海交通大学、中南大学等院校建立了合作关系。

续表

创新平台	建设主体	主要服务功能	运作特点	产学研合作情况
佛山丹灶镇"南海五金技术创新平台"	政府引导，企业化运作	专业技术服务；技术交易服务；网络信息服务；网上交易服务；管理咨询服务；知识产权服务。	平台建设前期为非营利组织，现开始面向市场进行转型，但技术创新中心仍为非营利机构。	已与华中科技大学开展合作。
佛山西樵镇"南方技术创新中心"	政府引导，企业化运作	新产品开发服务；面料检验检测服务；专业人才服务；科技培训服务；科技信息服务；物流配送服务；电子商务服务。	前期以政府投入为主，定位为公共技术服务平台，现根据企业需求提供有针对性的服务，逐步开始市场化转型。	已与东华大学开展合作。
佛山张槎镇"张槎针织技术创新平台"	政府引导，企业化运作	针织技术服务；专业人才服务；检验检测服务；物流配送服务；针织信息服务；电子商务服务。	平台正逐渐从非营利组织向市场化转型，部分业务已开始通过市场盈利。	已与东华大学、五邑大学、西安纺织学院、武汉科技学院开展合作。
中山大涌镇"红木家具科技创新中心"	企业主导，政府扶持	关键共性技术开发；专业技术服务。	以红古轩家具有限公司的技术力量为主，致力于突破红木家具产业关键技术，面向镇区的家具企业提供服务。	已与中南林学院、北京林业大学、中国林科院木材研究所、中科院广州能源所等院校和科研机构开展合作。
中山小榄镇"广东省五金科技创新中心"	政府引导，企业化运作	五金专业技术服务；关键共性技术开发；专业人才服务；行业信息服务。	以政府投入为主，依托生产力促进中心建设，坚持市场化运作，为镇区企业提供全面服务。	已与华南理工大学、清华大学、中山大学、北京理工大学等院校建立了产学研合作关系。
中山民众镇"农业科技创新平台"	政府主导	农业科技信息服务；农产品检验检测服务；绿色食品生产技术服务；农业科技培训服务。	定位为非营利组织，以政府投入为主。	已与广东省农科院、广东农业管理干部学校和中央农业广播学校开展合作。

资料来源：作者根据调研和相关文献资料整理。

通过对比分析我们可以看出,在专业镇的建设和运作方面,主要有三种类型:

1. 政府主导型,即以政府投入为主来建设公共服务平台,为专业镇内的企业提供相应的技术创新服务。这类创新平台数量不多,而且平台向市场化转型已成为大的趋势,如东莞大朗镇的"毛纺织技术创新平台"。

2. 政府引导,企业化运作,即政府主要负责前期投入,在完善创新平台服务功能的同时坚持市场化运作,增强平台的自我造血能力。采用这种模式的创新平台数量较多,如佛山大沥镇的"南海有色金属技术创新中心"。

3. 企业主导型,即依托专业镇内综合实力较强的企业,借助企业的开发、检测等平台,针对专业镇企业的需求提供服务。这类平台建设模式较为灵活,市场针对性强,但对组建平台的企业要求较高,因此数量较少,如东莞长安镇的"模具技术服务平台"。

此外,专业镇科技创新平台在建设过程中大都十分注重对于产学研合作的推进。在表9.9中,各镇均根据自身的产业特点,选择了国内在专业镇相关产业领域具有优势的高校和科研院所开展合作,从而也为专业镇内企业开展技术创新提供了必要的技术、知识和人才保障。

▷▷ 9.3.3 科技创新平台建设存在的问题分析

1. 科技创新平台建设主体比较单一

在广东专业镇科技创新平台的建设中,地方政府发挥了非常重要的作用,但这也导致了专业镇科技创新平台建设主体的单一化问题,不利于科技创新平台健康、持续发展。在表9.9中的10个专业镇中,有7个专业镇都是以政府投入为主来建设科技创新平台。如佛山西樵镇从1998年开始建设"南方技术创新中心",至今镇政府的累积投入已经达到了1.2亿元;中山小榄镇在建设中小企业信息平台方面投入了5500多万元,而后为了解决镇区企业在五金模具方面的技术难题,再次投资近千万元组建快速成型技术服务中心;佛山张槎在技术创新平台的投入上也已经达到了1000多万元。高额的投入完善了科技创新平台的功能,但是如果科技创新平台不能顺利完成市场化转型,长期缺乏造血功能,不光会给地方政府带来巨大压力,而且其持续发展能力和功能的进一步完善也必然会受到很大的影响。而以企业为主导的专业镇科技创新平台同样也存在问题,这类平台往往注重能直接带来市场收益的服务功能的发展,而在共性技术开发、技术的引进与扩散等公共服务方面则显得较为薄弱,如虎门的服装技术中心就存在这类问题。

2. 科技创新平台服务功能有待强化

在广东专业镇的现有科技创新平台中,虽然大多数都以提供综合服务为自己的发展方向,但根据我们的调研,全省仍然有二十多个专业镇的科技创新平台还处于单纯提供信息服务的阶段,服务功能还比较单调。而表9.9中的10个专业镇虽然都致力于为镇区企业提供全面、综合的服务,但在服务能力上却仍需进一步加强。这一问题在广东其他专业镇也同样存在。在服务功能方面,广东专业镇科技创新平台存在两类问题:

第一,专业技术服务能力较为欠缺。这一问题也是大多数专业镇科技创新平台所存在的共性问题。如虎门的服装技术中心在信息发布、市场推广、管理咨询等方面可以为企业提供完善的服务,但其专业技术服务能力,尤其是共性技术开发与推广能力,却由于资金的问题一直比较欠缺,现在只能依靠申报相关项目和申请政府资助来逐步提升这方面的能力,而东莞大朗的毛纺织技术创新平台同样也存在专业技术服务的短板。

第二,专业技术服务能力较强,但在科技中介服务和各种专业管理服务方面较弱。如中山大涌、佛山西樵、东莞长安等镇在服务功能方面就反映出这类问题,这类专业镇科技创新平台的建设多以技术创新服务中心为基础,重视解决专业镇企业存在的关键共性技术问题,前期大量的投资强化了技术开发的能力,但由于缺乏与专业科技服务机构、投融资机构以及管理咨询等组织的合作,因此在这些方面的服务功能就显得较为薄弱。

3. 科技创新平台之间缺乏合作交流

在广东的专业镇中,发展同类产业的并不少见,如东莞的石龙和石碣就是相邻的发展电子信息的产业名镇,佛山的南庄和石湾也是相邻的发展陶瓷产业的专业镇,顺德伦教、龙江、乐从都是发展木工家具的专业镇。这类产业重叠的例子在广东各地的专业镇中还有很多。毫无疑问,地理位置的接近、产业类型的相似有利于创新资源的合作与共享。但现实情况是,大多数专业镇在建设科技创新平台的过程中都选择了各自为政、独立发展的道路,如佛山石湾镇与清华大学合作共建了陶瓷陶艺创新中心,南庄镇则投入3000多万元与景德镇陶瓷学院共建了华夏陶瓷研发中心,创新中心之间的合作基本没有,这不光造成了科技创新平台的重复建设和科技资源的浪费,同时也给政府带来了很多不必要的负担,进而也阻碍了科技创新平台功能的健全与完善。

▷▷ 9.3.4 科技创新平台建设与发展的建议

1. 完善政府引导下的多元化建设机制

在市场经济条件下,区域科技创新平台通常是以政策支撑、投入推动、合作引导、资源共享、多方联动等形式体现的,按照政府支持、企业为主、社会参与、市场化原则来运作。① 而从科技创新平台的功能来看,科技创新平台应该为当地企业提供技术支持服务、科技中介服务、投融资服务等,因此相应的创新平台的参与主体就应该包括地方政府、企业、科技服务机构、投融资机构、大学和科研院所等,通过发挥所长,完善科技创新平台的功能(见图9.2)。

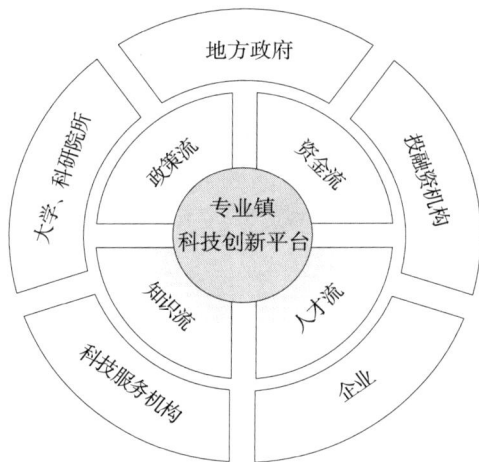

图9.2　专业镇科技创新平台的参与主体

在创新平台建设的初期,可以以"政府主导,多方参与,企业化运作"的模式来进行建设,以政府投入为主,同时引导相关的企业和组织以灵活的方式参与到科技创新平台的建设中来,如大学和科研院所的技术入股、优势企业的设备入股等,并注重培育平台作为一个独立经营实体应对市场的能力。

---

① 吴国林:《区域技术创新平台研究——大涌红木家具专业镇的技术创新平台建设》,载《科技进步与对策》2005年第1期,第162—164页。

在一段时间的引导和扶持期后，平台中的相关中介服务开始具备盈利能力，这时政府应该淡出科技创新平台的建设，同时注重以科技政策和具体项目等形式来帮助和增强创新平台在关键共性技术开发与扩散方面的能力，使政府的财政投入起到"四两拨千斤"的作用，从而实现平台的可持续发展。

2. 围绕企业需求打造创新平台的服务链

广东专业镇内企业的规模小、效益低、创新能力弱、创新投入不足、管理粗放等瓶颈日益突出，但是中小企业本身又无力突破这些制约因素，因此专业镇科技创新平台在服务功能方面必须围绕中小企业的需求打造"产前服务→产中服务→产后服务＋生产经营支持服务"的服务链，[①]为企业创新发展提供全面的服务（见图9.3）。产前服务主要包括为企业提供专业信息服务、产品开发服务以及原材料的检测服务等；产中服务包括产品质量检测服务、行业品质管理服务、信息技术应用支持服务等；产后服务则包括市场信息服务、商贸物流服务、商贸合作服务、电子商务技术支持服务等；生产经营支持服务贯穿企业的生产运作过程，包括知识产权服务、专业培训服务、人才支持服务、管理咨询服务、投融资服务、网络信息服务等。通过整合科技创新平台的服务功能完善服务链，为企业提供"无缝式服务"，增强企业在市场和技术创新方面的快速响应能力。在服务提供方式上，除了专业信息、共性技术等公共服务由政府提供一定补贴外，其他均完全按照市场化运作。

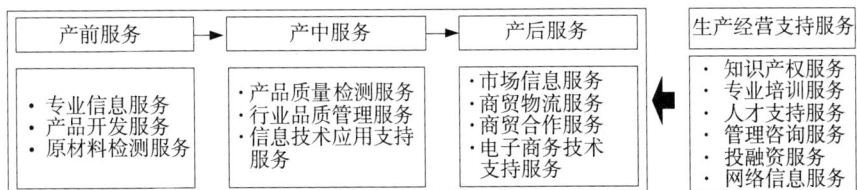

图 9.3　专业镇科技创新平台的服务链

3. 推进科技创新平台间的资源共享

针对相邻地区的专业镇产业类型相近或相同的问题，应采取合纵连横、资源共享的原则，促进区域间的知识流动，由市一级科技主管部门进行协

---

① 肖鹏友：《南海专业镇技术创新服务体系之调查：以五金和有色金属专业镇为例》，载《广东科技》2005年第10期，第46—47页。赵耀：《佛山张槎：三位一体的集群创新平台》，载《广东科技》2005年第10期，第48—49页。

调,结合相邻镇的产业特色进行统筹部署,确定各自重点服务领域,构建信息协作网,避免重复建设,以最大限度地利用科技创新资源,实现服务功能的最大化。对于关键共性技术开发等问题,则可以由科技部门出面联立相关专业镇的龙头企业、高校、科研机构共同进行开发,并由地方政府通过立项或者专项的形式给予资助。这种科技创新资源的共享不但有利于促进创新平台服务能力的提升,同时也减轻了政府的负担和压力,在公共服务方面让政府以最小的投入获得最大的收益。

在这方面,中山的小榄镇和东凤镇已经进行了有益的实践,其做法值得借鉴。小榄镇和东凤镇作为相邻的专业镇,都是以五金和小家电为其特色,但两镇在技术创新方面各有所长。中山市考虑到两镇的现实情况,积极引导小榄镇在五金产品的快速成型模具技术方面下工夫,而东凤镇则以小家电的芯片设计技术开发为主,通过这种方式组建各自的科技创新平台,但平台向两个镇区所有的五金和小家电企业提供服务。这种做法整合了两镇的科技资源,避免了重复建设,通过科技资源共享,各取所长,获得了良好的社会和经济效益,值得进一步在广东面临相似情境的专业镇中进行推广。

结　语

一、主要研究结论

本书以珠三角地区的企业为研究对象,基于区域创新的知识基础和交互式学习提出和检验了区域创新系统(RIS)与企业技术创新绩效之间的关系模型,全面系统地研究了区域的环境要素与交互式学习和企业技术创新绩效的关系,并深入分析了交互式学习在 RIS 中所起到的中介作用。通过理论演绎、案例研究、问卷调查和数据分析等一系列研究方法以及 SPSS 13.0 和 AMOS 5.0 等计量统计工具的综合运用,对概念模型和研究假设进行了检验,明晰了 RIS 中的环境要素和交互式学习对于企业技术创新绩效的作用机制,同时还尝试在广东的科技园区和专业镇建设中应用 RIS 方法和思想作为指导,分析讨论有关问题。形成的主要研究结论如下:

1. 本书提出的 RIS 与企业技术创新绩效关系的概念模型具有一定的普遍意义。在总体样本和技术密集型行业与传统制造业分样本中,模型的拟合程度较好,样本数据的分析结果基本取得了一致,表明本书的概念模型具有一定的普遍适用性。

2. 珠三角地区的主体要素环境会直接影响企业与区域内相关主体要素间的交互式学习,进而影响企业的技术创新绩效,因此主体要素环境对于企业的技术创新绩效非常重要。在总样本和传统制造业分样本中,这种间接影响是一种完全的中介效应;而在技术密集型行业分样本中,主体要素环境除了直接作用于企业的技术创新绩效,同时也会通过交互式学习的中介效应来起作用,但这种间接影响并不是完全的中介效应,只是一种部分中介作用。

3. 珠三角地区的文化环境会直接影响企业与区域内相关主体要素间的交互式学习,而对于企业技术创新绩效的直接影响则不显著,区域文化环境要通过影响企业与相关主体要素的交互式学习来间接作用于企业的技术创新绩效。在总样本和行业分样本中，这种间接影响都是一种完全的中介效应。

4. 珠三角地区的政策环境对区域内企业的技术创新绩效会带来直接的影响，但对企业与区域内相关主体要素间的交互式学习的影响却不显著。这也说明珠三角地区的创新政策在内容和功能等方面与欧美国家存在一定的差异，还应该在推进区域创新网络建设、加强企业与区域内主体要素的交互式学习等方面进一步完善并发挥更大的作用。

5. 通过二阶因子分析，企业与区域内相关主体要素间的交互式学习包括四个方面，即企业间横向交互式学习、企业间纵向交互式学习、企业与知识生产机构的交互式学习和企业与科技服务机构的交互式学习。交互式学习对于企业的技术创新绩效来说非常重要，其不只是对企业技术创新绩效带来直接的影响，还会在区域的主体要素环境和文化环境对企业技术创新绩效的影响中发挥重要的中介效应。这一结论也进一步支持和肯定了交互式学习在 RIS 中的核心作用和在 RIS 研究中的重要地位。

6. 基于知识和交互式学习的 RIS 方法与理论框架具有较强的实践指导意义。在各地都提出"强化自主创新能力、推进产业结构升级"的今天，RIS 可以有效地对广东的科技园区建设和专业镇建设提供现实的指导。

二、主要创新点和实践意义

1. 主要创新点

本书采用科学规范、与国际接轨的实证研究方法，对 RIS 与企业技术创新绩效关系的概念模型和研究假设进行了检验。本书的研究成果，从以下几个方面深化了对 RIS 理论的认识和理解，对通过推进 RIS 的建设来提升企业技术创新能力提供了新的思路和启示。

(1)在现有文献中，国内学者对 RIS 的研究多注重概念框架的构建，而在实证研究方面则较为缺乏；国外学者尽管在 RIS 的研究方面比较注重实证方法，但他们的研究多侧重于研究区域内创新主体间的互动，而系统的理论探讨较少。这也表明 RIS 理论的科学建构远未完成，在区域层面的研究尚缺乏一个统一的研究框架。本书通过文献研究和理论探讨，提出了一个 RIS 与企业技术创新绩效关系的概念模型，除了考虑到企业与区域内相关主体要素之间的交互式学习对企业技术创新绩效的影响，还进一步探讨了区域文化环境、政策环境以及主体要素环境对企业在区域内的交互式学习和企业技术创新绩效的影响,并通过实证研究得出了一些有意义的结论。因此,在强化理论研究的同时,本书也在一定程度上弥补了我国学者在 RIS 实证研究和定量研究方面的不足,为我国 RIS 理论的发展和完善提供了一定的理论支持和实证证据,相应的量表设计也可为相关学者开展 RIS 实证研究提供有益参考。

(2)基于知识的经济和学习经济的基本理论都论证了在全球经济的大背景下,知识是最重要的战略资源,而学习则是获得竞争优势的最根本活动,因此,学习就成为 RIS 方法的核心。在现有文献中,大多数学者虽然强调和认同了交互式学习的地位和作用,但对于交互式学习的概念界定却较为模糊,并未取得一致。本书基于区域中的知识基础、创新网络和案例分析对 RIS 中的交互式学习进行了系统深入的研究,对其概念和基本组成进行了分析,将企业在区域中的交互式学习活动分为企业间纵向交互式学习、企业间横向交互式学习、与知识生产机构的交互式学习和与科技服务机构的交互式学习,并根据相关学者的研究,为其设计了测量量表。在实证研究中,以交互式学习作为二阶因子,采用高阶因子分析检验了其合理性,同时运用结构方程模型来分析其在 RIS 中的中介效应,肯定了其在 RIS 研究中的中心地位和核心作用。

(3)本书通过基于我国珠三角地区的实证研究,深入探讨了该地区 RIS 中的环境要素与交互式学习和企业技术创新绩效的相互作用和关系,也检验了西方学者通过实证研究所提出的一些研究结论是否与珠三角的区域发展实际相吻合。从研究结论上看,一些结论并未与国外学者的观点取得一致,如区域政策环境就未对企业与主体要素间的交互式学习形成显著的影响,这也说明珠三角地区的区域创新确实有其自身的一些特点,我们也应该基于中国区域发展的实际去更好地认识和理解 RIS。

(4)本书采用了结构方程模型(SEM)的方法来分析概念模型之中各个组成部分之间复杂的因果关系和中介效应,与传统的中介作用检验所采用的多元回归分析方法相比,结构方程模型允许对所有的变量同时进行检验,并能评价整个模型的拟合效果,使得实证研究的结果更具科学性和合理性。

(5)本书基于对区域创新系统所开展的实证研究的结论,将知识和交互式学习的思想贯彻到广东的科技园区建设和专业镇建设中去。基于知识的转化和应用,提出了科技园区的创新链和价值链思想,同时从企业创新环境的角度入手构建了科技园区的创新支持体系,包括了主体要素环境、区域文化环境和区域政策环境;关于专业镇建设,本书基于知识基础和交互式学习的思想,分析了典型专业镇的知识和交互式学习的特点,并从区域创新系统的视角提出专业镇创新平台建设的思路。因此,本书将区域创新系统的思想应用到区域创新与发展的实践,也可以说是一种理论实践与应用的创新。

2. 实践意义

本书对企业实践和区域政策制定主体具有同样重要的指导意义,能够帮助区域政策制定者更好地了解 RIS 的运行情况,在促进企业的技术创新方面,使得创新政策更具针对性;对于企业来说,本书可以帮助它们更好地了解区域内的主体要素、文化环境、政策环境以及交互式学习对企业技术创新绩效的重要作用。具体来说,本书的实践意义表现在以下两个方面。

(1)本书所构建的 RIS 与企业技术创新绩效之间关系的概念模型,为评估和分析区域层面的科技与创新政策提供了一个良好的框架。国家《珠江三角洲地区改革发展规划纲要(2008—2020 年)》已经出台,根据新《纲要》要求,到 2020 年,要基本实现由"广东制造"向"广东创造"的转变。制造大省广东要想顺利转型为"广东创造",最根本的保障就是自主创新的体制机制和政策环境的日益完善,并尽快形成一个以企业为主体、以市场为导向、产学研结合的开放型区域创新系统。而本书所开展的实证研究可作为政策制定的基础,为珠三角地区的政策制定者们提供有益的参考,有助于政府改善和调整创新政策,营造创新环境,促进本地区的产业通过交互式作用提升创新能力,提高创新效率。

第一,区域政策要进一步推进创新网络建设、加强对企业与相关主体要素间创新合作的激励和引导。珠三角地区的企业与相关主体的交互式学习对于企业的技术创新绩效有显著的促进作用,而珠三角的政策环境对于企业与相关主体的交互式学习并未起到显著的正向影响。由此,区域的科技和创新政策就应该更进一步地引导和推进区域创新网络和中介服务机构建设,完善公共服务机构功能,鼓励企业与高校和科研机构开展"产学研"合作,促进相关企业之间的战略联盟和合作研发。地方政府、行业协会、生产力促进中心等组织要积极地帮助企业与大学和科研院所加强信息的交流和沟通,建立合作关系,同时还要组织和引导广大中小企业互助共赢,避免不良竞争。政府的各种科技政策的实施要注意与资金型政策相结合,完善创新的财政扶持机制,以强化各种政策的实施效果。

第二,各地政府要致力于为企业培育良好的主体要素环境。珠三角地区的主体要素环境对于企业与区域内的相关主体间的交互式学习有着直接的正向影响,因此政府就应该注重对这种良好的主体要素环境的培育和扶持,如进一步推进珠三角的专业镇、科技园区、产业基地和产业集群建设,完善区域科技服务机构和专业镇科技创新平台的功能,加快珠三角"一小时经济区"的建设步伐等。这些举措都可以帮助珠三角地区的企业营造良好的主体要素环境,增强企业在区域内的邻近资本,从而推进企业与相关主体要素的交互式学习,进而增强企业的技术创新绩效。在具体的建设方面,政府可以通过市场化的方式发展中介机构和服务体系,引导投资者在公共服务机构方面的投资,通过推进和实施广东省产学研工程来加强企业与高等学校、科研院所的密切合作。

第三,要通过政策引导来培育创新的文化环境。珠三角地区的文化环境也会对企业与区域内相关主体要素间的交互式学习带来正向影响,政府也可通过政策引导来促进良好区域文化环境的形成,如加大对创新成果的奖励力度、加快区域诚信监管制度的建设、健全知识产权的保护机制、完善创新科技成果的分配机制等。对区域内创新意识和创新精神的培育,可以结合广东"文化大省"的建设,大力倡导广东文化中"开放、包容、务实、敢为人先"等积极因素,在原有优势的基础上培育提升全新的区域文化环境,大力弘扬自主创新、不惧风险、不满足现状的企业家文化,大力倡导勇于创新、敢于竞争和宽容失败的精神。同时政府组织和机构还应引导区域内的企业开展各种交流与合作,倡导根植于本地的区域文化以及适应竞争与合作的企业文化。

(2)对于企业来说,本书可以使珠三角的企业更好地认识到良好的要素环境、文化环境、政策环境以及与其他组织和机构的合作和学习对于企业技术创新的重要意义。

第一,珠三角地区的企业要注重发挥地域优势,推进交互式学习,进而提升技术创新能力。珠三角地区的专业镇、产业集群建设已经具备了一定的基础,相关组织和机构在地理上的集中,为企业提供了实现创新的重要来源以及所需的物质基础,邻近性提高了组织间交流的速度,降低了相关的成本,也更有利于创新网络的形成和交互式学习的发生。交互式学习可以作为企业所采取的一种战略,用来补充企业自身不能提供、但在创新过程中必不可少的知识,[①]对于 SMEs 来说更是如此。珠三角地区的企业应该积极地融入各地的专业镇、产业集群和产业基地建设,充分发掘和利用邻近资本,在知识、信息、技术、资金以及人才的交流和合作方面拓展渠道,形成地方生产网络,不断吸收新的显性和隐性知识,充分利用区域中的粘性知识,进而推进自身技术创新能力的不断提升。

第二,企业应认识到良好的文化环境是企业开展合作创新的推动力量。文化与科技的发展有着相当密切的关系,良好的创新文化氛围有利于科学发展与技术创新。区域文化环境对于企业与其他组织机构之间的合作和学习来说是非常重要的,它们奠定了相互交流、集体学习和共同解决问题的基础。良好的文化环境可以增强主体间的信任、拓宽合作的渠道、提升合作的效率、降低合作的成本,会间接地影响到企业的技术创新绩效。因此,珠三角地区的企业应该强化区域认同,要认识到企业属于所在的区域,企业文化应与区域文化相协调,区域文化环境对企业的竞争优势有举足轻重的影响,进而积极主动地去营造良好、和谐、诚信、创新的区域文化环境,为自己开展合作、学习和创新创造良好的氛围。

第三,企业应该主动地关注和了解区域政策,真正让政策为我所用。政策环境对于企业的技术创新绩效有着直接的正向影响,因此,企业应该主动地去学习和了解各种政策和规定,如鼓励技术创新的税收优惠、财政补贴、金融扶持等政策、鼓励人才引进的政策以及保护知识产权的法律法规等,进而充分利用这些政策工具来推进和保障企业的技术创新活动。

三、研究局限和研究展望

本书在前人研究的基础上,构建了 RIS 与企业技术创新绩效的关系的概念模型,并提出研究假设,利用实证分析的方法得到了一些创新的观点和有意义的结论,同时还探讨了 RIS 在广东科技园区和专业镇建设中的具体应用。但由于时间、人力、财力以及本人研究能力的限制,自感本书还存在

---

① 吴中、席俊杰、张艳:《区域创新系统架构研究》,载《机电工程技术》2004 年第 11 期,第 24—27 页。

一些不足之处：

1. 在数据收集方面，本书采用问卷调查的方式收集数据，由于调查问卷回收困难，因此采用了方便样本的调研方式，而非随机抽样。虽然有效问卷通过变量处理基本满足了结构方程对于样本量的要求，但本书的实证分析还不能算是真正意义上的大样本研究。

2. 在变量测度方面，由于研究中所涉及的变量很难用客观数据来衡量，而技术创新绩效的客观数据企业一般也不愿提供，因此本书中对于变量的测量主要是通过应答者主观评价的方式来进行，主观评价方法可能会影响数据与研究结论的可靠性和准确性。

3. 本书主要考虑的是交互式学习在 RIS 中的地位和作用，但由于样本量的限制，并没有更进一步地探讨企业间横向交互式学习、企业间纵向交互式学习、与知识生产机构的交互式学习以及与科技服务机构的交互式学习与创新环境和企业技术创新绩效的关系。

4. 由于样本的限制，本书只是调查了珠三角地区的企业，对于本书的概念模型是否会有地区差异，则没有体现。

针对本书的上述局限和实证研究的结果，作者认为 RIS 还有很大的研究和探索空间。在未来的研究中，下列问题特别值得进一步深入探讨：

1. 改善变量的设计和测量方法，以更加准确地测量相关的变量以及它们之间的相互作用和关系。

2. 未来的研究可进一步深入探讨企业间横向交互式学习、企业间纵向交互式学习、与知识生产机构的交互式学习和与科技服务机构的交互式学习与区域创新环境和企业技术创新绩效的关系，并提出更有针对性的政策和建议。

3. 进一步的研究可增加样本数量，考察更多地区和行业，并进行区域间的对比和行业间的对比，深入探讨 RIS 与企业技术创新绩效的关系在区域和行业间的异同，同时深入研究在不同的区域和行业中企业所开展的交互式学习活动的特点，进而针对行业和区域提出更具指导性的政策建议。

4. 未来研究可采用更为多样的研究方法，如案例研究、实地调查等方法，来探讨不同区域的创新系统的特点，并基于知识和学习的视角来研究 RIS 在不同的区域创新实践中的有效的应用模式，以增强 RIS 理论的实践和应用价值。

参 考 文 献

一、外文文献

1. Abramowitz, M. The origins of the postwar catch-up and governance boom, in Fagerberg, J., Versbangen, B. and von Tunzelmann, N. (editors). *The dynamics of technology, trade and growth. Edward Elgar*. Brookfield, UK. 1995.

2. Agustin Perez-Araos, Kevin D. Barber, J. Eduardo Munive -Hernandez, Steve Eldridge. "Designing a knowledge management tool to support knowledge sharing networks". *Journal of Manufacturing Technology Management*. Vol. 18 No. 2, 2007.

3. A. Kaufmann, P. Lehner, F. Todtling. "Effects of the Internet on the spatial structure of innovation networks." *Information Economics and Policy*, 15. (2003).

4. Albaladejo M, Romijn H., "Determinants of innovation capabilities in small UK firms: an empirical analysis." *Eindhoven: Eindhoven Centre for Innovation Studies*, WorkingPaper. 2000.

5. Amabile, T. M., "A model of creativity and innovation in organizations." *Research in Organizational Behavior* 1996. 10.

6. Amin, A. and Thrift, N., "Globalisation, institutional 'thickness' and the local economy", in P. Heau, S. Camerson, S. Davoudi, S. Graham and A. Mandani-Pour(Eds), *Managing Cities. The New Urban Context*, Chichester: Wiley. 1995.

7. Andersen, E. S., Lundvall, B. A., Sorrn-Friese, H., "Innovation systems-special issue." *Research Policy* 31. 2002.

8. Andrew Hall, Geoffery Bockett, Sarah Taylor, M. V. K. Sivahoman, Norman Clark. "Why Research Partnerships Really Matter: Innovation Theory, Institutional Arrangements and Implications for Developing New Technology for the Poor." *World Development* 2001. Vol. 29, No. 5.

9. Annamária Inzelt. "The evolution of university-industry-government relationships during transition". *Research Policy* 33(2004).

10. Anselin, L., Varga, A., Acs, Z. J., "Geographical spillovers and university research: a spatial econometric perspective." *Growth and Change* 2000. 31.

11. Archibugi D, Michie J, editors. *Technology, globalization and economic performance.* Cambridge: Cambridge University Press, 1997.

12. Archibugi D, Michie J. *Innovation policy in a global economy.* Cambridge: Cambridge University Press, 1997.

13. Asheim, B. T., "Interactive learning and localised knowledge in globalising learning economies." *Geo Journal* 49(4), 1999.

14. Asheim, B. T. (1999). "Innovation, social capital and regional clusters: On the importance of co-operation, interactive learning and localized knowledge in learning economies." Paper presented at the European Regional Science Association 39th European Congress, Dublin, Ireland, August 1999.

15. Asheim, B. T., "Industrial districts: the contributions of marshall and beyond." In: Clark, G. L., Feldman, M. P., Gertler, M. S. (Eds.), *The Oxford Handbook of Economic Geography.* Oxford University Press, Oxford. 2000.

16. Asheim, B. T. et al (eds.), *Regional Innovation Policy for Small-Medium Enterprises*, Cheltenham: Edward Elgar. 2003.

17. Asheim, B. T., "Territoriality and economics: on the substantial contribution of economic geography." In: Jonsson, O., Olander, L—O. (Eds.), Economic Geography in Transition, vol. 74. *The Swedish Geographical Yearbook*, Lund, 1998.

18. Asheim, B. T., Coenen L, Svensson-Henning M. *Nordic SMEs and regional innovation systems.* Oslo: Nordisk Industrifond; 2003.

19. Asheim, B. T., Lars Coenen. "Contextualizing Regional Innovation Systems in a Globalising Learning Economy: On Knowledge Bases and Institutional Frameworks." *Journal of Technology Transfer*, 2006, 31.

20. Asheim, B. T., Gertler, M. S., "The geography of innovation: regional innovation systems". In: Fagerberg, J., Mowery, D., Nelson, R. (Eds.), *The Oxford Handbook of Innovation.* Oxford University Press, Oxford, 2005.

21. Asheim, B. T., Cooke, P., "Localised Innovation Networks in a Global E-

conomy: A Comparative Analysis of Endogenous and Exogenous Regional Development Approaches."*Comparative Social Research* 17, JAI Press, Stamford, CT, 1998.

22. Asheim, B. T. and Cooke, P. 1999, "Local Learning and Interactive Innovation Networks in a Global Economy." In E. J. Malecki and P. Oinas (eds.), *Making Connections—Technological Learning and Regional Economic Change*, Aldershot: Ashgate.

23. Asheim, B. T., Isaksen, A., "Location, agglomeration and innovation: towards regional innovation systems in Norway?" *European Planning Studies* 1997;5(3).

24. Asheim, B. T., Isaksen, A., "Regional innovation systems: the integration of local 'sticky' and global 'ubiquitous' knowledge."*Journal of Technology Transfer* (2002)27.

25. Asheim, B. T., "Industrial districts as 'learning regions': a condition for prosperity?"*European Planning Studies*(1996)4(4).

26. Asheim, B. T., Lars Coenen, "Contextualising Regional Innovation Systems in a Globalising Learning Economy: On Knowledge Bases and Institutional Frameworks."*Journal of Technology Transfer* 2006. 31.

27. Asheim, B. T., Lars Coenen. "Knowledge bases and regional innovation systems: Comparing Nordic clusters." *Research Policy* 34,(2005).

28. Audretsch, D. B., "Agglomeration and the location of innovative activity." *Oxford Review of Economic Policy* 1998. 14.

29. Autio, E., "Evaluation of RTD in Regional Systems of Innovation." *European Planning Studies* 1998, 6.

30. Balconi, M., Breschi, S., Lissoni, F., "Networks of inventors and the location of academic research: an exploration of Italian patent data."*Research Policy* 2004,33(1).

31. Baptista, R., Swann, G. M. P., "Do firms in clusters innovate more?" *Research Policy* 27, 1998.

32. Benner, C., "Learning communities in a learning region: the soft infrastructure of cross－firm learning networks in Silicon Valley." *Environment and Planning* A 35, 2003.

33. Best, M., "Cluster Dynamics in Theory and Practice, with Applications to Singapore/Johor and Penang Electronics." *Judge Institute of Management Studies*, Cambridge University. 1999.

34. B. T., Asheim, "Differentiated Knowledge Bases and Varieties of Regional Innovation Systems." *Innovation*, Vol. 20, No. 3, 2007.

35. Blind, K., Grupp, H., "Interdependencies between the Science and Technology Infrastructure and Innovation Activities in German Regions: Empirical Findings and Policy Consequences." *Research Policy* 1999. 28(5).

36. Bo Carlsson, Staffan Jacobsson, Magnus Holmén, Annika Rickne, "Innovation systems: analytical and methodological issues." *Research Policy* 31 (2002).

37. Boschma, R., "Rethinking Regional Innovation Policy: The Making and Breaking of Regional History." In: G. Fuchs and P. Shapira (eds.), *Rethinking Regional Innovation and Change: Path Dependency or Regional Breakthroughs?* Dordrecht: Kluwer International Publishers. 2004.

38. Braczyk, H. J., Heidenreich M., "Regional governance structure in a globalized world." In: Braczyk H, et al, editors. *Regional innovation systems*. London: UCL Press; 1998.

39. Braczyk, H., P. Cooke and M. Heidenreich (eds), *Regional Innovation Systems*. UCL Press: London. 1998.

40. Braczyk, H. J., Cooke P, Heidenreich M. *Regional innovation systems: the role of governance in a globalized world*. London: Pinter, 1998.

41. Breschi S, Malerba F., "Sectoral innovation systems: technological regimes, Schumpeterian dynamics, and spatial boundaries." In: Edquist C, editor. *Systems of innovation: technologies, organizations, and institutions*. London: Pinter; 1997.

42. Brown, R., "Managing the S curves of innovation." *The Journal of Consumer Marketing* 1992. 9(1).

43. Camagni, R. (2002). *On the concept of territorial competitiveness: sound or misleading?* Paper presented at the 42nd Congress of the European Regional Science Association (ERSA). Dortmund Germany, August 2002.

44. Camagni, R. (Ed.), *Innovation Networks: Spatial Perspectives*. Belhaven

Press, London. 1991.

45. Cappelin, R. and Steiner, M. (2002). "Enlarging the Scale of Knowledge in Innovation Networks: Theoretical Perspective and Policy Issues." Conference Report. 42nd Congress of the European Regional Science Association (ERSA). Dortmund Germany, August 2002.

46. Capello, R. "Spatial transfer of knowledge in high technology milieux: learning versus collective learning processes." *Regional Studies* (1999)33.

47. Carlsson, B., Stankiewicz R. "On the nature, function and composition of technological systems." *J Evol Econ* 1991.

48. Castells, M. and Hall, P. *Technopoles of the World. The Making of Twenty — first—Century Industrial Complexes*. London/New York: Routledge. 1994.

49. Castells, M. *The Information Age: Economy, Society and Culture Volume* 1. *The Rise of the Network Society.* Blackwell. Publishers. Oxford, UK. 1996.

50. Castells, M. *The Information Age: Economy, Society and Culture Volume* 2. *The Power of Identity*. Blackwell Publishers. Oxford, UK. 1997.

51. Castells, M. *The Information Age: Economy, Society and Culture. Volume* 3. *End of Millennium*. Blackwell Publishers. Oxford, UK. 1998.

52. Chang L., Schwartz D, Dodge K, McBride—Chang C. "Harsh parenting inrelation to childe motion regulation and aggression." *Journal of Family Psychology*, 2003, 17.

53. Chang L., McBride. Chang C, Stewart S M, AuE. "Life satisfaction, self—concept, and family relations in Chinese adolescents and children." *International Journal of Behavioral Development*, 2003, 27(2).

54. Chiung—Wen Hsu. "Formation of industrial innovation mechanisms through the research institute." *Technovation* 25(2005).

55. Chrys Gunasekara. "Reframing the Role of Universities in the Development of Regional Innovation Systems." *Journal of Technology Transfer*, 2006, 31.

56. Cooke, P., "Biotechnology Clusters as Regional, Sectoral Innovation Systems." *International Regional Science Review* 25(1), 2002.

57. Cooke, P., "Introduction: origins of the concept". In: Braczyk, H., Cooke, P., Heidenreich, M. (Eds.), *Regional Innovation Systems*, first ed. UCL Press, London. 1998.

58. Cooke, P. *Knowledge Economies. Clusters, Learning and Cooperative Advantage*. Routledge, London and New York. 2002.

59. Cooke, P. , *Regional innovation systems, clusters, and the knowledge economy. Industrial and Corporate Change*. Oxford: Dec 1, 2001 Vol. 10, Iss. 4.

60. Cooke, P. , *'Regional Innovation Systems: Competitive Regulation in the New Europe,'* Geoforum, (1992). 23.

61. Cooke, P. , "Regionally asymmetric knowledge capabilities and open innovation Exploring 'Globalisation 2'—A new model of industry organization." *Research Policy* 34(2005).

62. Cooke, P. , "Regional Innovation Systems: General Findings and Some New Evidence from Biotechnology Clusters." *Journal of Technology Transfer*, 2002. 27.

63. Cooke, P. , P. Boekholt, and F. Totling, *The Governance of Innovation in Europe*, London: Cassel. 2000.

64. Cooke, P. , Leydesdorff, L. , "Regional development in the knowledgebased economy: the construction of advantage." *Journal of Technology Transfer*, in press.

65. Cooke, P. and K. Morgan(1990), *Learning through Networking: Regional Innovation and the Lessons of Baden—Wurttemberg,'* Regional Industrial Research Report no. 5, Cardiff, University of Wales.

66. Cooke, P. , Morgan, K. , *The Associational Economy: Firms, Regions and Innovation*. Oxford University Press, Oxford, 1998.

67. Cooke, P. and K. Morgan, "The Regional Innovation System in Baden—Wurttemberg." *International Journal of Technology Management* (1994)9.

68. Cooke, P. and Morgan, K. , "The network paradigm—New departures in corporate & regional development." *Environment & Planning D: Society and Space* (1993)11.

69. Cooke, P. , Uranga, M. and Etxebarria, G. , "Regional Innovation Systems: Institutional and Organisational Dimensions." *Research Policy* 26. 1997.

70. Cooke, P, Uranga MG, Etxebarria G. , "Regional systems of innovation: an evolutionary perspective." *Environment and Planning*, 1998; 30.

71. Cooke, P. , and Wills, D. , "Small firms, social capital and enhancement of business performance through innovation programmes." *Small Business Eco-*

nomics(1999)13.

72. Cowan, R. N., Jonard, N., "The dynamics of collective invention." *Journal of Economic Behavior and Organization* 52(4),2003.

73. Dalum, B., Pedersen C., Villumsen, G., "Technological life cycles: regional clusters facing disruption." DRUID Working Paper 02-10. Aalborg University, Aalborg. 2002.

74. Davenport, T., & Prusak, L., *Working knowledge: How organizations manage what they know.* Boston: Harvard Business School Press. 2000.

75. David Doloreux, Saeed Partob. "Regional innovation systems: Current discourse and unresolved issues." *Technology in Society* 27(2005).

76. Debresson, C. and Walks, R. (Eds). "Network of innovators." *Research Policy* (Special Issue)(1991)20(5).

77. De Castro, E. and Jensen-Butler, C. *Flexibility, Routine Behaviour and Neo-classical Model in the Analysis of Regional Growth.* Department of Political Science, University of Aarhus. Aarhus, DK. 1993.

78. D. Doloreux. "What we should know about regional systems of innovation." *Technology in Society* 24(2002).

79. Doloreux D., "Regional innovation systems in the periphery: the case of the Beauce in Quebec (Canada)." *Int J Innovation Manage* 2003;7(1).

80. Dorfman, Nancy: "Route 128: the development of a regional high technology economy." In David Lampe (ed.), *The Massachusetts Miracle: High Tech and Economic Revitalization.* Cambridge, MA: MIT Press. 1988.

81. De la Mothe J, Paquet G, editors. *Evolutionary economics and the new international political economy.* London: Pinter; 1996.

82. Dodgson, M. and Rotwell, R. (Eds). *The Handbook of Industrial Innovation.* Aldershot: Edward Elgar. 1994.

83. Dosi, G., "Sources, procedures and microeconomic effects of innovation." *Journal of Economic Literature*, XXVI(3),1988.

84. Dosi, G., "The Nature of the Innovative Process." In G. Dosi, C. Freeman, R. Nelson, G. Silverberg and L. Soete (Eds), *Technical Change and Economic Theory.* London/New York: Pinter. 1988.

85. Drucker, P., *Innovation and Entrepreneurship: Practice and Principles.*

Harper and Row, New York. 1985.

86. Egeln, J., Gottschalk, S., Rammer, C., "Regional Technology Transfer through Public Research Spin—Offs." Paper Presented at the European Regional Science Association Congress, Dortmund, August 2002.

87. Edquist, C. (ed.), *Systems of Innovation—Technologies, Institutions and Organisations*, London/Washington: Pinter. 1997.

88. Edquist, C., "Systems of innovation — a critical review of the state of the art." In: Fagerberg, J., Mowery, D., Nelson, R. (Eds.), *Handbook of Innovation*. Oxford University Press, Oxford. 2004.

89. Edquist, C. and Johnson, B., "Institutions and organizations in systems of innovation." In C. Edquist (Ed.) *Systems of Innovation—Technologies, Institutions and Organizations*. London/Washington: Pinter. 1997.

90. Emmanuel Muller, Andrea Zenker, "Business services as actors of knowledge transformation: the role of KIBS in regional and national innovation systems." *Research Policy* 30(2001).

91. Enright, M. *Regional Clusters and Economic Development*. A Research Agenda. Cambridge, MA: Harvard Business School Working Paper. 1995.

92. European Commission, *European Innovation Scoreboard*: Technical Paper no. 3 EU Regions. 2002.

93. EUROSTAT, *The Community Innovation Survey. Status and perspectives*. EuroStat, Luxemborg. 1994.

94. Fabrice Galia, Diego Legros. "Complementarities between obstacles to innovation: evidence from France." *Research Policy* 33(2004).

95. Faulkner, Wendy and Senker, Jacqueline. "Making sense of diversity: public—private sector research linkage in three technologies." *Research Policy,* 1994, 23.

96. Feldman, M. P. *The Geography of Innovation*. Dordrecht, the Netherlands: Kluwer Academic Publishers. 1994.

97. Feldman, M. P. and R. Florida. "The geographic sources of innovation: Technological infrastructure and product innovation in the United States." *Annals of the Association of American Geographers* (1994) 84.

98. Feldman, M. P., "Location and innovation: the new economic geography of innovation, spillovers, and agglomeration." In: Clark, G., Feldman, M. P.,

Gertler, M. S. (Eds.), *The Oxford Handbook of Economic Geography*. Oxford University Press, Oxford. 2000.

99. Fischer M. M., "The innovation process and network activities of manufacturing firms." In: Fischer M. M., Suarez－Villa L, Steiner M (eds.) *Innovation, networks and localities.* Springer, Berlin, 1999.

100. Florida, R., "Toward the Learning Region." *Futures* 27(5), 1995.

101. Franz Todtling, Alexander Kaufmann. "Innovation systems in regions of Europea comparative perspective." *European Planning Studies*. Abingdon: Dec 1999. Vol. 7, No. 6.

102. Franz Todtling, Alexander Kaufmann. "SMEs in Regional Innovation Systems and the Role of Innovation Support—the Case of Upper Austria." *Journal of Technology Transfer* 2, 2002, 7.

103. Freeman C., "The 'national system of innovation' in historical perspective." *Camb J Econ* 1995;19(1).

104. Freeman C. *Technology policy and economic performance: lesson from Japan.* London: Frances Pinter; 1987.

105. Freeman C., "Japan: a new national system of innovation." In: Dosi G., et al, editors. *Technical change and economic theory*. London: Pinter; 1988.

106. Fritsch, Michael and Lukas, Rolf. "Innovation co-operation, and the region." In David B. Audretsch and Roy Thurik (eds.), *Innovation, Industry Evolution and Employment*. Cambridge: Cambridge University Press. 1999.

107. Geenhuisen, M., Nijkamp, P., "The learning capabilities of regions: conceptual policies and patterns." In: Boekema, F., Morgan, K., Bakkers, S., Rutten, R. (Eds.), *Knowledge, Innovation and Economic Growth, The Theory and Practice of Learning Regions*. Edward Elgar, Cheltenham, UK, Northampton, MA, USA, 2000.

108. Gertler, M., *Manufacturing Culture: The Institutional Geography of Industrial Practice*. Oxford University Press, Oxford. 2004.

109. Gertler MS. "Tacit knowledge and the economic geography of context, or the undefinable tacitness of being (there)." *J Econ Geogr* 2003; 3(1).

110. Gibbons M, Limoges C, Nowotny H, Schwartzman S, Scott P, Trow M. *The new production of knowledge*. London: Sage; 1994.

111. Glaeser, E. L. , H. D. Kallal, J. A. Scheinkman, and A. Shleifer, "Growth in cities."*Journal of Political Economy*(1992),100.

112. Grabher, G. , Stark, D. (Eds.), *Restructuring Networks in Post-Socialism: Legacies, Linkages, and Localities*. Oxford University Press, Oxford. 1997.

113. Granovetter, M. , "Economic Action and Social Structure: The Problem of Embeddedness". *American Journal of Sociology*(1985)91.

114. Hakansson H. *Corporate technological behaviour: co-operation and networks*. London: Routledge;1989.

115. Harmaakorpi, V. and Pekkarinen, S. (2003). "Defining a Core Process in a Regional Innovation System — Case: Lahti Age Business Core Process."Paper presented at the Conference of Regional Studies Association, Pisa Italy, April 2003.

116. Hassink, R. , "Technology transfer agencies and regional economic development."*European Planning Studies*(1996)4(2).

117. Henry, N. , et al, "Along the road: R&D, society and space."*Research Policy*, 1995, 24.

118. Heraud, J. A. , "Is there a regional dimension of innovation-oriented knowledge networking?"Paper presented at the Fifth Regional Science and Technology Policy Research Symposium (RESTPOR), Kashikojima, Japan, 5 — 7 September, 2000.

119. Hodgson, G. , *Economics and Institution. A Manifesto for a Modern Institutional Economics*. Cambridge: Polity Press. 1988.

120. Holbrook A, Wolfe D. , "Knowledge, clusters and regional innovation: economic development in Canada."Kingston, Ontario: *Queen's School of Policy Studies*, 2002.

121. Howells J. , "Regional systems of innovation?" In: Archibugi D, Howells J, Michie J, editors. *Innovation policy in a global economy*. Cambridge: Cambridge University Press, 1999.

122. Howells J, Roberts J. , "From innovation systems to knowledge systems". *Prometheus* 2000;18(1).

123. Isaksen, A. , "Regional Clusters Building on Local and Non — Local Relations: A European Comparison." In: A. Lagendijk and P. Oinas (eds.),

Proximity, Distance and Diversity: Issues on Economic Interaction and Local Development, Aldershot: Ashgate, 2005.

124. Isaksen A., "Building regional innovation systems: a possibility of endogenous industrial development in the global economy."*Canadian Journal of Regional Science* 2001;1.

125. Isaksen, A., Hauge, E., "Regional Clusters in Europe."*Observatory of European SMEs Report*, 2002, No. 3, European Communities, Luxembourg. 2002.

126. Jaffe, A. B., Trajtenberg, M., Henderson, R., "Geographic localization of knowledge spillovers as evident by patent citations."*The Quarterly Journal of Economics* 1993,108.

127. Jarunee Wonglimpiyarat. "Does complexity affect the speed of innovation?" *Technovation* 25(2005).

128. Javier Revilla Diez. "Innovative networks in manufacturing: some empirical evidence from the metropolitan area of Barcelona."*Technovation* 20(2000).

129. Johnson, B., "Institutional Learning."In:B. Lundvall (ed.), *National Systems of Innovation: Towards a Theory of Innovation and Interactive Learning*. Pinter: London,(1992).

130. Johnson, B., "Why All This Fuss About Codified and Tacit Knowledge?" *Industrial and Corporate Change* 11, 2002.

131. Karlsson, C. and A. Manduchi, "Knowledge spillovers in a spatial context: A critical review and assessment."In: M. M. Fischer and J. FrÄohlich (Eds.), *Knowledge, Complexity and Innovation Systems*, Berlin, Germany: Springer‐Verlag. 2001.

132. Kaufmann, A., Todtling. F., "System of Innovation in Traditional Industrial Regions: the Case of Styria in A Comparative Perspective."*Regional Studies*, Vol. 2000,34(1).

133. Kaufmann, A., Todtling, F., "Science‐industry interaction in the process of innovation: the importance of boundary‐crossing between systems."*Research Policy*, 2001. 30.

134. Keeble, D., Wilkinson, F. (Eds.), *High—technology Clusters, Networking and Collective Learning in Europe*. Ashgate, Aldershot. 1999.

135. Kirat T, Lung Y., "Innovations and proximity. Territories as loci of collective

learning processes."*European Urban and Regional Studies*(1999)6(1).

136. Klein, S. J., Rosenberg, N., "An Overview of Innovation."In: Landau, R., Rosenberg, N. (Eds.), *The Positive Sum Strategy: Harnessing Technology for Economic Growth*. National Academy Press, Washington, 1986.

137. Klevorick, A., Levin, R., Nelson, R., Winter, S., "On the sources and significance of interindustry differences in technological opportunities."*Research Policy* 24(2),1995.

138. Knut Koschatzky, Rolf Sternberg, " R&D cooperation in innovation systems——some lessons from the European Regional Innovation Survey (ERIS)."*European Planning Studies.* Abingdon: Aug 2000. Vol. 8, Iss. 4.

139. Knut Koschatzky, Ulrike Bross, Peter Stanovnik, "Development and innovation potential in the Slovene manufacturing industry: analysis of an industrial innovation survey."*Technovation* 21 (2001).

140. Kogut B, editor,*Country competitiveness: technology and the organizing of work*. New York/ Oxford: Oxford University Press, 1993.

141. Koschatzky, K. and Gundrum, U., "Innovation networks for small enterprises."In:Koschatzky, K. (Ed.) *Technology—Based Firms in the Innovation Process. Management, Financing and Regional Networks*, Heidelberg: Physica.1997.

142. Koschatzky, K., "Firm innovation and region: the role of space in innovation processes." *International journal of Innovation Management*(1998)2.

143. Kostiainen, J., *Urban Economic Development Policy in the Network Society*. Tekniikan akateemisten liitto. Tampere, Finland(2002).

144. Kuhlmann, S., Reger, G., "Technology — intensive SMEs: policies supporting the management of growing technological complexity." In: Cannell, W., Dankbaar, B. (Eds.), *Technology Management and Public Policy in the European Union*. Oxford University Press, Oxford, 1996.

145. Laestadius, S., "Technology level, knowledge formation and industrial competence in paper manufacturing." In: Eliasson, G., et al (Eds.), *Micro Foundations of Economic Growth*. The University of Michigan Press, Ann Arbour, 1998.

146. Lawson, C. and E. Lorenz, "Collective Learning, Tacit Knowledge and Re-

gional Innovative Capacity."*Regional Studies* 33(4), 1999.

147. Lindsay P. Hughes, *Regional System of Innovation: Theory and Practice*. Master Thesis of Simon Fraser University, Canada. October, 1999.

148. Lipsey, R. G., "Globalisation and national government policies: An economist's view."In:Dunning J. H. (editor) *Governments, globalisation, and international business*. Oxford University Press. London, UK. 1997.

149. Lorenzen M., *Specialisation and localised learning*. Copenhagen: Copenhagen Business School Press, 1998.

150. Lorenzen, M., "Low – Tech localized learning: the regional innovation system of salling, Denmark."In: Asheim, B. T., Coenen, L., Svensson-Henning, M.(Eds.), *Nordic SMEs and Regional Innovation Systems-Final Report*. Nordic Industrial Fund, Oslo. 2003.

151. Lucas Ferrero, Alessandro Maffioli, *The Interaction between Foreign Direct Investment and Small and Medium-sized Enterprises in Latin America and the Caribbean: A Look at Regional Innovation Systems*. November WORKING PAPER, Series No. 6A. 2004.

152. Lundvall, B. and S. Borrás, "The Globalising Learning Economy: Implications for Innovation Policy."*Report from DG XII*, Commission of the European Union. 1997.

153. Lundvall, B. A., Archibugi, D. (Eds.), *The Globalizing Learning Economy*. Oxford University Press, Oxford. 2001.

154. Lundvall, B. A., "Innovation as an interactive process: From user-producer interaction to the national system of innovation."In:Dosi, G., Freeman C., Nelson R., Silverberg, G. and Soete, L. (editors), *Technical Change and Economic Theory*, Pinter Publishers. London, UK / New York, USA. 1988.

155. Lundvall B, editor, *National systems of innovation: towards a theorem of innovation and interactive learning*. London: Pinter, 1992.

156. Lundvall, B. A., and B. Johnson, "The Learning Economy."*Journal of Industry Studies* 1(2), 1994.

157. Maillat, D., "The innovation process and the role of the milieu."In:E. Bergman, G. Maier and F. Todtling (Eds) *Regions Reconsidered. Economic Networks, Innovation, and Local Development in Industrialized Countries*. Lon-

don/New York: Mansell. . 1991.

158. Malecki, E. and Oinas, P. , *Making Connections-Technological Learning and Regional Economic Change.* Aldershot: Ashgate. 1999.

159. Malecki E. J. , *Technology & economic development*. Longman, Essex, 2nd Ed. 1997.

160. Malmberg, A. , "Industrial Geography: Location and Learning."*Progress in Human Geography* 21(4), 1997.

161. Malmberg, A. and Maskell, P. , "The competitiveness of firms and regions: ' Ubiquification' and the importance of localized learning."*European Urban and Regional Studies*(1999)6.

162. Manfred M. Fischer, "Innovation, knowledge creation and systems of innovation."*Ann Reg Sci*(2001)35.

163. Mansfield, Edwin, "Academic research underlying industrial innovations: sources, characteristics, and financing."*Review of Economics and Statistics*1995(77).

164. Mansfield, Edwin and Lee, Jeong-Yeon, "The modem university: contributor to industrial innovation and recipient of industrial R&D support." *Research Policy*1996(25).

165. Maskell, P. , H. Eskebinen, I. Hannibalsson, A. Malmberg and E. Vatne, *Competitiveness, Localised Learning and Regional Development. Specilisation and Prosperity in Small Open Economies*, London/New York: Routlegde. 1998.

166. McKelvey M. H. , "How do national system of innovation differ? A critical analysis of Porter, Freeman, Lundvall and Nelson."In: Hodgson G, Screpanti E, editors. *Rethinking economics: market, technology and economic evolution*. Aldershot: Edward Elgar; 1991.

167. Metcalfe, S. , "The Economic Foundations of Technology Policy: Equilibrium and Evolutionary Perspectives."In:Stoneman, P. , (editor):*Handbook of the Economics of Innovation and Technical Change*, Blackwell. London, UK. P410. 1995.

168. Michael Fritsch,Christian Schwirten, "Enterprise—University co—operation and the role of public research institutions in regional innovation systems."*In-*

基于知识和交互式学习的区域创新系统研究

dustry and Innovation. Sydney: Jun 1999. Vol. 6.

169. Mikel Buesa, Joost Heijs, Monica Martinez Pellitero, Thomas Baumert. "Regional systems of innovation and the knowledge production function: the Spanish case." *Technovation* 26(2006).

170. Miles, I., Kastrinos, N., Flanagan, K., Bilderbeek, R., den Hertog, P., Huntink, W., Bouman, M., *Knowledge — Intensive Business Services: Their Roles as Users, Carriers and Sources of Innovation*. PREST, Manchester. 1994.

171. Morgan K., "The learning region: institutions, innovation and regional renewal." *Reg Stud* (1997)31.

172. M. P. Hekkert, R. A. A. Suurs, S. O. Negro, S. Kuhlmann and R. E. H. M. Smits. "Functions of innovation systems: A new approach for analysing technological change." Article in Press, *Technological Forecasting & Social Change*, 2006.

173. Najib Harabi. "Channels of R&D spillovers — An empirical investigation of Swiss firms." *Technovation* 17(11/12). 1997.

174. Nelson, R. R. (ed.), *National Innovation Systems—A Comparative Analysis*, Oxford: Oxford University Press. 1993.

175. Nelson, R. R. and Winter, S. G., *An Evolutionary Theory of Economic Change*. Belknap Press. Cambridge, Massachusetts, USA. 1982.

176. Nightingale, P., "A Cognitive Model of Innovation." *Research Policy* 27, 1998.

177. Nijkamp, P., Oirschot, G. van and Oosterman, A., "Knowledge networks, science parks and regional development: an international comparative analysis of critical success factors." In: Cuadrado Roura, J. R., Nijkamp, P., Salva, P. (Eds), *Moving Frontiers: Economic Restructuring, Regional Development and Emerging Networks*. Aldershot. 1994.

178. Niosi, J., Saviotti, P, Bellon, B. and Crow, M., "National Systems of Innovation: In Search of a Workable Concept." *Technology in Society* (1993), 15.

179. Niosi, J. and T. G. Bas, "The Competencies of Regions: Canada's Clusters in Biotechnology." *Small Business Technology* 17, 2001.

180. Nonaka, I., "SECI, Ba and Leadership: a Unified Model of Dynamic Knowl-

edge Creation."*Long Range Planning* 33, 2000.

181. Nonaka, I. and Reinmöller, P. (1998), *The legacy of learning. Toward endogenous knowledge creation for Asian economic development*. WZB Jahrbuch 1998.

182. Nonaka, I. and Takeuchi, H. *The Knowledge Creating Company*. Oxford University Press. New York, USA. 1995.

183. Nonaka, I, Toyama, R. and Nagata, A. , "A Firm as a Knowledge—Creating Entity: New Perspective on the Theory of a Firm."*Industrial and Corporate Change*(2000)9.

184. North, Douglass C. *Institutions, institutional change and economic performance*. Cambridge: Cambridge University Press. 1990.

185. Norton, R. , *Creating the New Economy: The Entrepreneur and the U. S. Resurgence*. Edward Elgar: Cheltenham. 2000.

186. OECD, *The Knowledge—Based Economy*. OECD, Paris. 1996.

187. OECD, *OECD Proposed Guidelines for Collecting and Interpreting Technological Innovation Data — Oslo Manual*. OECD Publicantions Service, Paris, 1997.

188. OECD, *National Innovation Systems*. Paris. 1997.

189. OECD. *Science, technology and industry outlook*. OECD, Paris, 2000.

190. OECD, *Foreign Direct Minimising Cost*. Paris: OECD. 2002.

191. Patel, P. , Pavitt, K. *The Nature and Economic Importance of National Innovation Systems*. STR Review, No. 14, OECD. Paris Press, Paris. 1994.

192. Patrick Rond, Caroline Hussler. "Innovation in regions: What does really matter?" *Research Policy* 34 (2005).

193. Pavitt, K. , "Technologies, products and organisation in the innovating what Adam Smith tells us and Joseph Schumpeter doesn't?"*Industrial and Corporate Change* 3. 1998.

194. Philip Cooke. "From Technopoles to Regional Innovation Systems: The Evolution of Localised Technology Development Policy."*Canadian Journal of Regional Science*, XXIV:1. 2001.

195. Porter, M. , *On Competition.* Harvard Business School Press: Cambridge, MA. 1998.

196. Porter, M. E. , "The competitive advantage of the inner city. " *Harvard Business Review*(1995)74.

197. Powell W. , "Learning from collaboration. " *Calif Mngmnt Rev* 1998;40.

198. Rinaldo Evangelista, Simona Iammarino, Valeria Mastrostefano, Alberto Silvani, "Measuring the regional dimension of innovation: Lessons from the Italian Innovation Survey. " *Technovation* 21 (2001).

199. Ritter, T. , Gemunden, H. G. , "Network competence: its impact on innovation success and its antecedents. "*Journal of Business Research* 2003,56(9).

200. Rothwell, R. , "Successful industrial innovation: critical factors for the 1990s. " *R & D Management* 1990,22(3).

201. Sang - Chul Park, Seong-Keun Lee. "The national and regional innovation systems in Finland: from the path dependency to the path creation approach. " *AI & Soc*(2005)19.

202. Sang-Chul Park, Seong-Keun Lee. , "The regional innovation system in Sweden: a study of regional clusters for the development of high technology. "*AI & Soc*(2004)18.

203. Saxenian, A. , *Regional Advantage: Culture and Competition in Silicon Valley and Route* 128. Harvard University Press, Cambridge, Massachusetts. 1994.

204. Saxenian A. , "The origins and dynamics of production networks in Silicon Valley. " *Research Policy* 1991,20.

205. Saviotti P, Metcalfe JS, editors. *Evolutionary theories of economic and technological change: present status and future prospects*. Reading: Harwood Academic; 1991.

206. Schatzl, L. , *Wirtschafts geographie* 1-*Theorie*. 6. Auflage. Paderborn. 1996.

207. Schienstock, G. and Hämäläinen, T. , "Transformation of the Finnish innovation system. A network approach. " *Sitra Reports series* 7. Hakapaino Oy. Helsinki, Finland. 2001.

208. Scott, A. J. Regions and World Economy. *The Coming Shape of Global Production, Competition and Political Order*. Oxford UniversityPress. New York, USA. 2000.

209. Scott J. Wallsten, "An empirical test of geographic knowledge spillovers using

geographic information systems and firm-level data." *Regional Science and Urban Economics* 31(2001).

210. Segal, Nick S., 1988, "The Cambridge phenomenon: universities, research, and local economic development in Great Britain." In: Raymond W. Smilor, George Kozmetsky and David V. Gibson (eds.), *Creating the Technopolis*. Cambridge, MA: Ballinger.

211. Semlinger, Klaus, "Economic development and industrial policy in Baden— Wurttemberg: small firms in a benevolent environment." *European Planning Studies* 1993.1.

212. Simmie, J. (Ed.), *Innovation, Networks and Learning Region?* London: Regional Studies Association. 1997.

213. Simon H., *Hidden champion: lessons from 500 of the world's best unknown companies*. Harvard Business School Press, 1996.

214. Smith, K., "Economic Infrastructures and Innovation Systems." In: C. Edquist (ed.), *Systems of Innovation*, London: Pinter. 1997.

215. Smith, K., 2000. "What is 'The Knowledge Economy'? Knowledge intensive Industries and Distributed Knowledge Bases." Paper presented at the DRUID Summer Conference on "The Learning Economy—Firms, Regions and Nation Specific Institutions", Aalborg, Denmark, June 2000.

216. Steiner, M. (Ed.), "Clusters and Regional Specialisation." *European Research in Regional Science*. London: Pion. 1998.

217. Stephen Roper, Nola Hewitt—Dundas, James H. Love, "An ex ante evaluation framework for the regional benefits of publicly supported R&D projects." *Research Policy* 33(2004).

218. Sternberg R., "Innovation networks and regional development—evidence from the European Regional Innovation Survey(ERIS)." *Eur Planning Stud* 2000,8(4).

219. Storper, M., *The Regional World: Territorial Development in a Global Economy*. The Guilford Press. New York, USA. 1997.

220. Storper, M., "The Resurgence of Regional Economies, Ten Years Later: The Region as Nexus of Untraded Interdependencies." *European Urban and Regional Studies*(1995),2.

221. Storper, M. and Scott, A. J. (editors) *Pathways to Industrialization and Regional Development*. Routledge. London, UK. 1992.

222. Storper, M. and Scott, A. J., "The wealth of regions." *Futures*(1995)27, 5.

223. Strambach, S., "Innovation processes and the role of knowledge—intensive business services." In: Koschatzky, K., Kulicke, M., Zenker, A. (Eds.), *Innovation Networks —Concepts and Challenges in the European Perspective*. Physica, Heidelberg, 2001.

224. Tijssen, R. J. W., "Quantitative assessment of large heterogeneous R&D networks: the case of process engineering in the Netherlands."*Research Policy*(1998)26.

225. Ting-Lin Lee, Nick von Tunzelmann, "A dynamic analytic approach to national innovation systems: The IC industry in Taiwan." *Research Policy* 34 (2005).

226. Todtling, F., "Innovation networks, collective learning, and industrial policy in regions of Europe."*European Planning Studies*(1999)7.

227. Todtling, F., "Regional networks of high‐technology firms—the case of the Greater Boston area." *Technovation*(1994)14.

228. Todtling, F., "Technological change at the regional level—the role of location, firm structure and strategy." *Environment & Planning A*(1992)24.

229. Todtling F., Kaufmann A., "The role of the region for innovation activities of SMEs."*Eur Urban Reg Stud*2001;8(3).

230. Totling, F., "The Uneven Landscape of Innovation Poles Local Embeddeness and Global Networks."In: A. Amin and N. Thrift (eds.), *Globalization, Institutions, and Regional Development in Europe*, NewYork: Oxford University Press, 1994.

231. V. Harmaakorpi, H. Melkas, "Knowledge management in regional innovation networks: The case of Lahti, Finland."*European Planning Studies*, 2005.

232. Van Dierdonck, Roland, Debackere, Konrad and Engelen, Bert, "University—industry relationships: how does the Belgian academic community feel about it?" *Research Policy*1990. 19.

233. Vesa Harmaakorpi, *Building a Competitve Regional Innovation Environment— the Regional Development Platform Method as a Tool for Regional Innovation*

Policy. Helsinki University of Technology, Lahti Center, Doctoral dissertation series 2004/1, Espoo 2004.

234. von Hippel, E., "Sticky information and the locus of problem solving: Implications for innovation." *Management Science* (1994), 40.

235. Voyer. R., "Knowledge—based industrial clustering: international comparisons." In: Delamothe J, G Paquet, eds. *Local and Regional Systems of Innovation*. Boston: Kluwer Academic Publishers, 1998.

236. Wicken, O., *Entreprenuship: from historical perspective*, STEP Report 17/94, STEP Group, Oslo. 1994.

237. Wigand, Rolf T. 1988. "High technology development in the Phoenix area: taming the desert." In: Raymond W. Smilor, George Kozmetsky and David V. Gibson (eds.), *Creating the Technopolis*. Cambridge, MA: Ballinger.

238. Wiig H., *An empirical study of the innovation system in Finnmark*. STEP Report, Studies in Technology, Innovation and Economic Policy, Oslo, 1999.

239. Wolfe D., "Clusters old and new: the transition to a knowledge economy in Canada's regions. Kingston." Ontario: *Queen's School of Policy Studies* 2003.

240. Yamin M., "Understanding 'strategic alliance': the limits of transaction cost economics." In: Coombs R, editor. *Technological collaboration: the dynamics of cooperation in industrial innovation*. Cheltenham: TEdward Elgar; 1996.

241. Yuan-Chieh Chang, Ming-Huei Chen, "Comparing approaches to systems of innovation: the knowledge perspective." *Technology in Society* 26 (2004).

二、中文文献

242. 阿莫德·波尔弗、利夫·埃德文森:《国家、地区和城市的知识资本》,于鸿君、石杰译,北京大学出版社 2007 年版。

243. 波特(Porter. M):《国家竞争优势》,李明轩、邱如美译,华夏出版社 2002 年版。

244. 查尔斯·I. 琼斯:《经济增长导论》,舒元等译,北京大学出版社 2002 年版。

245. 陈月梅:《论地方政府在构建区域创新系统中的作用》,载《现代管理科学》2003 年第 2 期。

246. 陈德宁、沈玉芳:《区域创新系统理论研究综述》,载《理论参考》2005 年第

9 期。

247. 陈其荣:《技术创新的哲学视野》,载《科学技术哲学》2000 年第 4 期。

248. 陈红霞、陈士俊:《国家创新系统创新主体的合理选择和确定》,载《科学管理研究》2004 年第 5 期。

249. 陈丽娜、胡树华:《知识创新与国家创新系统》,载《科技与经济》2004 年第 5 期。

250. 陈劲:《国家创新系统——对实施科技发展道路的新探索》,载《自然辩证法通讯》1994 年第 6 期。

251. 陈正昌、程炳林、称新丰、刘子键:《多变量分析方法—统计软件应用》,中国税务出版社 2005 年版。

252. 范柏乃:《城市技术创新透析:区域技术创新研究的一个新视角》,机械工业出版社 2004 年版。

253. 菲利普·阿吉翁、彼得·霍依特:《内生增长理论》,陶然、倪彬华、汪柏林等译,北京大学出版社 2004 年版。

254. 冯庆斌、傅毓维:《区域创新系统研究的新视角——区域学习和学习型区域》,载《机电产品开发与创新》2006 年第 4 期。

255. 盖文启:《创新网络——区域经济发展新思维》,北京大学出版社 2002 年版。

256. 龚荒、聂锐:《区域创新体系的构建原则、组织结构与推进措施》,载《软科学》2002 年第 6 期。

257. 郭树东、关忠良、肖永青:《以企业为主体的国家创新系统的构建研究》,载《中国软科学》2004 年第 6 期。

258. 广东全力打造科技专业镇专题:《为专业镇搭建创新平台》,载《瞭望》2007(Z1)。

259. 广东全力打造科技专业镇专题:《科技创新,推动专业镇簇群经济腾飞》,载《瞭望》2007(Z1)。

260. 广东省统计局:《"珠三角"各市企业科技投入及绩效比较分析》,中国统计信息网 2006.10.12。

261. 广东省统计局:《十五时期珠江三角洲经济区的变迁及启示》,中国统计信息网 2006.09.29。

262. 广东省统计局:《广东加快东、西、北三大区域发展问题研究》,中国统计信息网 2006.12.08。

263. 广东省统计局:《广东工业产业结构调整进程比较分析》,中国统计信息网 2006.11.17。

264. 广东省统计局:《十五时期广东大型企业发展迅猛,制造业优势明显》,中国统计信息网 2006.08.31。

265. 广东省统计局:《2005 年广东科技投入持续增加,高技术产业发展良好》,中国统计信息网 2006.09.18。

266. 广东省统计局:《改革开放 30 年广东四大区域经济发展概述》。2008.08.20. http://www.stats.gov.cn.

267. 广东省经贸产业技术处:《广东"十五"产业技术进步综述》,http://www.gdtg.com.cn/2006－11/2006112380846.htm.

268. 广东专业镇技术创新网:http://www.zhyz.gov.cn/content/other/jscxzx.jsp.

269. 广东省科技厅网站:http://210.75.49.3/qbsuo/gxq/6_1.html.

270. 广东科技统计网:http://www.sts.gd.cn/data/data06/6－2.htm.

271. 韩振海、李国平:《国家创新系统理论的演变评述》,载《科学管理研究》2004 年第 2 期。

272. 侯杰泰、温忠麟、成子娟:《结构方程模型及其应用》,教育科学出版社 2004 年版。

273. 侯军岐、计军恒:《技术创新与企业价值增长及评估》,社会科学文献出版社 2008 年版。

274. 胡明铭:《区域创新系统理论与建设研究综述》,载《外国经济与管理》2004 年第 9 期。

275. 胡志坚:《国家创新系统——理论分析与国际比较》,社会科学文献出版社 2000 年版。

276. 胡志坚、苏靖:《关于区域创新系统研究》,载《科技日报》1999－10－16(5)。

277. 黄鲁成:《关于区域创新系统研究内容的探讨》,载《科研管理》2000 年第 2 期。

278. 黄芳铭:《结构方程模式——理论与应用》,中国税务出版社 2005 年版。

279. 黄乾:《区域创新系统中的政府角色定位》,载《经济论坛》2004 年第 12 期。

280. 季红、杨利红:《杜邦:全球最具示范作用的科学公司》,载《经济导刊》2007 年第 2 期。

281. 刘文雯、史占中:《国家创新系统中的知识管理》,载《重庆大学学报》(社会科学版)2004 年第 10 卷第 3 期。

282. 刘健:《区域高等教育发展——以珠三角高校为例》,载《黑龙江高教研究》2006 年第 3 期。

283. 李正风、曾国屏:《OECD 国家创新系统研究及其意义——从理论走向政策》,载《科学学研究》2004 年 4 月第 22 卷第 2 期。

284. 李建平:《珠三角咨询业发展探讨》,载《中国工程咨询》2006 年第 1 期。

285. 柳卸林、胡志坚等:《中国区域创新能力报告(2003)》,经济管理出版社 2004 年版。

286. 路甬祥:《国家创新系统建设呼唤知识创新工程》,载《中国科技信息》1999 年第 15 期、16 期合刊。

287. 马建会:《提高区域自主创新能力,建设创新型珠三角》,载《科技管理研究》2006 年第 7 期。

288. 马松尧:《科技中介在国家创新系统中的功能及其体系构建》,载《中国软科学》2004 年第 1 期。

289. 曼弗雷德·费希尔、贾维尔·迪亚兹、福克·斯奈卡斯:《大都市创新体系》,浦东新区科学技术局、浦东产业经济研究院组织翻译,上海人民出版社 2005 年版。

290. 孟晓飞、刘洪、刘志迎:《科技动力机制与创新系统分析》,载《系统辩证学学报》2004 年第 3 期。

291. 野中郁次郎、胜见明:《创新的本质——日本名企最新知识管理案例》,林忠鹏、谢群译,知识产权出版社 2006 年版。

292. OECD:《以知识为基础的经济》,机械工业出版社 1997 年版。

293. 欧伟强:《中山民众:搭建农业科技创新服务平台》,载《广东科技》2005 年第 10 期。

294. 潘德均:《加速西部区域创新系统建设》,载《科技日报》2001-12-16。

295. 彭宜新、邹珊刚:《创新系统研究方法述评》,载《自然辩证法研究》2002 年第 6 期。

296. 任胜钢、关涛:《区域创新系统内涵、研究框架探讨》,载《软科学》2006 年第 20 卷第 4 期。

297. 任胜钢、陈凤梅:《国外区域创新系统研究新进展》,载《外国经济与管理》2006 年第 28 卷第 4 期。

298. 萨缪尔森、诺德豪斯:《经济学》(第 18 版),萧琛主译,人民邮电出版社 2008 年版。

299. 斯图尔特(Thomas A Steward):《软资产——从知识到智力资本》,邵剑兵译,中信出版社 2003 年版。

300. 隋映辉:《城市创新生态系统与"城市创新圈"》,载《社会科学辑刊》2004 年第 2 期。

301.《天宇朗通:开放的力量》,载《创业家》杂志 2009 年 03 月。

302. 田丽韫、钟书华:《美国的企业技术联盟》,载《科技管理研究》,2000 年第 5 期。

303. 王缉慈:《创新的空间——企业集群与区域发展》,北京大学出版社 2003 年版。

304. 王缉慈:《创新及其相关概念的跟踪观察——返朴归真、认识进化和前沿发现》,载《中国软科学》2002 年第 12 期。

305. 王丹阳、张冰、王裕:《区域文化对区域创新系统的影响机制及对策分析》,载《工业技术经济》2006 年第 5 期。

306. 王学苓:《技术创新的经济分析——基于信息及其技术视角的宏观分析》,西南财经大学出版社 2005 年版。

307. 王大洲、关士续:《我国国有大中型企业技术创新与制度创新现状分析》,载《中国软科学》2000 年第 4 期。

308. 王大洲:《知识、场域与创新》,中国社会科学出版社 2005 年版。

309. 王燕、张雷:《儿童学业自我概念在父母教养风格与学业成就间的中介效应》,载《应用心理学》2005 年第 11 卷第 2 期。

310. 王宏飞:《美国波士顿 128 公路的兴与衰》,载《全球科技经济瞭望》2005 年第 1 期。

311. 王学良:《广东省工业企业创新调查分析》,广东统计信息网:http://www.gdstats.gov.cn.

312. 韦影:《企业社会资本对企业技术创新绩效的影响》,浙江大学博士论文,2005 年 11 月。

313. 魏江:《产业集群——创新系统与技术学习》,科学出版社 2003 年版。

314. 温忠麟、侯杰泰、张雷:《调节效应与中介效应的比较和应用》,载《心理学报》2005 年第 2 期。

315. 温碧燕等:《服务公平性、顾客消费情感与顾客与企业的关系》,中山大学出版社 2004 年版。

316. 温忠麟、张雷、侯杰泰、刘红云:《中介效应检验程序及其应用》,载《心理学报》2004 年第 5 期。

317. 吴国林:《区域技术创新平台研究——大涌红木家具专业镇的技术创新平台建设》,载《科技进步与对策》2005 年第 1 期。

318. 吴林海:《中国科技园区域创新能力研究》,南京农业大学博士论文 2000 年。

319. 吴中、席俊杰、张艳:《区域创新系统架构研究》,载《机电工程技术》2004 年第 11 期。

320. 吴贵生、魏守华、徐建国:《区域科技论》,清华大学出版社 2007 年版。

321. 吴德进:《产业集群的组织性质、属性与内涵》,载《中国工业经济》2004 年 7 月第 7 期。

322. 吴明隆:《统计应用实务——问卷分析与应用统计》,科学出版社 2003 年 10 月版。

323. 肖龙阶:《区域创新系统的构建应强化创新网络的功能》,载《科技进步与对策》2003 年第 1 期。

324. 肖鹏友:《南海专业镇技术创新服务体系之调查:以五金和有色金属专业镇为例》,载《广东科技》2005 年第 10 期。

325. 薛捷、张振刚:《科技园的创新链、价值链与创新支持体系建设》,载《科技进步与对策》2007 年第 12 期。

326. 薛捷:《广东专业镇科技创新平台的建设与发展研究》,载《科学学与科学技术管理》2008 年第 9 期。

327. 杨京英等:《2005 年长江和珠江三角洲经济发展研究》,中国统计信息网 2005－12－19。

328. 杨京英、郑泽香、任晓燕:《2006 年长江和珠江三角洲经济发展比较研究》,中国统计信息网 2006－10－26。

329. 易训华:《产业集群的技术创新机制初探》,载《现代财经》2004 年第 12 期。

330. 殷晓红:《国家创新系统与东亚经济增长》,载《亚太经济》2004 年第 2 期。

331. 约翰·E. 艾略特:《创新管理——全球经济中的新技术、新产品和新服务》,王华丽、刘德勇、王彦鑫译,上海财经大学出版社 2008 年版。

332. 赵黎明、冷晓明:《城市创新系统》,天津大学出版社 2002 年版。

333. 赵娟:《集聚经济与 FDI 的流入——对珠三角制造业的实证分析》,载《特区经济》2005 年第 2 期。

334. 张蜀平:《美国硅谷现象分析》,载《微电子学》2008 年第 8 期。

335. 张方华:《企业社会资本与技术创新绩效——概念模型与实证分析》,载《研究与发展管理》2006 年第 3 期。

336. 张志杰:《时间管理倾向与自尊、自我效能、学习满意度:中介作用分析》,载
《心理科学》2005 年第 3 期。

337. 张艳、吴中、席俊杰:《区域创新系统的内部机制研究》,载《工业工程》2006 年
第 9 卷第 3 期。

338. 张敦富:《知识经济和区域经济》,中国轻工业出版社 2000 年版。

339. 张耀辉:《技术创新与产业组织演变》,经济管理出版社 2004 年版。

340. 张磊、张苹:《岭南文化的特点:新、实、活、变》,载《广州日报》2004－07－13。

341. 张晖明、丁娟:《美国企业技术战略联盟发展新动向与启示》,载《世界经济研
究》2006 年第 8 期。

342. 中国统计信息网:《广东大中型工业企业科技创新步伐进一步加快》,
2007. 09. 29. http://www. stats. gov. cn.

343. 赵耀:《佛山张槎:三位一体的集群创新平台》,载《广东科技》2005 第 10 期。

344. 周亚庆、张方华:《区域创新系统研究》,载《科技进步与对策》2001 年第 2 期。

345. 钟柯远:《完善国家创新价值链》,载《决策咨询通讯》2005 年第 4 期。

346. 朱勇、吴易风:《技术进步与经济的内生增长——新增长理论发展述评》,载
《中国社会科学》1999 年第 1 期。

347. 祝国华、王泽强:《珠三角经济发展的经验及启示》,载《理论建设》2004 年第
6 期。

348. 庄子银:《新增长理论的兴起与知识经济的出现》,载《经济评论》1999 年第
6 期。

责任编辑:喻　阳

封面设计:肖　辉

图书在版编目(CIP)数据

基于知识和交互式学习的区域创新系统研究/薛捷　著.

(系统科学与系统管理丛书/颜泽贤主编)

-北京:人民出版社,2009.8

ISBN 978－7－01－008094－9

Ⅰ.基…　Ⅱ.薛…　Ⅲ.地区经济-国家创新系统-研究　Ⅳ.F061.5

中国版本图书馆 CIP 数据核字(2009)第 128857 号

基于知识和交互式学习的区域创新系统研究

JIYU ZHISHI HE JIAOHUSHI XUEXI DE QUYU CHUANGXIN XITONG YANJIU

薛　捷　著

人民出版社 出版发行

(100706　北京朝阳门内大街 166 号)

北京集惠印刷有限责任公司印刷　新华书店经销

2009 年 8 月第 1 版　2009 年 8 月北京第 1 次印刷

开本:710 毫米×1000 毫米 1/16　印张:21.75

字数:330 千字　印数:0,001－3,000 册

ISBN 978－7－01－008094－9　定价:40.00 元

邮购地址 100706　北京朝阳门内大街 166 号

人民东方图书销售中心　电话 (010)65250042　65289539